우리 시대에는 대단히 낯선 요한계시록의 묵시 언어가 1세기의 독자들에게는 강한 호소력으로 다가갔다. 딘 플레밍은 사람들이 흔히 오해하는 묵시, 예언, 심판의 의미를 친절하게 설명하고 요한이 하나님의 선교 목적과 계획을 알리기 위해 묵시 언어를 펼치고 있음을 탁월하게 설명한다. 저자는 어린양, 하나님의 백성, 증언, 심판, 예배, 정치, 새 예루살렘, 새 창조 등 요한계시록의 핵심 주제를 선교라는 렌즈로 볼 수 있게 돕는다. 특히 어린양을 통해 속량받고 어린양을 따르는 공동체의 사명과 책임을 예배, 정치, 새 창조라는 주제와 연결해 논증한다. 독자들은 이 책을 통해 요한계시록을 처음부터 끝까지 전체로 읽는 재미를 느낄 수 있을 뿐만 아니라 오늘의 교회를 위한 대단히 현실적인 묵시 언어를 간파할 수 있을 것이다.

강대훈 총신대학교 신학대학원 신약학 교수, 『마태복음의 하늘과 하늘나라』 저자

딘 플레밍의 글은 늘 신선하고 명료하다. 플레밍이 요한계시록을 선교적으로 읽고자 삼은 출발점은 만유를 새롭게 하시는 예수 그리스도의 현재적 사역이다(계 21:5). 그가 잘 간파하듯, 신실한 선교적 공동체를 형성하도록 만드는 요한계시록의 요절도 고난 속에서의 선교를 권면한다(계 11:15). 아버지 하나님은 어린양을 통하여 구원을 이루셨고, 이제 증인 공동체이자 새 창조의 대리자인 교회를 통하여 사랑과 심판을 수행하심으로써 선교하신다. 요한계시록의 환상이 소개하는 하나님 나라의 영광을 '미리 맛보는' 선교적 교회는 다른 작은 영광에 흔들리지 않을 뿐 아니라, 고난에 대한 손쉬운 해결책인 휴거와 저세상만 기다리는 비겁한 반(反)선교적 공동체와 거리가 멀다. 플레밍은 주로 팍스 로마나를 배경 삼아 선교를 논했기에 요한계시록에서의 하나님의 선교에서 큰 걸림돌인 유대인의 역할에는 주의를 기울이지 않았다. 그럼에도 독자들은 이 책을 통해 그가 계속해서 강조하는 요한계시록의 공공-선교적 메시지를 새롭게 맛볼 수 있을 것이다. 추천한다.

송영목 고신대학교 신학과 교수, 『요한계시록 주석』 저자

딘 플레밍의 『요한계시록, 오늘을 위한 미래』는 요한계시록을 선교적 관점에서 해석하여, 요한계시록이 1세기 회중들에게 주었던 도전을 오늘날 우리에게도 전해 준다. 저자는 요한계시록에 대한 잘못된 해석을 넘어, 성경 전체의 흐름 안에서 복음과 그에 합당한 삶을 선교적 방식으로 풀어낸다. 그리하여 요한계시록이 단순한 종말론적 예언서가 아니라 하나님의 선교를 보여 주는 책임을 강조한다. 요한계시록을 하나님의 구원 계획과 심판, 새 하늘과 새 땅에 대한 비전, 그 비전을 본 이들이 어떻게 살아야 하는지를 보여 주는 책으로 읽게 하는 것이다. 저자는 요한계시록 본문에 관한 성경 신학적 해석과 1세기 교회 공동체를 향한 실제적 제안인 선교적 비전을 보여 주며 오늘 우리의 삶에 이것이 어떻게 나타나야 하는지 말한다. 이를 통해 요한계시록은 단순한 미래 예언이 아닌, 현재 우리의 삶과 선교에 실제적 영향을 미칠 수 있는 책이 된다.

독자는 이 책을 통해 요한계시록에서 제시하는 선교적 비전을 발견하고, 자기 삶 속에서 그 비전을 실천할 수 있는 구체적 방법을 배우게 될 것이다. 성경 전체의 맥락에서 요한계시록을 이해하고, 그 메시지를 우리 삶에 적용할 수 있는 통찰을 얻게 될 것이다. 요한계시록에서 보여 주는 하나님의 구원 계획과 심판 및 새 하늘과 새 땅에 대한 비전을 통해, 선교적 삶을 사는 이로서 큰 도전과 격려를 받게 될 것이다. 요한계시록에 대한 잘못된 이해를 넘어 우리 가운데 이미 임한 하나님 나라를 사는 데, 지금 이 땅에서 하나님이 원하시는 선교적 삶을 사는 데 이 책은 좋은 길잡이가 될 것이다.

조영민 나눔교회 담임목사, 『소망의 복음, 요한계시록』 저자

생생하고 읽기 쉬우며 때로 도발적인 이 책은, 요한계시록을 하나님이 세상에서 행하시는 선교에 대한 증언이자 도구로 읽어 내는 원숙한 작품이다. 선교적 성경 읽기를 주도하는 인물 중 하나인 딘 플레밍은 많은 사람과 대화하면서 요한계시록의 주제들을 해석해 나간다. 우리에게 필요했던, 눈을 열어 주는 해석으로, 전 세계 교회로부터 나온, 전 세계 교회를 위한 해석이다. 강력히 추천한다!

마이클 고먼 볼티모어의 세인트 메리 신학교와 대학교 레이먼드 E. 브라운 성서학 및 신학 교수

딘 플레밍은 요한계시록에 새롭게 귀 기울이도록 독자들을 초대해, 요한계시록을 일차적으로 미래의 로드맵으로 생각하는 흠 있는 전제에 근거한 억측과 사소한 부분에 집착하는 해석을 벗어나도록 한다. 그 대안으로 그는 요한의 1세기 회중에게 주어진 말씀 및 그 영향력과 관련해 풍부한 정보를 담은 요한계시록 읽기를 제공한다. 그런 읽기는 요한이 열정적으로 요청하는 증언의 삶을 말하고 살아 내기를 갈망하는 21세기 회중의 삶과도 밀접한 상관성이 있다. 플레밍은 선교적 해석학을 요한계시록에 적용함으로써, 우리가 정경의 다른 본문을 다룰 때도 이 렌즈가 소중한 가치가 있음을 보여 주는 긍정적 증거를 제시한다.

데이비드 드실바 애쉬랜드 신학교 신약학 및 헬라어 석좌 교수

교회가 문화에 대한 예언자적·선교적 태도를 회복하는 데 성경을 믿는 우리가 자신이 속한 이야기를 기억하는 것보다 더 중요한 일은 없을 것이다. 그 이야기는 누구의 이야기이고, 내러티브는 누가 통제하며, 어떻게 목표에 도달하고, 결국 모두를 어디로 데려가는가. 요한계시록은 우리를 절정으로 이끌어 가며 이 모든 것을 말해 주지만, 그 전달 방식은 너무도 쉽게 오용되고 무시된다. 딘 플레밍이 제시하는 놀랍도록 명료한 지침은 큰 그림을 볼 수 있게 하고, 상관성 있는 주제들을 선명하게 파악하도록 돕는다. 또한 어린양을 따르는 우리에게, 우리 문화와 교회 속 우상숭배를 인식하고 그에 저항하라고 도전한다.

크리스토퍼 라이트 랭엄 파트너십 국제 사역 디렉터, 『하나님의 선교』 저자

요한계시록은 간단한 설명을 거부하는 책이다. 요한계시록은 종종 두려움과 과도한 상상을 낳는다. 이 흥미로운 신약성경에 관한 딘 플레밍의 설득력 넘치는 지침서 안으로 들어가 보라. 플레밍의 글은 분명하고 설득력 있다. 그의 통찰은 신학적으로 깊이가 있으면서도 더없이 실제적이다. 그는 요한계시록에 나타난 선교하시는 하나님 환상과 어린양이 행하신 길의 아름다움을 조명한다. 그러면서도 그는 종종 등장하는 폭력적 이미지를 다루는 일도 회피하지 않는다. 마지막에 그의 목표는 요한계시록의 목표와 만난다. 그 목표는 바로 하나님의 전체 창조 세계를 위해 선교하고 예배하는 멋진 공동체가 되라고 교회를 격려하는 것이다.

지닌 브라운 미네소타주 세인트폴의 베델 신학교 신약학 교수

요한계시록에 대한 흔하면서도 문제 있는 두 가지 반응은 반발(왜 하나님은 그렇게 화나 계신가?)과 불건전한 몰두(종말에 관한 하나님의 일정은 무엇인가?)다. 딘 플레밍은 요한계시록에 대한 선교적 접근법을 제안한다. 그것은 하나님의 복음 선교, 예수 그리스도의 은혜와 능력, 교회에 주어진 기회, 즉 우리 세계에서 악을 정복하는 하나님의 선한 일에 대한 신실하고 회복력 있는 증인이 될 기회에 초점을 맞추는 접근법이다. 플레밍은 명료함과 겸손과 지혜와 소망을 가지고 요한계시록의 신학에 접근한다. 그 생소함 때문에 당신이 요한계시록을 멀리한 적이 있더라도, 플레밍은 결국 당신이 성경 가운데 가장 좋아하는 책 중 하나가 요한계시록이 되도록 바꾸어 놓을 것이다.

니제이 굽타 노던 신학교 신약학 교수

요한계시록은 아마도 신약성경 중에서 신학적으로 가장 풍성한 책일 것이다. 그리고 선교적 흐름을 따라 신실하게 읽는 사람들에게 오늘날의 교회를 위한 긴급한 메시지를 드러낸다. 딘 플레밍은 처음 상황에서 주어진 원래의 메시지와 오늘날 교회의 선교적 소명에 주의 깊게 귀 기울이는 풍성한 요한계시록 읽기를 제시한다. 이 책은 우리가 플레밍에게 기대해 온 특징을 잘 드러낸다. 사려 깊은 학문에 근거한 풍부하고 동시대적인 목회적·선교적 통찰이 가득하다. 오늘날 우리에게는 요한계시록이 필요하다. 그리고 요한계시록의 강력한 메시지를 활짝 열어 주는 이런 책이 필요하다.

마이클 고힌 세인트루이스의 커버넌트 신학교 선교 신학 교수, 미셔널 트레이닝 센터 신학 교육 책임자

**요한계시록,
오늘을 위한 미래**

IVP(InterVarsity Press)는
캠퍼스와 세상 속의 하나님 나라 운동을 지향하는
IVF(InterVarsity Christian Fellowship)의 출판부로
생각하는 그리스도인을 위한 문서 운동을 실천합니다.

미셔널신학연구소(Institute for Missional Theology)는
"하나님이 교회에 부여하신 선교적 사명 회복"을 모토로
교회의 본질과 방향을 고민하며 연구에 힘쓰고 있습니다.
https://www.imt.or.kr

이 책은 IVP와 미셔널신학연구소가 함께 만들었습니다.

Originally published by InterVarsity Press
as *Foretaste of the Future* by Dean E. Flemming
© 2022 by Dean E. Flemming
Translated and printed by permission of InterVarsity Press
P. O. Box 1400, Downers Grove, IL, 60515, USA. www.ivpress.com

This Korean translation edition © 2024 by Korea InterVarsity Press
156-10 Donggyo-ro, Mapo-gu, Seoul 04031, Republic of Korea.

미셔널신학번역총서 02

요한계시록, 오늘을 위한 미래

Foretaste of the Future
Reading Revelation in Light of God's Mission

창조 세계를 완성하는
하나님의 선교의 절정

딘 플레밍
노종문 옮김

Ivp

차례

미셔널신학번역총서를 펴내며 11
한국어판 서문 13
감사의 말 17
서론: 요한계시록 새롭게 상상하기 19

1장　요한계시록은 무엇을 하고자 하는가? 37
2장　선교의 하나님 65
3장　죽임당한 어린양의 선교 93
4장　하나님 백성의 선교 119
5장　증언으로서의 선교 149
6장　선교와 심판 177
7장　선교적 예배 207
8장　선교적 정치 237
9장　새 예루살렘 선교 269
10장　오늘날 요한계시록을 선교적으로 읽기 299

성찰과 토론을 위한 질문 325
더 읽을거리 333
그림 출처 336
주제 찾아보기 339
성경 찾아보기 344

지난 수년 동안 나에게
성경을 더 신실하게 읽고 가르칠 수 있도록 영감을 주었던,
아시아퍼시픽 나사렛 신학교, 유러피안 나사렛 칼리지,
미드아메리카 나사렛 대학교에서 만났던
나의 학생들에게.

미셔널신학번역총서를 펴내며

한국 교회는 지난 20여 년간 아주 빠르게 쇠퇴의 길을 걸어 왔다. 그동안 한국 교회는 세계에서 유례가 드문 부흥과 성장을 경험하였기에 이 급격한 쇠퇴는 적잖은 충격을 주고 있다. 그러나 단지 수적으로 감소한다는 사실이 진정한 문제는 아니다. 오히려 교회가 세상 속에서 존재감을 잃어버리고 있다는 사실이야말로 큰 문제다. 급변하는 세상 가운데서 변하지 않는 하나님의 말씀을 전해야 하는 교회가 많은 경우 세상과 아예 분리되거나 정반대로 세상에 동화되는 모습을 보여 왔음을 부인하기 어렵다.

서구 교회에서는 이러한 문제를 우리보다 앞서 겪어 왔다. 그러는 동안 교회의 정체성을 반성하며 등장한 흐름이 '미셔널 처치'(Missional Church, 선교적 교회) 운동과 '미셔널신학'(Missional Theology)이다. 이 새로운 신학적 지향을 중심으로 한 교회 운동의 목적은 하나님이 교회에 부여하신, 세상을 향한 선교적 사명(Mission)을 회복하는 것이다. 세상과 분리되거나 세상에 동화되지 않고, 세상 속에서 예수를 따르며 그분을 증언하는 교회의 정체성을 드러내는 것이다. 세상 속에서 존재감을 잃어버리고 있는 오늘날의 한국 교회가 이러한 신학과 교회 운동에 관심을 가져야 할 이유는 충분하다.

사실 한국 교회에 미셔널신학이나 미셔널 처치 운동이 소개된 지도 적잖은 시간이 흘렀다. '미셔널'이라는 개념이 지금 우리에게 적어도 그리 낯설지 않은 것은 그동안 앞장서서 이를 소개하는 일을 감당해 온 분들의 커다란 수고가 있었기 때문이다. 그럼에도 한국 교회에 이 운동이 처음 소개될 때 신학적 측면보다는 주로 실천적 측면에 초점이 맞춰져 있었기에 아쉬웠다. 물론 이 둘을 날카롭게 분리할 수 없으나, 한국 교회 전반적으로 지속 가능한 변화를 도모하기 위해서는 신학적 토양의 변화가 반드시 필요하다.

사단법인 미셔널신학연구소는 하나님이 교회에 주신 선교적 사명이 무엇이며 교회가 그것을 어떻게 감당해야 할지에 대한 고민을 한국 교회와 나누고자 설립되었다. 무엇보다 교회의 체질을 변화시켜 새로운 방향으로 이끄는 원동력은 성경에 있다고 믿으며, 목회자와 성도 들이 성경을 새로운 시각으로 읽도록 돕기 위해 '선교적 해석학'(Missional Hermeneutics)에 기반한 연구를 중점적으로 수행하고 있다. 이와 더불어 오늘날 교회가 마주하는 여러 도전과 과제를 미셔널신학의 관점에서 고찰할 수 있는 연구를 다양한 측면에서 펼치려 한다.

"미셔널신학번역총서"는 그간 영미권에서 수행된 미셔널신학 및 선교적 교회 운동과 관련한 연구를 한국 교회에 소개하기 위해 기획되었다. 이를 통해 선교적 해석학을 중심으로 교회가 선교적 사명을 감당하는 데 필요한 다방면의 연구를 나누고자 한다. 이 일에 IVP가 흔쾌히 뜻을 같이해 주어 감사하다. 이 총서가 한국 교회의 신학적 토양을 새롭게 하여 교회가 자신의 본질과 사명을 회복하는 일에 작은 밑거름으로 쓰임받을 수 있기를 바란다.

송태근 목사
사단법인 미셔널신학연구소 이사장

한국어판 서문

유럽에서 대학원 과정을 갓 마치고, 1987년에 처음으로 아시아에 있는 한 다국적 신학교에서 가르치게 되었다. 내가 그곳에 갈 때 멨던 '배낭'에는 서구의 신학 교육에서 배운 개념과 주장이 가득했고, 내게 성경을 배운 아시아계 학생들은 서구 성경신학의 역사, 바울 사상의 신학적 구조, 예수 부활의 역사성 등 당시 나를 사로잡던 주제에 대해 들어야 했다. 학생들은 때로 어리둥절한 표정을 지으면서도 내 생각을 너그러이 경청해 주었다. 하지만 내가 주로 그들이 묻지 않은 질문에 답하고 있다는 사실을 깨닫는 데까지는 오랜 시간이 걸리지 않았다. 그들은 성경을 읽으면서 다음과 같은 다양한 질문을 던졌다. '성경은 고통, 가난, 압제에 대해 무엇을 말하는가?' '성경은 아시아 종교들의 경전과 어떤 관련이 있는가?' '신약성경은 우리가 영적 세력의 활동에 어떻게 반응할 수 있도록 하는가?' '성경은 조상에게 제사하는 것에 대해 무엇이라 말하는가?'

내가 받았던 서구 신학 교육에서는 적어도 그러한 질문에 적절하게 대답할 수 있도록 준비시키지는 않았다. 그래서 나는 다시 성경으로 돌아가야 했다. 학생들과 함께 그동안 별로 주의를 기울이지 않았거나 순전히 서구의 렌즈로 읽어 왔던 본문들과 씨름했다. 그러면서 이전에 미처 알지 못했던 성경적이고 신학적인 관점에 대해 듣기 시작했고, 그 과정을 통해 복음과 기독교 신학에 대한 이해를 더욱 넓힐 수 있었다.

이 경험은 우리가 성경에서 접하는 좋은 소식이 사람들에게 생생하게 전달되려면 **상황화되어야 한다**는 점을 배우는 데 도움을 주었다. 모든 그리스도인 공동체는 각자의 종교적·문화적·사회적 환경에 놓여 있는 청중이 이해할 수 있는 방식으로 성경을 읽고 신학을 전개하는 법을 배워야 한다. 동시에 그리스도인들은 세상을 바라보는 방식을 변화시킴으로써 복음이 지역 상황에 **도전하도록** 해야 한다. 나는 신약성경 자체가 새로운 열쇠를 가지고 복음을 듣는 양식을 우리에게 제시하고 있으며, 그것이 오늘날 우리의 노력을 지도하고 안내할 수 있다고 믿는다. 나의 첫 번째 책인 『신약성경의 상황화』(Contextualization in the New Testament)는 그러한 확신에서 비롯되었다.[1]

그 책이 나올 무렵, 나는 **선교적으로** 성경을 읽는다는 것이 무엇을 의미하는지 더 진지하게 연구하기 시작했다. '성경은 사람을 포함한 모든 창조 세계에 구원과 온전함을 가져오는 광범위한 하나님의 선교를 어떻게 증언하는가?' '성경은 하나님의 백성이 그들 자신의 삶의 맥락 가운데 하나님이 세상에서 하시는 일에 붙들릴 수 있도록 그들을 어떻게 준비시키고 힘을 불어넣는가?' 이러한 질문과 씨름하는 동안, 나는 성경에서 가장 많이 오해되고 혼란을 가져다주는 책인 요한계시록을 더 잘 이해하는 데 그 질문들이 어떻게 도움을 줄 수 있을지에 점점 더 마음을 쏟았다. 그리고 이 책에서 볼 수 있듯, 요한계시록을 이해하는 방식에서 일종의 '회심'을 경험했다.

---

[1] Dean Flemming, *Contextualization in the New Testament: Patterns for Theology and Mission* (Downers Grove: IVP Academic, 2005). 앞의 내용과 관련해서는 특히 pp. 13-14를 보라. 『신약성경의 상황화』(한국해외선교회출판부).

나는 **미래 예측**이라는 렌즈로 요한계시록을 읽으면서 자랐다. 요한계시록을 주로 미래에 대한 일군의 예측이자 마지막 때를 그리는 일종의 영화 대본으로 이해해 왔다. 그 렌즈는 나를 혼란스럽고 괴롭게 만들었다. 그래서 몸에는 좋을지 몰라도 차라리 피하고 싶은 맛없는 약처럼 요한계시록을 취급했다.

하지만 **선교적** 렌즈를 통해 요한계시록을 읽기 시작했을 때, 나는 죽임 당하고 부활하신 어린양 예수를 통해 온 창조 세계를 구속하고 회복시키시는 하나님의 거대한 목적의 절정인 그 책에 매료되었다. 그리고 요한계시록이야말로 세상에서 하나님의 치유와 구원의 목적에 참여하는 것이 무엇을 의미하는지 이해하는 것과 관련하여 교회가 가진 가장 중요한 자료 중 하나라고 생각하게 되었다. 요한계시록은 바로 지금 하나님의 영광스러운 미래를 '미리 맛보는 존재'로 살도록 우리를 초청한다.

하나님의 선교에 비추어 성경을 읽는 것, **그리고** 오늘의 청중을 위한 성경의 메시지를 상황화하는 것, 이 두 가지 주제는 이 책의 한국어판에 대한 나의 소망에 함께 담겨 있다. 이 책은 여러분이 요한계시록을 선교적으로 읽는 여정을 시작하도록 초대한다. 동시에, 나는 이 책의 내용을 여러분이 처한 환경에 맞게 상황화하기를 강력히 권하고 싶다. 책 전반에 걸쳐 나는 세계 기독교 인구의 다수를 이루는 비서구 그리스도인들의 목소리에 초점을 맞추려고 노력했다. 그럼에도 내가 다루는 많은 예시와 사안은 북미 교회의 맥락에 놓인 나 자신의 경험에서 비롯되었다. 따라서 나는 요한계시록의 선교적 메시지를 한국 문화와 한국 교회에 맞게 상황화하는, 어렵지만 반드시 필요한 이 작업을 독자 여러분에게 맡기고자 한다. 그 풍성하고 보람찬 작업 가운데 성령께서 여러분을 인도하시기를 소망한다.

딘 플레밍

감사의 말

이 책을 쓰는 것은 즐거운 여정이었다. 부분적으로 이는 책의 주제가 마음을 흥분시키는 요한계시록이라는 점과 관련이 있다. 하지만 또한 그 길에서 풍성한 대화를 나눌 수 있었던 친구들 때문이기도 했다. 무엇보다도, 원고 전체를 주의 깊게 읽어 준 세 명의 귀중한 친구인 앤디 존슨(Andy Johnson), 대럴 래넘(Darrell Ranum), 크리스 린든메이어(Chris Lindenmeyer)에게 감사한다. 각자가 현명한 제안을 해 주었고, 그들의 고유한 관점을 가지고 따듯하게 격려해 주었다. 이 책의 주요 부분을 읽고 논평해 준 콜리스 맥기(Corlis McGee), 팀 이스벨(Tim Isbell), 로버트 멘지스(Robert Menzies)에게도 감사한다. 또한 IVP 아카데믹에서 나를 담당한 편집자 애나 기싱(Anna Gissing)에게 깊이 감사한다. 그녀는 이 프로젝트를 진행하는 내내 나를 인도하고 격려해 주었다. 그리고 책이 출판되는 과정을 이끌어 준 레베카 카하트(Rebecca Carhart) 및 IVP 출판사의 다른 사람들에게도 감사한다. 그 외에도 다음의 출판물 및 편집자에게 감사의 마음을 전하고 싶다. 「선교학」(*Missology*)과 그 편집자 리처드 스타처(Richard Starcher), 그리고 세이지 출판사가 2020년 4월판 논문집에 실린 글을 개정하여 사용하도록 허락해 준 것에 감사한다. 그리고 2020년에 출간된 리처드 톰슨(Richard P. Thompson) 편집,『본문에 다시 귀 기울이기: 조지 라이언스 기념 신약학 논문집』(*Listening Again to the Text: New Testament Studies in Honor of George Lyons*)에 실린 "요한계시록에 나타난 거룩한 심판과 하나님의 선교"(Divine Judgment and the *Missio Dei* in the Book of Revelation)에서 일부를 사용할 수 있도록 허락해 준 클레어몬트 출판사와 토머스 필립스(Thomas E. Phillips)에게 감사한다.

마지막으로, 하나님께 영광을 돌린다. 성령께서 힘과 통찰과 동기를 주시지 않았다면 이 책은 나올 수 없었다. "찬송과 영광과 지혜와 감사와 존귀와 권능과 힘이 우리 하나님께 세세토록 있을지어다"(계 7:12).

― 서론 ―

요한계시록 새롭게 상상하기

보좌에 앉으신 이가 이르시되,
"보라 내가 만물을 새롭게 하노라!" 하시고.

요한계시록 21:5

독자 가운데 많은 이가 그러하듯, 나도 요한계시록과 애증의 관계를 맺어 왔다. 솔직히 말하면 요한계시록과 나의 여정은 출발부터 돌밭 길이었다! 나는 요한계시록의 환상들을 종말에 관한 대본으로 취급하는 미국 복음주의 교회 문화에서 자랐다. 예언 전문가들은 내가 다니던 교회에 와서 그들이 만든 현란한 표들을 보여 주면서 미래가 어떻게 펼쳐질지를 단계별로 설명했다. 청소년부에서는 함께 영화를 보았는데, 참된 신자들이 하늘로 '휴거'된 후 땅에 남겨진 사람들이 대환난 기간 동안 경험할 공포스러운 일들을 생생하게 그린 영화였다. 정말로 무서웠다! 대학생 때 나는 핼 린지(Hal Lindsey)의 『대행성 지구의 종말』(*The Late Great Planet Earth*)을 읽었다. 그 책에서는 요한계시록의 이미지와 그 당시 사건들을 관련지어 설명하려 시도했고, 특히 1980년대에 중동에서 세상을 종말로 치닫게 만들 사건들이 일어나리라고 추측했다.[1] 몇몇 요한계시록 해석자가 아직도 이 방법으로 요한계

---

1 Hal Lindsey, *The Late Great Planet Earth* (Grand Rapids, MI: Zondervan, 1970). 『대유성 지구

시록 메시지의 암호를 해독하고 있다는 점은 언급할 가치가 있다. 내가 이 문장을 쓰는 동안에는, 선한 의도를 가진 그리스도인 블로거들이 코로나바이러스 팬데믹이 요한계시록의 청황색 말을 탄 기사가 치명적인 역병을 땅에 풀어놓는(계 6:8) 상징의 의미를 드러내는 것이 아닌지 추측하고 있다. 비록 나는 요한계시록을 이런 '종말의 대본'으로 해석하는 접근법을 대체로 받아들이는 편이었지만(내가 아는 유일한 접근법이었으므로), '예언 전문가들'이 '이것이 **이것**을 의미하는 것'임을 어떻게 확신할 수 있는지 헤아리기 어려웠다.

이 모든 것은 나에게 요한계시록에 대한 두 가지 근본 반응을 남겨 놓았다. 바로 혼란과 두려움이다. 나는 요한계시록에 대한 똑같은 반응을 오늘날 내가 가르치는 학생들에게서 보는데 별로 놀라운 일은 아니다. 그들 중 어떤 이들은 과도한 인기를 누리는 기독교 소설 "레프트 비하인드"(Left Behind) 시리즈와 거기서 파생된 네 개의 액션 영화에 많은 영향을 받았다. 다른 이들은 요한계시록에 대해 미래를 예언하는 책이라는 짐작 외에는 아는 것이 별로 없었다. 한 학생은 요한계시록이 그리스도인으로 살아가는 자신의 삶에서 '방 안에 있는 코끼리' 같은 것이라고 했다. 코끼리처럼 분명 그것은 **존재한다**. 우리를 불편하게 한다. 그러나 우리는 그것을 무시한다. 목사로서 또한 성경을 가르치는 교사로서 나는 대체로 요한계시록을 회피해 왔다. 요한계시록은 너무 폭력적이고, 너무 낙심하게 만들며, 너무 이해하기 어려웠다. 그래서 나는 이 당황스러운 책의 의미를 밝히려는 시도를 주로 '전문가들'에게 맡겨 두었다. 사실상 많은 그리스도인이 요한계시록의 복잡함을 대면할 때 하는 일을 나도 한 것이다. 요한계시록은 나의 개인적 정경 목록 속에서 '외면받는 존재'(ugly stepsister)가 되었다. 복음서의 예수님 및 신약 성경 서신서의 실천적 신학과 이상하게도 연결되지 않았던 것이다.

의 종말』(생명의말씀사).

나 혼자만이 아니었다. 수 세기 동안 그리스도인들은 이 신비로운 환상의 책을 어떻게 다루어야 할지 몰라 고심해 왔다. 종교개혁자 마르틴 루터(Martin Luther)는 이 책이 신약성경 정경에 포함되어야 하는지 고민했다. 장 칼뱅(John Calvin)에게 이 책은 사실상 신약성경 가운데 그가 주석을 쓰지 **않은** 유일한 책이다(칼뱅은 요한2·3서에 대한 주석도 쓰지 않았다—편집자). 감리교의 창시자 존 웨슬리(John Wesley)는 요한계시록의 많은 부분을 "이해할 수 없어 크게 실망하여" 그 부분을 강해할 때는 "외주를 주었다." 이전의 학자 벵겔(Bengel)의 주석에 대부분을 의존한 것이다.[2] 나는 훌륭한 선배들과 함께 고민하고 있었던 셈이다.

그러나 그 후에 나와 요한계시록의 관계는 극적으로 변화했다. 의도하지 않았는데 일어난 일이었다. 독일에서 신약성경을 가르치는 동안 요한계시록에 관한 글을 하나 써 달라는 부탁을 받았다. 나의 스승 한 분을 기리는 책에 실을 글이었다. 그 책의 편집자들은 나에게 그 과제를 맡겼는데, 요한계시록 학자로서 내가 뛰어난지 여부는 전혀 상관이 없었다. 그들은 그저 그 주제로 쓰겠다는 사람을 찾지 못했을 뿐이었다! 나는 억지로—아마 어리석게도—글을 쓰기로 약속했다. 내가 최소한의 자격이 있었기 때문이 아니라 스승에 대한 존경심 때문이었다. 내가 요한계시록 공부로 후진해 들어갔다고 말해야 할 것이다. 그런데 연구 초기 단계에서 리처드 보컴(Richard Bauckham)의 『요한계시록의 신학』(*The Theology of the Book of Revelation*)을 만났고, 그 책은 내가 요한계시록을 보는 관점을 바꾸어 놓았다.[3] 보컴은 내가 요한계시록을 종말에 대한 실황 중계 대본이나 이해할 수 없는 환상 모음으로

---

2   John Wesley, *Explanatory Notes upon the New Testament*, repr. (Salem, OH: Schmul, 1976), p. 650. 『웨슬리 신약 성경 주석』(한국웨슬리학회).
3   Richard Bauckham, *The Theology of the Book of Revelation* (Cambridge: Cambridge University Press, 1993). 『요한계시록 신학』(한들출판사).

읽지 않고, 하나님이 세상을 위해 품으신 전체적인 사랑의 목적의 정점으로 읽을 수 있도록 도와주었다. 나는 요한계시록을 **신학적**으로 또한 **선교적**으로 읽기 시작했다. 그것이 **모든 것**을 바꾸어 놓았다.

그 최초의 논문을 쓰기 위한 공부는 내 안에서 불꽃을 일으켰고, 불꽃은 요한계시록에 대한 깊은 열망으로 자라났다. 나는 요한계시록에 열정을 품고 있는데, 그 책을 완전히 이해했기 때문이 아니라 이렇게 자주 소홀히 여겨지고 오해되며 두렵게 하는 책 속에 우리가 무시할 수 없는 메시지가 있다고 확신하게 되었기 때문이다. 요한계시록은 사람들이 성경에서 캐내지 않은 풍부한 광맥이다. 만물을 새롭게 하시는 하나님의 압도적 선교 **그리고** 교회가 그 새롭게 하는 선교에 어떻게 사로잡혀 있는지 **둘 다** 이해할 수 있게 한다. 나처럼 요한계시록에 대해 불확실함, 무지, 두려움을 느껴 보았거나 요한계시록을 제쳐 두었던 적이 있다면 이 책은 당신을 위한 것이다.

이 책에서 보여 주려는 내용을 간단히 요약하면 이렇다. 요한계시록은 미래에 일어날 일들의 대본을 제시하는 것이 아니고, 죽임당한 어린양의 선교(mission, 사명)를 통해 사람을 포함한 전체 창조 세계를 구속하고 회복한다는 하나님의 위대한 계획을 계시한다. 동시에 요한계시록은 그리스도인 공동체들을 빚어내고 준비시켜 그들의 입술과 삶을 통해 하나님의 다가올 새 창조 세계를 지금 미리 맛보게 하는 존재로 살게 하며, 그리하여 하나님의 구원 목적에 참여하게 하고자 한다.

왜 이 책이 필요한가?

내가 이 책을 쓴 것은, 부분적으로는 요한계시록이 교회에 관해, 그리고 세상 속에서 교회가 맡은 역할에 관해 보통 우리가 기대하는 것보다 할 말이 훨씬 많다고 믿기 때문이다. 학생들, 설교자들, 교인들의 생각 속에서는 이 성경의 마지막 책과 교회의 일상생활 및 사명(선교, mission) 사이에 깊은 단절이 너무 자주 일어나고 있다. 요한계시록과 실제 생활 사이의 이 간극은 놀랍지 않다. 많은 대중적 요한계시록 읽기는 대부분 **미래**에 사건들이 어떻게 펼쳐질지에 초점을 맞춘다. 그 결과 하나님이 **지금** 세상에서 무엇을 하고 계신지에 대해서는 말할 내용이 별로 없다. 어떤 그리스도인들에게 요한계시록은 하늘에 있는 미래의 집에 관한 안내도 같은 역할을 한다. 특히 요한계시록 4-5장의 보좌 방 장면과 21-22장의 요한의 새 예루살렘 환상이 그렇다. 그러나 이런 태도는 요한계시록의 내용 대부분을 일상생활과 관련 없게 만든다. N. T. 라이트(Wright)는 다음과 같이 지적한다. "우리는 하늘을 향해 가고 있기 때문에, 땅 위에 있는 짐승의 권력들의 고함과 분노는 흥미롭긴 해도 우리와는 별로 상관이 없다."[4]

많은 다른 그리스도인에게 요한계시록은 이 세상을 **벗어나는 길**을 드러내 준다. 이러한 문자적인 "레프트 비하인드"(left behind: 내버려진, 베스트셀러 소설의 제목―옮긴이)식의, 전문 용어로는 '세대주의'(dispensationalism)라 부르는 접근법은 지난 세기 북미에서 복음주의자들의 요한계시록 해석을 지배해 왔고, 전 세계 교회의 여러 부분으로 널리 수출되었다. 그런 부류의 많은 요한계시록 읽기에서는 예수님을 믿는 진짜 신자들이 요한계시록 4장에서 부활하신 예수님이 요한에게 "이리로 올라오라"(계 4:1)라고 말씀하실 때 은밀하게 하늘로 '휴거된다'고 주장한다. 그런 시나리오에서는 불신자뿐만 아니라 **세상에서 교회가 감당해야 할 선교 전체가** 내버려진다. 이것은 반역하는 세상을 향한 하나님의 선교 안에서 교회가 맡은 모든 역할로부터 **벗어나는** 결과를 낳는다. 더 나아가, 요한계시록이 단순히 종말 사건들에 대한

---

4 N. T. Wright, "Revelation and Christian Hope: Political Implications of the Revelation to John," in *Revelation and the Politics of Apocalyptic Interpretation*, ed. Richard B. Hays and Stefan Alkier (Waco, TX: Baylor University Press, 2012), p. 105.

암호화된 예언에 불과하다면(적어도 4장 이후부터), 요한이 원래 염두에 두고 글을 썼던 사람들에게는 요한계시록이 무슨 의미가 있었겠는가?

"당신의 생각을 바꿀 시간은 없다. 성자는 이미 오셨고 당신은 내버려졌다."[5]
래리 노먼

아마도 그런 '하늘에 떠 있는 파이'(허황된 이야기—옮긴이)식의 미래적 접근법에 대한 반동으로, 다른 해석자들은 요한계시록의 상징과 환상을 1세기 로마 제국의 역사적·정치적 상황에 국한해서 읽기도 한다. 그러나 그들은 요한의 1세기 세계와 현재의 하나님 백성의 삶과 선교 사이에 어떤 종류든 다리를 놓는 데 어려움을 겪는다. 요한계시록과 오늘날의 교회 사이의 깊은 골짜기는 그대로 남아 있다.

요한계시록의 메시지를 얼어붙은 과거의 사건들이나 먼(혹은 멀지 않은) 미래의 예언들에 제한하거나 기껏해야 예수님의 재림에 대비하라는 개인적 차원의 경고에 머무르게 하는 것이 아닌, 다른 방식으로 요한계시록을 읽는 방법이 존재하는가? 확실히 존재한다! 나는 **선교적** 요한계시록 읽기가 우리를 이 "기독교 경전의 특이하고도 멋진 느낌표"를 더 신실하고 책임감 있게 읽는 길로 인도한다고 주장한다.[6] 그러나 선교적 읽기라는 말에 내가 담고자 하는 의미를 설명하기 전에, 이 책을 쓴 다른 이유 하나를 말할 필요가

---

5   Larry Norman, "I Wish We'd All Been Ready," Beechwood Music Corp./J. C. Love Pub. Co, 1969.
6   Dean Flemming, *Why Mission?* (Nashville, TN: Abingdon, 2015), p. 110. 『신약을 선교적으로 어떻게 읽을 것인가』(대서).

있겠다.

지난 30여 년 동안, 나는 내가 속한 북미 상황 바깥에 있는 전 세계 여러 배경에서 온 사람들을 가르치고 그들에게서 배우는 특권을 누렸다. 그 시간 대부분을 아시아와 유럽에서 보냈고, 최근에는 아프리카의 박사 과정 학생들을 지도할 기회가 있었다. 비록 내가 성경을 **가르치는** 역할을 해 왔지만, 나의 성경 해석은 그러한 다른 문화적 배경을 가진 학생들, 교회 지도자들, 교구 회중과의 교류를 통해 빚어졌다. 서구의 신학자들과 성경 해석자들이 너무도 자주 그들의(주로 백인 남성의) 해석들만 유일하게 의미 있다고 가정하는 듯한 태도를 취할 때 나는 마음이 괴로웠다. 우리는 또한 세계 기독교의 무게 중심이 서쪽에서 동쪽으로, 북쪽에서 남쪽으로 극적으로 이동했음을 쉽게 잊는다.[7] **다수 세계**(서구 바깥의 세계)라는 말은 단순히 정치적으로 올바른 언어가 아니다. 그것은 전 세계 기독교의 실재를 기술하는 말이다. 결과적으로, 서구 그리스도인들은 자신의 목소리와 다른 목소리들에 귀를 기울여야 한다. 그 목소리에는 서구에 살지만 주류 문화에 속하지 않은 사람들의 통찰도 포함된다. 이 책에서는 선교적 요한계시록 읽기를 탐구할 때, 다양한 문화와 상황을 대표하는 사람들의 관점을 포함하려고 노력할 것이다. 그런 접근법은 사실 모든 족속과 언어와 나라에서 나아온 사람들이 하나님의 백성을 이룸을 보여 주는(계 7:9) 요한계시록 자체에 충실한 것이다.

선교적 요한계시록 읽기란 무엇인가?

이 책을 쓰는 가장 중요한 이유는, 선교적 요한계시록 읽기가 우리로 하여

---

[7] Philip Jenkins, *The New Christendom: The Coming of Global Christianity* (Oxford: Oxford University Press, 2002)를 보라.

금 성경의 마지막 책을 더 **충실하게**, 즉 성경의 성격과 목적에 더 동조된 방식으로 읽게 해 준다고 믿기 때문이다. 성서학자와 신학자와 선교학자 모두가 점점 비슷한 인식에 도달하게 되었다. 즉, 크리스토퍼 라이트(Christopher Wright)가 표현했듯 성경 전체가 "하나님의 모든 창조 세계를 위한, 하나님의 세상에 참여하는 하나님의 백성을 통한 하나님의 선교 이야기"[8]를 들려준다는 것이다. 선교적 성경 읽기는 세 가지 중요한 전제에 기초를 둔다.[9]

- 하나님은 선교의 하나님이시다. 그러므로 하나님은 모든 사람에게 구원을 베풀고 모든 창조 세계를 회복하시고자 사랑의 선교를 행하신다.
- 성경은 하나님이 세상에서 행하시는 선교를 증언한다.
- 하나님은 그 거룩한 선교에 참여하라고 교회를 부르셨다. 그리고 성경은 하나님의 백성이 그들의 구체적 삶의 정황 속에서 그 일을 행할 수 있도록 준비시키고자 한다.

더 나아가기 전에 몇 가지 정의가 필요하다. **선교**부터 시작해 보자. 많은 그리스도인이 **선교**를 상당히 좁은 의미로 생각한다. 사람들을 전도하고 교회를 개척하는 교회의 활동, 그중에서도 특히 타문화권에서 행하는 활동에 초점을 맞춘다. 그것은 주로 하나님의 부름을 받은 선교사들이 **하는** 일이며 다른 그리스도인들은 그 일을 **후원한다**. 이런 정의가 잘못된 것은 아

---

8 Christopher J. H. Wright, *The Mission of God: Unlocking the Bible's Grand Narrative* (Downers Grove, IL: IVP Academic, 2006), p. 51(강조 삭제). 『하나님의 선교』(IVP).
9 Michael J. Gorman, *Abide and Go: Missional Theosis in the Gospel of John* (Eugene, OR: Cascade, 2018), pp. 2-3를 보라. 『움직이는 포도나무』(한국해외선교회출판부).

니다. 단지 너무 제한적일 뿐이다. 참으로 성경적인 선교 이해는 훨씬 더 포괄적이다. 우리는 교회나 선교사의 활동이 아니라 삼위일체 하나님의 선교[라틴어로 *missio Dei*(미시오 데이)]에서 출발할 필요가 있다. 선교는 하나님과 함께 시작한다. 그것은 모든 창조 세계에, 특히 모든 나라의 사람들에게 온전함과 구속을 가져온다는 하나님의 거대한 목적에 관한 것이다. 또한 우리가 하나님의 백성으로서 하나님의 위대한 목적에 참여하는 동안 그렇게 되고 행하고 말하도록 부름받는 일이다.[10]

나는 **선교적**(missional)이라는 말을 전문 용어로(예컨대 '선교적 교회'의 경우처럼) 사용하지 않고, 그저 하나님의 선교와 관련이 있거나 그 일에 참여하는 어떤 것을 언급하는 형용사로 사용한다.[11] 또한 선교가 무엇을 의미하지 **않는지**를 분명히 해 두는 것이 중요하다. 나는 어떤 그리스도인들에게는 **선교**라는 용어 자체가 문제시됨을 인식하고 있다. 이 용어는 선교사들과 식민지 권력들이 결탁했던 고통스러운 과거를 떠올리게 만든다. 지배 그룹은 힘없는 사람들에게 지배 그룹의 문화와 신념을 받아들이도록 강요했다. 그러나 나는 그에 대한 해결책이 용어까지 함께 내버리는 것이라고는 믿지 않는데, 다양한 전 세계 문화에 속한 나의 학생들과 동료들이 내가 그 점을 볼 수 있도록 도와주었다. **선교**의 성경적 이해는 문화적 제국주의와는 정반대 입장을 나타낸다. 그것은 세상의 모든 민족을 위한 하나님의 치유, 화해, 해방의 목적에 사로잡히는 것과 관련된다.

---

10 그리스도인, 특히 북미의 그리스도인들은 종종 **선교**(mission)뿐 아니라 복수인 **선교들**(missions)님의 선교에 참여하기 위해 개입할 수 있는 많은 활동"을 언급하는 것으로 이해하는 게 가장 적절하다. Christopher J. H. Wright, *The Mission of God's People: A Biblical Theology of the Church's Mission* (Grand Rapids, MI: Zondervan, 2010), p. 25. 『하나님 백성의 선교』(IVP).

11 Flemming, *Why Mission?*, pp. xvii-xviii. 라이트는 '**선교적**'(missional)이라는 말이 성경 전체의 메시지를 읽어 내는 데 더 나은 용어라는 점을 설득력 있게 논증한다. '**선교사적**'(missionary) 혹은 '**선교학적**'(missiological)이라는 말은 그에 비해 초점을 더 좁게 맞춘다. Wright, *Mission of God*, pp. 23-25.

'미시오 데이'에 대한 포괄적 이해는 우리가 성경과 선교의 관계를 다시 생각해야 할 필요가 있음을 깨닫게 한다. 과거에는 그리스도인들이 성경에서 선교에 대해 말해야 했던 내용을 찾아내고자 종종 금을 찾는 사람과 비슷한 작업을 했다. 금을 찾는 사람처럼 그들은 선교와 관련된 약간의 금 알갱이, 즉 세계 복음화를 위한 교회의 과업을 지지하는 본문들을 찾을 때까지 성경 전체를 체질했다.[12] 마태복음 28:19에 나오는 예수님의 지상 명령인 "가서 모든 민족을 제자로 삼아"나, "너희가…땅끝까지 이르러 내 증인이 되리라"(행 1:8)라는 메시아의 약속, 또는 로마서에 나타난 바울의 질문인 "전파하는 자가 없이 어찌 들으리요"(롬 10:14)와 같은 알갱이다. 알갱이 찾기는 흥분되는 일이다. 그러나 이를 '성경과 선교'에 대한 우리의 주된 접근법으로 삼는 것은 최선의 경우에도 불완전하고 최악의 경우에는 오도할 수 있다. 고립된 선교 관련 본문을 찾기 위해 성경을 이리저리 넘기는 대신에, 우리는 **성경 전체를 선교 본문으로** 볼 필요가 있다. 이는 **선교가** 교회의 타문화권 전도라는 한 분야보다 더 크다고 가정한다. 선교는 모든 수준에서 구원과 치유를 베푸시려는 하나님의 포괄적인 사랑의 목적을 포함한다.

크게 보아 성경에 적용되는 원리는 구체적으로 요한계시록에도 그대로 적용된다. 단순히 요한계시록에서 교회의 타문화 선교 활동의 근거가 될 단락(계 5:9이 떠오른다. "각 족속과 방언과 백성과 나라 가운데에서 사람들을 피로 사서 하나님께 드리시고")을 찾는 대신에, 우리는 요한계시록 **전체**를 모든 사람을 구속하고 온 창조 세계를 새롭게 한다는 하나님의 전면적 목적에 대한 증언으로 볼 필요가 있다. 요한계시록은 그런 선교적 읽기로 우리를 초대하고

---

12 David J. Bosch, "Reflections on Biblical Models of Mission," in *Toward the 21st Century in Christian Mission*, ed. James M. Phillips and Robert T. Coote (Grand Rapids, MI: Eerdmans, 1993), pp. 175-176를 보라.

심지어 그것을 **요구**한다. 요한계시록은 세상에서 이루어지는 하나님의 선교의 목표와 승리를 환상으로 보여 준다. 그 선교는 "만국을 치료"(계 22:2)하고 궁극적으로 "만물을 새롭게"(계 21:5) 하는 일이다. **첫째로**, 선교적 요한계시록 읽기에서는, 어떤 구절이나 단락이 아닌 책 전체가 모든 창조 세계를 위한 포괄적인 하나님의 선교와 그 선교에서 하나님의 백성이 맡은 역할을 증언한다고 가정한다.

그러나 선교적 요한계시록 읽기에는 **두 번째** 차원이 있다. 그것은 요한계시록이 어떻게 하나님의 백성으로 하여금 그들이 사는 곳에서 하나님의 선교에 사로잡힐 수 있도록 준비시키고 기운을 불어넣는가와 관련이 있다. 선교적 성경 읽기는 성경이 **말하는** 것만이 아닌 **행하는** 것에도 관심을 둔다. 요한계시록에 나오는 요한의 환상들은 미래의 예고를 훨씬 넘어서는 일을 한다. 그 환상들은 하나님의 백성이 어떤 존재이며 그들이 어떻게 **지금** 하나님의 선교를 살아야 하는지에 영향을 끼치고자 한다. 요한계시록 자체가 하나님의 선교의 도구로서 봉사한다. 그것은 이미 하나님의 구원하는 선교에 개입되어 있는, 1세기와 21세기에 그리스도를 따르는 이들의 공동체를 향해 말한다. 그리고 하나님이 세상 속에서 이루어 가시는 사랑의 목적을 그 공동체들이 몸으로 실현하도록 능력을 부여한다.

셋째로, 선교적 성경 읽기에서는 성경이 구체적인 삶의 상황 속에 있는 이들에게 말하는 방식에 관심을 가진다. 선교학자들은 이 과제를 **상황화**라고 부른다. 모든 그리스도인 공동체는 반드시 이렇게 물어야 한다. '하나님의 선교와 그에 대한 교회의 참여에 관해 요한계시록에서 증언하는 바는 우리 자신 및 다른 사람들의 환경 안에서 어떻게 **상황화되는가**?' 다행히 성경 자체가 우리가 배워야 할 상황화의 모델을 제시한다. 요한과 같은 신약성경 저자들은 복음이 구체적 상황에 맞추어 말할 수 있게 만들었다. 예를 들어, 복음은 고대 버가모에서 문화적으로는 '정상적인' 관습이었던 우상에게

바쳤던 음식을 먹는 문제에 대응했다(계 2:14).[13]

이와 유사하게, 우리는 복음 이야기를 오늘날 전 세계의 다양한 환경에 맞추어 계속 새로운 음조로 노래할 필요가 있다. 우리의 삶의 상황에 따라서 우리는 다른 질문들을 가지고 본문 앞에 나온다. 예를 들어, 요한계시록 3장의 라오디게아 교회를 향한 그리스도의 말씀을 살펴보자. "네가 말하기를, '나는 부자라. 부요하여 부족한 것이 없다' 하나, 네 곤고한 것과 가련한 것과 가난한 것과 눈먼 것과 벌거벗은 것을 알지 못하는도다.…이기는 그에게는 내가 내 보좌에 함께 앉게 하여 주기를 내가 이기고 아버지 보좌에 함께 앉은 것과 같이 하리라"(계 3:17, 21).

가난과 주변화를 경험하는 그리스도인들은 어떻게 그 말씀이 부자와 권력자의 상을 뒤집어엎으며 어떻게 경제적 불의로부터 구원의 소망을 가져다주는지 물을 것이다. 그러나 상대적으로 힘 있고 풍요한 자리에서 읽는 그리스도인들은 어떨까? 그들은 그리스도의 메시지가 생각 없는 물질주의 및 그것이 물질의 혜택을 누리지 못하는 사람들에게 끼치는 해로운 효과에 어떻게 저항하도록 도전하는지 살핌으로써, 그리스도의 궁극적 승리에 참여할 수 있을 것이다. 복음은 동시에 여러 가지 방식으로 우리 자신의 상황을 포함한 **모든** 문화와 상황에 도전할 것이다.

상황화와 관련하여 흥미로운 것은, 상황화가 간접적 방식으로는 제대로 작용하지 않는다는 점이다. 결국 당신과 당신의 그리스도인 공동체는, 당신이 속한 배경에서 이 어려운 상황화 작업 대부분을 스스로 해야 할 것이다. 그러나 이 책 전반에서는 나와 같이 북미 상황에 있는 그리스도인 독자들 및 다른 전 세계 여러 장소에 있는 사람들이 어떻게 요한계시록의 메시지를

---

[13] Dean Flemming, *Contextualization in the New Testament: Patterns for Theology and Mission* (Downers Grove, IL: IVP Academic, 2005)을 보라.

듣고 있으며 그들의 장소에서 요한계시록이 어떻게 그들에게 말하고 있는지 사례를 제시할 것이다. 어떤 사례는 본문 사이에 삽입된 형태로 주어질 것이다.

요약하면, 요한계시록을 선교적으로 읽기 위해서 우리는 적어도 세 가지 핵심 질문을 마음에 품고 요한계시록에 접근해야 한다. 첫째로, 하나님은 세상에서 무엇을 하고 계시며 요한계시록은 그 하나님의 포괄적 선교를 어떻게 증언하는가? 둘째로, 요한계시록에서는 하나님의 백성이 하나님이 행하시는 일에 사로잡히도록 어떻게 그들을 초대하고 준비시키는가? 셋째로, 그러한 하나님의 선교와 거기에 우리가 참여하는 것에 대한 이해는 오늘날 교회가 속한 다양한, 전 세계의 환경을 향해 어떻게 말하는가?[14] 이 세 가지 질문은 이 책의 주요 관심사를 이룬다. 더 개인적인 질문으로 바꾸어 보면 이렇다. '세상에서 하나님은 무엇을 하고자 하시는가?' '우리는 어떻게 그 일부가 되어 있는가?' '이 모든 것이 우리와 같은, 그리고 우리와 같지 **않은** 그리스도인들에게 무슨 차이를 만드는가?'

우리는 어디로 가고자 하는가?

나는 늘 방향을 잃어버리는 사람이다! 내 속의 나침반은 일반적으로 약 180도 정도 다른 방향을 가리킨다. 그래서 나는 여행을 떠나려 할 때 네비게이션 앱이나 지도를 꼭 챙겨야 한다. 이 여행을 함께 출발하면서 먼저 우리가 어디로 가려 하는지 지도를 그려 보겠다. 우선, 우리는 요한계시록 1장

---

14 이런 관심사들은 조지 헌스버거(George R. Hunsberger)의 영향력 있는 논문에서 제시한 선교적 성경 해석의 여러 차원을 반영한다. "Proposals for a Missional Hermeneutic: Mapping the Conversation," *Missiology* 39 (2011): pp. 309-321. 헌스버거는 '복음과 우리 문화 네트워크'(the Gospel and Our Culture Network)에서 주최한 일련의 모임에서 나타난 선교적 읽기의 네 가지 '흐름' 또는 다른 이해들에 대해 논의한다.

에서 시작해 한 장씩 가로질러 가는 일반적 경로를 택하지 않을 것이다. 그 대신 우리는 **주제들을 통해** 요한계시록에 접근하면서 선교적 요한계시록 읽기의 다양한 차원을 탐구할 것이다. 여행은 1장에서 요한계시록을 읽는 틀을 제시하는 것으로 시작한다. 1장에서는 다음과 같은 질문에 답한다. '요한계시록은 어떤 종류의 책인가?' 그리고 '요한이 말을 건네는 1세기 상황은 무엇인가?' 이번 장에서는 선교적 요한계시록 읽기를 위한 무대를 마련하기 위해, 요한의 환상들이 어떻게 그의 독자들로 하여금 그들의 세계를, 통제권이 있다고 주장하는 사회적·정치적·종교적 권력의 관점과는 완전히 다른 관점으로 보도록 초대하는지 보여 준다.

거기서부터 우리는 여행의 중요한 부분으로서 하나님의 선교에 대한 요한계시록의 그림에 다가가는 여러 길을 통과해 나간다. 2장에서 4장까지는 요한계시록에서 들려주는 하나님의 선교 이야기 속 주요 인물들을 만난다. **선교의 하나님**은 세상을 향한 사랑의 목적을 품으셨고 그 목적은 창조에서 새 창조까지 이어진다. **죽임당한 어린양**의 값비싼, 구속하는 죽음은 하나님의 선교를 가능하게 했을 뿐 아니라, 하나님이 세상 속에서 그분의 새롭게 한다는 목적들을 **어떻게** 수행하시는지도 드러낸다. **하나님의 백성**은 모든 사람과 모든 창조 세계를 위한 하나님의 구원 사역을 성취하는 도구로서 하나님의 선택을 받았다. 우리는 요한계시록이 하나님의 백성을 1세기 소아시아에서 고난받기도 하고 때로는 타협하기도 하는(계 2장과 3장), 많은 면에서 오늘날의 교회와 닮은 회중으로 그리며, **또한** 여러 나라에서 나와 구속받은 무리(계 7:9)로서 하나님의 새 창조 세계를 지금 구현하도록 부름받는 이들로 그리고 있음을 발견할 것이다.

5장에서 8장까지는 하나님이 세상에서 행하시는 일을 보이는 요한의 환상에서 몇 가지 핵심 요소를 탐구하는 여행이 이어진다. 첫째로, 우리는 말과 삶으로 행하는 **증언**을 볼 것이다. 요한계시록에서 이는 교회의 근본 소명이다(5장). 그다음 우리는 요한계시록의 폭력적인 **심판** 환상들을 하나님의 사랑의 선교와 어떻게 조화시켜야 하느냐는 까다로운 이슈를 다룰 것이다(6장). 우리는 선교와 심판이 **동역자**이지 원수가 아님을 발견할 것이다. 7장에서는 하나님 백성의 **예배**를 집중 조명하고 어떻게 그 예배가 하나님의 선교에서 핵심 역할을 하는지 살펴본다. 8장에서는 선교적 **정치**라는 질문을 정면으로 다룬다. 로마 제국의 우상숭배와 착취에 비추어 볼 때, 요한에게 하나님 나라에 대한 충성은 무엇을 의미했는가? 그리고 하나님의 선교는 오늘날 우리에게 '바빌론과 짐승의' 정치에 어떻게 저항하도록 요청하는가? 이 장은 어떤 독자에게는, 특히 현재 북미 상황에 적용해 본다면 가장 도전적인 장이 될 것이다. 기도하는 마음과 열린 영을 가지고 읽기를 부탁한다.

9장에서는 요한계시록을 통과하는 우리의 여행이 요한의 새 하늘과 새 땅 환상에서 목표 지점에 도달한다. 그리고 어떻게 그 환상이 우리를 새 창조 세계를 미리 맛보게 하는 존재로서 지금 살도록 초대하는지 살펴본다. 마지막으로, 결론 장은 전체 여정을 돌아본다. 특히, 요한계시록을 선교적으로 읽는 것이 무엇을 의미하는지, 또한 어떻게 그것이 실제로 오늘날 선교 가운데 있는 교회에서 실제로 활용될 수 있는지를 살펴본다.

독자에게

나는 이미 당신에게 내 이야기를 조금 들려주었다. 우리의 삶 이야기와 우리가 속한 공동체는 필연적으로 우리가 성경을 읽는 방식에 영향을 끼친다. 나도 예외는 아니다. 신학적으로는 웨슬리의 성결 신학 입장에 서 있고 더 넓게는 역사적 복음주의 전통 안에 있다. 북미에서 자랐고 지금은 거기서 살며 일하고 있다. 그러나 앞서 언급했듯, 성인이 된 후 살아온 날 대부분을 아시아와 유럽에서 사역하며 보냈다. 당신은 아마도 내 이야기 안에서 그 문화들을 겪은 경험을 보게 될 것이다. 나는 또한 서구의 백인 남성으로서 다른 많은 요한계시록 독자가 누리지 못한 특권들을 경험했음을 인식하고 있다. 이는 분명히 내가 이 본문을 읽는 방식에 영향을 끼칠 것이다. 그러나 나는 나와 다른 삶의 경험을 가진 그리스도 안의 자매와 형제에게서 듣고 배우는 여정 가운데 있다.

이 책은 설교자, 교사, 학생, 평신도 등 성경을 더 신실하게 읽고자 하는 몇몇 유형의 독자들을 위한 것이다. 이 책이 더 충실한 요한계시록 접근법에 관심이 있는 이들과 성경을 선교적으로 읽는 방법을 배우려는 이들을 돕도록 하는 게 내 목표다. 가능한 한 쉽게 읽히도록 전문 용어는 대부분 제거하려고 노력했다. 또한 괄호 안에 근거 구절을 많이 포함했다. 완전한 목록은 아니지만 그 구절들을 찾느라 추가로 시간과 노력을 기울였다. 많은 유익을 주리라 믿는다. 마지막으로, 책 말미에 성찰 질문들을 포함했다. 그 질문들은 요한계시록의 메시지를 실제로 어떻게 적용할지에 관한 더 깊은 개인적 성찰과 그룹 대화를 도와줄 것이다.

이 책은 양해를 구하지도 못한 많은 이의 수고 위에 세워졌다. 나는 데이비드 보쉬(David Bosch), 크리스토퍼 라이트, 마이클 고힌(Michael Goheen) 등 선교적 성경 읽기를 깊이 성찰해 온 선교학자와 성서학자에게서 많은 것을 배웠다.[15] 거기에 더하여 북미의 '복음과 우리 문화 네트워크'에서는 2002년부터 선교적 해석학 연례 포럼을 후원해 주었다. 이 포럼은 생각을 다듬는

---

15 David J. Bosch, *Transforming Mission: Paradigm Shifts in Theology of Mission* (Maryknoll, NY: Orbis, 1991), 특히 pp. 15-178. 『변화하는 선교』(기독교문서선교회); Wright, *Mission of God; idem, Mission of God's People*; Michael W. Goheen, *A Light to the Nations: The Missional Church and the Biblical Story* (Grand Rapids, MI: Baker, 2011)를 보라. 『열방에 빛을』(복있는사람). 또한, Michael W. Goheen, ed., *Reading the Bible Missionally* (Grand Rapids, MI: Eerdmans, 2016)와 그 책에 실린 풍부한 참고 문헌을 보라. 『선교적 성경 해석학』(IVP).

데 큰 도움이 되었다.[16] 이 책이 포럼의 논의를 발전시키는 데 도움이 되기를 바란다. 내가 아는 한 이 책이 선교적 요한계시록 읽기를 다루는 첫 번째 책이다.[17]

또한 이 책이 선교적 성경 읽기의 사례 역할을 하기를 기대한다. 이 책은 당신과 당신이 속한 공동체가 성경의 다른 부분도 유사한 방식으로 읽을 수 있도록 용기를 줄 것이다. 이 책이 독자들에게 하나님의 선교에 비추어 성경을 읽으려는 더 깊은 욕구를 일깨우기를, 또한 그토록 자주 오해되거나 무시되는 요한계시록이 어떻게 오늘날 하나님 백성의 삶과 선교를 빚어낼 수 있는지를 발견하려는 열정을 일으키기를 기도한다. 이제 그 여행을 시작할 시간이다.

---

16 이 연례 포럼과 관련한 자료는 '복음과 우리 문화 네트워크' 웹사이트를 보라. www.gocn.org.
17 나는 예전부터 선교적 요한계시록 읽기에 관해 더 짧은 글들을 써 왔다. 이 책은 그런 성찰의 토대 위에 있다. Dean Flemming, "Revelation and the *Missio Dei*: Toward a Missional Reading of the Apocalypse," *Journal of Theological Interpretation* 6 (2012): pp. 161-178; *Recovering the Full Mission of God* (Downers Grove, IL: IVP Academic, 2013), pp. 231-252. 『하나님의 온전한 선교』(대서); *Why Mission?*, pp. 109-127; "The Book of Revelation," in *Wesley One Volume Commentary*, ed. Kenneth J. Collins and Robert W. Wall (Nashville, TN: Abingdon, 2020), pp. 908-934; "Locating and Leaving Babylon: A Missional Reading of Revelation 17 and 18 in Light of Ancient and Contemporary Political Contexts," *Missiology* 48.2 (2020): pp. 112-126; "Divine Judgment and the *Missio Dei* in the Book of Revelation," in *Listening Again to the Text: New Testament Studies in Honor of George Lyons*, ed. Richard P. Thompson (Claremont, CA: Claremont Press, 2020), pp. 171-191; "Following the Lamb Wherever He Goes: Missional Ecclesiology in Revelation 7 and 14:1-5," in *Cruciform Scripture: Cross, Participation, and Mission*, ed. Christopher W. Skinner et al. (Grand Rapids, MI: Eerdmans, 2021), pp. 260-278를 보라. 또한 마이클 고먼(Michael J. Gorman)이 쓴 *Reading Revelation Responsibly: Uncivil Worship and Witness: Following the Lamb into the New Creation* (Eugene, OR: Cascade, 2011)을 보라. 『요한계시록 바르게 읽기』(새물결플러스). 이 탁월한 책은 요한계시록에 신학적으로, 부분적으로는 선교적으로 접근한다.

1장

요한계시록은 무엇을 하고자 하는가?

>이 예언의 말씀을 읽는 자와 듣는 자와 그 가운데에 기록한 것을 지키는 자는 복이 있나니 때가 가까움이라.
>
>요한계시록 1:3

당신이 1세기 말 에베소에서 막 생겨난 그리스도인 모임에 참여하고 있다고 상상해 보라. 당신은 어느 긴 편지(계 1:4, 9을 보라)를 공적으로 낭독하는 것을 듣기 위해 그리스도를 따르는 다른 이들과 함께 있다. 그 편지는 당신이 사는 지역에 있는 일곱 개의(당신의 모임도 포함하여) 그리스도인 모임에 보낸 것이다. 당신은 낭독되는 이 '묵시'를 처음부터 끝까지 주의를 기울여 듣는다. 글쓴이인 요한의 말을 들으며 당신의 상상력은 솟구쳐 올라 뜨거워진다. 요한은 연속되는 환상적 비전들을 묘사하는데, 우주적 드라마 속 장면들처럼 펼쳐진다. 어느 요한계시록 학자는 그 행위를 다음과 같이 요약했다.

부활하신 그리스도가 나타나셨다. 그는 맹렬한 불꽃 같은 눈을 지니셨고, 나팔 소리 같은 그분의 목소리는 해변에서 부서지는 강력한 파도 같았다. 그는 일곱 별을 오른손에 쥐고 계셨다. 하늘 위에 한 보좌가 나타났고 그 보좌에 전능하신 분이 앉아 계셨다. 하늘의 궁정에 모인, 동물과 사람을 닮은 여러 존재가 영원한 찬양을 부른다. 죽임당한 어린양은 봉인된 책을 받아 그것을 연다. 큰 공포가 땅과 거기에 속한 물고기와 동물과 선하거나 악한 모든 사람뿐 아니라 태양계와 행성들과 별들까지도 강타한다. 머리가 일곱 달린 짐승들이 나타나 주 하나님 전능하신 분에게만 드려야 할 예배를 요구한다. 저항하는 자들은 참수를 당하는데, 그들의 죽음은 그들의 '승리'라고 불린다. 아름답고 매혹적인 음녀가 그 짐승들 중 하나에 올라타지만, 그녀는 죽임을 당하고, 짐승들과 그들에게 권능을 주었던 사탄도 멸망하고 만다. 세계는 구속받고 하늘의 도시 새 예루살렘이 땅으로 내려온다. 모든 하나님의 백성은 궁극적 해피엔딩을 축하한다.[1]

이 생생한 이미지로 가득한 드라마는 1세기 회중 안에 있는 당신에게 어떤 효과를 불러일으키는가? 그것은 당신의 세계를 향해 어떻게 말하겠는가? 그 편지를 공적으로 낭독하는 것을 듣는 효과는 무엇이겠는가? 요한은 당신의 회중이 자신들이 들은 내용에 어떻게 반응하기를 원하는가? 요한계시록은 그리스도인 공동체들이 오늘날에도 유사한 방식으로 생각하고 행동하기를 요구하는가?

우리 대부분은 그런 질문에 대해 아마도 "잘 모르겠습니다"라고 답할 것이다. 우리는 1세기 에베소 그리스도인의 입장이 되기도 어렵고, 그런 책이 그들에게 얼마나 획기적인 작품으로 보였는지 파악하기도 어렵다. 그러나 우리가 요한계시록을 선교적으로 읽기를 원한다면, 이 책이 독자에게 요구하는 것이 무엇이며 그것이 어떻게 모든 사람과 창조 세계 전체를 위한 하나님의 목적에 들어맞는지 이해하려고 시도할 필요가 있다.

이번 장에서는 세 가지 근본 이슈를 탐구한다. 요한계시록이 우리에게 다가오는 **양식**(form), 요한계시록에서 청중을 **설득**하는 방식, 요한계시록에

---

[1] M. Eugene Boring, *Hearing John's Voice: Insights for Teaching and Preaching* (Grand Rapids, MI: Eerdmans, 2019), pp. 9-10. 물론 보링의 묘사에서는 1세기 사람들이 알아차리지 못할 현대 과학의 언어를 사용한다.

서 다루는 **선교적 상황**이다. 세 가지 모두, 당시와 지금의 신앙 공동체가 성경의 위대한 대단원을 읽는 방법을 빚는 데 도움을 준다.

양식은 중요하다

요한계시록은 낯설다. 사도행전 속 바울의 여행 기록, 혹은 로마서의 면밀하게 추론된 논증과는 다르다. 우리는 판타지 비디오 게임에 가까워 보이는 의사소통 유형과 만난다. 요한계시록은 우리를 천사와 지진, 메뚜기 떼와 등잔대, 짐승과 무저갱의 세계로 데려간다. 많은 서구 그리스도인에게 요한계시록을 읽는 것은 어리둥절한 문화를 지닌 다른 나라를 여행하는 경험과 다르지 않다. 많은 그리스도인이 요한계시록에 반발하거나 요한계시록을 피하고 싶어 하는 한 가지 이유는, 그것이 아주 **다르다**는 것이다. 그러므로 요한계시록의 선교적 **메시지**를 파악하기 위해서는 그 메시지를 전달하는 **양식**을 이해해야 한다. 아마도 이 책은 신약성경의 다른 어떤 책보다도 양식을 혼동하면 내용을 오해할 소지가 큰 책일 것이다.

그러나 요한계시록은 단일한 문학적 유형으로, 더 전문적인 용어로 말하면 장르로 분류되는 것에 저항한다. 요한계시록은 대표적 "**혼종**(hybrid) 문서, 즉 혼합된 품종"이다.[2] 다시 말해, 요한계시록에는 적어도 세 가지 상호 연관된 장르인 묵시, 예언, 편지가 나타나 있다.

환상과 상징

무엇보다도 요한계시록은 **묵시**라고 불리는 고대의 글쓰기 유형에 속한

---

[2] Michael J. Gorman, *Reading Revelation Responsibly: Uncivil Worship and Witness: Following the Lamb into the New Creation* (Eugene, OR: Cascade, 2011), p. 13(강조는 고먼).

다. 의미심장하게도 요한계시록 헬라어 본문의 첫 단어는 아포칼립시스(*apokalypsis*)인데, 이는 '계시' 또는 '베일을 벗김'을 의미한다. 비록 요한이 전문적 의미로 묵시(apocalypse)라는 용어를 쓰지는 않지만, 학자들은 그 단어를 그리스도 전후 수 세기 동안 유대인과 그리스도인 사이에서 융성했던 문학의 한 종류를 가리키는 단어로 채용하게 되었다. 당시 요한의 독자들은 오늘날 우리 대부분보다 묵시 문학을 훨씬 더 친숙하고 정상적인 것으로 여겼을 것이다. 묵시 문학은 그 이름처럼 계시적(revelatory) 형태의 글쓰기다. 환상, 이미지, 상징으로 가득 차 있다. 더글러스 무(Douglas Moo)와 조너선 무(Jonathan Moo)는 이것을 잘 묘사한다.

> 요한계시록의 메시지를 전달하기 위해 요한은 상징과 은유와 시적 언어를 광범위하게 사용한다. 그는 독자들을 하나님에 관한 진리와 그분의 목적을 전할 의도로 사용된 이야기와 이미지의 세계로 초대한다. 그러나 물리적 현상을 직설적으로 기술한 것으로 읽도록 그 내용을 의도한 게 아니다. 사실 그렇게 읽으면 의미가 통하지 않는다.[3]

이 인용문의 마지막 논점은 굵게 표시하고 느낌표를 붙일 만하다. 묵시적 상징과 이미지는 **문자적으로 읽도록 고안된 게 아니다.** 요한이나 그의 청중 같은 고대인들은 확실히 그런 방식으로 이해하지 않았을 것이다. 이는 아마도 대중적인 세대주의("레프트 비하인드") 요한계시록 해석에 반대하는 가장 강력한 논증일 것이다. 그런 해석은 상징을 **상징**이 되지 못하게 만든다. 아마도 '문자적' 요한계시록 읽기는, 예를 들어 '하나님의 성전'을 측량하

---

[3] Douglas J. Moo and Jonathan A. Moo, *Creation Care: A Biblical Theology of the Natural World* (Grand Rapids, MI: Zondervan, 2018), p. 162. 『창조 세계 돌봄』(죠이북스).

는 장면에 대한 요한의 묘사(계 11:1-3)가 문자적으로 예루살렘의 성전산 위에 재건된 구조물을 언급하는 것으로, 악명 높은 아마겟돈 전쟁(사실 이 전쟁은 일어나지 않는다. 계 16:16을 보라)은 이스라엘 북부의 평지에서 실제로 군대가 충돌하는 것으로, '짐승의 표'(계 13:16-18)는 휘발유나 식료품을 살 수 있도록 몸에 새기거나 몸 안에 심은 어떤 것을 의미한다고 가정한다. 그런 읽기는 묵시적 상징이라는 사각형 말뚝을 역사적 사건 기술이라는 둥근 구멍에 억지로 밀어 넣는 것이다.

또한 우리는 요한이 사용한 묵시적 상징을, 로마인 핍박자들 때문에 **정말로** 말하고자 하는 바를 숨기기 위한 비밀스러운 암호(제2차 세계대전에서 쓰인 에니그마 암호를 생각해 보라)라고 설명하려는 덫에 걸려서도 안 된다. 예를 들어, 요한계시록 17장에서 요한이 로마를 우상숭배적인 음녀 바빌론으로 그릴 때, 그는 이 인물을 변장하려는 어떤 노력도 하지 않는다. "그 일곱 머리는 여자가 앉은 일곱 산이요"(일곱 개의 언덕 위에 세워진 도시인 로마, 계 17:9)나 "네가 본 그 여자는 땅의 왕들을 다스리는 큰 성이라"(계 17:18) 같은 묘사는 요한 당시의 로마 세계에 사는 사람들에게는 오늘날 댈러스 미식축구 팬에게 카우보이라는 말이 그러하듯 명백했을 것이다. 더 나아가, **암호**(code)는 언급하는 대상을 단순히 말할 뿐이지만, **상징**은 더 깊이 들어간다. 음녀 바빌론이라는 상징은 인간 제국과, 하나님을 대적하는 권력들의 교만, 불의, 속임을 직설적 언어로는 불가능한 방식으로 **경험하게 한다**.[4] 암호와 달리 상징은 다양한 수준에서 작동한다. 요한의 첫 번째 독자들에게는 음녀 바빌론이 로마를 나타냈지만, 바빌론이 가리키는 바는 카이사르의 제국에만 제한되지 않는다. 이 책 8장에서 살펴보겠지만, 바빌론은 욕심, 불의, 폭력의 권력들이 하나님의 사랑의 목적에 대항하는 곳이라면 **어디에나** 존

---

4 Boring, *Hearing John's Voice*, p. 62를 보라.

재한다.

그러므로 요한의 언어는 산문보다 시처럼 기능한다. 유진 피터슨(Eugene Peterson)은 요한계시록을 "신학적 시"라고 우아하게 묘사한다.[5] 만일 우리가 요한을 환상가나 시인이 아닌 뉴스 기자로 대한다면, 우리는 그가 말하는 내용을 잘못 해석하게 될 것이다. 요한계시록 같은 묵시적 본문을 읽는 일은 **상상력**을 요구한다.[6] 나 자신을 포함해 서구의 많은 그리스도인에게는 이런 종류의 읽기가 자연스럽게 느껴지지 않는다. 요한계시록의 상징적·회화적 언어에 대해 언급하면서 짐바브웨인 주석가 오네시머스 웅군두(Onesimus Ngundu)는 이렇게 말한다. "이런 접근은 때로 이해하기 어려울 수 있다. 추상적 단어로 생각하는 경향이 있는 서구인들에게는 특히나 그럴 것이다. 이는 속담이나 구체적 언어로 자신을 표현하는 데 익숙한 아프리카인들과 근동 문화권의 사람들에게 더 친숙한 접근이다."[7] 아마도 다수 세계(비서구) 그리스도인은 서구에 있는 우리에게 요한계시록을 더 풍부한 상상력으로, 또한 더 충실하게 읽을 수 있도록 도움을 베풀 수 있을 것이다.

우리는 또한 묵시적 **세계관**과 **관점**에 관해 말할 수 있다. 유대 묵시 문학 작품은 보통 위기의 시기나 위기를 인식하던 시기에 생겨났다. 그 작품들은 막다른 골목으로 내몰린 사람들, 억압자와 적대적 권력의 협박을 받는다고 느끼던 사람들을 향해 말한다. 묵시적 관점은 하나님의 세력과 사탄의 세력, 선과 악 사이의 극적 갈등을 전제한다. 이 우주적 충돌은 하나님의 백

---

5 Eugene H. Peterson, *Reversed Thunder: The Revelation of John and the Praying Imagination* (San Francisco: HarperSanFrancisco, 1988), p. xii. 『요한계시록, 현실을 새롭게 하는 상상력』(IVP).
6 이것이 이 책에 그림을 많이 포함한 큰 이유다. 요한계시록은 수 세기 동안 시각 예술가들의 상상력에 불꽃을 일으켰다. 그들의 작품은 우리에게 글로 쓴 페이지의 한계를 넘어 요한계시록을 **상상하는** 방법을 보여 준다.
7 Onesimus Ngundu, "Revelation," in *Africa Bible Commentary*, ed. Tokunboh Adeyemo (Grand Rapids, MI: Zondervan, 2006), p. 1543.

그림 1.1. "밧모섬에 있는 전도자 성 요한", 피에트로 페루지노(Pietro Perugino, 1448년경-1523) 작, 이탈리아 산 베네데토 수도원

성과 모든 패를 쥔 듯 보이는 억압자들 사이의 일상적 갈등에서 모습을 드러낸다. 묵시 문학은 정치적 권력이 없는 사람들에게, 보이는 모든 것과 달리 하나님이 역사의 고삐를 쥐고 계시며 마지막에는 완전히 승리하시리라 믿었던 요한 시대 유대인과 같은 이들에게 희망과 확신을 제공한다. 궁극적으로 하나님은 악인을 심판하고 신실한 자에게 구원으로 갚아 주기 위해 개입하실 것이다. 이런 큰 그림을 포함하는 관점은 사람들이 일상의 실재들을 다른 렌즈, 즉 만물을 위한 하나님의 전면적 목적이라는 렌즈를 통해 볼 수 있게 한다. 동시에, 묵시 문학 작품은 **저항 문학**의 기능을 했다. 이 문학은 하나님의 백성이 세상을 위한 하나님의 최종 단계와 심오하게 대립하는 지배 문화의 세계관에 저항할 수 있도록 그들에게 용기를 주었다.[8]

어떤 면에서 요한계시록은 다른 유대 묵시 문학 작품과 다르다. 특히, 이미 죄와 악과 죽음을(계 1:5, 18; 5:5) 정복하신 그리스도에 초점을 맞춘다는

---

8 Mitchell G. Reddish, *Revelation* (Macon, GA: Smyth and Helwys, 2001), p. 5.

점에서 그러하다. 그럼에도 요한은 이 묵시적 전망을 많은 부분 공유한다. 이것은 서구의 많은 그리스도인보다 자신의 세계에서 일어나는 지상의 갈등과 불의 배후의 보이지 않는 우주적 힘을 더 쉽게 인식하는 수많은 다수 세계 그리스도인에게 여전히 공명을 일으키는 세계관이다.[9]

그렇다면 요한계시록의 묵시적 성격은 선교적 요한계시록 읽기에 어떻게 기여하는가? **요한계시록에서 요한의 주된 목표는 미래를 예언하는 것이 아니라 신실한, 선교적인 공동체를 형성하는 것이다.** 그 회중은 예수님을 따르고, 하나이고 참되신 하나님을 예배하며 세상에서 하나님이 하시는 일을 증언하는 자들이다. 그런 목적을 위해 요한은 독자들이 그들의 세계를 다시 상상하도록 도전한다. 그들에게 주위에서 일어나는 일을 보는 새로운 방법을 제공하기 위해, 요한은 그들 세계에서 친숙한 묵시적 상징과 이미지를 활용한다. 요한계시록이라는 신학적 시는 하나님이 세상에서 무엇을 하시려는지(하나님의 선교)를 드러내기도 하고, 하나님의 백성이 하나님의 일에 사로잡힐 수 있도록(교회의 선교) 기운을 불어넣기도 한다. 신약 성서학자 리처드 보컴은 정확히 핵심을 찌른다.

요한은 (또한 그와 함께한 독자들은) 하늘의 관점으로 세상을 보기 위해 하늘로 붙잡혀 올라간다.…그는 또한 환상 가운데 세상의 최종 미래 속으로 옮겨지고, 인류 역사에 대한 하나님의 궁극적 목적을 이루기 위해 반드시 되어야 할 최종 결말의 관점으로 현재를 볼 수 있게 된다.[10]

---

9 James Chukwuma Okoye, "Power and Worship: Revelation in African Perspective," in *From Every People and Nation: The Book of Revelation in Intercultural Perspective*, ed. David Rhoads (Minneapolis: Fortress, 2005), 특히 pp. 120-121; Gorman, *Reading Revelation*, p. 20.
10 Richard Bauckham, *The Theology of the Book of Revelation* (Cambridge: Cambridge University Press, 1993), p. 7.

"묵시적 상상력이 하는 일은 우리 삶에서 무슨 일이 일어나고 있는지
보여 주는 이미지를 제공하는 것이다."[11]

유진 피터슨

그러므로 요한계시록은 미래의 베일을 걷어 내는 것보다는 현재의 가면을 벗기는 것과 관련이 있다.[12] 그 묵시적 이미지는 파열을 일으키고 방향을 잃게 만드는데, 그것들이 너무 혼돈스럽고 두렵기 때문이 아니다. 우리가 사는 세상을 전혀 다른 렌즈를 통해 보라고 강요하고, 우리 세계를 통제한다고 주장하는 정치적·종교적 권력에 대한 우리의 확신을 흔들며, 돈을 통한 의미 혹은 성공을 통한 구원을 약속하는 아메리칸드림이나 다른 어떤 환상에 대한 우리의 신뢰를 산산이 조각내기 때문이다. 요한의 묵시적 비전은, 지금과 미래에 만물을 새롭게 하시는(계 21:5) 하나님의 위대한 프로젝트에 맞추어 우리의 상상을 재배열하여 변화시키려고 한다.

예언의 말씀

요한은 단순히 묵시적 환상가에 머무르지 않는다. 예언자이기도 하다. 그는 처음부터 그 사실을 분명히 한다. "이 **예언**의 말씀을 읽는 자…는 복이 있나니"(계 1:3). 요한계시록의 마지막 부분에서 요한은 그가 쓴 내용을 언급하며 **예언**이라는 단어를 네 번 사용한다(계 22:7, 10, 18, 19). 대중적 인식과 달리 성경의 예언은 **미래를 말하는 것**(foretelling)이라기보다는 현재 상황에 대

---

11 Peterson, *Reversed Thunder*, p. 145.
12 Harry O. Maier, "A First-World Reading of Revelation Among Immigrants," in Rhoads, *From Every People and Nation*, p. 78.

한 하나님의 말씀을 우리를 **향해 말하는 것**(forthtelling)이다. 예언은 하나님의 메시지를 구체적 상황 안에 있는 하나님의 백성에게 전해 주며 그 메시지에 의지해 행동하라고 요청한다.

> "예측한다는 것은 어려운 일이다. 특히 미래에 관해서는."
> 덴마크 속담

그래서 요한은 자신을 구약과 신약 예언자들의 긴 행렬 속에서 행진하는 자로 바라본다. 요한의 음성은 그리스도인 설교자의 음성이며, 교회를 위해 예언의 영을 힘입어 '주님으로부터 온 말씀'을 선포하는 예언자의 음성이다. 신앙 공동체 바깥에서 요한계시록은 큰 의미를 지니지 않는다. 요한계시록의 예언적 성격은 요한계시록 2장과 3장의 소아시아 교회들을 향한 메시지에서 특별히 더 부각되지만 결코 그 장에 제한되지는 않는다. 이전의 예언자들처럼 요한은 때로는 엄혹한 상황 속에서 위로의 말씀을 전하고("너는 장차 받을 고난을 두려워하지 말라", 계 2:10), 하나님의 신실한 자들이 인내하도록 그들을 격려한다("성도들의 인내가 여기 있나니", 계 14:12). 또 다른 때에 예언자 요한은, 그들을 억압하는 자들의 특징인 우상숭배적이고 죄악된 행위 속으로 빨려들 위험에 처한 사람들에게 경고의 불빛을 비춘다("내 백성아, 거기서 나와 그의[사악한 바빌론의] 죄에 참여하지 말고", 계 18:4). 하나님과 어린양이 미래에 하실 일을 보여 주는 요한의 환상은 독자들의 현재 삶을 변혁하기 위한 것이다.

요한계시록이 예언이라는 요한계시록 자체의 주장이 선교적 요한계시록 읽기에 왜 중요한가? 우리는 1세기 아시아의 교회처럼, 요한계시록을 **우리**

의 종교적·사회적·정치적 환경 속에서 **우리에게** 주시는 하나님의 말씀으로 읽어야 한다. 예언으로서 요한의 말씀은 우리로 하여금 우리가 듣는 메시지에 근거하여 **행동하도록**, 즉 회개하고 인내하고 변화되도록 도전한다. 한편으로, 그 말씀은 우리에게 우리 시대의 우상에게서 돌아서서 예언자적 저항을 실천하라고 요구한다. 다른 한편으로, 요한계시록은 하나님의 백성들이 하나님의 창조 세계를 향한 그분의 위대한 목적(하나님의 선교)을 포용하고, 그 구속하는 선교에 대한 예언자적 증언을 우리의 입술과 삶으로 실행하라고 부른다.

> "제3세계(다수 세계) 사람들, 특히 우리 토착 문화에 속한 사람들은 요한계시록에 나타난 신화, 상징, 환상의 역사적·현세적 차원에 (현대의 신학자들보다) 훨씬 더 민감하다."[13]
>
> 파블로 리처드(Pablo Richard)

과녁을 겨냥한 말씀

"요한은 아시아에 있는 일곱 교회에 편지하노니 이제도 계시고 전에도 계셨고 장차 오실 이…로 말미암아 은혜와 평강이 너희에게 있기를 원하노라"(계 1:4, 5; 또한 1:9을 보라).

이 말씀은 무엇을 떠올리게 하는가? 만일 당신이 신약성경에 어느 정도 친숙하다면 이 말씀은 아마도 바울의 글 같은 신약성경 서신서의 시작 방

---

[13] Pablo Richard, "Reading the Apocalypse: Resistance, Hope, and Liberation in Central America," trans. C. M. Rodriguez and J. Rodriguez, in Rhoads, *From Every People and Nation*, p. 149.

그림 1.2. 아시아의 일곱 교회

식을 떠올리게 할 것이다(예컨대 살전 1:1). 요한계시록은 묵시적 예언이겠지만, **편지**와 같은 틀 안에 있다. 더 구체적으로 말하면, 요한계시록은 실존했던 소아시아 일곱 교회를 향해 쓴 **회람** 편지다. 요한계시록 1:11에 나오는, 그리고 2장과 3장에 반복되는 목록에서 교회들이 언급되는 순서는 에베소에서 라오디게아까지 시계 방향으로 원을 그린다.

이것은 우리가 요한계시록을 읽는 방식과도 관련이 있는 중요한 정보다. 이는 요한계시록이 단지 환상적인 꿈과 암호화된 상징의 모음집이 아니라, 요한이 그가 잘 아는 지역 회중에게 쓴 목회 편지라는 뜻이다.[14] 요한계시록은 과녁을 겨냥한 하나님의 말씀이다. 요한은 그의 목회적·예언적 메시지를 특정 환경 속에 사는 실제 사람들을 위해 상황화한다. 다시 말하건대, 이는 요한계시록 2장과 3장에 있는 교회들을 향한 그리스도의 메시지에서 가장 명백하게 나타나지만 책 전반에 대해서도 마찬가지다.

선교적 요한계시록 읽기에서는 자신의 계시를 편지라는 틀 안에 둔 요한의 선택을 진지하게 고려해야 한다. 요한은, 위협받는 가운데 구체적 필요가 있었던 교회들을 향해 말하면서 신실한 선교적 공동체를, 즉 그들이 있는 곳에서 만물을 새롭게 하시는 하나님의 위대한 프로젝트에 사로잡힌 교회

---

14 Boring, *Hearing John's Voice*, p. 18.

를 빚어내고자 한다. 더 나아가, 그런 교회들은 실제 삶의 환경과 관련한 하나님의 과녁을 겨냥한 말씀을 듣는다. 그 교회들이 말씀을 제대로 듣는다면, 그 메시지는 교회들이 속해 살아가는 문화에 대응하는 방식을 바꿀 것이다. 즉, 우상에게 바친 음식을 먹는 일 같은 평범한 문화적 관습을 멀리하게 하거나(계 2:14-16, 20-21), 궁극적으로 다른 사람들을 하나님 예배로 이끄는, 비싼 값을 치르는 말씀과 삶의 증언을 시작하게 할 것이다(계 11:13).

오늘날의 교회에 관해서는 무엇을 말할 수 있는가? 요한계시록은 1세기 소아시아 서부 지역의 교회들을 향해 쓰인 것과 동일한 의미에서 우리에게 쓰이지는 않았지만 분명 우리를 **위해** 쓰였다. 다른 모든 성경처럼 이 문서도 성령께서 공급하시는 능력 때문에 본래의 역사적 환경을 초월하여 다른 **구체적 환경 속에 있는** 모든 세대와 문화의 신앙 공동체를 향해 말할 수 있다. 복음은 반드시 GPS 좌표를 가져야 한다. 사데와 서머나에 있던 요한의 청중 못지않게, 이 묵시와 예언과 예전의 혼종인 이 편지는, 맨해튼의 고층 빌딩 사이나 마닐라의 어느 구역에 사는 **우리**에게 계속해서 말한다. 요한계시록은 지금도 지역의 그리스도인 공동체들을 불러 요한계시록의 변혁하는 메시지를 듣고 살아 내기를 요구한다.

설득의 힘

요한계시록의 묵시적·예언적·서신적 특성에 관해 살펴본 모든 내용은, 요한계시록의 의도가 단순히 정보를 전하는 게 아니라 요한계시록을 마주한 이들을 **설득**하려는 것임을 보여 준다. 모든 신약성경 문서처럼 요한계시록도 가정 교회 환경에서 소리 내어 전달하거나 '공연'하도록 쓰였다.[15] 요한은 구

---

15 Boring, *Hearing John's Voice*, pp. 17-18를 보라.

술 문화가 지배하던 때에 살았던 뛰어난 구술 소통가였다. 그는 이 작품을 고안하면서 눈으로 읽기보다는 귀로 듣기를 우선 고려했다. 요한은 요한계시록이 귀로 듣는 청중에게 최대의 효과를 내고 그들의 삶에 변화를 일으키도록 구성했다.

요한에게서, 들음은 당연히 신실한 반응을 포함한다. 처음부터 그는 이렇게 선언한다. "이 예언의 말씀을 **읽는** 자와 **듣는** 자와 그 가운데에 기록한 것을 **지키는** 자는 복이 있나니"(계 1:3, 강조 추가; 참조. 계 22:17, 18). 요한은 일곱 번에 걸쳐 아시아의 그리스도인들에게 "성령께서 모든 교회에 선포하시는 말씀을 듣고, 귀 기울이고, **따르라**"[계 2:7; 참조. 계 2:11, 17. 번역은 보이스(The Voice) 성경]라고 요청한다. 요한계시록 전반에 걸쳐 요한은 자신의 묵시가 귀 기울이는 청중에게 기억하기 쉽고 설득력 있게 만드는 전략을 사용한다. 물론 이것은 예배자로 겹겹이 둘러싸인 하늘 보좌나(계 4-5장), 해를 옷 입고 달을 딛고 선 아이 밴 여인(계 12:1) 같은 충격적 시각 이미지들과 함께 시작한다. 하지만 핵심 단어와 어구를 반복하는 것 같은 다른 전략도 포함한다. 예를 들어, "모든 종족과 언어와 민족과 나라"(순서는 바뀔 수 있다)라는 구절이 여러 번 나타난다. 그 표현은 하나님 백성의 다민족적 성격(계 5:9; 7:9)과 하나님을 대적하는 자들의 보편적 범위(계 10:11; 11:9; 13:7; 14:6; 17:15) **양쪽 모두**에 적용된다.

우리는 요한계시록의 드라마가 펼쳐지는 방식에서도 설득 전략을 발견한다. 6-20장에서 심판 장면들은 하나의 연속된 긴 이야기로 나오는데, 하나님이 악에게 최종적으로 "이루었도다!"를 말씀하시고 새 창조를 시작하실 때까지(계 21-22장) 점점 그 강도가 세진다. 그러나 이런 재앙들은 아무런 완화 없이 쌓여만 가지는 않는다. 유진 보링(Eugene Boring)의 설명에 따르면, 솜씨 좋은 구두 소통자인 요한은 청중에게, 소망을 말하기 전에 화를 전부 말해야 하니 기다리라고 하지 않는다. 대신에 그는 심판들의 주기가 반복되는 곳곳에 구원과 승리의 환상들을 마치 다가올 승리의 예고편처럼 흩뿌려 놓는다(예컨대 계 7:1-17; 11:15-19; 15:2-4; 19:1-10).[16] 이러한 심판과 구원 환상의 교차는 듣는 이들에게, 그들이 하나님의 승리를 미래에 경험할 뿐 아니라 현재의 시험 가운데서도 다가올 하나님의 구원 사역의 충만한 성취를 기대하며 그 구원에 이미 참여할 수 있음을 떠올리게 한다.[17]

그에 더하여 요한은, 자기 세계의 청중으로 하여금 자신이 말한 진리와 그에 근거해 행동해야 함을 확신하도록 도와 줄 다양한 형태의 수사법(설득 기술)을 사용한다.[18] 예를 들어, 요한계시록에서는 특히 그리스도인 경청자들의 감정(고대인들이 '파토스'라고 부른 것)을 자극함으로써 그들을 설득하고자 한다. 그래서 요한계시록 17장에서 요한은 사악한 구약성경의 도시 바빌론과 관련된 혐오감을 활용하는데, 바빌론을 "큰 음녀"(계 17:1)라는 피에 굶주린 등장인물과 연결하며 볼륨을 높인다. 이 두 개의 구역질 나는 이미지를 모두 로마와 관련지음으로써, 요한은 그리스도인들이 제국과 관련된 악을 느끼고 제국의 길과 결별하라고 요청한다(계 18:4). 또 다른 방식으로는, 제단 아래에 있는 순교자들이 하나님을 향해 처절하게 부르짖으며 사실상 "얼마나 더 오래 기다려야 우리가 흘린 피의 원한을 풀어 주시겠습니까?"(계 6:9-10을 보라)라고 부르짖을 때, 요한은 독자들의 감정을 흥분시키고 그들의 고난이 헛되지 않음을 확신하게 한다. 하나님은 그들을 잊지 않으실 것이다.

청중을 설득하고 그들에게 확신을 주려는 요한의 노력은 이 책의 선교적 해석과 긴밀하게 연관된다. 요한계시록은 그때와 지금의 선교적 공동체에

---

16 M. Eugene Boring, *Revelation* (Louisville, KY: John Knox, 1989), p. 33. 『요한계시록』(한국장로교출판사).
17 Boring, *Revelation*, p. 33.
18 요한의 그리스-로마 수사법 사용에 관해서는 David deSilva, *An Introduction to the New Testament: Contexts, Methods and Ministry Formation*, 2nd ed. (Downers Grove, IL: IVP Academic, 2018), pp. 806-811를 보라. 『신약개론』(기독교문서선교회).

그들을 둘러싼 세상을 새로운 눈으로 보라고, 그리고 그 대안적 비전이 이 세상에서 행하는 그들의 선교를 빚어내기를 허락하라고 도전한다.

요한계시록 경험하기

낭독하고 경청하는 사건이라는 요한계시록의 특징은 이 책이 단순히 작은 조각들로 이루어진 것이 아니라 전체로 **경험하도록** 고안된 것임을 우리가 기억하게 한다.[19] 요한의 묵시는 장엄한 우주적 드라마나 이야기로 펼쳐진다. 우리는 인물들의 행진을 만나게 되는데 어떤 이들은 선하고(하나님, 어린 양, 예언의 영, 그리고 천사와 이십사 장로와 하나님의 백성 등 하나님을 예배하는 자들) 다른 이들은 악하다(사탄, 짐승들, 음녀, 그리고 그들의 부하, 이를테면 왕들과 땅의 거주자들). 드라마가 진행되면서 배경은 땅 위의 교회와 하늘의 보좌가 있는 공간을 오가며 바뀐다. 장면들의 전환이 일어난다. 예를 들어, 바빌론의 철저한 황폐화에서 하늘의 전사인 그리스도의 승리로 장면이 바뀐다(계 18-19장). 갈등은 점증하다가 해소된다.[20] 우리가 수동적 관찰자로서 다가가면 요한계시록을 정당하게 다루는 일을 시작할 수 없다. 요한은 우리를 하나님의 현재와 다가올 승리를 드러내는 요한계시록의 이야기 속으로 **들어오라**고 초대한다. 그는 우리에게, 그 이야기로 하여금 우리가 세계를 보는 방식을 깨뜨리고 변혁하게 하라고 요청한다.

내가 기억하는 가장 강력한 요한계시록 설교가 어느 나이 든 설교자가 무대 위에서 행한 공연이었다는 사실은 아마도 놀라운 일이 아닐 것이다.

---

[19] Mark B. Stephens, *Annihilation or Renewal? The Meaning and Function of New Creation in the Book of Revelation*, WUNT 2.307 (Tübingen: Mohr Siebeck, 2011), 239.18.
[20] 요한계시록의 드라마적 성격에 관해서는 Gorman, *Reading Revelation*, pp. 37-38, 116-137를 보라.

그는 뮤지컬 연기자들과 함께 의상을 완전히 갖춘 무대에서 요한계시록을 암송하면서 극으로 공연했다. 그 순간을 잊을 수가 없다. 나도 예수님의 산상수훈 같은 성경의 일부 본문을 인용하며 공적으로 낭독해 본 경험이 있는데, 이를 통해 극적 요소를 더해 낭독되는 하나님의 음성을 듣는 것에 청중을 변화시키는 힘이 있다고 확신하게 되었다. 요한계시록의 충격적 상징과 설득하는 목소리는 아시아라는 배경 속 그리스도인들이 이 본문의 능력을 경험하게 했다. 마찬가지로, 오늘날의 교회들도 이 책에 봉인된 에너지에 마음을 열어야 한다.

> "한 편의 좋은 영화와 마찬가지로, 대략 비슷한 길이를 지닌(낭독하고 듣는 데 1시간 20분 걸린다) 요한계시록의 효과는 전체가 하나의 단위로 작용한다. 어느 개별 본문의 힘을 경험하려면 먼저 그것을 전체로 묵상해야 한다."[21]
>
> 유진 보링

배후의 이야기는 무엇인가?

선교적 성경 읽기는 **상황**의 이슈를 피해 갈 수 없다. 구체적으로, 요한의 세계에서 요한계시록은 예배 공동체들의 상황 속에서 어떻게 말하고 증언했는가? 또한 어떻게 계속해서 오늘의 다양한 전 세계 상황을 향해 말하는가?

요한계시록의 부름은 하나님의 선교적 목적에 사로잡히라는, 아시아의 로마 속주(오늘날의 서부 튀르키예)에 있던 지역 교회들을 향한 것이었다. 그

21　Boring, *Hearing John's Voice*, p. 71.

시기는 아마도 1세기 말 도미티아누스 황제가 로마 세계를 지배하던 때였을 것이다. 그때는 소아시아에서 그리스도를 섬기기가 쉽지 않은 시기였다. 제국에서는 로마가 "온 세계를 법의 지배 아래 두어야 할" 운명을 지녔다고 자랑하는 선전 활동을 벌였다.²² 카이사르는 "온 세계의 주"로서 칭송받았다.²³ 미누키우스 펠릭스(Minucius Felix)라는 2세기 그리스도인은 로마에 대해 이렇게 기록했다. "로마는 태양이 다니는 길과 바다

그림 1.3. 도미티아누스 황제(재위 81-96년)의 흉상, 튀르키예 셀추크의 에페수스 박물관

의 경계 그 너머까지 제국을 전파했다."²⁴ 제국의 거주민들은 물론 로마를 "세상의 임금들을 다스리는 통치권을 가진 큰 도시"(계 17:18, 새번역)로 인식했다. 요한과 아시아의 그리스도인들이 카이사르가 아닌 하나님이 온 세상을 다스리는 보좌에 앉아 계신다고 주장할 때, 그들은 로마 세계의 지배 이념을 향해 정면 공격을 시작한 것이었다.

구체적으로, 제국에 대한 로마의 권력과 통제는 황제 숭배, 즉 카이사르와 로마 자체를 예배하는 종교 의식으로 구현되었다. 아시아의 로마 도시들에서 제국 종교는 위에서 아래로 부과된 것이 아니라 풀뿌리 운동으로 시

---

22 Virgil, *Aeneid* 4.232. 『아이네이스』(열린책들).
23 Peter Oakes, *Philippians: From People to Letter*, SNTSMS 110 (Cambridge: Cambridge University Press, 2001), 특히 pp. 149-150, 171-172.
24 Octavius 6. deSilva, *Introduction to the New Testament*, p. 799에서 재인용.

작되었다. 소아시아의 도시들은 제국 종교와 로마에 탁월한 충성을 보임으로써 '첫 번째 속주'의 지위를 차지하기 위해 서로 경쟁했다.[25]

황제 숭배는 삶의 모든 영역에 영향을 끼쳤다. 요한의 세계에서 종교와 정치와 경제와 혈연관계가 이음매 없이 연결된 것은 (나와 같은) 대다수 서구인에게는 상상하기 어려운 모습이다. 도시의 축제, 상업 길드(당시의 노동조합) 모임, 가정의 식사와 생일 축하연 같은 사교 모임 등 모두가 황제와 지역 신들에게 그들의 통치가 계속되도록 경의를 표하는 계기가 되었다. 그리스도인들이 그런 모임이나 그 뒤에 거의 필수적으로 이어지는 식사에 참여하기를 거부하면 그들은 불충하고 반애국적인, 위험한 존재라는 의심을 받았다.

로마는 어떻게 반발하는 그리스도인들을 몰아붙였는가? 아시아의 그리스도인 공동체들이 일반적인 생각과 달리 조직적이고 국가적인 박해 프로그램을 경험하지 않았다는 사실은 거의 확실하다. 그럼에도 그리스도인들에 대한 산발적이고 지역적인 억압 가능성은 항상 존재했다.[26] 버가모의 안디바는 이미 순교한 상태였고(계 2:13), 요한 자신도 유배에 시달렸으며(계 1:9), 그리스도인들은 그리스도의 이름을 부인하라는 압력과 싸웠다(계 2:3, 13; 3:8). 최소한으로 보아도, 제사 음식을 먹는 관습에 참여하기를 거부하는 것은 상당한 **사회적·경제적** 대가를 치르는 일이었다. 그리스도인으로서 당신은 아마도 친구와 가족에게서 소외될 것이다. 당신이 가게를 운영한다면, 고객을 잃고 사업 협회에서 쫓겨나며 심지어 생계 수단 자체를 잃을지도 모른다. 당신의 지역 사회는 당신을 체제 전복적이고 반사회적인 '무신론자'로 낙인찍을 것이다. 로마의 방식에 순응함으로써 이런 스트레스를 피하라는

---

25 Laszlo Gallusz, *The Throne Motif in the Book of Revelation*, LNTS 487 (London: Bloomsbury T&T Clark, 2014), pp. 278-279.

26 David deSilva, "The Social Setting of the Revelation to John: Conflicts Within, Fears Without," *Westminster Theological Journal* 54 (1992): p. 274.

압력은 엄청날 것이다.

"요한 시대의 그리스도인들처럼, 남아시아의 그리스도인들은 소수 그룹이다. 다른 종교를 고수하는 자들이 그들을 둘러싸고 있다. 정부는 이런 다른 종교를 적극적으로 지원하며, 그 결과 그리스도인들은 요한의 독자들처럼 박해를 받는다. 그러므로 우리는 '누가 진정한 통치자인가? 정치 권력인가 하나님인가?' 라는 질문에 대한 요한계시록의 답을 들을 필요가 있다."[27]

라메쉬 카트리(Ramesh Khatry)

메시지를 상황화하기

아시아의 회중은 그런 압력에 어떻게 반응했는가? 상황마다 조금씩 다르다. 대부분의 교회에 가장 심각한 위협은 그런 핍박이 아니라 오히려 핍박을 피하고자 지배적인 로마 문화의 방식과 우호적 관계를 맺으려는 유혹이었다. 이는 요한계시록을 읽는 대중적 방식, 즉 이 책을 본질적으로 억압받는 그리스도인들에게 마지막에 하나님이 그들의 핍박자들을 물리치시리라는 확신을 주어 소망을 갖게 하는 책으로 읽는 것에 도전한다. 그것은 너무 단순하다. 요한의 청중 가운데 어떤 이들에게는 분명 시험 한가운데서 인내하기 위해 위로의 말이 필요했다(계 2:9-10; 3:8-11). 그러나 다른 교회에는 요한의 메시지가 "깨어나라! 타협하지 마라! 돌아서라, 그렇지 않으면 너희는

---

[27] Ramesh Khatry, "Revelation," in *South Asia Bible Commentary*, ed. Brian Wintle (Grand Rapids, MI: Zondervan, 2015), p. 1770.

하나님의 심판을 받을 것이다!" 같은 말로 들렸을 것이다.

책 4장에서 살펴보겠지만, 요한은 요한계시록 2장과 3장에 있는 그의 메시지 각각을 교회의 구체적인 필요와 실패에 맞춘다. 예를 들어, 그리스도의 말씀은 두아디라 교회로 하여금 신들에게 바친 제물을 먹음으로써 우상숭배에 발을 담그고 있는 현실을 직면하게 하며, 라오디게아 교회가 주변 문화의 물질주의에 섞여 들어가는 것을 경고한다(계 3:17-18). 오늘날 우리는 이것을 **상황화**라고 부를 것이다.[28] 요한은 각 교회의 삶의 상황에 **상관**있는 방식으로 말할 뿐 아니라, 복음의 빛에 비추어 그 상황에 **도전**한다. 그러므로 선교적 공동체는 그들이 각각 먼지 묻은 발로 서 있는 바로 그 상황에서 요한계시록 전체를 읽어야 하며, 더 나아가 요한계시록의 환상들이 세상의 '먼지를 떨어 버리도록', 그리고 세상에서 그들의 삶의 방식을 변혁하도록 허용해야 한다.

지금은 더 넓게 초점을 맞추어, 요한이 어떻게 자기 세계의 문화적 자료들을 사용하여 아시아의 그리스도인들이 그 세계를 다른 렌즈로 보게 했는지 살펴볼 것이다. 때때로 요한은 대중적인 문화적 신화들을 솜씨 있게 활용하며, 청중에게 울림을 주는 그 신화들을 그리스도 안에서 하나님이 하시는 일에 비추어 다시 상상하게 한다. 12장의 아이를 밴 여인과 용의 이야기는 흥미로운 사례다.[29] 그리스-로마 전통을 비롯해 다양한 고대 문화에 유사한 이야기가 있다. 그런 이야기의 한 예는 거대한 용 피톤(Python)이 여신 레토와 그가 임신한 아이를 죽이기 위해 레토를 추격하는 이야기다. 포세이돈은 그 음모를 막고 레토를 구출하여 멀리 떨어진 섬의 물속에 그를

---

28 요한계시록에서의 상황화 문제를 더 충분히 다루는 내용은 Dean Flemming, *Contextualization in the New Testament: Patterns for Theology and Mission* (Downers Grove, IL: IVP Academic, 2005), 특히, pp. 266-295를 보라.

29 이하 문단은 Flemming, *Contextualization*, p. 275의 내용을 광범위하게 가져온 것이다.

숨긴다. 그곳에서 레토는 아폴론을 낳고, 아폴론은 그 용을 죽여서 신속히 자기 어머니의 복수를 한다. 로마의 선전은 레토를 로마 제국의 신성화된 표상인 여신 로마로 그리고 아폴론을 신성한 황제(특히 도미티아누스), 세상의 구원자로 그림으로써 그 신화를 차용했다.

요한은 구약성경과 유대교 전통의 요소들을 활용하여 그 신화를 재가공한다.[30] 그러나 그는 그 이야기에 독특하게 기독교적인 의미를 부여한다. 어떤 이는 그 변형을 이렇게 설명한다.

[요한의] 이야기에서 아이를 낳는 여인은 그리스 여신이 아니라 하나님의 백성이다. 그 아이는 황제가 아니라 그리스도다. 그리고 용은 그리스도를 대적하고 그의 교회를 위협하는 힘들을 표상한다. 결국 대중적 문화를 칭송하기 위해 사용되었던 이야기가 이제는 변형되어 독자들이 그 문화에 동화되는 것에 저항하도록 돕는다.[31]

요한이 볼 때 문화적 신화의 역사적 성취는 "철장으로 만국을 다스릴"(계 12:5; 참조. 시 2:9) 예수님 안에서 이루어진다. 카이사르가 아니라 그리스도께서 악을 정복하는 진정한 승리자요 유일한 세상의 구원자로 서신다. 요한은 자신이 속한 문화를 잘 알고 있으며, 그 문화에 대한 지식을 활용하여 자신을 아시아의 청중과 연결하고 제국의 세계관을 완전히 뒤집어 놓는다.

무엇보다도 요한은 구약성경이라는 우물 속 깊은 곳에서 이미지들을 끌어올려 그의 청중이 그들이 있는 곳에서 들을 신선한 말을 전한다. 요한이

---

[30] G. K. Beale, *The Book of Revelation: A Commentary on the Greek Text* (Grand Rapids, MI: Eerdmans, 1999), pp. 624-625를 보라. 『NIGTC 요한계시록』(새물결플러스).

[31] Craig R. Koester, *Revelation and the End of All Things*, 2nd ed. (Grand Rapids, MI: Eerdmans, 2018), p. 118. 『인류의 종말과 요한계시록』(동연).

한 번도 성경을 명시적으로 인용하지 않는다는 점이 매우 놀랍다. 오히려 그는 대략 500가지의 성경적 반향과 암시로 요한계시록의 공간을 장식한다.³² 요한의 성경 사용은 마태복음이나 히브리서 같은 직접 인용 방식보다는 인용 없이 성경적 암시를 많이 사용하는 존 웨슬리의 설교에 더 가까워 보인다.³³ 요한은 이런 이미지들을 요한계시록이라는 천에 단단히 짜 넣어 두었으므로 그것들을 제거하면 그 책은 풀어져 버릴 것이다.

일반적으로 요한계시록에서는 구약성경의 이미지나 언어를 단순하게 예언의 성취로 제시하지 않는다. 오히려 요한은 그것들을 재상황화하고 그의 청중이 처한 새로운 상황에 맞추어 변경한다. 발람이나 이세벨같이 하나님을 대적했던 구약성경 인물은 아시아의 교회들을 위협하는 거짓 교사들의 상징으로 등장한다(계 2:14, 20). 출애굽기에 나온 이집트의 재앙은 마지막 때에 온 땅 위에 부어질 하나님의 심판에 임할 재앙으로 다시 제시된다(계 8:6-9:21; 16:1-21). 성경에 나온 모세와 엘리야의 사역은 세상에서 교회가 행할 신실한 예언자적 증언 사역을 미리 보여 준다(계 11:3-13). 더 나아가, 요한계시록의 주요 상징, 즉 보좌, 어린양, 나팔, 성전 등은 모두 구약성경의 뿌리에서 싹을 틔웠다. 내가 다른 맥락에서 썼듯이, "요한은 반복해서, 성령의 영향력 아래서, 친숙한 사건과 이미지를 과거의 의미와 언급이라는 틀을 초월하는 방식으로 재활용한다."³⁴ 성경은 새로운 환경에서 다시 한번 말한다. 요한은 은근한 방식으로 그의 독자들을 하나님의 구원 목적을 들려주는

---

32 Boring, *Hearing John's Voice*, p. 69. 아시아에 있던 요한의 청중이 이 성경적 암시들을 모두 '파악'했을까? 아마도 그렇지 않았을 것이다. 그러나 요한은 계속해서 그의 독자들을 성경의 이야기와 그 이야기의 오르내림을 인식하는 것을 배우는 과정으로 들어오라고 초대한다. 요한의 성경 사용을 충분히 다룬 내용은 G. K. Beale, *John's Use of the Old Testament in Revelation*, JSNTSS 166 (London: Bloomsbury T & T Clark, 2015)를 보라.
33 *The Sermons of John Wesley: A Collection for the Christian Journey*, ed. Kenneth J. Collins and Jason E. Vickers (Nashville, TN: Abingdon, 2013)를 보라.
34 Flemming, *Contextualization*, pp. 276-277.

성경 이야기 속으로 초대하며, 하나님이 지금 무엇을 하고 계시며 어떻게 마지막에 그분의 선교를 성취하실지에 관한 독자들의 시각을 재형성한다.

오늘을 위한 복음의 상황화

우리는 요한에게서 배울 수 있는가? 성령의 감동을 받은 요한계시록의 예언은 당시 세계의 언어, 문학 양식, 상징, 설득 방법을 사용하여 그 세계를 소환하여 변화시킨다. 요한계시록 전반에서 요한은 구약성경의 이미지와 사건을 재가공하고, 친숙한 상징을 채택하며, 그가 속한 문화 세계의 이방 신화를 변형한다. 요한은 로마의 언어를 사로잡아 사용하는데, 공통의 이해 기반을 마련하기 위해서가 아니라 제국의 거짓말과 우상숭배의 가면을 벗기기 위해서다.[35] 요한은 사람들에게 세상을 보는 새로운 렌즈를 제공하려는 목적 때문에 그의 문화 속에서 의미가 통하는 방식으로 말한다. 유사한 방식으로, 오늘날의 그리스도인들도 그들과 같은 환경 속에 있는 사람들을 변화시키기 위해 입수 가능한 모든 자료를 사용할 수 있다. 그것은 성경과 전통의 보화뿐만 아니라 우리의 다양한 문화에서 생겨난 이미지, 가치, 이야기, 노래를 포함한다.

예를 들어, 신약 성서학자 브라이언 블런트(Brian Blount)는 어떻게 흑인 노예들이 흑인 영가라는 양식을 사용하여 미래에 대한 소망 가득한 비전을 그려 냈는지 보여 준다. 그 비전은 그들이 어려움을 견디고 노예화하는 권력의 거짓 내러티브에 저항할 수 있게 만들었다. 이는 요한이 그의 1세기 독자들에게 요청한 것과 다르지 않다. 블런트는 흑인 영가에서 표현된, 비싼 값을 치렀던 증언과 그 저항의 언어가 아직도 공명을 일으킨다고 믿는다.

---

[35] Flemming, *Contextualization*, p. 292.

이 나라에 사는 아프리카계 미국인 대다수는 아직도 자신들을 가장 가난하고 억압받는 자들로 여기기 때문에, 현재의 사회적·경제적·정치적 삶의 방식에 저항하고 적응하기를 거부하라는 요한의 메시지는 아직도 필요한 메시지다. 노예들이 그들의 시대에 옳게 이해했던 것처럼, 아프리카계 미국인 그리스도인들의 언어가 고통스러운 현재 한가운데서 미래를 위한 희망의 언어로 남아 있으려면, 요한이 제시하는 저항의 언어는 반드시 아프리카계 미국인들의 언어에서 핵심 부분으로 남아 있어야 한다.[36]

다른 배경에서 잭슨 우(Jackson Wu)는 중국인 사회에서 그리스도인들이 복음을 설명하기 위해 어떻게 **효**라는 문화적 관념을 이용하는지 돌아본다.[37] 우가 설명하길, 중국 문화의 틀에서 보면 어린이들은 부모에게 빚지고 살고 있으므로 부모에게 존경과 충성을 보여야 한다. 적절한 존경과 복종을 표하지 못할 경우 공적 모욕을 당하고 체면을 완전히 잃게 된다. 더 나아가, 국가가 거대한 가족같이 기능하기 때문에 중국인들은 종종 다음과 같은 딜레마에 빠진다. 내가 궁극적으로 충성해야 할 대상이 부모인가 아니면 국가나 통치자인가?

우는 그리스도의 복음이 어떻게 효와 같은 문화적 가치와 연결되면서도 동시에 그것을 변혁할 수 있는지를 보여 준다. 우는 이렇게 말한다. "우리가 그리스도를 신뢰할 때, 우리는 새로운 가족에 속하고 새로운 왕국에 들어간다. 그리스도인이 되는 것이 우리의 가족과 나라를 배척하는 것을 의미하지는 않는다. 오히려 우리는 가족과 국가에 대한 우리의 이해를 확대

---

36 Brian K. Blount, "The Witness of Active Resistance: The Ethics of Revelation in African American Perspective" in Rhoads, *From Every People and Nation*, p. 43.
37 Jackson Wu, *One Gospel for All Nations: A Practical Approach to Biblical Contextualization* (Pasadena, CA: William Carey, 2015), pp. 127-171.

한다."³⁸ 이렇게 가족 이해를 재정의하면서 우리는 우리의 진정한 아버지에게 근본적인 효의 빚을 갚는다. 우리는 가족에 대한 충성과 국가에 대한 충성 사이에서 선택해야 할 필요가 없다. 하나님은 왕이시며 또한 아버지이시기 때문이다. 가족은 더 이상 혈연에 머무르지 않고 모든 나라 출신의 사람들을 포함하도록 확장된다.³⁹ 요한이 1세기 아시아의 그리스도인에게 궁극적 충성을 카이사르와 로마가 아닌 하나님과 어린양에게 바치라고 강권한 것과 마찬가지로, 21세기 아시아 및 다른 곳에 있는 그리스도인들도 그들의 궁극적 충성을 그들의 부모와 국가에 바칠 것인지 참된 주님이자 모두의 아버지께 바칠 것인지 결단해야 한다.

결론

하나님은 세상에서 무슨 일을 하고 계시는가? 우리는 우리가 사는 곳에서 하나님이 하시는 일에 어떻게 참여할 수 있는가? 이는 어떤 성경 본문을 선교적으로 읽을 때 제기되는 근본 질문이다. 요한계시록의 **양식**, **수사법**, **상황**이 이런 질문들에 답하는 데 어떻게 기여하는지 요약해 보자.

묵시로서 요한계시록은 "반드시 속히 일어날 일들"(계 1:1), 즉 모든 적을 물리치고 만물을 회복한다는 하나님의 전면적 목적을 드러낸다. 요한은 독자들의 세계에 있던 상징과 이미지를 사용하여 그의 청중을 대상으로 영적인 눈 수술을 행하려고 한다. 그들이 사는 세계를 보는 완전히 새로운 시각(vision)을 주기 위해서다. 그러한 시각은 그들이 자신들의 말과 삶을 통해 하나님의 미래를 지금 미리 맛보는 삶을 살도록 요청한다.

---

38 Wu, *One Gospel*, p. 169.
39 Wu, *One Gospel*, pp. 163, 169.

예언으로서 요한계시록은 성령에 의해 주어진 하나님과 그리스도의 말씀의 고삐를 풀어놓아 그 말씀이 하나님의 백성들과 그들이 사는 곳을 향하게 한다. 그들은 그 말씀을 **들을** 뿐 아니라 그것에 의지해 **행해야** 한다. 요한계시록의 예언 말씀은 그들에게, 방해를 직면하더라도 선교를 수행하고 하나님이 세상에서 하시는 일에 대한 예언자적 증언을 감당하라고 강권한다.

편지로서 요한계시록은 구체적 삶의 상황 속에 있는 실제 교회들을 향해 말하며, 그 교회들을 신실한 선교적 공동체로 빚어내고자 한다.

수사법으로서 요한계시록은 그 말씀을 듣는 사람들을 **설득**하고자 한다. 이는 단순히 요한계시록에서 말하는 바를 이해하는 것을 넘어선다. 요한이 제시하는 환상들은, 사탄이나 카이사르나 다른 어떤 권력이 아닌 하나님이 역사를 주관하심을 듣는 사람들에게 **확신시키기** 위해, 그리고 그들이 회개하여 하나님이 세우신 화해의 목적에 그들 자신을 맞추라고 **꾸짖기** 위해 고안되었다.

상황적 문서로서 요한계시록은 1세기의 특정 배경, 즉 로마의 권력과 우상숭배라는 엔진으로 움직이던 세상 속에 있는 그리스도인 공동체의 삶을 향해 말한다. 요한은 그 세계에 맞추어 자신의 메시지를 상황화한다. 그는 성경의 언어와 로마 문화의 이미지 및 신화를 다시 주조하여 그리스도인들이 그들의 세계를 새롭게 상상할 수 있게 한다. 요한계시록은 그리스도인에게 그들의 구체적 상황을 **떠나라**고 하지 않고 오히려 그들이 처한 상황 **안에서** 다른 진리를 증언하라고 요청한다.

요한계시록은 오늘날 우리가 어떤 문화와 삶의 상황 속에 있든지 우리에게도 유사한 방식으로 계속 말하고 있다. 환상가, 예언자, 편지 기록자, 설득하는 자이며 상황화 신학자인 요한은 하나님의 백성에게, 하나님의 선교를 그들의 삶의 자리에서 구현하라고 계속 요청한다. 하지만 그 선교는 어떤 모습을 지니는가? 이제 살펴보자.

2장

선교의 하나님

구원하심이 보좌에 앉으신
우리 하나님과 어린양에게 있도다!

요한계시록 7:10

하나님은 주연 배우로서 요한계시록에서 들려주는 정의와 소망의 드라마를 이끌어 나가신다. 요한은 일곱 교회를 향한 첫 인사말에서 삼위일체 하나님께 강력한 집중 조명을 비춘다. "이제도 계시고 전에도 계셨고 장차 오실"(계 1:4) 하나님 아버지(계 1:6), "충성된 증인…예수 그리스도"(계 1:5), "그의 보좌 앞에 있는 일곱 영"(계 1:4). 일곱 영이라는 말은 세상으로 보냄받은 한 하나님 영의 충만함을 나타낸다(계 5:6). 하나님에게서 시작하는 것이 핵심이다. 우리의 요한계시록 읽기가 **사건들**, 즉 종말의 대본이 어떻게 펼쳐지는가에 초점을 맞춘다면, 우리는 하나님께 맞추어진 요한계시록의 초점을 놓치고 말 것이다. 요한계시록에서는 무엇보다도 전능하신 사랑의 하나님 이야기를 들려준다. 하나님은 선교를 행하심으로써 모든 나라의 백성들을 구원하시고 모든 창조 세계를 본래 의도된 목표로 이끌어 가신다. 그리고 이 위대한 목적을 죽임당한 어린양, 죽음으로써 죄와 죽음을 이기고 승리하신 예수 그리스도 안에서, 그분을 통해 성취하신다. 하나님은 또한 그 목적을 성령으로 이루시는데, 성령은 하나님의 백성에게 능력을 부여해 세상에서 하나님이 하시는 일을 증언하게 하신다(계 19:10).

그렇다면 우리의 선교적 요한계시록 읽기는 요한이 시작하는 지점, 즉 삼위일체 하나님에서 시작하는 게 적절할 것이다. 우리는 때로 '교회의 선교'에 관해 말하는데, 그것도 어떤 면에서는 의미가 있다. 그러나 성경에서는 무엇보다도 우선 **하나님**의 선교, '미시오 데이' 이야기를 말한다. 우리는 하나님의 백성으로서 하나님의 선교에 참여할 소명과 특권을 받는다. 성경 어디서도 요한계시록처럼 거룩한 선교를 명료하게 강조하지는 않는다. 이번 장에서는 하나님, 예수 그리스도의 아버지의 선교에 초점을 맞춘다(계 1:6; 2:28; 3:5, 21; 14:1). 우리는 요한계시록에서 하나님을 알파와 오메가, 창조주, 만물을 새롭게 하는 분, 온 우주를 다스리는 완전히 거룩하신 구원자, 상처 입은 사랑으로 자신의 선교를 이끌어 가시는 하나님으로 그리는 것을 살펴볼 것이다. 하나님에 대한 이 놀라운 환상을 하나하나 살펴보자.

알파와 오메가

요한이 요한계시록의 몸통 부분인 자신의 환상 이야기를 시작하기 직전에 우리는 하나님의 음성을 듣는다. "나는 알파와 오메가라. 이제도 있고 전에도 있었고 장차 올 자요, 전능한 자라"(계 1:8).

요한계시록에서 하나님이 직접 말씀하시는 경우가 딱 두 번 있는데 이것이 그중 첫 번째다. 두 번째는 책의 거의 끝부분에 나오며 비슷한 표현을 사용한다. "나는 알파와 오메가요, 처음과 마지막이라"(계 21:6; 참조. 계 21:5-8). 한 설교자가 이렇게 말하는 것을 들은 적이 있다. "사람들이 하나님에 관해 말할 때 그것은 종종 듣기 좋은 말이다. 그러나 **하나님이** 하나님에 관해 말할 때 우리는 들어야 한다!" 하나님에 관한 하나님의 말씀이 마치 괄호처럼 요한계시록 처음과 끝에 자리 잡고 있다. 우리는 **정말로** 귀를 기울여야 한다.

알파와 오메가는 헬라어 알파벳의 첫 글자와 마지막 글자다. 알파와 오메가로서 하나님은 자신을 역사의 주인으로 계시하신다. 하나님은 만물보다 먼저 계셨고, 하나님이 모든 것을 새롭게 하실 때 만물은 완성에 도달할 것이다(계 21:5). 더 나아가, 하나님은 "이제도 계시고 전에도 계셨고 장차 오실 이"(계 1:4, 8; 참조. 계 4:8)시다. 이 호칭은 하나님이 불타는 떨기나무 안에서 모세에게 계시하셨던 거룩한 이름을 떠올리게 하며 또한 해석한다.[1] 모세가 하나님께 이름이 무엇인지 물었을 때, 하나님은 "나는 스스로 있는 자이니라"(I am who I am)라고 답하셨는데, 이것은 또한 히브리어로 "나는 스스로 있을 자가 되리라"(I will be who I will be)를 의미할 수도 있다(출 3:13-14). 요한계시록에서는 하나님의 이 영원한 특성에 관한 언급이 하나님과 그분이 창조하신 세계와의 관계에 특별히 초점을 맞춘다. 전에도 계셨고 이제도 계시는 분으로서 하나님은 인류 역사 내내 모든 위험과 불확실성에도 불구하고 늘 신실하시다. 오시는 분으로서 하나님은 미래를 주관하고 계신다. 하나님은 **오실** 것이다. 그분의 구원과 심판의 행위를 통해, 잘못된 모든 것을 바로잡고 세상 안에서 그분의 사랑의 선교를 그 의도한 목표로 이끄실 것이다.

창조주이시며 창조 세계를 회복하시는 분

하나님의 선교는 거대하다. 하나님의 선교는 단순히 개인들을 그들의 죄에서 구원하여 천국행 표 검사를 받을 수 있게 만드는 것을 훨씬 넘어선다. 요한계시록에서 하나님의 선교는, 다른 모든 성경에서 그러하듯 모든 창조 세

---

1 Richard Bauckham, *The Theology of the Book of Revelation* (Cambridge: Cambridge University Press, 1993), pp. 28-29를 보라.

계를 포용한다. 요한계시록은 하나님을 인류의 구원자요 심판자일 뿐 아니라, 창조주로서 만물을 새롭게 하시는 분으로 그린다. 세상에 대한 하나님의 주권은, 하나님이 창조주이시고 존재하는 모든 것을 보존하시는 분이라는(계 10:6; 14:7) 성경적 고백에 닻을 내리고 있다. 4장에 나오는 비교할 수 없는 하늘의 보좌 집무실 장면에서, 요한은 하나님의 백성을 상징하는 이십사 장로가 그들의 관을 전능하신 분 앞에 던지며 노래하는 것을 본다.

> 우리 주 하나님이여,
> 영광과 존귀와 권능을 받으시는 것이 합당하오니
> 주께서 만물을 지으신지라.
> 만물이 주의 뜻대로 있었고 또 지으심을 받았나이다. (계 4:11)

같은 장면에서, 모든 창조물을 대표하는 네 생물이 보좌를 둘러싸고 하나님께 끝없는 찬양을 드린다(계 4:7-8). 예배의 원은 점점 넓어져서 마지막에는 "하늘 위에와 땅 위에와 땅 아래와 바다 위에와 또 그 가운데 모든 피조물이" 하나님과 어린양께 찬양의 노래를 부르는 일에 참여한다(계 5:13). 하나님은 창조주이시므로 예배받기에 합당하시다. 나중에 요한계시록 14장에서는 한 천사가 모든 종족과 나라에서 나온 사람들에게 "영원한 복음"을 선포한다. 그 복음에는 그들의 창조주께로 돌아와 "하늘과 땅과 바다와 물들의 근원을 만드신 이"(계 14:6-7)를 예배하라는 요구가 포함된다.[2]

창조주로서 하나님의 일은 성경 이야기 전체에 걸쳐 나타나는데, 이것을 **선교적인** 일로 보는 것이 중요하다. 우리가 시작하는 지점이 의미가 있다. 여기 **심오한** 진술이 있다. 성경 이야기는 창세기 3장이 아니라 창세기 1장에서

---

2 Bauckham, *Theology*, p. 48.

시작한다.[3] 명백하다. 그렇지 않은가? 불행하게도 어떤 그리스도인들은 세상 속 하나님의 선교 이야기가 창세기 3장에서 아담과 하와가 하나님의 명령 앞에서 콧대를 높인 **후에** 시작되어 요한계시록 20장에서 하나님이 죄 많은 인류에게 최후 심판을 선포하실 때 끝나는 것처럼 생각하고 그들의 작전을 펼친다. 그런 관점에서 보면, 우리의 성경 이야기 읽기는 사람들의 개인적 죄와 죄책의 문제를 다루고, 그들이 하나님의 심판을 피하고 죽을 때 천국(heaven)에 가는 것에 쉽게 초점을 맞추게 된다. 그러나 성경 이야기는, 창세기에 나오는 "태초에"(창 1:1)라는 말과 함께 하늘과 땅의 창조주로서 하나님의 역할을 소개하는 것으로 시작한다. 하나님의 창조는 "심히 좋았다"(창 1:31). 그 세계는 풍성한 생명과 하나님, 인간, 창조 세계 자체의 조화로운 관계로 번성한다. 하나님은 그분의 창조 사역 절정 부분에서 사람에게 생명을 불어넣고 그들에게 창조의 과제, 즉 **사명**(mission, 선교)을 주신다. 인간들은 하나님의 주되심 아래 그분의 창조 세계를 다스리고(창 1:26, 28) 섬기도록(창 2:15), 그래서 창조 세계가 하나님이 의도하신 방식으로 번성하게 하도록 부름받는다.

그러나 요한은 하나님의 선한 창조 세계가 죄와 악한 권세들 아래 사로잡히게 되었음을 잘 알고 있다. 그들은 세상에 생명을 준다는 하나님의 목적에 대항한다. 요한계시록에서는 하나님을 자신의 창조 세계를 향한 신실함을 억누를 수 없는 분으로 그린다. 하나님은 창조 세계를 "땅을 망하게 하는"(계 11:18) 권세들로부터 해방하고자 하신다. 그 땅은 그 위에 사는 사람들을 포함하는데, 마귀의 분노(계 12:12)와 사악한 바빌론의 부패(계 19:2) 아래 심한 고통을 받는다. 요한계시록 11:18에서 하나님의 심판은 땅 자체

---

[3] 이에 관해서는 Andy Johnson, *Holiness and the Missio Dei* (Eugene, OR: Cascade, 2016), pp. 3-5를 보라.

가 아니라 땅을 "망하게 하는 자들" 위에 떨어진다. 그들은 하나님의 백성을 죽이고 하나님의 창조 세계를 파괴하는 자들이다.

요한의 청중에게 이것은 단순히 이론적 언어가 아니었다. 그들의 세계에서 로마 제국은 "땅을 망하게 하는 자들"(계 11:18)을 대표하는 존재였다. 마이카 키엘(Micah Kiel)은 사치품과 권력에 대한 로마의 목마름이 어떻게 계속 확장된 통치 영역의 자연 자원 착취라는 대가를 치르며 채워졌는지를 자세히 설명한다. 전대미문의 규모로 채굴과 삼림 벌채가 이루어졌고, 대중의 구경거리를 위해 이국적 동물들을 대량으로 포획하여 동물끼리 혹은 검투사와 싸움을 붙였다.[4] 예를 들어, 주후 80년의 로마 콜로세움 개장 축제에서는 야생 동물 9천 마리가 죽임을 당했다.[5] 이 모든 것이 땅에 대한 영원한 통치를 주장한 로마의 선전 프로그램을 지탱했다. 그러나 요한은 사물을 **있는 그대로** 본다. 땅과 그 위에 사는 사람들을 착취하는 자들, 즉 제국과 그 배후에 있는 악마적 권세들은 **심판받을** 것이다. 하나님은 땅을 현재 이루어지는 파괴에서 구출하고자 하신다.

하늘과 땅의 창조주는 아직도 창조 세계의 미래를 붙잡고 계신다. 요한계시록 21장에서 하나님은 하나님에 관해 최상의 중요성을 지닌 무언가를 추가로 말씀하신다. "보라, 내가 만물을 새롭게 하노라"(계 21:5). 하나님은 창조주일 뿐 아니라 '만물을 새롭게 만드시는 분'이다. 요한계시록 21장과 22장은 예언자 이사야가 미리 말했던(사 65:17-19; 66:22-23) 하나님의 선교의 목표를 그린다. 그 목표는 바로 **새 창조**다.

새 창조 없이는 창조주로서 하나님의 활동은 실패한 과업으로 남을 것이다. 하나님의 본래의 선한 창조가 없다면 새 창조는 의미가 없다. 사실 창

---

4 Micah D. Kiel, *Apocalyptic Ecology: The Book of Revelation, the Earth, and the Future* (Collegeville, MN: Liturgical, 2017), pp. 47-64.
5 Kiel, *Apocalyptic Ecology*, p. 53.

그림 2.1. 새 예루살렘의 생명의 강(계 22:1-2), 『카이사레아의 안드레아스 요한계시록 본문과 주석』(*The Apocalypse with Commentaries from Andrew of Caesarea*, 1800년경) 사본에 실린 삽화

창세기 1-2장과 요한계시록 21-22장은 하나님의 선교라는 전체 성경 이야기를 바로 세우는 지지대가 된다.[6] 그 이야기는 하늘과 땅을 창조하시는 하나

---

6 Michael J. Gorman, *Reading Revelation Responsibly: Uncivil Worship and Witness: Following the Lamb into the New Creation* (Eugene, OR: Cascade, 2011), p. 161를 보라. 이 문단의 나머지 내용은 주로 Dean Flemming, *Why Mission?* (Nashville, TN: Abingdon, 2015), p. 111를 고쳐 쓴

님 이야기에서 출발하여, **새** 하늘과 **새** 땅을 창조하시는 하나님 이야기에서 절정을 이룬다. 이야기는 한 동산에서 하나님과 교제를 나누는 두 사람으로부터 시작한다. 그리고 북적거리는 성읍, 도시 정원 장면으로 마치는데, 거기서는 모든 나라에서 온 사람들이 하나님과, 또한 서로서로 친밀한 교제를 나누며 살아간다. 첫 번째 에덴에서는 사람들이 그들의 죄 때문에 생명나무로부터 쫓겨났다. 그러나 새로운 낙원에서는 생명나무의 잎사귀들이 나라들을 치유하는 데 쓰인다(계 22:1-2). 본래의 동산은 죽음, 고통, 저주의 도구가 되었다. 새 도시에는 생명과 열매 맺음이 가득하다. 저주는 뒤집어졌다(계 22:3).

하나님이 새 하늘과 새 땅을 만드실 때, 그분은 타락 전의 원래 모델을 복원하시지 않았다. 첫 번째 창조 세계를 단지 개량 버전의 소프트웨어를 설치하듯 업그레이드하신 것도 아니다. 오히려 하나님은 무언가 **새로운** 것, 본래의 창조 세계와 질적으로 다른 것을 만드셨다. 앤디 존슨은, 창세기와 요한계시록에 나오는 성경 자체의 틀이 성경 내러티브를 "하나님의 선교 이야기로, 즉 하나님이 자신의 창조 세계가 그 잠재력을 완전히 성취하도록 이끄시며 그 일을 인간 대리자들을 통해 행하시는 이야기로" 읽도록 돕는다고 우리를 일깨운다.[7]

하나님의 **재**창조 사역은 우리의 선교 이해에서 두 가지 핵심 함의를 지닌다. 첫째로, 하나님의 선교는 본질적으로 **창조에 초점을 맞춘다**. 새 예루살렘은 하늘에서 **내려와** 새로워진 땅과 병합한다(계 3:12; 21:2, 10). 요한계시록은 결코 저세상에 관한 것이 아니다. 하나님은 땅을 소멸하는 것이 아니라 **변혁**하기를 원하신다. 리처드 미들턴(Richard Middleton)이 말했듯, "창조

것이다.

7 Johnson, *Holiness and the Missio Dei*, p. 6.

주는 창조 세계를 포기하지 않으셨다. 인간과 비인간 세계를 구조하고 회복시켜 처음부터 의도하셨던 샬롬과 번성의 충만함에 이르게 하고자 일하신다."⁸ 하나님은 **지구(땅)**를 위한 미래를 가지고 계신다.

요한계시록의 창조 세계에 대한 초점은 훨씬 대중적인 종말론(마지막 때에 대한 우리의 믿음)을, 특히 참된 교회는 총알 열차를 타고 멸망으로 달려가는 세상에서 **벗어나** 은밀하게 하늘로 '휴거'되리라 기대하는 믿음을 싹둑 잘라 버린다. 크리스 톰린(Chris Tomlin)이 최근에 복원한 상징적 찬송 "어메이징 그레이스"의 마지막 절은 정확히 이러한, 하나님의 창조 세계의 미래에 대한 비관적 관점을 잘 보여 준다.

땅은 곧 눈처럼 녹고
해는 비추기를 그칩니다.
그러나 여기 아래 있는 나를 부르신 하나님은
영원히 나의 것입니다.⁹

이 시는 아마도 존 뉴턴(John Newton)이 썼을 것이다. 그러나 계시자 요한(John the Revelator)에게서 온 내용일 수는 없다. 현실적으로, 만약 우리의 소망이 암울한 세상을 탈출하는 것이라면 아마도 우리는 **선교**를 단지 이 세상을 떠나 천국으로 가도록 사람들을 준비시키는 일로 생각하려는 유혹에 빠질 것이다. 이런 사고방식은 종종 선한 의도를 가진 부흥사들의 설교와, 회심을 요청하는 그 호소 때문에 강화되었다. 영향력이 컸던 19세기의 전도자 D. L. 무디(Moody)는 이런 유명한 말을 했다. "저는 이 세상을 침몰해 가

---

8   J. Richard Middleton, *A New Heaven and a New Earth: Reclaiming Biblical Eschatology* (Grand Rapids, MI: Baker, 2014), p. 27. 『새 하늘과 새 땅』(새물결플러스).
9   John Newton, "Amazing Grace," 1779, www.hymnlyrics.org.

는 배로 봅니다. 하나님은 제게 구명보트를 주시고 말씀하셨습니다. '무디야, 네가 구할 수 있는 만큼 구하거라.'"[10] 최악의 경우, 종말에 대한 '저세상' 관점은, 미래 세대를 위해 하나님의 창조 세계를 보존하거나 사람들을 억압하고 모욕하는 체제 안에서 정의를 위해 일할 책임에서 손을 떼게 만든다. 대조적으로, 요한계시록이 보여 주는 창조주로서의 하나님 상은, **이 세상과 세상의 궁극적 해방에 강력하게 헌신하시고, 하나님의 백성을 불러 인간 필요의 모든 수준에서 긍휼과 치유와 샬롬의 통로가 되게 하시는 모습이다.**

둘째로, 우리는 창조 세계 돌봄을 선교적으로 생각하기 시작할 필요가 있다. 만일 하나님의 회복하는 선교가 창조 세계 자체를 포함한다면, 그리고 하나님이 사람에게 그 창조 세계를 다스리고 섬기라는 과업을 주셨다면, 하나님의 창조 세계를 돌보는 것은 하나님의 선교에 참여하는 일의 중요한 일부가 된다. 예수님을 따르는 이들은 기후 위기의 위험을 부인하고 환경에 해를 끼치는 경제 정책이나 정치 정책을 지지하는 일에 **더딘**—종종 그런 것처럼 **앞장서는** 게 아니라—사람들이 되어야 한다. 요한계시록은 우리를 "만물을 새롭게"(계 21:5) 한다는 하나님의 변혁 목적에 참여하도록 부른다. 크리스토퍼 라이트가 요약하듯, "우리의 선교는, 사람뿐 아니라 창조 세계를 향해 선포된 복음의 실행자로서 [하나님의] 구속 사역에 참여하는 것을 포함한다."[11]

....

"진정한 기독교적 환경 활동은 사실 복음 전도 측면에서도 열매를 맺는다.

---

10 Dwight L. Moody, "That Gospel Sermon on the Blessed Hope," sermon 16, in *New Sermons, Addresses and Prayers* (St. Louis: N. D. Thompson, 1887), cited in Middleton, *A New Heaven and a New Earth*, p. 301.
11 Christopher J. H. Wright, *The Mission of God's People: A Biblical Theology of the Church's Mission* (Grand Rapids, MI: Zondervan, 2010), p. 61.

그것이 '진짜 선교'를 감싸는 어떤 포장이기 때문이 아니라, 단순히 그것이 말과 행동으로 창조 세계 전체(물론 인간 피조물을 포함한)를 향한 창조주의 무한한 사랑을 선언하기 때문이다. 이 사랑은 성경 이야기의 감추어진 부분이 아니라, 창조주께서 둘 모두를 구속하기 위해 치르신 값이다."[12]

크리스토퍼 라이트

만일 하나님의 사랑의 선교가 사람을 위한, 사회를 위한, **그리고** 지구를 위한 복음을 의미한다면, 교회가 그 선교에 참여할 때 하나님의 창조 세계를 돌보는 과업을 무시할 수 없다. 우리는 하나님이 기뻐하시는, 하나님이 소유하신, 하나님이 그리스도 안에서 구속하신, 하나님이 완전히 회복하기를 원하시는 대상들을 사랑하고 돌봄으로써 하나님을 향한 사랑을 나타낸다. 라이트는 이를 다음과 같이 잘 표현했다.

그리스도를 위해 지구를 잘 돌보는 일은, 모든 하나님의 백성에게 주어진 하나님을 사랑하라는 소명의 근본적 차원이 분명하다. 내가 보기에, 어떤 그리스도인들이 하나님을 사랑하고 예배한다고 하면서…그분의 소유라고 도장이 찍혀 있는 지구에 관심이 없는 것은 이해할 수 없는 일이다. 그들은 지구를 학대하는 것을 우려하지 않으며, 실제로 낭비적이고 과소비적인 삶의 방식으로 그 학대에 기여한다.[13]

지구(땅)를 위한 하나님의 사랑의 목적에 관한 요한계시록의 관점은 과거

---

12 Christopher J. H. Wright, *The Mission of God: Unlocking the Bible's Grand Narrative* (Downers Grove, IL: IVP Academic, 2006), p. 419.
13 Wright, *Mission of God*, p. 269.

어느 때보다도 더 교회에 필요해졌다. 환경 파괴와 하나님의 창조 세계를 남용하는 일이 가속화하고 있다는 압도적 증거에 직면해, 특히 그것이 수많은 종의 멸종과 위협적인 기후 변화를 초래하는 것을 보며, 그리스도인들은 이 문제를 여전히 '세속' 이슈로만 간주할 수는 없다. 너무 많은 것이 걸려 있고, 성경의 명령은 아주 분명하다.

"우리는 이 묵시의 책에서 땅의 부르짖음과 가난한 사람들의 부르짖음을 들을 필요가 있다. 한편에는 로마 제국 시대의 군국주의와 폭력의 결과에 대한 요한계시록의 반제국주의적 비평을 놓고, 다른 한편에는 오늘날의 지구와 그 위에 사는 사람들에 대한 전 세계적 착취를 놓고, 우리는 둘의 관련성을 볼 필요가 있다. 땅과 그 위에 사는 사람들은 하나님께, 그리고 무언가를 할 수 있는 자원을 가진 우리 인간들을 향해 부르짖고 있다. 하나님은 창조 세계의 황폐화를 한탄하신다. 우리 또한 그것을 한탄해야 한다!"[14]

바버라 로싱(Barbara Rossing)

그리스도인들이 실제로 어떻게 반응할 수 있는지는 이 책의 마지막 장에서 더 이야기할 것이다. 그럼에도 지금 이야기해 보자면, 요한계시록의 새 창조 환상은 교회가 창조 세계 돌봄이라는 도전에서 선봉에 서도록 초대한다. 그러한 반응의 한 가지 차원은, 창조 세계 돌봄 선교에 부름받은 그리스도인들을 격려하고, 그들을 위해 기도하며, 후원하는 것이다. 기독교 연

---

[14] Barbara R. Rossing, "For the Healing of the World: Reading Revelation Ecologically," in *From Every People and Nation: The Book of Revelation in Intercultural Perspective*, ed. David Rhoads (Minneapolis: Fortress, 2005), p. 180.

구, 보존, 옹호 그룹인 어 로샤 인터내셔널(A Rocha International)은 그런 소명을 보여 준다.[15] 한 사례는 서아프리카 가나 동부에 있는 아테와 숲(Atewa Forest)을 보존하는 일이다. 이 지역은 생물 다양성이 높고, 멸종 위기에 있는 새, 나비, 개구리, 포유류가 많이 서식하며, 500만 가나인에게 깨끗한 식수를 공급하는 지역인데, 상업적 채굴, 불법 벌목, 경작지 개발에 의한 침해로 위협받고 있다. 어 로샤는 다양한 측면의 알림과 옹호 캠페인을 국제적·지역적 수준에서 펼치고 참여해 왔다. 그 내용에는 지역 사회가 대안적인, 자연 친화적인 삶의 자원을 개발하는 일이 포함된다.[16] 그런 지구 돌봄은 다가올 새 창조를 미리 맛보게 하는 일이며, 만물을 새롭게 하시겠다는 하나님의 약속에 대한 하나님 백성의 증언을 가능하게 만든다.

보좌에 앉으신 분

누가 이 세상을 통치하시는가? 요한계시록에서는 목소리 높여 답한다. '**하나님**이시다.' 세상의 창조주로서 하나님은 또한 온 우주를 주관하신다. 책의 첫 부분에서 하나님은 선언하신다. "나는…전능한 자라"(계 1:8).[17] '전능자'(헬라어로 *pantokratōr*)라는 칭호는 신약성경에서 거의 독점적으로 요한계시록에서만 발견된다(계 4:8; 11:17; 15:3; 16:7, 14; 19:6, 15; 21:22). 그 칭호는 하나님이 가장 높은 분이며 만물을 통제하시는 분임을 표현한다.

무엇보다도, 요한계시록은 하나님의 자리가 우주의 통치 보좌임을 보이며 하나님의 주권을 드러낸다. 이것은 우리를 요한계시록의 신학적 심장인

---

15   A Rocha International, www.arocha.org. 2024년 1월 12일 접속.
16   "Protecting Atewa Forest," A Rocha Ghana, https://ghana.arocha.org/projects/protecting-atewa-forest/. 2024년 1월 12일 접속.
17   "주 하나님 곧 전능하신 이"라는 호칭은 요한계시록에 일곱 번 나타난다(계 1:8; 4:8; 11:17; 15:3; 16:7; 19:6; 21:22). "전능하신 하나님"이라는 표현은 두 번 더 나온다(계 16:14; 19:15).

그림 2.2. "하늘 보좌가 있는 방에서 하나님 앞에 선 성 요한", 『요한계시록』(The Apocalypse of Saint John, 1496-1498)에 실린 알브레히트 뒤러(Albrecht Dürer)의 목판화

4장과 5장으로 이끈다. 4장 첫 부분에서 요한이 사로잡혀 하늘로 올라갔을 때, 즉시 그는 거룩한 통치자가 앉으신 보좌를 본다(계 4:2). 그 보좌가 있는 방은 "우주의 선교 통제실"이다.[18] 하나님의 보좌는 만물의 중심에 있다. 4장

과 5장에서 장면이 펼쳐지면서, 마치 우주의 연못에 파문이 이는 것처럼 보좌를 둘러싼 예배자들의 원이 점점 넓어지고, 마침내 "하늘 위에와 땅 위에와 땅 아래와 바다 위에와 또 그 가운데 모든 피조물"이 우레와 같은 찬양을 하나님과 어린양께 올린다(계 5:13).

보좌는 죽임당한 어린양과 함께(책 3장을 보라) 요한계시록의 두 가지 대표 상징 중 하나다. 요한계시록에서 하나님의 보좌나 그리스도에 대한 언급은 적어도 40번 이상 나타난다. 보좌는 하나님의 능력과 통치를 상징한다. 삼위일체 하나님을 "보좌에 앉으신 이"(계 4:9; 5:1, 7, 13; 6:16; 7:15; 21:5)라고 말하는 것은 하나님이 만물에 대해 주권을 가지신다는 의미다. 만물의 창조주께서는 그분의 창조 세계를 소유하고 유지하신다. 요한계시록은 이스라엘 하나님에 관한 구약성경의 고백을 단단하게 다시 확언한다. "하늘과 모든 하늘의 하늘과 땅과 그 위의 만물은 본래 네 하나님 여호와께 속한 것이로되"(신 10:14).

하나님의 자리가 우주를 통치하는 보좌라는 사실은 심오한 선교적 함의를 지닌다. 첫째로, 만일 하나님이 온 우주를 다스리는 주권자시라면, **다른 어떤 통치자나 권력도, 인간이나 영적 존재도 세상을 구속한다는 하나님의 목적을 최종적으로 좌절시킬 수 없다.** 하나님의 선교에 대항하는 모든 지상과 우주의 권력은 파멸할 것이고, 보좌에 앉으신 이는 그분의 통치에 대한 모든 저항을 물리치실 것이다. 보좌에 앉으신 하나님에 대한 요한의 환상은 분명 아시아에 있던 요한의 독자들에게 엄청난 소망과 격려를 전해 주며, "그가 세세토록 왕 노릇 하[실]"(계 11:15) 것을 확신하게 했을 것이다.

둘째로, 만일 하나님이 온 세상을 통치하신다면, **하나님의 선교가 다루**

18　M. Eugene Boring, *Hearing John's Voice: Insights for Teaching and Preaching* (Grand Rapids, MI: Eerdmans, 2019), p. 97.

는 범위도 보편적일 것이다. 만일 보좌에 앉으신 분이 참으로 "주 하나님"이시라면, 하나님의 구속하시는 목적은 예외 없이 모든 사람에게 확장된다. 그는 "만국의 왕"이시며 그 앞에 "만국이 와서 주께 경배[할]" 것이다(계 15:3-4). 더 나아가, 성경에서는 그리스도가 동일한 주권으로 주님이 되시며 동일한 보편적 선교를 공유하신다고 확언한다. 요한계시록에서는 예수님이 "만주의 주시요 만왕의 왕"(계 17:14)이시라고 찬양한다. 마태복음의 유명한 지상명령 본문에서 예수님은 "하늘과 땅의 모든 권세를 내게 주셨[다]"(마 28:18)고 주장하신다. "하늘과 땅"이라는 어구는 창세기 1장을 가리키면서도 요한계시록 21장에 나오는 하나님의 "새 하늘과 새 땅"을 기대하게 한다. 그 말은 창조 세계 모든 구석구석에 미치는 예수님의 보편적 권위를 언급하는 표현이다. 그 뒤에 이어지는 예수님의 "그러므로 너희는 가서 모든 민족을 제자로 삼아"(마 28:19)라는 명령은 온 세상을 다스리시는 예수님의 주권적 권위에서 직접 나온다.

그렇다면 교회의 선교를 위한 기초는 단순히 하나의 외적 명령에 대한 순종이 아니다. 오히려 교회의 선교는 그리스도 안에 있는 하나님의 보편적 주되심에 대한 피할 수 없는 반응이 된다. 하나님이 우주를 통치하는 보좌에 앉아 계시므로, 그리고 하나님이 "모든 권세"를 예수님에게 주셨으므로, 교회는 모든 곳에 있는 모든 사람을 향해 나아가는 선교에 의해 정의된다. 크리스토퍼 라이트는 이렇게 말한다. "하나님 백성의 선교적 과업은 보편적 구원 제공에서 직접 흘러나온다. 그리고 그것은 다시 하나님의 보편적 주권에서, 즉 바로 그 하나님의 보좌에서 세상으로 흘러나온다."[19]

---

[19] Christopher J. H. Wright, *Salvation Belongs to Our God: Celebrating the Bible's Central Story* (Downers Grove, IL: IVP Academic, 2007), p. 145.

"우리는 하나님의 영광을 땅끝까지 전파한다. 그 주된 이유는 사람의 필요가 아니라, 근본적으로 하늘과 땅의 주님이신 하나님의/그리스도의 유일한 존귀하심이다. 세상에 복음을 전파하는 일은 구출 선교(물론 그것도 분명히 포함하지만) 이상이다. 그것은 실재 선교(reality mission)다. 우리는 모든 실재를 향해 그들이 한 주님께 속해 있음을 인식하라고 간청한다."[20]

존 딕슨(John Dickson)

셋째로, 하나님이 홀로 세상을 **다스리신다면, 오직 하나님만 세상을 구속하실 수 있다.** 요한계시록 7장에서는 많은 민족으로 이루어진 거대한 무리가 보좌 앞에 서서 큰 소리로 외친다. "구원하심이 보좌에 앉으신 우리 하나님과 어린양에게 있도다!"(계 7:10)

모든 것을 다스리시는 하나님은 유일하게 구원하실 수 있는 분이다. 여기서 '구원'은 하나님의 적들에 대한 승리뿐 아니라, 가장 포괄적인 의미에서 하나님이 구속, 치유, 회복하시는 일을 의미하는 것 같다. 이 광대한 범위의 구원은 다른 어떤 주나 구원자가 아닌 **우리** 하나님께 속한다. 그리고 **우리** 하나님은 우리가 성경 이야기로부터 아는 하나님, 특정한 백성 이스라엘을 해방하셨던, 그리고 그리스도 안에 있는 특정한 백성을 대표하여 구속의 행위를 계속하시는 야훼 하나님 외의 다른 분이 아니다.[21] 나라들은 구원을 받기 위해 이 하나님을 향해, 오직 이 하나님을 향해 돌이켜야 한다. 예언자 이사야가 수 세기 전에 선언한 것처럼,

---

20 John Dickson, *The Best Kept Secret of Christian Mission: Promoting the Gospel with More Than Our Lips* (Grand Rapids, MI: Zondervan, 2010), p. 35.
21 Wright, *Salvation Belongs to Our God*, p. 140.

나 외에 다른 신이 없나니

　나는 공의를 행하며 구원을 베푸는 하나님이라.

나 외에 다른 이가 없느니라. (사 45:21)

마찬가지로, 요한계시록에서는 보편적이면서도 유일한, 주권자이면서도 구원자이신 하나님을 계시한다.

이것은 요한의 청중과 매우 관련 있는 메시지다. 요한의 세계에서 유일한 구원자로서의 이스라엘의 하나님 관념은 기존 권력자들에게 심각한 도전을 제기했다. 우리는 앞에서, 로마 제국 안에서 종교와 정치가 안락한 동반 관계를 맺고 있었음을 보았다. 카이사르는 보좌에 앉아 있었고 그 통치는 추가로 긴 목록의 전통적 신들에 의해 지지받고 있었다. 그에 더하여 로마 황제들은 '구원자'로 칭송받았는데, 사람들에게 안전과 번영을, 또한 위험으로부터의 보호를 제공할 능력이 있었기 때문이다. 예를 들어, 클라우디우스 황제는 "**구원자**이며 시혜자인 신", "온 세상의 **구원자**"라는 환호를 받았다.[22] 이 구원에 대한 보답으로 로마는 궁극적 충성과 전적 헌신을 요구했다. 그러나 요한의 환상은, 보좌는 단 하나뿐이며 하나님이 그곳에 앉으셨다면 더 이상 카이사르의 자리는 없다고 외친다. 로마가 신민들을 위해 구원을 베푼다고 주장하지만, 그럴 때 로마는 하나님 한 분께만 속한 역할을 탈취하고 있는 것이다.

그림 2.3. 네로 황제(재위 54-68년)와 신주(神酒) 접시를 든 살루스(구원) 여신이 새겨진 동전

22　Peter Oakes, *Philippians: From People to Letter*, SNTSMS 110 (Cambridge: Cambridge University Press, 2001), p. 140에서 재인용.

하나님의 구원하시는 능력의 유일함에 관한 질문은 오늘날에도 핵심이다. 정상에 오르는 많은 등산로가 있는 것처럼 구원에 이르는 경로도 많다는 주장이 아마도 점점 인기를 얻고 있을 것이다. 이와 달리 생각하는 것은 타인의 신념이나 종교 전통에 대해 비관용적이고 그것을 판단하는 것처럼 보일 것이다. 그러나 요한이 구원은 유일하게 '우리 하나님'과 죽임당한 어린 양 안에서만 발견된다는, 걸림돌이 될 만한 진리를 가지고 종교 다원적 세계와 맞섰던 것과 마찬가지로, 우리도 오늘날 복음의 걸림돌을 무마할 수는 없다. 만약 하나님이 보좌에 앉아 계신다면, 그분께는 경쟁자가 있을 수 없다. 동시에, 만약 이 하나님이 구원의 유일한 근원이 되신다면, 하나님의 선교에 참여하는 것은 모든 문화와 나라와 종교 환경에서 사람들을 이끌고 나와 그분의 주권 영역으로 들어가게 함으로써 그들도 하나님을 '우리 하나님'으로 알 수 있게 하는 일을 수반한다. 선교적 공동체로서, 우리는 하나님의 구원하고, 화해시키며, 생명을 준다는 목적을 인간에게 필요한 모든 수준에서 중개하도록(mediate) 부름받는다.

넷째로, 만약 하나님이 하늘의 보좌에 앉아 계신다면, 하늘에서 **진실인** 것은 땅에서도 **진실이 되어야** 한다. 어느 요한계시록 학자가 말했듯, "하늘의 보좌는 조망의 자리이며 요한은 독자들이 그곳에서 인간사의 세상을 내려다보기를 바랐다."[23] 주권을 두고 벌이는 싸움 앞에서 아시아에 있던 요한의 그리스도인 독자들은, 온 세상을 통치하고 있다는 로마의 거짓 주장을 받아들일지, 아니면 참 하나님이시요 구원자께서 다스리고 계시다는 하늘의 관점을 포용할지 선택해야 했다. 그런 하늘의 관점은 단순히 마음 상태 이상을 의미한다. 요한계시록 2장과 3장에 나오는 그리스도의 일곱 교회를

---

[23] Craig R. Koester, *Revelation and the End of All Things*, 2nd ed. (Grand Rapids, MI: Eerdmans, 2018), p. 79.

향한 메시지에서 풍부하고 명료하게 말하는 것처럼, 그런 관점은 순종의 삶을 통해, 하나님의 백성에 대한 하나님의 통치를 시인하는 일상의 생활 방식으로 번역되어야 한다.

누가 세상을 경영해 나가는가를 두고 벌어지는 이런 갈등은 오늘날의 그리스도인 공동체에 무엇을 의미하는가? 분명, 하나님이 최상위에서 다스리시는 하늘의 관점을 선택하는 것은 우리로 하여금, 전통적 신이든 민족 국가든 물질적 성공이든 우리를 지배할 권리를 주장하며 경쟁하는 권력들에 저항하도록 강요한다. 동시에, 요한계시록이 지닌 **하늘의** 관점은 결코 **저세상** 중심의 관점이 아니다. 반대로 하늘의 관점은 그리스도인 공동체들이 공동체의 구체적 상황에서 그리스도 안에 있는 하나님의 주권적 통치를 현재에 구현하는 존재로 살도록 초대한다. 이 구체적인 삶의 방식은 하나님의 통치가 지구의 모든 구석구석을 흠뻑 적실 미래를 가리키는 표지판이 된다.

가장 거룩하신 분

요한계시록 4장에서는 하늘의 보좌가 있는 방에서 한 노래가 울려 퍼진다. 보좌를 둘러싼 네 생물이 영원한 반복 재생 모드로 올리는 노래다.

> 거룩하다, 거룩하다, 거룩하다,
>   주 하나님 곧 전능하신 이여,
>   전에도 계셨고 이제도 계시고 장차 오실 이시라. (계 4:8)

성경에서는 강조하려는 바를 반복한다. 여기서는 '거룩하다'라는 말을 세 번 반복함으로써 하나님이 '가장 거룩하신 분'이며 그분의 창조물과는 구별된다고 선언한다.²⁴ 하늘의 보좌에서 솟아오르며 터지는 불꽃, "번개와 음성과 우렛소리"(계 4:5)가 그 사실을 확실히 알린다. 요한계시록에서 거룩함은 우선 사람들의 이상적인 삶의 방식이 아니라 하나님의 성품과 정체성이다.²⁵

요한계시록 4장에 나오는 하나님의 거룩하심을 찬양하는 이 노래 가사는, 이전에 다른 보좌 방에서 울려 퍼진 노래를 떠올리게 한다. 그곳에서 노래하는 이들은 생명체가 아니라 스랍이었다. "거룩하다, 거룩하다, 거룩하다, 만군의 여호와여, 그의 영광이 온 땅에 충만하도다"(사 6:3). 요한계시록과 이사야서의 두 노래는 같은 말로 시작하지만 **다른 말로 마친다**. 앤디 존슨이 말하듯, 요한계시록에 나오는 생명체들의 노래는 땅이 하나님의 영광으로 가득 채워질 것, 즉 하나님의 가시적 영광에 대해서는 아무것도 언급하지 않는다. 그 대신에 노래는, 하나님을 "전에도 계셨고 이제도 계시고 장차 오실 이"(계 4:8)로 언급한다. 존슨이 설명하길, "그런 언어는 하늘의 보좌 방에 계신 창조주 하나님이 땅 위에서 진행되는 일들에 만족하시지 않음을 암시한다. 이 하나님은 온 땅에 그분의 영광이 가득하게 되도록 땅의 일들을 바로잡기 위해 '오시는 분'이기 때문이다."²⁶ 이미 하늘에서는 충만히 인식되는 하나님의 영광은, 새 예루살렘이 하늘에서 내려오고 하나님이 모든 것을 새롭게 하실 때(계 21:2, 5) 비로소 땅을 가득 채우게 될 것이다.

다시 한번 말하지만, 요한의 선교적 관점에서는 하늘에서 이미 진실인 것은 땅으로 내려와야 한다. 리처드 보컴이 날카롭게 인식하는 바는, 어떤 의미에서 요한계시록에 나온 요한의 예언자적 환상은 주기도의 처음 세 간

---

24 나는 이 표현을 Andy Johnson, *Holiness and the* Missio Dei, p. 157에서 빌려 왔다.
25 Dean Flemming, "'On Earth as It Is in Heaven': Holiness and the People of God in Revelation," in *Holiness and Ecclesiology in the New Testament*, ed. Kent E. Brower and Andy Johnson (Grand Rapids, MI: Eerdmans, 2007), p. 345.
26 Johnson, *Holiness and the* Missio Dei, p. 157.

구를 성취한다는 것이다. "이름이 거룩히 여김을 받으시오며, 나라가 임하시오며, 뜻이 **하늘에서 이루어진 것같이 땅에서도** 이루어지이다"(마 6:9-10, 강조 추가).²⁷ 그러나 땅 위의 사실들은 다른 이야기를 말한다. 보컴이 지적하길, "요한과 그의 독자들은 하나님의 이름이 거룩히 여김받지 못하고, 그분의 뜻이 이루어지지 않으며, 로마의 권력 체제에 의한 억압과 착취를 통해 악이 지배하는 세계에 살았다."²⁸ 하나님은 궁극적 거룩함이시므로, 땅을 파괴하고 승승장구하려는 권력들을 용납하실 수 없다(계 16:5). 땅에서 하나님의 이름이 거룩히 여김받으려면, 온 세상에서 하나님의 뜻이 이루어지려면, 하나님의 왕국이 충만하게 임하려면, **악은 반드시 파괴되어야 한다.** 그러므로 심판과 징벌은 하나님의 생명을 주는 선교에서 불행하지만 필요한 부분이 된다. 이에 대해서는 책 6장에서 더 말할 것이다. 지금은 간단히, 보좌 방 장면 다음에 이어지는 장에서(계 6-20장) 하나님의 거룩함이 악한 권력들과 그들을 경배하기를 고집하는 자들 위에 임하는 의롭고 자비로운 심판들을 통해 표현된다고만 말해 둔다.

요한은 거룩한 주권자 하나님뿐 아니라, 동일한 거룩함을 공유하는 높아지신 그리스도를 보여 준다. 그분은 "거룩하고 진실하[신]"(계 3:7) 분이며, 다니엘이 보았던 "인자 같은 이"처럼 불타는 듯한 영광 속에서 나타나시는 분이다(계 1:12-16; 참조. 계 14:14; 단 7:13-14). 그러나 우리는 그리스도의 거룩하심의 온전한 의미를 파악하기 위해 요한계시록 5장의 하늘의 보좌 방 장면으로 돌아갈 필요가 있다. 그 장면에서 피 흘리는 어린양이신 예수님은 하늘의 보좌를 공유하시고 모든 창조물로부터 하나님에게만 합당한 동일한 찬양을 받으신다(계 5:6-14; 참조. 계 3:21). 수치스러운 희생의 죽음을 통해 어

---

27 Bauckham, *Theology*, p. 40, 강조 추가.
28 Bauckham, *Theology*, p. 40.

린양은 "진정한 권력의 본성을 재정의할 뿐 아니라, 전능하고 거룩하신 삼위일체 하나님 됨이 의미하는 바를 재조정한다."²⁹ 그렇다면 하나님의 거룩함은 반드시, 상처 입을 수 있는, 십자가에 못 박히고 부활하신 어린양이라는 렌즈를 통해 관찰되어야 한다.

요한계시록 전반에서 하나님의 거룩함은 하나님의 선교와 분리할 수 없다. 15장에서 승리한 하나님의 백성은 유리 바닷가에 서서 모세의 노래와 어린양의 노래를 부른다(계 15:2-4). 그 노래의 가사는 질문한다. "주여, 누가 주의 이름을 두려워하지 아니하며 영화롭게 하지 아니하오리이까?" 즉시 대답 소리가 주위를 채운다.

오직 주만 거룩하시니이다.

주의 의로우신 일이 나타났으매,

    만국이 와서 주께 경배하리이다. (계 15:4, 강조 추가)

요한의 관점에서 보면, 세상 나라들에 속한 이들도 유일하신 하나님의 거룩하심과 의로운 통치 방식과 심판을 진정으로 알게 되면(계 15:3을 보라), 회개로 이끌려 그런 하나님을 경배할 것이다.³⁰ 하나님의 거룩함은 반역하는 세상 나라들을 파괴하는 것이 아니라, 그들을 화해시키고 구속한다는 목적으로 그 궁극적 모습이 표현된다.

더 나아가, 거룩하신 하나님과 거룩하신 그리스도는 거룩한 백성을 원하신다. 그들은 모든 창조 세계를 위해 마련된, 생명을 준다는 하나님의 목적에 사로잡힌 백성이다. 요한은 하나님의 백성을 반복해서 "거룩한 사람들"

---

29 Johnson, *Holiness and the Missio Dei*, p. 158.

30 Craig R. Koester, *Revelation: A New Translation with Introduction and Commentary* (New Haven, CT: Yale University Press, 2014), pp. 633, 636.

(성도)이라고 부른다(예컨대 계 5:8; 8:3-4; 11:18). 그들이 거룩한 것은 그들 자신의 내재적 선함 때문이 아니라 그들이 거룩하신 하나님과 맺은 관계 때문이다. 동시에 그들은 하나님이 거룩하시므로 그들도 거룩한 백성이 **되도록** 부름받는다. 그들은 "하나님의 계명을 지키는"(계 14:12) 자들이며 옳은 행실로 옷 입었다(계 19:8). 책 4장에서 보겠지만, 그리스도인들은 하나님의 거룩하신 성품을 성찰하는 만큼만 온 창조 세계에 온전함을 주시는 하나님의 일에 참여할 수 있다.

그 선교는 "거룩한 성"(계 21:2) 새 예루살렘에서 목표에 도달한다. 새 예루살렘의 완전한 정육면체 모양은 구약성경에 나오는 하나님 성전의 내부 성소인 지성소를 따른 것이다(계 21:16; 참조. 왕상 6:19-20). 새 예루살렘에서 성전은 전혀 필요하지 않다. 전체 도시와 그 주민들 모두 거룩하신 하나님의 임재에 흠뻑 젖을 것이다(계 21:3, 11, 22; 22:3-5). 새 예루살렘은 하나의 거대한 지성소다. 그러나 이 환상은 미래에 관한 것만은 아니다. 요한의 독자들은, 또한 오늘날의 독자들은, 새 예루살렘에서의 거룩한 삶을 지금 여기서 구현하라는 부름을 받고 있다. 그런 일이 일어나려면, 우리는 하나님의 거룩한, 내주하는 임재가 우리 그리스도인 공동체들을 변화시키기를 허용해야 한다. 그리하여 우리의 태도와 행동이, 지켜보는 세상을 향해 장차 올 것—거룩하신 하나님의 성품에 온전히 동화된 공동체—을 미리 보여 주는 시사회(sneak preview)가 되어야 한다.

상처 입은 사랑

이 지점까지 우리는 주로 전능하신 창조주 하나님, 거룩하신 분에 대한 요한계시록의 그림을 살펴보았다. 하나님은 온 세상을 다스리는 보좌에 앉아 계시고 의로운 심판으로 악을 정복하신다. 그러나 사랑에 관해서는 무엇을 말할 수 있는가? 요한계시록의 하나님은 또한 사랑의 하나님이신가? 그렇다!

요한계시록이 몇 군데에서 명시적으로 거룩한 사랑을 언급하는 것은 사실이며, 이는 모두 부활하신 그리스도와 관련이 있다(계 1:5; 3:9, 19).[31] 그러나 그것은 전체 그림과는 거리가 멀다. 거룩함과 정의의 하나님은 또한 사랑하시는 하나님이다. 하나님은 자신의 선한 창조 세계를 사랑하시되, 자신에게 대항하는 죄와 악의 모든 권력에도 불구하고 창조 세계에 생명을 준다는 목적을 성취하실 만큼 사랑하신다. 하나님은 순교자들의 고난과 고통에도 꿈쩍하지 않고 계시는 분이 아니며, 정의를 구하는 그들의 부르짖음에 응답하신다(계 6:10; 16:4-5). 그분의 사랑하는 선교는, 하나님이 새 창조 세계 안에서 자기 백성과 함께 거주하시고 자상한 부모처럼 그들의 눈에서 눈물을 닦아 주실 때 비로소 목표에 도달한다(계 7:17; 21:3-4). 하나님은 반역하는 죄인들에게서 등을 돌리시지 않고 자비롭게 그들에게 다가가 그들을 회개로 이끄신다(계 9:20-21; 14:6-7; 16:9, 11).[32] 나머지 신약성경 책에서도 그렇듯 요한계시록에서 "선교가 존재하는 것은 하나님이 사랑하시기 때문이다."[33]

그러나 무엇보다도, 하나님의 사랑은 죽임당한 어린양 안에서 구체화된다. 어린양은 "우리를 사랑하사"(계 1:5), 모든 종족과 언어와 나라에서 나온 사람들을 구속하기 위해 자신의 피를 쏟으셨다(계 5:9). 그러므로 "온 세상의 주권자이신 하나님은 자기를 내어 주는 사랑에 의해 움직이시고, 인류에게 다가가면서 상처 입으실 수 있다."[34] 주석가 토머스(Thomas)와 마키아(Mac-

---

[31] 이 구절들에는 '사랑'을 의미하는 두 헬라어 단어가 나온다. 계 1:5과 계 3:9에는 *agapaō*, 계 3:19 에는 *phileō*가 나온다.

[32] John Christopher Thomas and Frank D. Macchia, *Revelation* (Grand Rapids, MI: Eerdmans, 2016), p. 409.

[33] John R. Franke, *Missional Theology: An Introduction* (Grand Rapids, MI: Baker Academic, 2020), p. 8. 『선교적 신학』(기독교문서선교회).

[34] Thomas and Macchia, *Revelation*, p. 409.

chia)는 우리가 요한계시록에서 거룩한 주권과 거룩한 사랑 사이의 "창조적 긴장"을 만난다고 지적한다. 그들은 "보좌에 앉으신 하나님과 십자가에 못 박히신 어린양 안에서 계시된 하나님 사이에 모순은 없다"고 주장한다.[35] 하나님의 사랑은, 말썽 부리는 아이가 망치는 행동을 하더라도 그냥 제멋대로 하도록 두는 부모처럼 무르거나 감상적인 법이 결코 없다. 오히려 하나님의 사랑은, 세상에서 이루어지는 하나님의 회복 사역을 망치려고 결심한 자들을 심판하고 정복하는 거룩한 사랑이다. 그러나 하나님의 사랑은 어린양의 피 흘림을 통해 승리한다(계 5:6; 12:11). 승리는 폭력을 통해 오는 게 아니라 고난받는, 상처 입은 사랑의 선교를 통해 온다.

결론

수년 전에 나는 한 어린 소녀에 관한 이야기를 들었다. 그 아이가 흰 종이 위에 열심히 스케치하는 것을 보고 엄마가 물었다. "뭘 그리고 있니?" "하나님을 그리고 있어요." 소녀가 대답했다. "어머나, 그래? 하나님이 어떻게 생겼는지 아는 사람이 없을 텐데…." 엄마가 부드럽게 의견을 제시했다. 그러나 아이는 고개도 들지 않고 대꾸했다. "내가 그리고 나면 사람들이 알게 될 거예요!"

그리스도인들이(비그리스도인도 마찬가지지만) 던지는 핵심 질문 중 하나는 '하나님은 어떤 분이신가?'다. 이번 장에서 우리는 요한계시록이 어떻게 그 질문에 답하는지를 살펴보았다. 무엇보다도, 요한계시록의 하나님은 무섭고 소름 끼치는 하나님, 나쁘게 행동하는 폭력적인 하나님, 또는 우리가 성경의 다른 부분에서 보는 것과 다른 하나님이 아니다. 불행하게도, 나는 요

---

35 Thomas and Macchia, *Revelation*, pp. 410-411.

한계시록의 하나님에 대해 정확히 이런 인식을 가진 학생들을 종종 만난다. 하지만 요한계시록의 하나님은 성경 이야기 전반을 통해 우리가 아는 하나님과 동일한 하나님이며, 모든 민족을 자신과 화해시키시고 전체 창조 세계에 **샬롬**을 가져오는 일에 강고하게 헌신하시는 사랑의 하나님이다. 그 전반적 이야기 안에서 요한계시록은 거룩한 선교의 몇 가지 차원을 집중 조명한다.

- 하나님은 모든 것의 창조주이시고, 하나님의 선교는 상처 입고 소외된 세계를 온전함과 풍성함이라는 본래 의도된 목적으로 이끌고자 한다. 그 목표를 위해 하나님은 창조 세계의 회복자로서 행동하신다. 그분은 모든 것을 새롭게 하시리라 신뢰할 수 있는 분이다(계 21:5).
- 하나님은 역사를 주관하는 주님이며, 온 세상의 통치 보좌에서 다스리신다. 하나님이 세상의 주님이므로 하나님의 구속하고 치유하는 선교는 민족, 인종, 성별, 사회 경제적 지위, 종교 전통과 상관없이 세상 **안에** 있는 모든 사람에게 미친다. 하나님은 구원하는 능력 면에서 유일한 분이다. 하나님의 세상 회복 목적을 위협할 수 있는 경쟁 권력은 없다.
- 하나님은 '가장 거룩한 분'이다. 하나님은 거룩하시기 때문에 세상 일들을 바로잡고 땅이 하나님의 영광으로 가득 차게 만드는 과업에 헌신하기를 멈추지 않으신다. 거룩하신 하나님은 세상을 향한 그분의 사랑하는 선교를 좌절시키려 시도하는 죄악된 권력들과 타협하실 수 없고, 의로운 심판을 하심으로써 그것들을 극복하신다.
- 요한계시록은 창조 세계에 대한 하나님의 주권과 하나님이 만드신 것에 대한 하나님의 사랑 사이의 창조적 긴장을 드러낸다. 궁극적으로 하나님의 거룩함, 주권, 사랑은 죽임당한 어린양, 자신이 흘린 피로 악

한 권력들을 무찌르신 예수님의 선교 안에서 함께 포용한다. 무엇보다도 중요한 점은, 요한계시록에서는 하나님 됨이 무엇을 의미하는지 정의할 때 거룩한 속성들을 추측함으로써 정의하는 게 아니라, 죽임당했으나 승리하신 어린양의 구원 이야기를 들려줌으로써 정의한다는 것이다.

이제 십자가에 못 박히신 어린양의 선교로 우리의 초점을 돌려 보자.

3장

죽임당한 어린양의 선교

> 내가 또 보니 보좌와 네 생물과 장로들 사이에
> 한 어린양이 서 있는데.
>
> 요한계시록 5:6

내가 다녔던 고등학교의 마스코트는 표범이었다. 우리는 표범들이었다. 강하고 강한 표범들! 미국의 학교, 대학, 프로 스포츠 팀은 대부분 자랑스러운 마스코트를 가지고 있다. 사나우면 사나울수록 좋다. 호랑이나 판다나 곰 같은 마스코트는 운동장 위에서 상대편을 이길 힘과 지배력을 과시하려고 고안한 것이다. 물론 바나나 민달팽이, 시인, 싸우는 피클과 같이 몇몇 특이한 것들이 경향을 거스르기도 한다.[1] 그러나 마스코트 대부분이 보내는 메시지는 '**우리는 너희들을 갈기갈기 찢어놓을 거야!**'다.

그런데 마스코트 가운데 내가 아직 한 번도 보지 못했고 앞으로도 못 볼 것 같은 동물이 바로 **어린양**이다.[2] 어린양은 마스코트로서는 **형편없다**. 너무 순하고, 너무 수동적이며, 너무 약하다. "우리는 강하고 강한 어린양!" 같은 구호가 상대편에게 공포를 불러일으킬 일은 거의 없을 것이다.

---

1 이 마스코트들은 각각 캘리포니아 대학교 샌타바버라 캠퍼스, 휘티어 칼리지, 노스캐롤라이나 대학교 예술 학교의 마스코트다.
2 이 생각은 존 미든도프(Jon Middendorf)의 설교에 빚진 것이다.

그렇다면 요한이, 모든 적에 대한 하나님의 완전한 승리를 이야기하는 책인 요한계시록에서 어린양을 주된 상징으로 택했다는 것은 참으로 이상한 일이다. 그러나 요한계시록에서 하나님이 하시는 일이 죽임당한 어린양의 정체성과 선교에서 분리된다면 그 일은 별로 의미가 없다. 바로 그 죽임당한 어린양이신 예수님의 행위 안에서, 모든 사람과 창조 세계를 구속하고 회복한다는 하나님의 목적이 가장 선명한 초점을 가지게 된다.

이번 장에서 우리는 예수님, 곧 십자가에 못 박히고 부활하신 어린양이 어떻게 세상에서 이루어지는 하나님의 선교의 내용과 성격을 드러내는지를 탐구할 것이다. 또한 우리는 교회의 선교가 정말로 기독교적이려면 어린양을 닮은 양식을 반드시 따라야 함을 보게 될 것이다.

사자와 어린양

다시 한번 당신이 1세기 에베소의 그리스도인 모임에 앉아 있다고 상상해 보라. 낭독의 은사를 가진 한 사람이 요한의 묵시를 담은 두루마리를 풀어서 읽기 시작한다. 당신과 주변에 둘러앉은 사람들은 "**예수 그리스도의 계시라**"(계 1:1, 강조 추가)라는 첫마디 말을 듣고 깜짝 놀란다. 이어서 요한의 환상을 낭독자가 극적으로 펼쳐 나감에 따라, 모인 사람들은 쏟아지는 여러 이름과 이미지 속에서 그리스도를 만난다. 신실한 증인, 죽은 사람들 가운데 처음 나신 분, 땅의 왕들을 다스리시는 분, 인자를 닮은 분, 처음과 마지막인 분, 살아 계신 분, 죽음과 음부의 열쇠를 지니신 분, 거룩하고 참되신 분, 유다 지파의 사자, 다윗의 뿌리, 생명의 샘으로 사람들을 인도하시는 목자, 왕들의 왕, 주들의 주, 백마 탄 정복자, 심판하고 전쟁을 일으키시는 분, 새 예루살렘의 등불이며 성전, 알파와 오메가, 처음이자 끝, 다윗의 뿌리이자 후손, 빛나는 샛별. 마지막으로, 마음을 뒤흔들었던 낭독이 다 끝난 후에도, "보라, 내가 속히 오리니"(계 22:7, 12, 20)라고 세 번 반복하는 예수님의 약속 말씀이 모두의 귓가에 계속 울린다. 분명 당신의 회중은 방금 들은 것이 **예수 그리스도**의 계시라는 사실을 전혀 의심하지 않을 것이다.[3]

요한계시록에 나타난 하나님의 선교의 핵심에는 예수님의 이야기가 있으며, 그 이야기는 모든 역사에 의미를 부여한다. 그 이야기는 과거와 미래를 모두 아우른다. 과거와 관련해서 요한은 예수님의 선재하심을 간단히 언급한다. 예수님은 "처음이요 마지막"(계 1:17)이시며, 하나님 창조의 '기원' 혹은 '근원'이시다(계 3:14; 참조. 계 13:8). 그에 더하여 요한계시록에서는 예수님의 탄생을 암시하는 상징으로서 '해를 옷 입은 한 여자가 낳은 아이'(계 12:1-6) 이야기를 제시한다. 그러나 예수님의 전역사(prehistory)와 지상의 삶은 요한이 말하려는 요점이 아니다. 무엇보다도 요한계시록에서는 예수님의 죽음, 부활, 높아짐을 그리스도의 선교가 시작된 중심으로 집중 조명한다.

이는 곧장 우리를 요한계시록 5장으로 데려간다. 우리는 이미 4장과 5장의 하늘의 보좌 방 장면이 요한계시록의 신학적 핵심을 형성함을 보았다. 5장은 하나님이 두루마리를 들고 계신 장면으로 시작한다. 그 두루마리는 세상을 구속하고 심판하는 하나님의 전면적 계획을 상징한다. 갑자기 한 힘 있는 천사가 던지는 질문이 하늘의 집회실들을 채우며 울려 퍼진다. "누가 그 두루마리를 펴며 그 인을 떼기에 합당하냐?"(계 5:2) 그에 대한 반응으로 요한은 눈물을 흘린다. 합당한 사람을 찾을 수 없었기 때문이다. 그러나 잠시 후 이십사 장로 중 한 명이 그를 위로한다. "유대 지파의 사자 다윗의 뿌리가 이겼으니" 그만 유일하게 그 두루마리를 열 자격이 있다(계 5:5). 이런 호칭들은 이스라엘의 민족주의적 소망, 즉 다윗의 계보로부터 강력한 메시

---

[3] "예수 그리스도의 계시"(계 1:1)라는 표현은 아마도 그리스도에 **관한** 그리고 그리스도**에게서 주어진** 계시를 의미할 것이다.

아가 나타날 것이며 그가 군대를 이끌고 압도적 힘으로 이스라엘의 적들을 부서뜨리리라는 소망을 떠올리게 한다. 유진 보링이 언급하듯, 시대마다 반복해서 "이스라엘은 자신이, 그들을 자주 포위했던 사자 같은 제국들에 의해 휘둘리는 어린양 같은 존재임을 발견하곤 했다." 그러나 마침내 하나님의 강력한 사자가 와서 판을 뒤집고 그분의 힘없는 백성을 구원하신다.[4] 우리는 자연스럽게 영광스러운 인물, 요한이 요한계시록 1:12-20에서 묘사하는 것과 같은 불타오르는 눈, 빅토리아 폭포의 물소리 같은 천둥 치는 목소리, 입에서 튀어나오는 날카롭게 양날 선 검, 정오의 태양처럼 이글거리며 빛나는 얼굴을 지닌 인물이 나타나기를 기다린다. 그러나 기대는 충격적으로 반전되고 우리는 매우 사자 같지 않은 것, 즉 "죽임을 당한 것 같은" 어린양이 서 있는 것을 본다(계 5:6). 팀 마스코트가 갑자기 부르짖는 사자에서 **죽은 양**으로 형태가 바뀌어 버린 것 같다!

리처드 보컴이 지적하듯, 요한이 **듣는** 것과 **보는** 것의 차이는 요한계시록에서 중요한 의미가 있으며, 이 장면에서는 그 차이가 가장 중요하다.[5] 요한은 강력한 유다의 사자가 하나님의 적들에게 승리하셨다고 **듣는다**. 그러나 그가 **보는** 것은 죽임당한 어린양이다. 사자는 어린양이 된다. 이것은 요한계시록의 매혹적 신비다. 통치의 보좌에 앉으신 강력하신 창조주 하나님이 인류와 모든 창조 세계를 회복한다는 자신의 목적을 **어린양이 쏟은 피를 통해** (계 5:9) 실행하고자 선택하셨다. 죽임당한 어린양의 상징은 메시아 됨이 무엇을 의미하는지에 관한 모든 인간적 이해의 범주를 터뜨리고 재조정한다. 토머스와 마키아가 말했듯, "상처 입을 수 있는 어린양은 사나운 사자에 관

---

[4] M. Eugene Boring, *Hearing John's Voice: Insights for Teaching and Preaching* (Grand Rapids, MI: Eerdmans, 2019), p. 100.

[5] Richard Bauckham, *The Theology of the Book of Revelation* (Cambridge: Cambridge University Press, 1993), p. 74.

그림 3.1. "신비한 어린양 찬양"(1432), 얀 판 에이크(Jan Van Eyck) 작, 헨트 제단화

한 우리의 이해와 단순히 조화되지 않지만, 사자의 행위들을 이해하기 위해 사용해야 할 렌즈다."⁶ C. S. 루이스(Lewis)의 『사자와 마녀와 옷장』(*The Lion, the Witch and the Wardrobe*)에서 그리스도에 대응하는 존재인 아슬란처럼, 그는 고난을 당하고 죽는 사자다. 하나님은 구원하시려는 자신의 목적에 대항하는 적들을 **정복하신다**. 순전한 힘이 아닌 고난당하는 사랑으로. 죽어 가는 어린양으로!

죽임당한 어린양은 요한계시록에 나오는 거룩한 선교의 성격을 해석하는 열쇠가 된다. 이 상징은 요한계시록의 중심을 이루고 의미를 결정한다. 마이클 고먼이 말하길, "내러티브 전체로 보면 요한계시록은 먼저 이 놀랄 만한 이미지를 구축한다. 그다음에 오는 모든 것은 그 이미지에서 흘러나온다."⁷ 요한계시록의 죽임당한 어린양은 강력한 구약성경 그림들에 기대고 있다. 하

---

6 John Christopher Thomas and Frank D. Macchia, *Revelation* (Grand Rapids, MI: Eerdmans, 2016), p. 442.

7 Michael J. Gorman, *Reading Revelation Responsibly: Uncivil Worship and Witness: Following the Lamb into the New Creation* (Eugene, OR: Cascade, 2011), p. 108.

나님은 유월절 어린양으로 그분의 백성을 이집트의 결박에서 해방하셨고(출 12:1-27; 고전 5:7), 이사야의 고난받는 종은 "도수장으로 끌려가는 어린양" 같았다(사 53:7). 그러나 어린양의 선교에 관한 요한의 그림은 이런 이미지를 훨씬 넘어서도록 우리를 이끈다. 네 생물과 장로들은 이렇게 외친다.

> 두루마리를 가지시고
>   그 인봉을 떼기에 합당하시도다.
> 일찍이 죽임을 당하사,
>   각 족속과 방언과 백성과 나라 가운데에서
>   사람들을 피로 사서 하나님께 드리시고,
> 그들로 우리 하나님 앞에서 나라와 제사장들을 삼으셨으니,
>   그들이 땅에서 왕 노릇 하리로다. (계 5:9-10)

요한계시록은 어린양이 **고난당하고 죽는다는** 바로 그 이유 때문에 그가 세상을 구속하는 하나님의 위대한 계획을 펼칠 열쇠를 들고 있다고 계시한다. 왜 어린양의 폭력적 죽음이 축하할 만한 일인가? 천상의 노래는 포괄적인 답을 제공한다.

- 어린양의 죽음은 **희생하는** 일이다. 유월절 어린양이신 그리스도는 다른 사람들을 위해 흘리신 **그분의 피로** 구속의 길을 여셨다.
- 그것은 **해방하는** 일이다. 그리스도의 죽음은 **새로운 출애굽**을 실행한다. 짐승 같은 권력들에 사로잡혀 노예가 되었던 사람들을 속량하고 해방하며 구속한다.
- 그것은 **보편적인** 일이다. 첫 출애굽이 하나님의 백성 이스라엘을 속박에서 구출했다면, 새로운 출애굽에서 그리스도의 희생적 죽음은 전

세계의 모든 종족, 언어, 민족에서 나온 사람들이 포함되는 구속이다.
- 그것은 **선교적인** 일이다. 출애굽기 19:6의 언어를 가져와 보자면, 그리스도의 죽음은 하나님을 섬기고 그분의 선교에 사로잡힌 백성을 형성한다. 그들은 제사장으로서 다른 사람들을 위해 세상 안에서 하나님의 임재를 중개한다(계 5:10; 참조. 계 1:5-6; 20:6).

요한이 보기에, 어린양의 구속하는 사역은 분명 과거에 하나님이 그분의 백성을 이집트의 노예 상태에서 해방하기 위해 행하신 일과 강력한 연속성을 지닌다. 하나님의 구속된 백성은 유리 바닷가에 서 있는데, 이것은 출애굽의 홍해를 떠올리게 한다. 그리고 그들은 "모세의 노래, 어린양의 노래"를 부른다(계 15:2-3). 그 노래는 모세의 노래**이면서도** 어린양의 노래다. "본질적으로 그것은 한 분 위대한 구원자와 그분이 행하시는 한 위대한 구속 사역을 찬양하는 노래이기 때문이다."[8] 더 나아가 크리스토퍼 라이트는, 죽임당한 어린양의 선교가 또한 아브라함과 맺으신 하나님의 언약, 그분과 그분의 후손 안에서 "땅의 모든 족속이…복을 받을 것이다"(창 12:3)라고 하신 언약을 성취한다고 지적한다.[9] 이스라엘의 선교를 체현한 구속자-어린양은 자신의 죽음을 통해 "각 족속과 방언과 백성과 나라 가운데에서"(계 5:9) 나온 성도들에게 구원과 축복을 가져온다.

어린양이 사자다(그리고 사자가 어린양이다)

요한계시록의 어린양은 상처 입을 수 있지만 허약하지 않다. 귀엽고 폭신해

---

8   Christopher J. H. Wright, *The Mission of God's People: A Biblical Theology of the Church's Mission* (Grand Rapids, MI: Zondervan, 2010), p. 109.
9   Wright, *Mission of God's People*, pp. 76-77.

서 껴안고 싶은 동물을 상상하지 마라. 이 어린양에게는 완전한 권능을 상징하는 일곱 개의 뿔이 있으며, 완전한 지혜를 나타내는 일곱 개의 눈이 있다(계 5:6). 그는 부활하고 높아지신 주님, "살아 있는 자", "죽었다가 살아나신 이"(계 1:18; 2:8; 참조. 계 1:5)시다. 어린양은 죄와 죽음과 악을 정복하셨고 사망과 음부의 열쇠를 가지셨다(계 1:18; 5:5). 한마디로, **어린양은 여전히 사자다**. 어린양은 강력한 메시아적 존재인 유다의 사자를 **대체하지** 않는다. 그 역할을 **재정의한다**. 상처 입은 어린양은 또한 승리한 정복자 주님이시며, 하늘에 있는 수만의 천사들과 모든 창조 세계의 찬양을 받으신다(계 5:11-13). 고먼은 명민하게도 이렇게 언급하는데, 요한계시록 5장 전체 장면이 "시적 본문인 빌립보서 2:6-11의 생생한 상연"을 보여 준다. "거기서는 죽기까지 한 사람이 '하늘에 있는 자들과 땅에 있는 자들과 땅 아래에 있는 자들'(빌 2:10) 모두에 의해 하나님 한 분에게만 돌려져야 할 찬양을 받기 합당한 주님으로 인정받는다."¹⁰

5장에서 요한은 그리스도, 곧 유다의 사자가 **죽음**을 통해 정복하신다고 강조한다. 그의 죽음은 자기를 내어 주는, 상처 입을 수 있는, 하지만 승리하는 십자가의 죽음이다. 요한계시록이 "만왕의 왕 만주의 주"(계 19:16)라고 찬양하는 높아지신 예수님은 영원히 고난받고 상처 입은 어린양으로 남아 있다. 신학자 칼 바르트(Karl Barth)가 말했듯, 고대의 그리스도인 예술가들이 부활하시고 높이 들리셔서 하늘의 보좌에 앉으신 그리스도를 그릴 때 십자가의 상처를 볼 수 있도록 그린 것은 우연이 아니다.¹¹ 요한계시록 5장에서는 우리가 신약성경 전체를 통해 발견하는 강력한 역설을 그리고 있다. 십자가에 못 박히신 분이 정복자요, 피해자가 승리자이며, 죽어 가는 어린양

---

10 Gorman, *Reading Revelation*, p. 110.
11 Karl Barth, *The Epistle to the Philippians*, trans. J. W. Leitch (London: SCM, 1962), p. 66.

이 통치하는 주님이시다. 이 실재는 하나님의 선교에 관해 우리에게 무엇을 말해 주는가?

하나님의 어린양을 닮은 선교

요한계시록의 가장 놀라운 특징 중 하나는 요한이 죽임당한 어린양을 보좌에 앉으신 하나님과 동일시하는 방식이다. 5장에서 어린양은 하나님의 보좌 중심에 서 있다(계 5:6).[12] 그 장면의 절정에서는, 하늘 아래의 모든 피조물이 동일한 찬양과 경배를 "보좌의 앉으신 이와 어린양에게"(계 5:13) 드린다. 하나님과 십자가에 못 박힌 예수님 사이에 공유된 그 정체성은 마치 깊은 계곡 사이에서 흐르는 강물처럼 요한계시록을 관통하여 흐른다. 하나님 아버지와 어린양은 이런 것들을 공유하신다.

- 통치와 주권(예컨대 계 1:5; 11:15; 22:5),
- 거룩한 보좌(계 3:21; 5:6; 7:17; 22:1, 3),
- "알파와 오메가"(계 1:8; 21:6; 22:13), "처음과 마지막"(계 21:6; 22:13)인 신적 정체성,
- 하나님과 어린양이 "오실" 것이라는 약속(계 1:4, 7, 8; 3:11; 4:8; 22:7, 12, 20),
- 다니엘 7:9의 옛적부터 항상 계신 이와 같은 양털처럼 흰 머리(계 1:14),
- 이름(계 14:1; 22:3-4),
- 거룩함(계 3:7; 4:8; 15:4),
- 구원(계 7:10),

---

12 "보좌 한가운데(in the midst of)"가 "보좌 사이에(between)"(NRSV)보다 헬라어 문구 *en mesō tou thronou*(계 5:6)를 더 자연스럽게 번역한 표현이다.

- 하나님의 백성을 돌봄, 충만한 생명으로 인도함(계 7:17; 21:6),
- 진노와 심판(계 2:5, 16; 6:16-17; 14:14, 17-20; 19:15),
- 하나님 백성의 기도를 받음(계 5:8; 8:3-4),
- 새 예루살렘에서 성전(계 21:22)과 빛(계 21:23; 22:5)의 역할을 함,
- 경배를 받음(계 5:9-14; 7:10; 22:3).

이 책을 통해 계속 살펴보겠지만, 이 모든 공동 정체성의 시금석 대부분은 **선교적** 의미를 지닌다. 요한계시록에서 어린양의 선교는 하나님의 선교**이며** 하나님의 선교는 어린양의 선교**이다**. 또는, 보컴의 스타카토식 요약에 따르면, "그리스도가 하시는 것을 하나님이 하신다."[13] 세상 안에서 하나님이 행하시는 구속 사역은, **오직** 상처 입을 수 있는, 십자가에 못 박힌 어린양을 통해서만 이루어진다.

그러나 죽임당한 어린양의 이미지는 단지 하나님이 십자가에 못 박힌 예수님을 통해 세상을 회복시키신다는 **사실**만 말하지 않는다. 그것은 또한 우리에게 하나님이 심판하고 구원하시려는 그분의 목적을 **어떻게** 성취하시는지 보여 준다. 하나님의 선교는 **어린양을 닮았다**. 자기를 내어 주는 사랑이 거룩한 선교의 중심에 놓여 있다. 아시아의 일곱 교회에 보낸 메시지의 인사 부분에서 요한은 그리스도를 "우리를 사랑하사 그의 피로 우리 죄에서 우리를 해방하[신]"(계 1:5) 분으로 기술한다. 어린양은 폭력과 강압이 아닌 상처 입은 사랑을 통해 악을 궤멸하신다(계 12:11).

"이 책의 가장 놀라운 점은, 보좌 중앙에서 우리는 보좌와 보좌에 의해 다스려

---

13   Bauckham, *Theology*, pp. 63-65.

지는 온 우주 이 둘을 모두 붙잡고 계신 희생당한 어린양을 발견한다는 점이다(참조. 계 5:6; 7:17; 22:1). '보좌에 앉으신 이'의 바로 그 중심에 십자가가 있다. 장차 올 세계는, 적대감을 정복하고 적을 끌어안기 위해 십자가 위에서 폭력을 자신의 몸으로 받아 내신 그분에 의해 다스려진다. 어린양의 통치는 칼이 아닌 상처에 의해 합법적인 것이 된다. 그 통치의 목표는 사람들을 종속시키는 게 아니라 그들로 하여금 "세세토록 왕 노릇"(계 22:5) 하게 하는 것이다. 보좌의 중앙에 있는 어린양과 함께 '보좌'와 '신민들' 사이의 거리는 삼위일체 하나님의 포옹 안으로 무너져 사라진다."[14]

미로슬라브 볼프(Miroslav Volf)

요한의 첫 독자들은 이보다 더 반문화적인 진실을 상상하기가 어려웠을 것이다. 로마인들은 **정복**의 전문가들이었다. 로마는 '팍스 로마나'(*Pax Romana*, 로마의 평화)라는 신화의 젖을 짜내며 제국을 위해 평화와 안전과 질서를 약속했다. 그러나 로마는 아이러니를 살짝 뿌리는 정도를 넘어, 신민들에게 군사적 정복, 공개적 십자가형, 여타 다른 여러 모습의 폭력을 가함으로써 그들을 평화롭게 만들었다(계 13:7; 17:6; 18:24을 보라). 요한은 로마의 지배를 받는 아시아 그리스도인들에게, 적어도 세상에서 일들이 진행되는 방식을 다시 상상해야 한다고 요구한다. 로마는 야만적 폭력으로 통치한다. 그러나 하나님은 약한 자들과 소외된 자들과 연대하시며 약함과 자기를 내어주는 사랑으로 자신의 적을 극복하신다. 요한계시록은 권력에 대한 제국의 대중적 관념을 완전히 뒤집어 놓는다.

---

[14] Miroslav Volf, *Exclusion and Embrace: A Theological Exploration of Identity, Otherness, and Reconciliation* (Nashville, TN: Abingdon, 1996), pp. 300-301. 『배제와 포용』(IVP).

우리가 나중에 나올 요한계시록의 심판 환상들을 읽을 때 이것을 기억하는 것이 핵심적으로 중요하다. 고먼이 성찰하듯, "인간들은, 심지어 분명 신실한 그리스도인들까지도 너무 자주 전능한 신을 원한다. 우주를 권력으로, 필요하다면 힘으로 다스리되 기왕이면 그들이 원하는 방식으로 해 주기를 바란다."[15] 상처 입은 하나님은 우리의 복잡한 도덕적, 전 세계적 실재들을 다루기에는 너무 약해 보인다. 그러나 요한계시록 전체를 읽기 위한 우리의 렌즈는 무서운 사자가 아니라 고난당하는 어린양이다. 리처드 헤이스(Richard Hays)가 올바르게 주장하듯, "죽임당한 어린양을 찬양과 경배의 중심에 놓는 작품을 폭력과 강압을 승인하는 데 사용하기는 어렵다."[16]

"교회는 세속 권력이 작동하는 방식을 이해하지도, 이해하려고 노력하지도 않는다. 교회는 파워 게임이라고 불리는 것에 능숙해지는 일이나 세상이 권력이라고 부르는 것을 이용하기를 추구하지 않는다. 우리가 이런 면에서 세상과 동등하게 될 가능성, 우리가 세상처럼 강하거나 위협적이거나 강력해질 수 있는 영역에서 세상과 동등한 지위를 얻을 가능성은 없다.…진정한 권력은 요구하는 능력이 아니라 섬기는 능력이다. 자신의 생존이나 안전감을 위해 생명을 파괴하는 능력이 아니라, 타자들을 살리기 위해 자신의 생명을 내어 주는 능력이다."[17]

알란 부삭(Allan Boesak)

---

15 Gorman, *Reading Revelation*, p. 111.
16 Richard B. Hays, *The Moral Vision of the New Testament: Community, Cross, New Creation: A Contemporary Introduction to New Testament Ethics* (San Francisco: HarperCollins, 1996), p. 175. 『신약의 윤리적 비전』(IVP).
17 Allan Boesak, *Comfort and Protest: Reflections on the Apocalypse of John of Patmos* (Philadelphia: Westminster, 1987), pp. 82-83.

거룩한 사랑은 궁극적으로 우상적 권력들을 정복하고 땅을 파괴하는 자들을 파괴하게 될 것이다(계 11:18). 그러나 어린양의 희생적 죽음의 궁극적 목표는 여전히 민족들의 치유다(계 22:2). 토머스와 마키아가 아름답게 표현하듯, "거룩한 사랑은 우리의 치유를 위해 상처를 입는다."[18]

오시는 어린양

이번 장에서 우리는 예수님, 죽임당한 어린양, 아버지의 정체성을 공유하시고 하나님의 선교를 세상에서 구현하시는 분의 이야기를 탐구했다. 여기까지 우리는 그리스도께서 과거에 **행하신** 일에 초점을 맞추어 왔다. 그분은 십자가에 못 박히고 부활하신 승리의 어린양이시고, 그분의 희생적 죽음은 새로운 출애굽으로서 하나님의 백성을 해방했으며, 어린양을 따르는 이들의 포용적·국제적 공동체를 형성했다.

어린양이 무엇을 하셨는지를 아는 것이 중요한 것만큼이나, 요한계시록에서는 그리스도께서 무엇을 **하실지**를 다른 어느 신약성경 책보다도 더 집중 조명한다. 예수님의 이야기는 끝나지 않은 이야기다. 요한은 도입 서문에서 그리스도를 "볼지어다. 그가 구름을 타고 오시리라"(계 1:7; 참조. 단 7:13)라는 말과 함께 소개한다. 그리고 책의 마지막 커튼이 내려질 때는 예수님이 개인적 확신을 주는 "보라, 내가 속히 오리니"(계 22:7, 12, 20)라는 말씀을 남기고 우리를 떠나신다. 그분은 하나님의 백성을 자신의 거룩한 신부로 취할 신랑이시다(계 19:7-9; 21:2, 9). 어린양은 장차 올 새 예루살렘의 성전과 등불이 되실 것이다(계 21:22-23). 아버지 하나님과 함께 그리스도는 새 창조의 세계에서 구속받은 이들을 환영하고 따뜻하게 돌보실 것이다(계 7:15-17; 참조.

---

18 Thomas and Macchia, *Revelation*, p. 442.

계 21:3-4). 요한은 흐뭇한 아이러니를 담아 **어린양**이 그들의 **목자**가 되시리라는 약속을 전한다(계 7:17). 이사야서에 나오는 하나님의 종처럼 그분은 양 떼를 먹이고 보호하며, 생명수 샘으로 양떼를 인도하실 것이다(계 7:16-17; 사 49:10). 그런 미래의 환상들은 당시와 지금의 어린양 공동체에 이스라엘의 하나님이 그분의 백성에게 약속하신 모든 것을 죽임당한 어린양을 통해 성취하시리라는 확신을 준다. 그뿐 아니라 우리가 하나님의 미래를 미리 맛보게 하는 자들로 살도록—깨어진 우리 세상 곳곳에서 치유하고 회복하며 생명을 주는 죽임당한 어린양의 선교가 **되도록**—부름받았음을 기억하게 한다.

아버지 하나님과 마찬가지로 어린양의 선교도, 모든 사람뿐 아니라 창조 세계 자체의 구원과 온전함과 치유를 추구한다. 요한계시록 22장에서 생명수의 강은 하나님과 어린양의 보좌로부터 흘러나온다. 그 결과, 오늘날의 언어로 말하자면, 도시 중심가를 따라 무성한 도시 정원이 생겨나서 풍부하고 열매가 가득한 '그린벨트'를 이루게 된다(계 22:1-2).[19] 신약성경에서 반복해서 확언하듯 하나님이 그리스도를 통해 하늘과 땅의 만물을 창조하셨다면(골 1:16; 참조. 요 1:3; 고전 8:6), 어린양이 하나님의 새 창조에서 중심 역할을 하는 것은 놀라운 일이 아니다. 상처 입은 어린양이 자신의 신부인 교회를 속량할 뿐 아니라 **만물을** 새롭게 한다는 하나님의 목적에 동참한다면 천상의 존재들이 이렇게 외치는 것은 당연하다.

죽임을 당하신 어린양은

능력과 부와 지혜와 힘과 존귀와 영광과 찬송을

받으시기에 합당하도다! (계 5:12)

---

[19] Wes Howard-Brooke and Anthony Gwyther, *Unveiling Empire: Reading Revelation Then and Now* (Maryknoll, NY: Orbis, 2003), pp. 190-191를 보라.

전사이신 어린양

그러나 어린양의 끝나지 않은 이야기에는 어두운 측면이 있다. 그리스도께서 다스리시려면 악은 멸망해야 한다. 보컴의 말은 정곡을 찌른다. "요한계시록에서 그리스도의 역할은 하나님의 왕국을 땅 위에 세우는 것이다. 11:15의 표현을 따르면, (현재는 악이 다스리는) '세상 나라'를 '우리 주와 그분의 메시아의 나라'가 되게 만드는 것이다. 이것은 구원이자 동시에 심판이다."[20] 사탄과 악의 권력들, 특히 로마의 우상숭배적 권력은 고집스럽게 하나님과 어린양을 대적한다. 그리스도께서 그들을 무찌르고 심판하시지 않으면 하나님의 회복하는 선교는 목표에 이를 수 없다. 한편으로, 요한계시록은 우리에게 예수님의 죽으심과 부활 안에서 결정적이고 확실한 승리가 이미 이루어졌음을 확언한다. 하나님의 백성은 "어린양의 피와 자기들이 증언하는 말씀으로써"(계 12:10-11; 참조. 계 3:21) 고소자 사탄을 **정복했다**. 치명상을 입은 짐승처럼 악은 확실히 종말을 맞는다.

다른 한편으로, 요한은 승리하신 어린양과 계속되는 하나님 백성의 분투 사이의 긴장을 인식하고 있다. 그리스도의 승리는 아직 완성되지 않았다. 요한계시록의 미래 비전에서, 짐승과 열 명의 왕으로 상징된 이 세상의 반역하는 권력들이 어린양과 전쟁을 벌이려고 모일 때, "어린양은 만주의 주시요 만왕의 왕이시므로 그들을 **이기실**" 것이다(계 17:14, 강조 추가). 그리스도의 승리는 이미 이루어졌지만 또한 장차 올 것이다.

요한계시록의 최후 전투 장면에서는 그리스도를 백마 탄 거룩한 전사의 모습으로 생생하게 그린다(계 19:11-21). 어린양의 불꽃 같은 눈, 늘어뜨린 옷, 입에서 나오는 검 등 요한의 묘사는 1장에 나오는 그리스도가 "인자 같은

---

20 Bauckham, *Theology*, p. 67.

이"로 나타나시는 환상을 떠올리게 한다. 19장에서 말 탄 자는 공의로 심판하고 전쟁하기 위해 오며, 하늘의 기병 군대가 그 뒤를 따른다(계 19:11, 14). 그는 피 묻은 옷을 입고 예리한 검으로 민족들을 쳐서 쓰러뜨린다. 그는 그들을 철장으로 다스릴 것이고, 하나님의 진노의 포도주 틀 안에서 그들을 짓밟을 것이다(계 19:13-15; 참조. 사 63:1-3; 계 6:16). 우리는 그의 다리에 쓴 "만왕의 왕이요 만주의 주"라는 이름을 본다(계 19:16). 이 승리하는 군사적 지도자는, 하나님의 적들과 전쟁을 벌이고 하나님의 통치를 온 세계 민족들 위에 확립할 메시아에 관한 유대인들의 소망을 떠올리게 한다.[21]

나니아 연대기에 나오는 그리스도 같은 존재인 아슬란에 관해 루시가 묻는다. "그럼 그분은 안전하지 않다는 말인가요?" 비버 씨가 대답했다. "안전하냐고요? 누가 안전하다고 했죠? 물론 안전하지 않아요. 그러나 그분은 좋은 분이에요. 내가 말하는 것처럼 그분은 왕입니다."[22]

그러나 우리는 이런 전쟁을 향해 나아가는 전사-왕으로서의 예수님 그림을 죽임당한 어린양의 이미지와 조화시킬 수 있는가? 이에 답하려면, 우리는 요한의 승리하는 말 탄 자라는 환상을 더 자세히 볼 필요가 있다. 그리스도는 "하나님의 말씀"(계 19:13)이며 신실하고 진실한 분(계 19:11)이라 불린다. 요한계시록에서는 어린양의 날카로운 검을 말씀의 검으로 제시한다!(참조. 엡 6:17) 게다가 전사의 옷은 그가 싸움터에 나가기 **전부터** 피가

---

21 Bauckham, *Theology*, pp. 67-70.
22 C. S. Lewis, *The Lion, the Witch and the Wardrobe*, Chronicles of Narnia, book 2 (New York: Harper Collins, 1994), p. 80. 『사자와 마녀와 옷장』, 합본은 『나니아 연대기』(이상 시공주니어).

묻어 있으므로, 그 피는 그의 적들이 흘린 피가 아닐 것이다. 요한은 자기 습관대로 우리의 전제들을 뒤집어 놓는다. 주석가 조지프 맨지너(Joseph Mangina)는 이를 잘 기술한다. "말 탄 자의 옷을 담갔던 피는 그의 적들의 피가 아니다. 그 자신의 피다.…우리는 이 전사의 손에서 번쩍이는 칼을 볼 수 없다. 그가 사용하는 유일한 무기는 그의 입에서 나오는 진리의 말씀이다(계 19:15)."[23] 거룩한 전사는 죽임당한 어린양으로 남아 있다.

그를 따르는 하나님의 백성으로 이루어진 천상의 군대조차도 우리의 기대를 산산조각 낸다.[24] 전투를 위한 장비를 입는 대신, 그들은 축제를 위해 어린양의 피에 씻은 흰옷을 입었다(계 7:14; 19:14). 요한의 환상에서 이 비폭력 군대는 그들의 지도자를 따르는 것 외에는 아무것도 **하지 않는다**. 전투는 시작하기도 전에 끝난다. 그리스도는 이미 그분의 죽음으로써 승리하셨다. 회개하기를 거부하는 자들에 대한 그리스도의 심판은 하나님의 선포된 말씀을 통해 일어나는 심판이다(계 19:15, 21). 히브리서의 저자도 알고 있었듯, "하나님의 말씀은 살아 있고 활력이 있어 좌우에 날선 어떤 검보다도 예리"하다(히 4:12).

요한계시록 19:17-21의 마지막 장면은 매우 생생한 이미지들을 담고 있다. 만약 이 환상을 영상으로 만든다면 폭력적 내용이라는 경고를 붙여야 할 것이다! 요한은 괴상할 정도로 섬뜩한 잔치라는 환상을 본다. 주된 요리

---

23 Joseph L. Mangina, *Revelation* (Grand Rapids, MI: Brazos, 2010), pp. 221-222. 이 해석은 교부까지 거슬러 올라간다. 예를 들면, Origen, *Commentary on the Gospel of John* 2.61, William C. Weinrich, ed., *Revelation*, Ancient Christian Commentary on Scripture, New Testament (Downers Grove, IL: IVP Academic, 2005), p. 310에서 재인용. 『교부들의 성경 주해 신약성경 14: 요한 묵시록』(분도출판사). 말 탄 자의 옷에 묻은 피가 그의 적들의 것이라는 견해는 Grant R. Osborne, *Revelation* (Grand Rapids, MI: Baker Academic, 2002), pp. 682-683를 보라. 『BECNT 요한계시록』(부흥과개혁사).

24 다음에 이어지는 두 문단의 내용은 Dean Flemming, "Revelation," in *The Wesley One Volume Commentary*, ed. Kenneth J. Collins and Robert W. Wall (Nashville, TN: Abingdon, 2020), p. 930에서 소재를 가져와 고쳐 썼다.

그림 3.2 어린양이 열 명의 왕을 무찌름, 리에바나의 베아투스(Beatus of Liébana), 『요한계시록 주석』 (*Commentary on the Apocalypse*, 1220–1235) 사본에 실린 삽화

는 가난한 자에서 권력자까지 아우르는 사람들의 살이다. 그들은 그리스도와 전쟁을 벌였던 자들이다. 그 문단의 마지막에서 거짓 예언자와 짐승, 곧 악마의 옹호자들은 사정없이 불못에 던져진다. 거룩한 전사의 칼은 그들의

인간 동맹군들을 베어 쓰러뜨리고 결국 그들은 새들의 축제에서 배불리 먹힐 썩은 고기가 되고 만다. 이러한 경악스러운 이미지들은 우리에게 충격과 혐오감을 주는데, 정확히 그것을 의도한 것이다. 그 이미지들은 요한의 그리스도인 청중에게 짐승과 타협하는 일이 낳는 두려운 결과에 관하여 경고 신호를 보내기 위한 것, 그뿐 아니라 회개하고 어린양의 길을 따르라고 그들을 강권하기 위한 것이었다.

불행하게도, 어떤 대중적 요한계시록 해석들은 19장에 나오는 군사적 장면들을 문자적 의미대로, 역사를 미리 영화로 보여 주는 것처럼 다룬다. 한 예로 팀 라헤이(Tim LaHaye)는 실제 군대를 이끌고 전장으로 들어가 정말로 모든 불신자를 죽이는 전사-그리스도를 기대한다. 그는 그 사건을 "인간의 연대기 안에서 가장 끔찍한 경험"이라고 명명한다.[25] 그러나 그런 읽기는 요한계시록의 죽임당한 어린양이라는 그림뿐 아니라 그리스도께서 십자가에서 자신을 내어 주시는 죽음을 통해 세상을 이기신다고 확언하는 다른 신약성경 내용과도 정면으로 충돌한다.[26] 요한계시록 19장의 섬뜩한 환상들은 그리스도께서 최종적으로 악을 무찌르시는 것을 시적 언어를 사용해 시각적으로 상징화한 것이다. **그 환상들은 사건에 대한 문자적 묘사가 아니다.** 그것들을 미래 사건에 대한 예고로 읽는 것은 요한의 더 큰 의도를 심하게 오해하는 것이다.

그와 동시에 "심판하며 싸우[는]"(계 19:11) 그리스도의 역할은 요한계시록에서 전하려는 마지막 말이 아니다. 이 장면은 '만왕의 왕'이 그의 세상을 악한 권력들에게 넘겨주지 않았음을 생생하게 보여 준다. 하나님은 만물을

25　Tim LaHaye, *Revelation Unveiled* (Grand Rapids, MI: Zondervan, 1999), pp. 308-316; 인용은 p. 308.
26　Richard B. Hays, "Faithful Witness, Alpha and Omega: The Identity of Jesus in the Apocalypse of John," in *Revelation and the Politics of Apocalyptic Interpretation*, ed. Richard B. Hays and Stefan Alkier (Waco, TX: Baylor University Press, 2012), p. 81를 보라.

새롭게 하시는 그분의 선교를 성취하기 위해 세상에서 악을 제거하신다(계 21:5).

심판과 구원의 두 장면을 그릴 때, 요한계시록에서는 예수님 이야기의 결론에 대해 특별한 강조점을 제시한다. 요한은 솜씨 있는 상황화 신학자이며, 로마 치하의 아시아에 있던 그리스도인들은 그가 제시하는 이 말을 들을 필요가 있다. 그들은 제국, 곧 모든 패를 쥐고 있는 것처럼 보이고 만물을 지배한다고 자랑스럽게 주장하는 "세상 나라"(계 11:15)의 권력 아래 살았다. 요한계시록의 눈길을 사로잡는 그림, 곧 하나님의 적들에 대한 그리스도의 최후 승리에 관한 이 그림은 그들이 현재 처한 환경이 어떠할지라도 승리하며 견딜 수 있다는 반석 같은 확신을 제공한다. 더 나아가, "내가 속히 오리라"라는 예수님의 약속은 교회를 향한 두 개의 창끝을 지닌 메시지가 된다. 신실한 그리스도인들에게 예수님의 재림을 기다리며 계속 그렇게 신실하라고 격려하면서, 동시에 찬물을 끼얹듯 안일함에 빠진 교회들을 흔들며 잠에서 깨어나 회개하라고 요구한다.

어린양을 따름

그리스도의 이야기, 죽임을 당했지만 승리하는 어린양의 이야기에는 과거와 미래뿐 아니라 **현재**도 있다. 요한과 아시아 교회들의 '현재' 속에서 피 묻은 어린양의 이야기는 그를 따르는 이들의 이야기와 분리될 수 없다. 그들은 어린양의 승리하는 선교를 실행할 때 핵심 역할을 맡는다.[27] **예수님이** 하나님의 적들을 정복하시긴 하지만, **그들도** 적들을 이겨야 한다(계 3:21; 12:11; 15:2). **예수님이** 십자가 위에서 고난당하시고 생명을 쏟으신 것처럼, 그들도 고

---

27 Bauckham, *Theology*, p. 75.

난과 순교를 기꺼이 받아들여야 한다(계 1:9; 2:10; 6:9-11; 13:7-10). 이런 방식으로 그들은 사탄을 이기신 그리스도의 승리에 이미 참여하고 있다.

> 또 우리 형제들이 어린양의 피와
> 　자기들이 증언하는 말씀으로써 그를 이겼으니,
> 그들은 죽기까지 자기들의 생명을 아끼지 아니하였도다. (계 12:11)

그때나 지금이나 죽임당한 어린양의 선교는 그리스도인 공동체들을 비싼 값을 치러야 하는 제자도로 부른다. 하나님의 백성은 "어린양이 어디로 인도하든지 따라가는"(계 14:4) 자들이다. 심지어 그가 십자가를 향해 갈지라도. 비록 요한의 청중 속 어떤 이들에게는 순교가 필요했겠지만, 그 따름은 단지 순교자로 죽는 일에 관한 것만은 아니다. 그것은 또한 날마다 죽임당한 어린양을 닮은 모습으로 **사는 것**과도 관련된다. 예수님의 십자가 위 희생적 죽음은 우리 구원의 근원일 뿐 아니라 우리 삶의 양식이기도 하다.

희생적인, 어린양을 닮은 선교는 실제로 어떤 모습인가? 그런 선교는 다양한 상황에서 여러 가지 모양을 취한다. 내 친구인 티나의 이야기도 하나의 사례인데, 그의 목사가 나에게 들려주었다.

티나는 한 식당에서 종업원으로 일했다. 몇 년 전에 한 동료의 여자 친구가 갑자기 죽었다. 이 남자는 충격을 받았고 잠시 쉴 필요가 있어 보였다. 그래서 티나는 희생적인 사랑의 마음으로 그의 시간을 대신 맡아 주겠다는 제안을 했다. 그 친구는 여자 친구를 잃어 고통스러웠지만 재정적인 어려움도 겪고 있었다. 일을 오래 쉴 여유가 없었다. 쉬고 나면 부족한 시간을 보충하기 위해 더 많은 시간을 일해야 함을 알고 있었다. 그런데 그는 직장에 돌아와서 깜짝 놀랐다. 티나가 그의 시간을 맡아 일해 주었을 뿐 아니라 그 주에 받은 급료를 모두 **그가** 받도록

해 놓은 것이다.[28]

티나 자신도 당시에는 재량 소득이 거의 없었다. 하지만 희생적 사랑을 실천했다. 그것이 죽임당한 어린양의 길임을 알았기 때문이다.

교회의 현재 상황은 쉽지 않다. 그러나 어린양은 그를 따르는 사람들을 그들의 연약함과 고난 속에 홀로 두지 않는다. 구원과 심판의 일을 마치기 위해 오실 부활하신 그리스도, 바로 그분이 그분의 백성과 **이미 함께하신다**. 그리스도께서는 교회를 나타내는 일곱 촛대 사이에 서 계시며 그 사이를 거니신다(계 1:13, 20; 2:1). 그분은 성령 안에서 분별하신 바를 따라 반복하여 그들을 부르며 회개하게 하신다. "나는 사람의 뜻과 마음을 살피는 자인 줄 알지라. 내가 너희 각 사람의 행위대로 갚아 주리라"(계 2:23; 참조. 계 2:5, 16; 3:3). 그들을 사랑하여 그의 피로 그들을 구속하신 분이, 사랑하기 때문에 그들을 징계하고 바로잡으신다(계 1:5; 3:19). 그들의 고난 경험을 고려할 때(계 1:9), 그리스도께서 그들 사이에 계시다는 확언은 위기에 있는 그리스도인의 마음을 정확히 맞추는 말이다. 토머스와 마키아는 이를 아름답게 표현했다. "부활하신 그리스도의 임재는…어둠의 세계 한가운데서 고난받고 있는 독자들에게 다가올 승리를 잠시 바라볼, 그리고 미래의 영광을 미리 맛볼 기회를 제공한다."[29] 동시에, 죄악된 권력들과 친구 관계를 맺기 시작했거나 그 행실이 어린양의 방식보다 지배 문화와 더 닮아 있는 그리스도인을 향해, 그들 안에 계신 그리스도의 임재가 외친다. "나는 너희를 사랑한다. 그러니 아직 기회가 남아 있을 때 내게 돌아오라!"

---

28 Michael W. Goheen and Jim Mullins, *The Symphony of Mission: Playing Your Part in God's Work in the World* (Grand Rapids, MI: Baker Academic, 2019), p. 106.
29 Thomas and Macchia, *Revelation*, p. 444.

결론

해리 포터 시리즈 첫 권 거의 마지막 부분에서 해리는 덤블도어 교장에게 해리의 어머니가 볼드모트의 악한 계획을 막기 위해 해리 대신 목숨을 희생했다는 것을 듣는다. 덤블도어가 말한다. "네 어머니는 너를 구하기 위해 죽었다. 만약 볼드모트가 이해할 수 없는 것이 단 한 가지 있다면 그것은 아마 사랑일 거야. 그는 너를 위한 네 어머니의 사랑 같은 강력한 사랑은 그 표식을 남긴다는 사실을 알지 못했어."[30] 요한계시록은 우주의 지평들과 인류 역사의 통로들을 가로질러 새겨진 표식을 남긴 사랑을 계시한다. 그것은 피 흘리는 어린양의 옆구리를 찢고 들어간 상처 입은 사랑의 표식이다.

요한계시록에서 보여 주는 그리스도의 환상은 역설적이면서도 놀랍다. 그리스도는 부르짖는 사자이면서 죽임당한 어린양이시다. 정복하는 전사이면서 부드러운 목자시다. 통치하는 주님이면서 상처 입은 구속자시다. 역설의 어느 측면을 강조하느냐는 그들이 처한 상황에 따라 크게 달라진다. 나는 최근에 그리스도의 위격과 선교를 다룬 신학 컨퍼런스에 참여했다. 전 세계의 각양각색의 상황에 살고 있는 그리스도인들의 발표가 있었다. 일상에서 보이지 않는 영적 힘들을 두려워하는 지역에서 온 발표자들과 참여자들은 그리스도의 역할 중 사탄과 권세들과 죽음을 이기신 승리자라는 역할을 강조했다. 요한계시록의 언어로 말하면 강력한 사자와 전사-왕이라는 역할이다. 그러나 가난과 억압이 만연한 상황에 있던 다른 이들은, 교회가 신앙을 살아 내는 것과 관련하여 예수님이 강탈당한 이들과 자신을 겸손하게 동일시하신 것을, 그리고 그분의 치욕스러운 희생적 죽음에 담긴 의미를

---

30   J. K. Rowling, *Harry Potter and the Sorcerer's Stone* (New York: Scholastic Press, 1998), p. 299. 『해리 포터와 마법사의 돌』(문학수첩).

강조하는 경향이 있었다. 그들은 죽임당한 어린양의 모습에 호소했다.

"요한계시록에 나타난, 전쟁을 벌이고 승리하는 어린양이라는 이미지는 아프리카의 평범한 그리스도인들에게 큰 가치가 있다. 예수님이 '구원자'라고 할 때, 많은 아프리카인의 구원 경험은 일차적으로 죄로부터의 구원 경험이 아니다. 구원은 악한 영적 권세들이 지닌 힘과 인간 대적들의 소굴이 지닌 힘으로부터의 구원, 질병과 삶의 불행으로부터의 구원이며 온전함과 평화를 가져오는 수단이 된다.…그러므로 그리스도가 구원자이심은 **과거의** 십자가 사건에서보다는 신자들의 **현재의** 상황 안에서 주로 이해된다."[31]

제임스 추쿠마 오코예(James Chukwuma Okoye)

그런데 우리 각자가 자신이 쓴 것과는 다른 안경을 통해 그리스도의 구원하는 선교를 봄으로써 유익을 얻을 수 있는가? 나는 필리핀에 사는 동안, 고난당하거나 무덤에 장사된 예수님이라는 이미지가 대중문화의 상상력에 큰 영향을 끼친 것을 발견했다. 예를 들어, 매년 십자가를 진 '검은 나사렛인'의 상이 수백만 명의 신자들에게 둘러싸여 엄숙한 행렬을 이루며 마닐라 시가를 통과한다. 예수님의 고난에 대한 그런 표현들은, 수 세기 동안 식민 지배를 견뎌 왔고 날마다 육체적·경제적 곤경을 마주하는 사람들의 마음에 깊은 울림을 준다. 그러나 이 표현들은 단지 반쪽짜리 예수상, 유다의 사자이며 부활하시고 다시 오실 승리하신 왕이라는 예수상과는 분리된 예수상

---

31 James Chukwuma Okoye, "Power and Worship: Revelation in African Perspective," in *From Every People and Nation: The Book of Revelation in Intercultural Perspective*, ed. David Rhoads (Minneapolis: Fortress, 2005), p. 123. 강조는 원저자.

그림 3.3. 필리핀 마닐라의 키아포에서 이루어진 검은 나사렛인 행렬

만 제시할 뿐이다. 필리핀인 신학자인 멜바 마가이(Melba Maggay)는 바로 이 부분을 언급하며 호소한다. "우리는 십자가에서 빈 무덤으로 확실하게 이동할 필요가 있다! 그 일에 실패하는 것은 우리의 사람들을 미묘한 악마적 거짓말, 곧 예수님의 사역 및 삶 자체까지도 끝없는 수난으로, 영원한 패배와 경감되지 않는 비극의 그림으로 보게 하는 거짓말로 몰아넣는 일이다."[32]

대조적으로, 서구의 많은 그리스도인과 다양한 전 세계 상황에서 번영 복음에 영향을 받은 사람들에게는 일면으로 치우친 강력한, 승리하신 그리스도의 그림이 더 큰 위험이 된다. 그 그림에는 십자가의 상처가 빠져 있다. 이 '슈퍼히어로' 예수는 너무도 자주 "약함 없는 권력, 고난 없는 성공, 희생 없는 번영, 제자도 없는 구원, 의로움 없는 종교를 약속하는" 설교와 신학을 양산한다.[33] 반면에, 선교적 요한계시록 읽기는 우리에게 십자가에 달리신

---

32 Melba Padilla Maggay, *The Gospel in Filipino Context* (Manila: OMF Literature, 1987), p. 8. 이 문단은 Dean Flemming, *Contextualization in the New Testament: Patterns for Theology and Mission* (Downers Grove, IL: IVP Academic, 2005), p. 211를 고쳐 쓴 것이다.

33 Dean Flemming, *Philippians: A Commentary in the Wesleyan Tradition* (Kansas City, MO: Beacon Hill, 2009), p. 180.

정복자, 죽임당한 어린양으로서 구원하시는 강한 사자라는 역설을 포용하라고 요청한다.

결국 우리는 요한계시록 전체에 의미를 부여하는 대표 상징이 죽임당한 어린양이 된다는 것을 잊을 수 없다. 이것이 요한계시록의 **복음**이다. 온 세상을 다스리는 보좌에 앉으신 하나님은 다름 아닌 상처 입고 죽어 가는 어린양을 통한 방식으로 세상 안에서 그분의 변혁하는 선교를 성취하신다. 우리가 **하나님의** 선교에 참여하는 것을 진지하게 생각하고 있다면 **우리의** 선교 역시 어린양을 닮아야 한다. 죽임당한 어린양은 우리의 마스코트, 우리의 표상(emblem), 우리의 노래가 되신다.

그리고 하나님의 모든 백성은 노래했다. "우리는 어린양들이다! 고난받고 승리하는 어린양들이다!"[34]

---

34 우리의 구호는 또한 "우리는 **어린양의 것**이다! 고난받고 승리하신 **어린양의 것이다!**"가 될 수 있겠다.

4장

하나님 백성의 선교

> 이 일 후에 내가 보니, 각 나라와 족속과 백성과 방언에서 아무도 능히 셀 수 없는
> 큰 무리가 나와…보좌 앞과 어린양 앞에 서서.
>
> 요한계시록 7:9

수년 전, 내 친구 하나가 동료 몇 명과 함께 미국 남부를 여행하고 있었다. 그들은 한 지역 식당에 들러 아침을 먹었다. 북부 출신인 내 친구가 베이컨과 계란을 주문했다. "그리츠(grits, 빻은 옥수수를 걸쭉하게 끓인 음식—옮긴이)를 같이 드릴까요?" 종업원이 물었다. 남부 음식에 익숙하지 않았던 내 친구는 잠시 생각하더니 대답했다. "글쎄요. 입에 맞을지 모르겠네요. 일단 **그리트 한 개**만 주세요." 종업원이 환하게 웃음 띤 얼굴로 받아넘겼다. "손님, 얘들은 혼자서 다니지 않아요!"

요한계시록의 관점에서 보면, 그리고 신약성경 전체의 관점에서도, 그리스도인들은 "혼자서 다니지 않는다." 사실 모든 성경의 책 중에서도 요한계시록이 **교회론**(우리가 교회에 관해 믿는 내용)의 가장 중요한 자료라는 점이 당신을 놀라게 할지도 모른다. 우리는 교회의 **선교**를 떠나서 교회의 **본성**에 대해 말할 수 없다. 스위스의 신학자 에밀 브루너(Emil Brunner)가 말했듯, 그것은 '불'을 '타는 것'에서 분리하려는 시도와 같을 것이다.¹ 그냥 불가능한 일이다.

시작하기 전에 여기서 폭로할 것이 있다. 이번 장에서 말하는 내용은 훨씬 대중적으로 알려진 요한계시록 해석과 충돌한다. 요한계시록을 가르치다 보면, 종종 지나치게 미래의 일을 밝히는 데 초점을 맞추게 되어 교회의 삶이나 선교는 기껏해야 부차적 이슈가 되어 버린다. 더 나아가, 인기 있는 여러 세대주의적("레프트 비하인드"식) 요한계시록 읽기에서는, 교회가 땅 위에 남겨진 사람들을 유린할 대환난 전에 하늘로 **휴거**된다("이리로 올라오라", 계 4:1).[2] 그런 관점은 하나님 백성의 선교에 근본적인, 솔직히 말하면 파괴적인 함의를 가져다준다. 만약 교회가 문자적으로 '이 세상 밖으로' 나가게 되면, 세상 **안에서** 이루어질 선교에 대한 모든 책임에서 효과적으로 **도피하게** 된다. 그러한 도피적 종말론은 다른 성경 책들의 지지를 받지 못할 뿐 아니라 하나님의 선교와의 접촉도 끊어 버린다.

그와 대조적으로 이번 장에서는 하나님 백성의 선교가 어떻게 요한계시록 전반에서 펼쳐지는지를 탐구한다. 첫째로, 일곱 지역의 회중에게 주어진 성령의 메시지(계 2장과 3장)를 살펴보고 어떻게 그 메시지가 하나님의 선교와 교차하는지를 볼 것이다. 그다음에는 요한계시록이 교회를 위한 풍부한 이미지의 저장고라는 측면과 그 이미지들이 하나님 백성의 정체성과 선교에 관해 우리에게 말해 주는 바에 초점을 맞출 것이다.

아시아의 교회들: 메시지와 선교(요한계시록 2장과 3장)

요한계시록에서 교회를 향한 **직접적** 가르침은 대부분 2장과 3장의 메시지

---

1 브루너는 유명한 말을 썼다. "교회는 선교에 의해 존재한다. 마치 불이 타는 것에 의해 존재하는 것처럼. 선교 없는 곳에는 교회도 없다." Emil Brunner, *The Word and the World* (London: SCM Press, 1931), p. 108. 『성서와 세계』(청구문화사).
2 휴거(rapture)라는 용어는 성경에 전혀 나오지 않는다.

안에서 발견된다. 그 메시지는 부활하신 그리스도(예컨대 계 2:1)와 성령(예컨대 계 2:7)으로부터 나온다. 나머지 본문은 대체로 교회가 행하고 되어야 할 바를 **암시한다**. 그러므로 일곱 메시지가 좋은 출발점이다.

과녁을 겨냥한 메시지

요한계시록 2장과 3장에서 그리스도께서는 소아시아 도시의 구체적인 선교적 상황 안에 있는 실제 그리스도인 공동체들을 향해 말씀하신다. 우리는 이런 교회들을 그들의 구체적인 역사적 배경에서 찢어 내려 해서는 안 된다. 예를 들어, 어떤 대중적 요한계시록 해석에서 주장하는 것처럼, 그 교회들을 교회사 전체를 구성하는 각 시대의 상징으로 읽어서는 안 된다.³ 성령에 의해 그리스도께서는 초점이 맞추어진, 상황화된 말을 각 회중에게 말씀하신다. 예를 들어, 버가모 교회를 향한 메시지에 나오는 "사탄의 권좌"(계 2:13)에 대한 언급은 아마도 황제 숭배의 중심이 되었던 그 도시의 특권적 지위에 대한 암시일 것이다. 마찬가지로 라오디게아 교회의 '미지근한' 상태는 그 도시의 수로에 흘렀던 미지근하고 악취가 나는 물을 떠올리게 한다. 대조적으로 가까운 도시 골로새는 차갑고 신선한 식수를 자랑했고, 이웃한 히에라폴리스는 약효가 있는 뜨거운 온천수로 유명했다. 즉, 둘 다 좋은 것이다!(계 3:15-16)

더욱이, 이 메시지들은 교회들의 구체적인 역사적 상황을 향해 말할 뿐 아니라 각 회중의 영적 상태와 필요에 대해서도 언급한다. 1장에서 본 것처럼, 로마 제국 아래의 소아시아 교회들은 안과 밖 양쪽에서 압박을 받았다.

---

3 이런 접근법은 종교개혁 시기에 옹호되었다. 그러나 널리 알려진 것은 20세기 스코필드 주석 성경 등에서 제시한 세대주의 해석을 통해서였다. Judith Kovacs and Christopher Rowland, *Revelation: The Apocalypse of Jesus Christ* (Malden, MA: Blackwell, 2004), pp. 54-56를 보라. 비판에 대해서는 Michael J. Gorman, *Reading Revelation Responsibly: Uncivil Worship and Witness: Following the Lamb into the New Creation* (Eugene, OR: Cascade, 2011), pp. 84-86를 보라.

밖으로부터는 경제적 배제부터 지역 관료들에 의한 괴롭힘까지, 때로는 버가모의 안디바의 경우처럼(계 2:13) 폭력에 의한 죽음까지 갈 수도 있는(계 2:10) 다양한 핍박의 가능성을 직면했다. 그러나 더 큰 위험으로 떠오른 모습은, 아마도 괴롭힘과 강압을 피하기 위해서 '신적으로 공인된' 로마 제국의 가치와 관습에 적응하는 것이었다. 2장과 3장에서 우리가 발견하는 다양한 부정적 사례(이세벨, 니골라 당, 발람)는 회중의 **일부**였던 어떤 이들이 그런 타협을 종용하며 로비를 벌였음을 보여 준다.

다양한 반응

이 일곱 교회는 이런 내외의 압력들에 동일하게 반응했는가? 그렇지 않다. 요한계시록 2장과 3장은 "교회나 그리스도인 개인이 모두 신실함에서 불신앙에 이르는 스펙트럼 위의 어느 지점에 살고 있음을"[4] 드러낸다. 좋은 목사가 그러하듯 요한은 하나의 접근법을 획일적으로 강요하지 않는다.

서머나와 **빌라델비아**의 교회들은 스펙트럼의 "신실함" 쪽 끝에 위치했다. 서머나의 그리스도인들은 물질적으로 가난했고 고통받고 있었으며, 분명 그 도시의 어떤 유대인들은 그들을 적대시하고 있었다("사탄의 회당", 계 2:9). 그들은 아마도 소수자인 그리스도인들을 로마 당국에 고발했을 것이다. 그리스도께서는 그들이 죽음에 이르기까지 신실함을 지킨다면 마지막에 생명의 관을 받게 되리라고 약속하셨다(계 2:10). 마찬가지로, 그리스도께서는 빌라델비아의 상처 입을 수 있는 회중에게 그들이 가진 것을 "굳게 잡으라"고 강권하신다(계 3:11). 그들의 신실함에는 그리스도의 약속이 따른다. 그들에게 다가올 시험(계 3:10)에서 보호하시고 새 예루살렘에서 그리스도의 이름을 받는 특권을 주시겠다는 약속이다(계 3:12). 위협받고 있는

---

4 Gorman, *Reading Revelation*, p. 130.

그림 4.1. 아시아의 일곱 교회, 트리어 요한계시록(Trier Apocalypse, 800-850) 사본에 실린 삽화

이 신실한 교회들을 겨냥한 요한의 말은 현재의 인내와 미래의 소망에 중점을 둔다.

그러나 남은 다섯 개의 메시지는 그것과는 다른 이야기를 들려준다. **버가모**와 **두아디라**의 신자들에게 주된 유혹은 제국의 지배적인 문화 관습과 **타협**하는 것이다. 존경할 만하게도, 버가모의 그리스도인들은 그들의 일원이었던 안디바가 순교했음에도 핍박을 직면할 때에 견고함을 유지했다(계 2:13). 그러나 그 도시의 어떤 이들은 교회 안에 있던 니골라 당이라는 거짓 교사들에게 귀를 기울였다(계 2:15). 니골라 당은 분명 (유대인이나 그리스도인 사회가 아니라) 이교 사회에서 잘 살아가는 가장 좋은 방법은 그 방식에 적응하는 것이라고 가르쳤다. 특히 요한은 우상에게 바쳤던 음식을 먹는 관습을 겨냥하는데, 그런 연회는 아마도 황제나 다양한 이방 신을 경배하는 도시의 축제 장소에서 벌어졌을 것이다.

두아디라의 그리스도인들도 마찬가지로 우상의 음식을 먹는 행위로 돌아가게 하는 유혹과 씨름했다. 이곳에서는 이세벨이라는 별명을 가진 거짓 예언자가 그런 가르침을 옹호했다(계 2:20). 두아디라에 무역 길드들이 퍼져 있었던 것을 고려하면 이런 그리스도인들이 꾐에 빠져 길드 연회에 참여했을 개연성이 있다. 연회의 행사 순서에는 우상에게 바쳤던 고기를 먹는 것

그림 4.2. 기둥들이 늘어선 고대 에베소의 거리

과 지역 신들에 대한 예배가 있었을 것이다. 길드에서 빠져나오는 것은 심각한 경제적 대가를 치를 수 있는 일이었다. 그러나 요한은 로마 문화에서 정상적으로 보였을 일을 우상숭배와의 위험한 타협으로 그린다. 결과적으로 그는 이 두 교회에 위로의 말이 아니라 날카롭게 찌르는 회개의 요구, 또는 그리스도의 심판을 직면하라는 요구를 전한다.

앞의 두 교회와 달리 **에베소**의 회중은 거짓 가르침을 용납하지 않았다(계 2:2, 6). 그러나 요한은 그리스도에 대한 그들의 충성 안에 있는 확연한 빈 공간을 폭로한다. 그들은 하나님과 서로를 향한 **처음 사랑을 버렸다**(계 2:4). 그들의 신실함에 있는 이 결함은 너무도 심각해서, 그리스도께서는 회개하지 않으면 "[그들의] 촛대를 그 자리에서 옮기리라"라고 경고하신다(계 2:5). 사랑하지 않는 교회는 더 이상 교회가 아니다.

사데와 라오디게아를 향한 성령의 메시지는 좀 다른 문제를 겨냥한다. 이 교회들은 분명히 외부의 핍박도 내부의 거짓 교사 문제도 겪지 않았다. 그들이 빠진 함정은 그들의 자기만족과 물질적 성공으로 인한 **현실 안주**였다.[5] 두 교회 모두 본래 모습과 달라져 있었다. 번영하는 도시 사데에 있던 교회는 영적 삶으로 명성을 얻고 있었지만, 사실은 죽음의 가장자리를 맴돌고 있었다(계 3:1). 마찬가지로, 라오디게아—부와 자족을 자랑하던 도시—의 회중은 스스로 부유하며 부족한 것이 없다고 생각했다. 그러나 그리스도의 눈에 그들은 영적으로 빈곤하고 가련한 상태였다(계 3:17). 일곱 교회 중에서 이 라오디게아 교회는 주변 문화의 가치와 풍요를 가장 많이 수용했다. 이 도시의 수로를 흐르는 마실 수 없는 물처럼, 이 부유한 회중의 자만과 방종은 그리스도로 하여금 구역질이 나게 했다!(계 3:16) 사데와 라오디

---

5   Craig R. Koester, *Revelation and the End of All Things*, 2nd ed. (Grand Rapids, MI: Eerdmans, 2018), pp. 70-74를 보라.

게아 둘 모두를 위한 치료법은 환자의 생명을 구할 때 시행해야 할 근본적 수술이었다. 그들은 깨어나 자신의 진짜 모습을 보고 회개해야 했다!(계 3:3, 17-19)

선교적 함의

일곱 교회. 과녁을 겨냥한 일곱 메시지. 그리스도인 공동체들이 어떻게 하나님의 선교에 참여할 것인가와 관련하여 이 메시지들이 가진 함의는 무엇인가?

첫째로, 요한계시록에서는 하나님의 백성을 향해 말할 때 지역적인 것과 보편적인 것 둘 모두에 관심을 보인다. 각 메시지는 한 회중의 영적 상태와 필요뿐만 아니라 소아시아의 한 특정 도시에 심긴 교회의 구체적 환경을 중요하게 취급한다. 사데를 향한 메시지는 서머나에 맞지 않는다. 두아디라를

그림 4.3. 고대 사데의 아르테미스 신전 터

향한 성령의 메시지는 라오디게아에 적용되지 않는다. 예언자적 메시지는 필요할 경우 칭찬하기도 하고 정면으로 부딪기도 한다. 이와 동시에, 요한계시록이 펼쳐지면서 분명해지는 것은, 각 교회는 더 큰 우주적 싸움, 즉 죽임당한 어린양이 그를 대적하는 짐승 같은 권력들을 이기고 승리하는 싸움의 한 부분을 맡고 있다는 사실이다. 리처드 보컴이 쓰길, "그 책은 전체적으로 그 전쟁이 무엇을 위한 전쟁이며 어떻게 승리가 이루어져야 하는지를 설명하고 있지만, 각 교회를 향한 메시지는 그 교회가 싸움터에서 맡은 부분과 관련한 구체적 사항을 알려 준다."[6]

이와 유사하게, 우리는 요한계시록이 교회들에게 오늘날의 삶의 환경 안에서 상황과 관련한 구체적인 말을 하도록 허용해야 한다. 배낭에 넣고 이곳저곳 다니면서 펼쳐 놓는 접이식 신학이나 성경 해석은 존재하지 않는다. 그와 동시에, 각 지역과 나라의 교회는 자신을 지금 펼쳐지는 하나님의 더 큰 드라마의 일부로 보아야 한다. 그 드라마는 온 창조 세계를 본래 의도된 모습으로 회복한다는 하나님의 목적을 담고 있다. 우리의 상황적 성경 읽기가 하나님의 선교에 사로잡혀 어린양을 따르는 이들의 더 큰 공동체로부터 우리를 고립시켜서는 안 된다.

둘째로, 하나님의 선교에 대한 신실한 참여는, 회개하고 태도와 습관을 변화시키려는 자발성을 교회에 요구한다. 나는 이런 교회들의 근본 이슈가, 구체적 모습이 어떠하든지 그들을 둘러싼 이방 문화와의 타협 여부와 관련이 있다고 말하는 마이클 고먼에게 동의한다.[7] 그들이 그 질문에 어떻게 답하는가는 세상을 향한 그들의 증언에 직접적 영향을 끼친다. 고먼이 질문하듯, "그들은 다양한 모양의 타협과 적응에 참여하는 니골라 당, 발람, 이세벨

---

6   Richard Bauckham, *The Theology of the Book of Revelation* (Cambridge: Cambridge University Press, 1993), p. 14를 보라.
7   Gorman, *Reading Revelation*, p. 96.

의 추종자들과 라오디게아인들에게 합류할 것인가? 아니면 물러나서—'거기서 나와'(계 18:4)—요한처럼, 버가모의 안디바처럼(계 2:13), 예수님 자신처럼 기꺼이 고난당할 것인가?"[8] 타협하고 있는 교회에, 회개는 교회들의 영적 생존을 보증할 뿐 아니라 교회들이 신실한, 어린양을 닮은 증언을 세상을 향해 계속할 수 있게 한다.

더 나아가, 회개와 변화는 그리스도인이 만물을 새롭게 한다는 하나님의 목적에 참여하는 데 필수다. 이것이 성령의 일곱 메시지 각각의 끝부분에서 '이기는 자'에게 주어진 새로운 창조 언약의 요점이다. 그리스도께 칭찬을 조금도 받지 못한 라오디게아의 그리스도인들조차도 이런 약속의 말씀을 듣는다. "이기는 그에게는 내가 내 보좌에 함께 앉게 하여 주기를 내가 이기고 아버지 보좌에 함께 앉은 것과 같이 하리라"(계 3:21). 하나님의 백성은 우상숭배를 즐기는 데서 어린양을 따르는 데로 돌아설 때에야 그리스도의 영원한 왕국과 다스림에 참여할 지분을 얻을 것이다.

셋째로, 요한계시록 2장과 3장에서 목표를 겨냥하는 메시지들은 각 회중이 책의 나머지 부분을 읽을 수 있는 렌즈를 제공한다.[9] 예를 들어, 서머나와 빌라델비아에서 그리스도인들이 직면했던 핍박은 장차 올 더 강한 압박을 예고한다. 그것은 심지어 죽음의 순간에 이르기까지 인내할 필요가 있음을 강조한다(계 6:9-11; 13:10, 15; 18:24). 마찬가지로, 라오디게아의 자기만족적 번영은 18장에 나오는 바빌론의 교만과 소비에 대한 목마름을 미리 보여 준다. 그들에게 회개는 "바빌론으로부터 나오는 것에 상응한다. 하나님의 백성들이 권고받는 것처럼, 바빌론의 심판에 참여하지 않기 위해 바빌론의

---

8 Gorman, *Reading Revelation*, p. 97.
9 이 점에 관해서는 Dean Flemming, *Contextualization in the New Testament: Patterns for Theology and Mission* (Downers Grove, IL: IVP Academic, 2005, pp. 271-272를 보라.

죄를 거부하는 것이다."¹⁰ 각 회중은 요한계시록의 나머지 부분에 나오는 구원과 심판의 환상들을 듣고 그들의 영적 상태와 필요에 따라 조금씩 다른 방식으로 응답해야 한다.

이것은 교회들이 오늘날 어떻게 요한계시록을 읽어야 하는지 말해 준다. 신실함 때문에 공격을 받는 교회들은 서머나와 빌라델비아를 향해 그리스도께서 하시는 위안의 말씀에 공감하고, 책 뒷부분에서 하나님이 악에 대해 승리하시는 내용을 통해 용기를 얻을 것이다. 나는 그리스도인들이 핍박과 고난을 직면하던 아시아와 구소련 어느 지역에서 요한계시록을 가르치는 특권을 누린 적이 있다. 그때 나는 학생들이 요한계시록과, 심하게 억눌린 자들을 향해 요한계시록이 주는 소망의 메시지에 강하게 관심 갖는 것을 보았다. 그러나 편안하고 풍요한 상황에 있는 교회들이 요한의 대접과 짐승 환상을 읽을 때는, 아마도 라오디게아인들과 강한 가족 유사성을 보이는 사람들로서 읽을 필요가 있을 것이다. 그런 그리스도인들에게 요한계시록은 현상 유지를 위한 확신의 말씀을 하지 않는다. 오히려 돌이켜 복종하라고 하거나 하나님의 심판을 직면하라고 요구하는 경고의 사이렌을 울린다.

넷째로, 선교적 읽기는 **모든 메시지를** 교회들을 위한 것으로 심각하게 받아들인다. 이것은 개인적 편지가 아니다. 목표를 겨냥하는 성격이 있지만, 요한의 의도는 "모든 교회"(계 2:23)가 **일곱 메시지 모두에** 귀 기울이는 것이었다. 더욱이, 요한계시록에서 **일곱** 교회를 향해 말하는 것은 우연이 아니다. 요한계시록에서 일곱은 완전수를 의미하기 때문이다. 이 일곱 회중은 우리 시대의 교회를 포함한 **모든** 교회를 나타낸다.¹¹ 어느 저자가 인정하듯,

---

10 Bauckham, *Theology*, p. 123.
11 Bauckham, *Theology*, p. 16.

"일곱 교회를 향한 메시지를 읽다 보면 바울의 편지를 읽을 때 느끼는 것과 동일한 인식적 충격을 받게 된다. 우리는 이들을 알고 있다."[12] 비록 어떤 메시지는 더 직접적으로 주어진 상황을 향해 말하지만 그 안에 담긴 다양한 이슈—몇 가지 예를 들면, 문화적 가치와 타협함, 반대를 직면하여 인내함, 서로 사랑하기보다는 신앙 수호에 더 관심이 많은 그리스도인—는 오늘날 선교에 참여하는 교회에 계속 도전을 준다. "귀 있는 자는 성령이 교회들에게 하시는 말씀을 들을지어다"(계 2:7).

교회의 미래(와 현재)에 대한 환상

요한계시록 2장과 3장의 메시지 밖에서 요한은 수많은 이미지로 하나님의 백성을 그린다. 종들, 성도들, 촛대, 왕국과 제사장들, 두 증인, 인침을 받은 144,000, 해를 옷 입은 여자, 구속받은 이들, 다민족의 큰 무리, 형제와 자매, '순결한 자들', 메시아적 전사들, 부름받고 택함받은 자들, 성전, 어린양의 신부, 새 예루살렘…. 이것들 대부분은 하나님의 신실한 자들, 즉 종말의 하나님 백성의 미래 운명과 관련이 있다. 교회(*ekklēsia*)라는 용어는 요한계시록에 스무 번 나오는데, 교회를 향한 메시지 끝부분(계 3:22)부터 요한의 마지막 에필로그(계 22:16) 사이에서 이 말이 완전히 시야에서 사라진다는 점은 주목할 만하다. 요한에게 교회들은 상처 입기 쉽고 불완전하며 종종 타협하는 아시아의 공동체이며, 요한 목사가 신실한 선교적 공동체로 빛으려는(또한 **태도를 바꾸려는**) 사람들이다.

그렇다면 요한계시록 4-22장에 그려진 종말론적 하나님 백성과 요한의

---

12 Joseph L. Mangina, "God, Israel, and Ecclesia in the Apocalypse," in *Revelation and the Politics of Apocalyptic Interpretation*, ed. Richard B. Hays and Stefan Alkier (Waco, TX: Baylor University Press, 2012), p. 89.

청중—그들이 서머나와 사데의 교회든 서울과 시드니의 교회든—의 관계는 무엇인가? 조지프 맨지너가 유익하게 지적하길, 구체적 환경 속에 심긴 교회들은 하나님의 백성이 **지금** 어떤 존재인지를 나타낸다. 이후의 환상들은 그들이 **장차** 어떤 존재가 되어야 하는지를 드러낸다.[13] 구체적으로 교회가 **되어야 할** 모습은 두 방향으로 작용한다. 한 수준에서, 하나님 백성의 환상들은 다민족 예배자들의 합창이든(계 7:9-17) 하나님의 보좌 앞에 선 구속받은 144,000이든(계 14:1-5) 하나님이 만물을 새롭게 하실 때 교회의 미래를 드러낸다. 그러나 다른 수준에서, 이런 마지막 때의 환상들은 교회들이 세상 속 그들의 현재 삶에서 무엇이 **되어야 하는지**를 보여 준다. 소극적으로 보면, 교회의 미래에 대한 요한계시록의 그림들은 지역 회중에게 그들을 둘러싼 우상숭배 문화에 대한 타협에 저항할 수 있도록 변혁된 관점을 준다. 적극적으로 보면, 요한의 미래 환상들은 아시아의 신자 공동체에 죽임당한 어린양을 따르고 용감하게 하나님의 진리를 증언할 수 있도록 에너지를 불어넣는다. 요한계시록에 나타난 승리한 교회의 환상들은 오늘날의 그리스도인 공동체에도 유사한 도전을 준다. 그 환상들은 우리에게 최고의 진지함을 품고 기도하도록 요청한다. "나라가 임하시오며 뜻이 **하늘에서 이루어진 것같이 땅에서도** 이루어지이다."

이제 요한계시록에 나오는 교회의 미래에 관한 몇 가지 핵심 이미지와 그 환상들이 어떻게 오늘날 선교하는 교회를 형성하는지 살펴보자.

제사장들과 통치자들

요한계시록에서는 교회를 왕국과 제사장들로 두 번 그린다. "우리를 사랑하사 그의 피로 우리 죄에서 우리를 해방하시고, **그의 아버지 하나님을 위하**

---

[13] Mangina, "God, Israel, and Ecclesia," p. 95.

여 우리를 나라와 제사장으로 삼으신 그에게 영광과 능력이 세세토록 있기를 원하노라. 아멘"(계 1:5-6, 강조 추가).

> 일찍이 죽임을 당하사, 각 족속과 방언과 백성과 나라 가운데에서
> 사람들을 피로 사서 하나님께 드리시고,
> **그들로 우리 하나님 앞에서 나라와 제사장들을 삼으셨으니,**
> **그들이 땅에서 왕 노릇 하리로다.** (계 5:9-10; 참조. 계 20:6, 강조 추가)

출애굽 사건의 반향들. 이 본문에는 출애굽의 언어가 가득하다. 이는 기초가 되는 언약 본문인 출애굽기 19:5-6을 떠올리게 한다. 거기서 하나님은 그의 백성 이스라엘의 정체성과 사명을 "제사장 나라와 거룩한 백성"으로 정의하셨다. **왕국**의 백성으로서 교회는 하나님의 다스림에 참여하고, 또한 "세상 나라"(계 11:15)의 대안으로 세워지는 하나님의 통치를 증언한다. **제사장** 민족으로서 교회는 가운데에 서서 하나님과 세상을 중개한다.

이스라엘의 경우, 이 제사장 역할은 두 방향으로 움직였다.[14] 한편으로, 이스라엘의 제사장들은 사람들을 가르치고 하나님의 축복으로 이끌었다. 그와 유사한 방식으로 이스라엘 전체는 하나님의 임재 및 하나님을 아는 지식을 주변 나라에 중개하여 전달하라는 부름을 받았다. 다른 한편으로, 제사장들이 백성을 위해 희생 제물과 예물을 하나님께 가져왔듯이, 하나님 앞에서 이스라엘은 나라들을 대표했다. 그들의 소명은 나라들을 대신해서 하나님을 섬기며, 나라들이 야웨를 경배하는 삶에 매료되도록 사는 것이었다.

이제 하나님은 그리스도의 피로 구속받은 백성에게 말씀하신다. "이스라

---

14 Christopher J. H. Wright, *The Mission of God's People: A Biblical Theology of the Church's Mission* (Grand Rapids, MI: Zondervan, 2010), pp. 121-122를 보라.

엘이 이방을 위한 빛으로 표시된 것처럼, 너희도 신실한 말과 삶의 증언을 통해 나의 임재를 모든 민족에게 중개하여 전달해야 한다." 크리스토퍼 라이트는 이를 잘 표현한다. "우리는 대표하는 백성이다. 우리의 과제는 세상을 향해 살아 계신 하나님을 대표하는 것이며, 살아 계신 하나님을 인식하도록 세상을 이끄는 것이다."[15] 왕에게 속한 제사장 백성으로서 갖는 이 소명은, 하나님의 출애굽 구원 행위에서 흘러나오는 것이 아니라 새로운 출애굽, 즉 그리스도의 피로 값을 치러 죄악된 세력들의 속박에서 구출하는 작전에서 나온다. 그리고 그리스도께서 희생적 죽음을 통해 해방하고 생명을 주는 자신의 임재를 다른 이들에게 제공하셨듯이, 우리는 제사장적 공동체, 즉 그리스도께서 우리를 통해 세상의 민족들에게 생명을 공급하시는 공동체가 된다.[16]

창조의 소명. 요한계시록은 왕국과 제사장들로서 교회가 맡은 역할이 출애굽에서의 하나님의 구속 행위뿐 아니라 창조 자체에 근거하게 한다. 나는 2장에서, 하나님이 자신의 형상을 따라 사람을 창조하실 때 그들에게 바다의 물고기와 공중의 새와 다른 모든 생물을 '다스리는'(히브리어 *radah*, 창 1:26, 28) 일을 주셨음을 지적했다. 이것은 왕국의 언어다. 하나님의 형상을 지니는 것, 즉 사람이 된다는 것이 의미하는 바의 일부는 하나님의 창조 세계 통치에 왕의 대역으로 참여하는 것이다. 이것은 하나님의 창조 세계에 대한 지배나 착취와는 아무 상관이 없다. 오히려 그것은 하나님을 대신하여, 하나님의 선하고 은혜로운 목적들이 창조 세계에 이루어지도록 통치를 실행하는 것이다.

마찬가지로, 창세기 2:15에서는 하나님이 사람을 동산에 두시고 "그것을

---

15 Wright, *Mission of God's People*, p. 122.
16 Andy Johnson, *Holiness and the Missio Dei* (Eugene, OR: Cascade, 2016), p. 159.

맡아 일하며 돌보게"(NIV) 하셨다고 선언한다. 종종 '일하다'(to work) 혹은 '경작하다'(to till)로 번역되는 이 동사는 본래 '섬기다'(*abad*, to serve)를 의미한다. 어떤 의미에서 에덴동산은 하나님의 생명을 주는 임재가 머무르는 일종의 우주적 성전이다.[17] 이스라엘의 제사장들이 하나님의 성전을 돌보고 섬겼던 것처럼 우리는 땅을 향하여, 땅이 번성하고 생명으로 충만하도록 돕는 종의 역할을 수행하도록 부름받았다. 요한계시록에서는 하나님이 그 역할을 취소하시지 않았음을 분명히 한다. 오히려 하나님은 그리스도의 구속하는 죽음을 통해 그 역할을 근사하게 회복시키셨다. 그러므로 우리의 선교적 소명은 "창조주의 지혜와 사랑의 청지기직을 세상 속에 반영하는 일"[18]을 포함한다. 지금 우리가 하나님의 땅을 돌보는 것은 세상을 향한 하나님의 최종 목적을 미리 실현하는 일이다. 새 창조 때에 모든 민족에서 나온 하나님의 백성은 "땅에서 왕 노릇 한다"(계 5:10; 참조. 계 20:6; 22:5). 인류를 위한 하나님의 본래 의도—하나님의 형상을 지니고 그분의 세계를 다스리고 섬기게 하려는 것—가 충만히 성취될 것이다.

인침받고 구속된 자들

서로를 보완하는 본문인 요한계시록 7:1-8과 14:1-5은 히말라야의 봉우리처럼 서서 요한계시록에 나타난 하나님 백성의 선교를 파악할 수 있도록 돕는다. 호기심을 자극하는 이 본문에 대해 할 말이 많지만, 교회가 하나님의 선교에 참여하는 것과 관련한 함의에 초점을 맞추고자 한다. 두 본문에서 요한은 하나님의 백성을 하나님께 속한 144,000의 무리로 그린다(계 7:1-8;

---

17 T. Desmond Alexander, *From Eden to the New Jerusalem: An Introduction to Biblical Theology* (Grand Rapids, MI: Kregel, 2008), pp. 20-31를 보라. 『에덴에서 새 예루살렘까지』(부흥과개혁사).

18 N. T. Wright, *The Day the Revolution Began: Reconsidering the Meaning of Jesus' Crucifixion* (New York: HarperOne, 2016), p. 99. 『혁명이 시작된 날』(비아토르).

14:1-5). 요한계시록 7:1-8에서는 그들의 정체성과 관련해 두 측면이 두드러진다. 첫째로, 요한계시록에서는 그들을 문자적이 아니라 상징적 의미에서 **이스라엘 지파에 속한 자들로** 그린다(계 7:4-8). 요한은 하나님의 백성을 메시아의 때에 회복된 이스라엘로 바라본다. 더 나아가, 144,000이라는 숫자는 12×12와 관련이 있으므로 이스라엘 열두 지파의 충만함을 나타내며, 1000을 곱함으로써 상징적으로 거대한 수를 표현한다. 그러므로 144,000은 완전함과 충만함을 상징하는 수다. 이 수는 이스라엘을 회복시키겠다는 하나님의 모든 약속이 어린양을 따르는 구속받은 이들 안에서 실현됨을 말해 준다.[19]

둘째로, 하나님의 백성은 그들의 이마에 하나님의 인을 지닌다(계 7:3, 4). 이 가시적 인은 하나님의 보호(겔 9:3-10을 보라)와 하나님의 소유가 됨 둘 모두를 나타낸다. 하나님의 "종들"(계 7:3, 문자적으로는 '노예들')로서 그들은 오직 하나님께만 속한다. 14장에서 요한은 더 구체적으로 이 인이 어린양과 아버지의 이름임을 밝힌다(계 14:1). 인과 거룩한 이름 둘 모두 하나님의 종들의 이마, 즉 **가장 잘 보이는 곳**에 새겨진다. 이 공적 표시는 그리스도인들이 하나님과 어린양을 향한 충성의 깃발을 흔들 수 있게 하며, 이마에 짐승의 숫자와 이름을 가진 이들과 강력한 대조를 이룬다(계 13:16-18).

더 나아가, 요한은 14장에서 두 번 하나님의 신실한 자들이 '구속받은 이들'(the redeemed, 계 14:3, 4; 개역개정에서는 "속량함을 받은" 이들 — 옮긴이)임을 밝힌다. 요한계시록에서 구속받은 교회는 어린양과 친밀한 관계 안에 있다. 그들은 그의 이름을 소유할 뿐 아니라(계 14:1), "어린양이 어디로 인도하든지 따

---

19 어떤 해석자들은 144,000을 모든 하나님 백성이 아니라 순교자라고 구체적으로 간주한다. Mitchell G. Reddish, *Revelation* (Macon, GA: Smyth and Helwys, 2001), p. 152; Bauckham, *Theology*, pp. 77-79를 보라. 그러나 이는 그럴듯하지 않다. '종'(계 7:3; 참조. 계 1:1; 22:6)과 '구속받은 이들'(계 14:3, 4; 참조. 계 5:9)이라는 용어는 어린양을 따르는 모든 이를 일컫는 말이지 하나님의 백성 안의 특별한 집단을 가리키지 않는다.

라가는 자"들이다(계 14:4). 어린양은 어디로 향하는가? 그의 눈물의 길은 십자가를 향한다. 무엇보다도, 그는 **죽임당한** 어린양이다. 어린양을 따르는 일은 어린양의 이야기—그의 신실한 증언과 고난, 그의 죽음과 부활—를 공유하는 것이다. 이 장면 전에 13장에서 짐승은 하나님의 백성을 향한 공격을 시작하여 그들을 이기고 죽인다(계 13:7, 15). 그러나 이제 그들은 하나님이 일으키시고 옳음을 인정해 주셔서 어린양과 함께 시온산 위에 서 있다(계 14:1).[20] 요한계시록에서 교회의 정체성과 선교는 죽임당한 어린양이 그들과 맺는 관계에 의해 정의된다. 그들이 따르는 어린양처럼, 그들의 십자가 모양 선교에는 가격표가 달려 있다. 그것은 "고난을 통한 정복, 패배를 통한 승리, 십자가 모양의 사랑을 통한 극복이라는 방식이다."[21]

그러나 그들의 어린양을 닮은 증언은 **열매를 맺는다**. 요한은 구속받은 공동체를 하나님과 어린양에게 속한 "처음 익은 열매"(계 14:4)라고 부른다. 이스라엘은 추수할 때 첫 열매를 하나님께 바침으로써 이어질 모든 추수가 하나님의 것임을 나타냈다(출 23:19). 요한에게 첫 열매는 "먼저 구속받은 144,000이 속했던 인간 집단으로부터 훨씬 더 큰 추수가 이루어질 것"[22]을 기대하게 한다. 요한은 그 장 뒷부분에서 거대한 무리가 모여 있는 장면의 스크린 숏을 보여 준다. 그것은 그리스도께서 돌아오셔서 땅의 곡식을 거두실 때의 장면이다(계 14:14-16). 엄청난 양의 곡식을 거두는 복을 받은 농부처럼, 그리스도께서는 마지막 때에 하나님을 위한 사람들이라는 풍성한 수확을 거두시며, 땅의 모든 민족에서 사람들을 그분에게로 모으실 것이다(참조. 막 4:29).

---

20 Johnson, *Holiness and the* Missio Dei, p. 166.
21 Dean Flemming, "'On Earth as It Is in Heaven': Holiness and the People of God in Revelation," in *Holiness and Ecclesiology in the New Testament*, ed. Kent E. Brower and Andy Johnson (Grand Rapids, MI: Eerdmans, 2007), p. 355.
22 Johnson, *Holiness and the* Missio Dei, p. 167.

다양한 민족의 셀 수 없는 큰 무리

눈부신 환상. 요한계시록 7장의 하나님 백성과 관련된 요한의 환상 두 번째 부분에는 하늘에서 하나님과 어린양 앞에 서 있는 셀 수 없이 큰 무리가 나온다(계 7:9-17).[23] 그들은 "큰 환난에서 나오는 자들"(계 7:14)이므로 몇몇 교부 및 그 이후의 어떤 해석자들은 그들을 하나님의 백성이라는 더 큰 집단 **내의** 특별한 집단인 순교자들로 보아 왔다.[24] 그러나 본문은 다른 결론을 내리게 한다. 요한계시록에서는 그들을 요한계시록 7:1-8에서 우리가 보는 이들—어린양을 따르는 **모든** 이—과 같은 집단으로 보되, 조금 다른 관점에서 본다. 다시 말하지만, 요한이 **듣는** 것과 **보는** 것 모두를 인식한다는 게 중요하다.[25] 요한은 이스라엘 자손의 각 지파 중에서 "인침을 받은 자의 수를" **듣는다**(계 7:4). 그러나 그는 인류의 모든 족속에서 나온 큰 무리를 **본다**(계 7:9). 경첩으로 두 개의 판을 붙여 놓은 중세 교회의 제단화처럼, 7장에서는 하나님의 백성에 관한 이중 환상을 그린다. 첫 번째 장면은 땅 위의 고난받는 교회를 보여 준다. 하나님은 그들을 시험 가운데서 인치시고 보호하신다. 두 번째 장면은 하늘에 있는 승리한 교회의 초상을 공개한다. 그 공동체는 이미 다가올 새 창조의 복을 맛보고 있다(계 7:15-17; 참조. 계 21-22장). 다른 유비를 사용하자면, 두 환상은 동일한 사람들의 전과 후를 한 비디오 화면에 띄워 보여 주는 사진과 같다.

---

[23] 이 부분은 Dean Flemming, "Following the Lamb Wherever He Goes: Missional Ecclesiology in Revelation 7 and 14:1-5," *Cruciform Scripture: Cross, Participation, and Mission*, ed. Christopher W. Skinner et al. (Grand Rapids, MI: Eerdmans, 2021), p. 265를 활용했다.

[24] 예를 들어, Andrew of Caesarea, *Commentary on the Apocalypse* 7.9-10, William C. Weinrich, ed., *Revelation*, Ancient Christian Commentary on Scripture, New Testament (Downers Grove, IL: IVP Academic, 2005), 12: p. 111에서 재인용; Tertullian, *Scorpiace* 12 (ACCS 12: p. 114에서 재인용); Richard Bauckham, *The Climax of Prophecy: Studies on the Book of Revelation* (London: T&T Clark, 1993), pp. 226-229.『요한계시록 신학』(부흥과개혁사).

[25] 5장에서 요한이 두려운 사자에 관해 **듣지만** 그가 **보는** 것은 죽임당한 어린양이었음을 기억하라(계 5:5-6).

그림 4.4. 시온산 위에서 어린양을 찬양함(계 14:1-5), 파쿤두스 베아투스(Facundus Beatus, 1047) 사본에 실린 삽화

이 그림들은 단순히 하나님 백성의 종말의 모습을 보여 주는가? 그렇지 않다. 비록 두 환상이 모두 교회의 미래 모습의 일면을 보여 주지만, 그러면서도 모두 하나님의 백성이 현재 어떤 **존재가 되어야 하는지**를 드러낸다. 교회는 장차 올 일들의 예고편으로 산다. 요한계시록에서는 하나님의 백성을 악의 세력과의 전쟁을 위해 소집된 회복된 이스라엘로, **또한** 하나님과 어린 양을 밤낮으로 예배하는 하나님 백성의 전 세계적 공동체로 그린다(계 7:15).

"큰 무리"는 모든 나라와 족속과 백성과 언어를 대표한다(계 7:9). 이 구속된 이들의 국제적 동료 집단은 아브라함과 그의 후손들을 통해 "땅의 모든 족속이…복을 얻을 것이라"(창 12:3) 하신 하나님의 언약을 성취한다. 창세기 12:1-3에서 하나님이 아브라함에게 하신 약속은 창세기 10-11장에서 하나님이 모든 민족을 다루시는 문맥에서 그에 대한 반응으로 나온 것이다.[26] 이 민족들은 처음에 땅 위에 널리 퍼져 있었다(창 10:32). 그러나 악명 높은 바벨탑 일화에서 보듯, 그들은 힘을 모아 하나님을 대적하려 했고 하나님은 그들을 온 지면에 흩으셨다(창 11:1-9). 크리스토퍼 라이트는, "창세기 10장의 구속받는 복이 필요한 '족속, 언어, 민족'으로부터 새 창조에서 구속된 인류를 구성할 '각 나라와 족속과 백성과 방언에서 [나온] 아무도 능히 셀 수 없는 큰 무리'(계 7:9)에 이르는 거대한 궤적"[27]을 발견한다.

선교적 함의. 요한계시록 7:9-17에 나오는 다민족의 큰 무리에 관한 환상은 신약성경에 나오는 교회의 이미지 가운데 가장 중요한 것일지도 모른다. 지금은 이 희망찬 환상이 오늘날 교회의 정체성과 선교를 조각해 가는 세 가지 방식을 생각해 보자.

첫째로, 민족적·종교적·인종적 다양성으로 가득한 세계에서 요한계시록

---

26 Wright, *Mission of God's People*, pp. 70-71.
27 Wright, *Mission of God's People*, p. 71.

은 우리에게 **하나님의 백성으로서 의식적으로 다민족·다문화·다인종의 정체성을 구현하라고** 요청한다. 이것은 어떤 그림의 떡 같은 꿈, 모든 하나님의 자녀가 언젠가 하늘의 보좌 주위에 둘러앉아 '쿰바야'를 부르면서 함께 지내는 것 같은 꿈이 아니다. 오히려 이것은 우리에게 하나님이 세상 안에서 정확히 무엇을 하시려는지, 그리고 우리는 하나님의 백성으로서 어떻게 그 안에서 살도록 부름받는지를 보여 준다. 무리에 관한 요한의 환상은 하나님의 백성이라는 우리의 정체성 위에 다양성이 확고히 새겨져 있음을 드러낸다. 이서 매컬리(Esau McCaulley)는 이렇게 설명한다. "이 고유한 민족들, 문화들, 언어들은 종말론적이고 영원하다. 마지막에 우리는 차이가 제거되는 것을 보지 않는다. 오히려 바로 그 문화들의 다양성이야말로 하나님의 영광이 나타나는 것이다."[28]

그러나 그 환상은 실재와 일치하는가? 60여 년 전에 마틴 루서 킹 주니어(Martin Luther King Jr.)는 기독교의 나라 미국에서 일요일 아침 열한 시는 가장 차별적인 시각이라는 유명한 말을 남겼다. 슬프게도 그런 실재는 그 이후로도 수십 년간 의미 있게 변화하지 않았다. 그러나 나는 희망의 표지를 본다. 하나는 내가 아는 미시간의 한 지역 교회다. 그 교회는 자신들이 전 세계에서 난민과 이민자의 유입을 받아들인 지역 사회 안에 있음을 깨달았다. 그에 대한 반응으로 이 전통적인 백인 회중은 그들 목사의 지도력 아래 성령의 재촉하심을 따라 스스로를 의도적으로 국제적 모임으로 변화시켰다. 그들의 사역은 극적으로 바뀌어 이민자들을 위해 영어 수업을, 난민들을 위해 고용 지원을 제공하게 되었다. 어느 수요일 저녁에 그 교회를 방문했을 때, 다양한 전통 복장을 입은 사람들이 여러 수준으로 나뉘어 영어

---

[28] Esau McCaulley, *Reading While Black: African American Biblical Interpretation as an Exercise in Hope* (Downers Grove, IL: IVP Academic, 2020), p. 116. 『진리는 나의 집에 있었다』(IVP).

공부를 하는 것을 보았다. 주일 예배는 20여 개국의 배경을 가진 사람들이 함께 모여 보좌에 앉으신 한 분 하나님을 경배하는 잔치가 되었다.

> "그분의 아들 안에서 만물을 화해시키시려는 하나님의 종말론적 비전은 나의 흑인 됨과 내 이웃의 라틴계 됨이 영원히 지속하도록 요구한다.…〔하나님〕은 같은 노래를 부르는 다양한 혀를 통해 높임을 받으신다. 그러므로 나의 흑인 됨을 변조하거나 나의 문화를 무시하는 만큼 나는 하나님이 나에게 주신, 그분의 교회와 나라에 제공할 나의 은사에 한계를 설정하는 것이다. 그 왕국의 비전은, 한 왕의 통치 아래 있는 한 왕국의 일부인 백인들 옆에서 경배하는 흑인들과 황인들 없이 완성되지 않는다."[29]
>
> 이서 매컬리

둘째로, 예배자들이 다민족 합창단을 이루는 요한계시록의 교회에 관한 환상은 **하나님의 백성이 그들 안에서 모든 종류의 인종 차별, 민족주의, 부족주의, 자민족중심주의(우리 방식이 더 낫다!)를 추방해야 함**을 의미한다. 세계 어느 곳에서 일하든지 거기서 나는 '내부' 사람과 '외부' 사람으로 분열된 기독교 공동체들을 만났다. 그러나 '비슷한 깃털을 가진 새들이 끼리끼리 모이듯' 사람들이 다른 깃털을 가진 것처럼 보이는 이들을 두려워하는 것은 일반적인 모습 아닌가? **일반적**으로는 그렇다. 그러나 **기독교적**인 것은 아니다. 너무도 자주 회중은 죽임당한 어린양의 비전보다는 그들이 사회적으로 경험한 가치에 의해 형성된다. 고먼은 이를 잘 표현한다. "만일 전 지구의 그리

---

[29] McCaulley, *Reading While Black*, p. 116.

스도인들이 정말로 자신이 이 국제적 공동체의 일부임을 이해하고 그 소속됨을 그들의 정체성, 사명, 충성의 주된 요소로 충분히 받아들였다면 그토록 많은 그리스도인이 그들 깊숙이 자리 잡은 민족에 대한 충성이나 외국인에 대한 불신을 유지할 수 있을지 의심스럽다."[30] 그런 태도는 신약성경에서 보여 주는 교회의 비전과 조화되지 않을 뿐 아니라, 세상 사람들을 향한 교회의 증언을 가로막는 높은 장벽을 세운다.

나의 모국인 미국은 특히, 백인들에게 유색 인종보다 높은 특권을 부여하는 깊이 박힌 구조 및 가치와 씨름하고 있다. 너무도 자주 미국 교회는 그러한 권력 불평등에 **저항**하기보다는 불평등을 **반영**해 왔다. 아프리카계 미국인 신학자인 드루 하트(Drew Hart)는 미국 교회가 확실히 고려할 필요가 있는 불편한 말을 한다. 그는 "백인의 가치, 경험, 관점을 객관적이고 보편적으로 옳은 방식이라고 규범화하는" 것을 포함하여, 교회 내의 인종 계층화를 뒤집어야 할 필요성을 집중 조명한다. 그는 계속해서 말한다.

그 대신에 교회는 새로운 인류와 그 안에 존재하는 다채로운 은사와 다양한 관점을 파격적으로 포용해야 한다. 교회는 의도적으로 사회 속에서 가장 소홀히 여겨지고, 잊히고, 무시당하고, 침묵을 강요받는 이들의 목소리와 관점에 특권적 지위를 부여해야 한다.…특히 이것은…역할 분담, 교회 음식과 메뉴 선정, 도서 선정, 커리큘럼 구조, 재정 분배, 모임 시간, 위원회 같은 의사 결정 집단의 구성 등이 철저하게 재조정되어야 함을 의미한다. 이런 일들은, 모든 생명을 유지하시는 분, 언젠가 모든 족속, 민족, 방언이 함께 예배하게 될 하나님을 향한 신실함의 표지가 되어야 한다.[31]

---

30 Gorman, *Reading Revelation*, p. 134.
31 Drew Hart, *Trouble I've Seen: Changing the Way the Church Views Racism* (Harrisonburg, VA: Herald Press, 2016), p. 100.

환경은 각기 다를 것이다. 그러나 그런 작은 '표지들'은 산산이 조각난 자기 추구의 문화를 향해 하나님의 새 창조가 지닌 아름다움을 널리 알린다.

셋째로, 하늘에 있는 셀 수 없는 무리에 대한 요한의 환상은 **선교하는 교회에 소망을 준다**. 그 환상은 분명 아시아의 주변화되고 핍박받던 교회들에 위로가 되었다. 이 집단의 엄청난 규모뿐 아니라 그들이 모든 족속, 언어, 나라에서 나왔다는 점은 교회들의 상상력을 거의 끊어질 때까지 잡아당길 것이다. 요한의 거대한 다민족 예배자 공동체 그림은 반대자들의 핍박이나 주변 문화로부터의 무관심을 직면한 교회들에 지금도 기운을 불어넣고 격려하는 힘을 지닌다. 그 환상은 외친다. "현재 후퇴하거나 밀린다 하더라도 당신들의 신실한 증언은 마지막에 풍성한 수확을 낳게 **될 것이다**." 동시에 요한의 환상은 우리에게, 전 세계 복음화의 과제를 공유하고 세상의 민족들 안에서와 그들 사이에서, 모든 인간 필요의 수준에서 화해의 실행자로 섬기라는 소명을 전해 준다.

거룩하고 흠 없는

은사이자 소명인 거룩함. 요한계시록에서 열두 번, 하나님의 백성은 **성도**(saints)라 불린다. 문자적으로는 '거룩한 사람들'이라는 뜻이다. 대중적으로 성인(saint)라는 말은 거의 완벽한 테레사 수녀 같은 인물 혹은 어떤 그리스도인들의 기도 대상인 오래전에 죽은 사람을 가리킨다고 인식되므로, 우리는 이 말이 무엇을 의미하는지 물을 필요가 있다. 무엇보다도, '거룩한 사람들'이라는 말은 하나님과 교회의 관계를 표현한다. 옛 이스라엘처럼 교회는 거룩하다. 거룩하신 하나님이 자신을 위해 따로 구별해 두셨기 때문이다(레 22:31-33; 신 7:6; 14:2). 요한에게 **성도**는 특별히 거룩한 개인이나 순교자를 모아 놓은 게 아니다. '성도'는 **우리**, 즉 하나님의 백성 전체다. 우리는 거룩하신 하나님의 거룩함에 참여하기 때문에 거룩하다. 그것이 **바로** 우리다.

이와 동시에, 거룩함은 하나님의 선물일 뿐 아니라 교회가 받은 **소명**이다. 거룩하신 하나님에 의해 구별된 사람들은 반드시 그 거룩함을 그들의 성품과 삶의 모습 속에 반영해야 한다(계 22:11). 그 결과 요한계시록에서 거룩함은 강력한 윤리적 요소를 지닌다.[32] 이를 알려면 성도가 무엇을 입고 있는지를 보는 것만으로도 충분하다. 요한계시록의 옷 은유는 하얀 실처럼 책을 엮으며 전체를 관통한다. 일찍이 그리스도께서는 사데의 신실한 남은 자들이 자신들의 옷을 더럽히지 않고 "흰옷을 입고" 그리스도와 함께 다닐 것이라고 칭찬하신다(계 3:4-5). 요한계시록에서 흰옷은 승리와 순결을 상징한다(계 3:18; 6:11). 이후에 요한은 수많은 하나님 백성의 무리가 "그들의 옷을 씻어 희게 하였"다고 보고한다(계 7:14). 성도가 '세탁'할 때 그들의 옷을 희게 할 수 있는 유일한 세제는 역설적으로 '어린양의 피'다. 여기에 나타난, 그리스도께서 자기를 내어 주시는 죽음으로부터 흘러나오는 복은 온전함과 사랑과 정의의 삶이다. 데이비드 드실바(David deSilva)가 설명하듯, 그들은 "문화의 죄를" 포기하고 "거룩함 안에서 자신을 어린양에게 밀착시켰다."[33] 교회는 어린양의 신부로서 깨끗하고 빛나는 세마포 옷을 입는데, 그것은 하나님의 거룩한 사람들의 **의로운 행위**로 짠 옷이다(계 19:8). 궁극적으로, 깨끗하게 씻은 옷은 새 예루살렘에 들어갈 때 요구되는 드레스 코드가 된다(계 22:14). 성도가 겉에 입은 옷은 그들의 거룩한 성품과 행위를 나타낸다.

거룩한 순결한 자들? 하나님 백성의 거룩함은 요한계시록 14장에서 다른 충격적 이미지로 등장한다. 요한은 구속받은 사람들을 "여자와 더불어 더럽히지 아니하고 순결한 자"(계 14:4)로 그린다. 순결한 자들? **정말로?** 해석

---

32 이 부분의 나머지 내용은 상당 부분 Flemming, "Following the Lamb," pp. 273-275에 기댄 것이다.

33 David A. deSilva, *Honor, Patronage, Kinship and Purity: Unlocking New Testament Culture* (Downers Grove, IL: IVP Academic, 2000), p. 303. 『문화의 키워드로 신약성경 읽기』(새물결플러스).

자들이 이 본문을 두고 힘겹게 씨름해 온 것이 놀라운 일은 아니다. 이 본문은 남성 독신주의를 뒷받침하는 이유에서[34] 여성을 깎아내리는 근거에[35] 이르기까지 여러 가지로 이해되었다. 그러나 이것은 **문자적** 의미로 기술한 게 아니다. 오히려 요한계시록은 구약성경에서 이스라엘의 거룩한 전쟁 이미지를 가져와 사용하는 것 같다. 요한의 요점은 다음과 같아 보인다. "이스라엘의 전사들이 전쟁 기간 동안 성관계를 멀리함으로써 **예전적** 순결을 실천했던 것처럼(신 23:9-10; 삼상 21:5), 교회도 어린양의 적들을 이기기 위해 **도덕적 순결**이 필요하다."[36] 사실 교회는 거룩함에서 훨씬 **더 높은** 표준을 보여 준다. '순결한 자들'로서 그들은 한 번도 더럽혀지지 않았다.[37] 거룩한 군대로서의 교회에 대한 이 그림은 선교적 함의를 지닌다. 앤디 존슨은 올바르게 지적했다. "그들은 많은 대가를 치르는 짐승과의 전투 동안에도 선교적 신실함을 지키며, 선교적 하나님의 구원하고 화해하며 생명을 주는 목적에 능동적으로 참여해 왔다."[38]

구속받은 자들에 관한 요한의 이미지인 '순결한 자들'은 또한 어린양의 순결하고 신실한 신부인 교회의 정체성을 미리 보여 주는 것 같다(계 19:7-8). 더욱이, 그들은 도덕적으로 순결하고 '흠 없으며', 그들의 입에는 거짓과 속임수가 없다(계 14:5). 이세벨(계 2:20), 거짓 사도들(계 2:2; 참조. 계 3:9), 거짓 예언자(계 13:14; 19:20), 음녀 바빌론(계 18:23), 사탄 자신(계 12:9; 2:3, 8, 10) 등

---

34 특히 교부 사이에서 그러했다. 예를 들어 Augustine, *Holy Virginity* 12, 14,26-29 (*ACCS* 12: pp. 219-221); Cyprian, *The Dress of Virgins* 4-5 (ACCS 12: p. 217)를 보라.
35 예를 들어 Tina Pippin, *Death and Desire: The Rhetoric of Gender in the Apocalypse of John* (Louisville, KY: Westminster/John Knox, 1992), pp. 70, 80.
36 Flemming, "Following the Lamb," p. 267; 또한 Bauckham, *Theology*, pp. 77-78; Marianne Meye Thompson, "Reading What Is Written in the Book of Life: Theological Interpretation of the Book of Revelation Today," in Hays and Alkier, ed., *Revelation and the Politics of Apocalyptic Interpretation*, p. 167를 보라.
37 Thompson, "Reading What Is Written," p. 167.
38 Johnson, *Holiness and the* Missio Dei, p. 167.

요한계시록에서 속이는 배역들의 이름을 불러 보면, 교회의 말과 삶이 지닌 온전함은 이보다 더 두드러질 수가 없다. 대조적으로, 하나님의 백성은 그들이 따르는 어린양을 닮아(계 14:4) 거룩하고, 자기를 내어 주는 사랑에 의해 추동된다(계 3:3; 12:11).

선교적 함의. 요한계시록에서는 **교회**와 **거룩함**과 **선교**를 강력하게 서로 접착시킨다. 성품은 중요하다. 오직 어린양의 거룩한 신부로서 우리의 소명을 성취할 때만, 오직 진리를 공개적으로 말하고 살 때만, 오직 십자가에 못 박힌 어린양의 방식을 닮을 때만, 우리는 다가올 더 큰 추수의 '첫 열매'로 살 수 있다. 선교는 우리가 **어떤 존재인가**에서 흘러나온다.

"이러한 '미시오 데이'(*missio Dei*, 하나님의 선교) 이해에서 구별된 성품을 지닌 '백성'의 형성은 매우 중요하기 때문에, 나는 우리가 교회의 거룩함**으로서** 기독교 선교에 관해 이야기해야 한다고 믿는다.…사실 이 부름받아 나온 백성의 존재 자체가 세상을 **향한** 제안이며 세상을 **위한** 하나님의 목적을 세상 **안에서** 미리 맛보게 하는 것이다."[39]

브라이언 스톤(Bryan Stone)

'우리는 무엇을 말하는가'와 '우리는 어떤 존재인가' 사이의 간격은 아마도 세상에서 교회의 증언을 가로막는 가장 커다란 장벽일 것이다. 미디어 헤드라인에 또 어느 성직자가 성 착취 스캔들을 일으켰다거나, 어느 교회

---

[39] Bryan Stone, "Christian Mission as Ecclesial Holiness" (paper presented at the Global Theology Conference, Church of the Nazarene, Guatemala City, Guatemala, April 2002), pp. 1-2.

지도자가 헌금을 유용했다거나, 어느 기독교 단체에서 강압적으로 '문화를 정복하기'위해 재정적·정치적 영향력을 행사했다는 기사가 나올 때마다 마음이 무너진다. 서로 다른 정치적 입장이나 신학 전통에 선 그리스도인들이 소셜 미디어에 나와 서로를 헐뜯을 때면 내 영혼은 고통을 느낀다. 오늘날 선교하는 교회에 가장 필요한 것은 세상에 **다가가는** 더 나은 전략이 아니라, 세상 **앞**에 보여 줄 더 나은 성품과 행위다. 그들은 십자가를 닮은 우리의 사랑을 보고 우리가 어린양을 따르는 이들임을 알 것이다.

결론

우리는 요한계시록의 선교를 말할 때 교회에 대해 언급하지 않을 수 없다. 선교는 하나님의 것이다. 그러나 이 선교하시는 하나님은 그분의 구원 목적을 대체로 하나님이 세상에서 행하실 새 창조의 강단(pulpit)이며 양식(pattern)이 될 한 백성을 통해 성취하기로 선택하셨다.[40] 요한계시록은 하나님의 백성 이미지를 둘로 나눈 하나의 스크린에 투사하는데, 그것은 우리가 어떤 존재**이며** 또 장차 어떤 존재가 **될 것인지**를 보여 준다. 한편으로, 우리는 아시아의 일곱 교회를 향한 그리스도의 메시지 안에서 자신을 발견한다. **우리**는 고난받는, 종종 타협하는 회중이며 다양한 상황 속에 심겨 있다. **우리**는 교회다. 즉, 세상에 생명을 준다는 하나님의 목적에 사로잡히기 원한다면 회개하고 변혁되어야 하는 존재다.

다른 한편으로, **우리**는 모든 족속과 방언에서 나와서 하나님과 어린양을 예배하기 위해 연합한 이들의 공동체다. **우리**는 구속받은 하나님의 백성

---

[40] John Howard Yoder, *For the Nations: Essays Public and Evangelical* (Grand Rapids, MI: Eerdmans, 1997), p. 41를 보라.

으로서 세상을 향해 하나님을 대표하고 모든 창조 세계를 돌보시는 하나님의 사랑을 전달한다. **우리**는 온전함과 거룩함의 공동체이며 자기를 내어 주는 어린양의 선교 안에서 그를 따른다.

그러나 우리가 **그러한가**? 그것은 그저 '우리가 모두 천국에 갔을 때', 성도가 단번에 영원히 죄와 고난과 이 세상 권세의 약탈에서 풀려났을 때의 모습이 아닌가? 셰익스피어의 햄릿이 남긴 유명한 말처럼, "아, 거기에 문제가 있다." 그렇다. 요한계시록에서 승리한 교회에 관한 그림들은 다가올 새 창조에서 우리가 어떤 존재가 **될 것인지**에 관한 환상을 우주적 스크린에 투사한다. 그렇다. 우리는 그 환상과 현재 교회의 세상 속 행위 사이의 간극 때문에 애통할 수밖에 없다. 그러나 요한계시록은 우리에게, 성경의 다른 어느 곳보다도 더 분명하게, 우리가 **지금 여기서** 어떤 존재가 되어야 하는지에 관한 그림을 준다. 그것은 우리의 미래 목표이며 또한 현재의 소명이다. 요한은 이 환상이 우리의 존재와 살아가는 방식을 변혁시킬 때까지 이 교회에 관한 환상에 기대라고 우리를 초대한다. 요한계시록은 성령의 능력으로 교회에 에너지를 불어넣는다. 우리 세계의 어두운 장소들 한가운데서 우리가 미래를 미리 맛보는 존재가 **되도록**.

5장

증언으로서의 선교

> 우리 형제들이 어린양의 피와 자기들이 증언하는 말씀으로써 [사탄을] 이겼으니, 그들은 죽기까지 자기들의 생명을 아끼지 아니하였도다.
>
> 요한계시록 12:11

10대 시절, 나는 그리스도를 위한 **증언**이 무엇을 의미하는지 명확히 알고 있었다. 증언이란 불신자에게 복음을 **말하는** 것이었다. 되도록 짧고 인상적인 말로 잘 포장할수록 좋다. 나는 다양한 워크숍과 훈련 프로그램에 참여했는데, 강의를 들은 후에는 시내 공원이나 쇼핑몰이나 해변에 파송되어 전혀 모르는 사람들을 향해 증언했다. 빳빳한 전도 책자로 무장한 우리의 목표는 준비한 복음 제시에 귀를 기울이게 하고 '결과는 하나님께 맡기는' 것이었다. 타고난 내향인으로서 낯선 사람에게 말 거는 것이 힘들었던 나에게는 이 모든 일이 **겁에 질리게** 하는 경험이었다. 오해하지 마라. 하나님이 이런 방식의 접근법을 사용하실 수 없거나 사용하시지 **않았다고** 말하는 게 아니다. 이런 방법을 사용하셨으리라 믿는다. 그러나 그 모두를 위한 단 하나의 전략은 또한 사람들을 신앙에서 **돌아서도록** 만들 잠재적 가능성도 지닌다. 그리고 그것은 확실히, 증인이 **된다는 것**의 의미에 대한 성경의 풍성한 이해를 공정하게 다루지 않았다(행 1:8).

더 최근에 나는 그리스도인의 증언에 관하여 성경에서 가장 중요하고 가장 도전적인 그림이 모든 곳 가운데서도 요한계시록 안에 있음을 발견했다. 사실 요한계시록에서 신실한 증언은 **교회의 근본 소명**의 일부다. 그것은 요한계시록 메시지의 중심이자, 그리스도인 공동체들이 하나님의 선교에 참여하도록 에너지를 공급하고자 요한이 지닌 목적의 핵심이다. 이번 장에서 우리는 먼저 최고의 신실한 증인이신 예수님을 살펴볼 것이다. 그다음에는 하나님과 어린양에 대한 교회의 증언이 지닌 다양한 차원을 탐구할 것이다. 마지막으로는, 요한의 신실한 증인 그림을 제시하는 주요 본문에 초점을 맞출 것이다. 바로 요한계시록 11장에 나오는 두 증인 이야기다.

'그' 신실한 증인

요한계시록에서 교회의 증언은 예수님 자신의 증거에 견고하게 닻을 내리고 있다. 아시아 교회들을 향한 첫인사에서 요한은 예수 그리스도를 "충성된 증인"(계 1:5)으로 기술한다. 이후에 높이 들리신 그리스도는 "충성되고 참된 증인"(계 3:14; 참조. 계 19:11)으로서 라오디게아 교회를 향해 말씀하신다. 그 교회는 신실함과 진리가 **모두** 부족했던 교회였다! 예수님을 "충성되고 참된 증인"이라고 부른 것은 무슨 의미를 지니는가?

첫째로, 그것은 그리스도께서 **말씀하시는** 것은 완전히 신뢰할 수 있다는 사실과 관련이 있다. 요한계시록에서 증인 개념은 하나님의 말씀과 밀접히 연결되며(계 1:2, 9; 6:9), 하나님 스스로 자신의 말씀이 신실하고 참되다고 맹세하신다(계 21:5; 참조. 계 22:6). 그리고 예수님의 신실한 증거에는 분명히 지상 생애 중 하나님의 진리에 대해 증언하신 것이 포함될 것이다. 그러나 예수님은 계속 살아 계신 주님으로서 증언하신다. 그분은 요한계시록 거의 끝부분에서 "나 예수는 교회들을 위하여 내 사자를 보내어 이것들을 너희에게 **증언하게 하였노라**"(계 22:16, 강조 추가)라고 말씀하신다. 이 역할을 확증이라도 하듯, 교회를 향한 예수님의 마지막 말씀은 크게 울려 퍼진다. "이것들을 증언하신 이가 이르시되 '내가 진실로 속히 오리라'"(계 22:20). 어떤 의미에서는 요한계시록 전체가 높이 들리신 예수님이 자신에 관해 하시는 증언이자, 세상을 위한 하나님의 구속하는 선교의 진실에 관해 하시는 증언이다.[1] 그리스도는 **바로 그** 신실하고 참된 증인이며 모든 세대에서 교회의 증언을 위한 근원이며 모델이시다.

이것을 실제로 적용해 보면, 믿을 만하고 **참된** 메시지를 교회가 증언한다고 주장하는 것은 오늘날 세계에서는 상당히 대담해 보인다. 전 세계의 수많은 상황에서 거짓 가르침이 교회의 진정한 증언을 계속 뒤집어엎고 있다. 종종 거짓 가르침은 최소의 대가로 최대의 축복을 얻을 수 있다고 말하는 희석된 복음의 모양으로 나타난다. 서구에서는 포스트모던 관점들이 진리를 개인 선호의 문제로 축소해 버린다. 진리는, 그 자체로 우상이 될 수 있는 '관용'이라는 제단에 제물로 바쳐졌다. 더 나아가, 영향력 있는 사람들과 뉴스는 자주 그 자체의 '진리'를 만들어 낸다. 단순히 소셜 미디어에 올리거나 자주 혹은 충분히 큰 소리로 말하는 것만으로도 가능하다. 이와 대조적으로, 요한계시록에서는 온 세상을 위한 하나의 참된 이야기를 들려준다고 주장한다. 그 진리에 대한 증언은 모든 것을 포용하는 비전, 곧 우주의 역사를 통치하시는 하나님과, 모든 사람을 자신에게 오도록 구속하셨고 다시 와서 심판과 회복을 이루실 죽임당하고 승리하신 어린양의 비전에 닻을 내리고 있다. 세상 속 교회의 증언은 반드시 하나님과 그리스도에 관하여 기반이 되는 진리에서 흘러나와야 한다.

그러나 그리스도의 신실한 증거는 **말**에 제한될 수 없다. 예수님은 또한

---

1   Richard B. Hays, "Faithful Witness, Alpha and Omega: The Identity of Jesus in the Apocalypse of John," in *Revelation and the Politics of Apocalyptic Interpretation*, ed. Richard B. Hays and Stefan Alkier (Waco, TX: Baylor University Press, 2012), p. 78를 보라.

그분의 지상의 삶과 죽음 안에서 그 증언을 **체현하셨다**. 그분의 말씀과 행위에 의한 일관된 증거는 그분을 고난의 길로, 궁극적으로는 십자가 위의 죽음으로 이끌었다. 요한계시록 1:5에서 요한은 예수님을 신실한 증인일 뿐 아니라 "죽은 자들 가운데에서 먼저 나"신 분으로 그린다. 이는 분명히 예수님이 자신의 증언에 신실하기 위해 생명을 값으로 치르셨음을 암시한다. 그렇다면 예수님의 참된 증거는 죽임당한 어린양의 상처를 지닌다. 높이 들린 주님이신 그리스도께서 교회에 예언자적 증언을 할 때조차도, 그분은 **십자가에 못 박히신 분**으로서, "죽었다가 살아나신 이"(계 2:8)로서 그 일을 하신다. 예수님은 세상을 향해 '보여 주며 들려주는' 증거, 말로 하면서도 체현된 증언을 주셨다.

말씀과 삶의 증언

예수님의 말씀과 삶의 증언은 교회가 세상에서 어떻게 증언해야 할지에 대한 본이 된다. 우선, 하나님의 백성은 하나님의 진리를 **말로** 증언하도록 부름받았다. 요한계시록에서는 증언을 "하나님의 말씀"을 선포하는 것(계 1:2, 9; 6:9; 20:4; 참조. 계 12:11)이나 예언하는 것(계 10:11; 11:3)과 밀접하게 관련짓는다. 그와 동시에, 어린양을 따르는 이들은 부분적으로 하나님의 계명을 지킴으로써 그들의 증언을 **살아 낸다**(계 12:17).

무엇보다도, 그리스도인들은 "예수의 증언"(계 12:17; 19:10; 참조. 계 1:2, 9)을 굳게 붙잡는다. 이 표현은 요한계시록 전체에서 가장 흥미롭고도 모호한 어구 중 하나다. 해석자 사이에서는 이 어구의 의미를 두고 활발한 논쟁이 일어난다. 이 말은 예수님에 **관한** 교회의 증언, 즉 복음의 선포를 말하는가? 아니면 일차적으로 진리에 대한 예수님 **자신의** 증거와 관련한 것인가? 둘 중 하나를 결정하려는 시도는, 건강한 삶에 필요한 것으로 좋은 식단과 규

칙적 운동 **중 하나를** 선택하려는 것과 비슷하다. 분명히 **둘 다** 중요하다. 무엇보다도, "예수의 증언"을 나타내는 일은 우리에게 예수님에 관해 예언자적으로 증언하기를 요구한다. 우리는 이런 뉘앙스를 천사가 요한에게 확신을 주며 하는 말 안에서 발견한다. "예수의 증언은 예언의 영이라"(계 19:10). 그러나 풍부한 의미를 함축한 이 어구는 또한 예수님 **자신의** 증언, 즉 교회를 향한 그분의 예언자적 증언과 타인을 위해 생명을 쏟아부으신 체현된 증언 둘 모두를 포용하는 것과도 관련이 있다. 결과적으로, 하나님의 백성은 "어린양이 어디로 인도하든지 따라가는"(계 14:4) 자들이다. 그것이 고난과 자기를 내어 주는 사랑으로 이끄는 길이라 할지라도. 그들의 주님처럼 교회는 예언자적 말로써 또한 생명을 쏟아부음으로써 증언한다.

증언과 고난

요한계시록에서, 교회의 신실한 증언에는 필연적으로 고난이 따른다. 요한은 상처 입은 어린양의 표지를 지닌 값비싼 증언을 행했던 이들의 사례를 열거한다. 그 목록에 버가모에서 순교한 신자 안디바가 있다. 그리스도는 타협하는 버가모 교회에 보낸 메시지에서 안디바를 "나의 증인, 나의 신실한 자, 너희들 가운데서 죽임당한 자"(계 2:13, 저자 번역)라고 부른다. 요한은 또한 하늘에 있는 신실한 자들, "하나님의 말씀과 그들이 가진 증거로 말미암아 죽임을 당한"(계 6:9) 자들에게 조명을 비춘다. 이 핍박받은 그리스도인들은 예수님과 친밀하게 결합해 있다. 그들이 따르는 어린양처럼 그들은 "죽임을 당했"고, 그들의 장소가 "제단 아래"인 것은 그들도 피를 쏟은 희생 제물들임을 나타낸다(계 6:9; 참조. 계 5:9). 그다음 우리는 로마와 하나님을 대적하는 지상 권력들을 상징하는 큰 음녀 바빌론이 "예수의 증인들의 피에 취한"(계 17:6) 것을 본다. 마지막으로, 그리스도께서 사탄을 무찌르신 것을 기술하면서 요한은 승리한 순교자들, 곧 "예수를 증언함과 하나님의 말씀 때문에 목 베임을 당한 자들"(계 20:4)의 환상을 본다. 요한계시록에서 '증인'(헬라어로 *martys*)이라는 말이 반드시 순교를 함의하지는 않지만, 요한은 자기 생명을 다른 이들을 대신해 내려놓으셨던 신실한 증인 예수님처럼 하나님의 백성도 **기꺼이** 목숨을 내려놓아야 한다는 점에 대해 의심의 여지를 두지 않는다.

> "너는 장차 받을 고난을 두려워하지 말라."
> 요한계시록 2:10

요한계시록의 처음 독자들에게 그런 그림들은 단순히 이론의 문제가 아니다. 그들에게 우상숭배와 제국의 거짓 이야기에 저항하는 것은 값비싼 대가를 치러야 하는 일이다. 아마도 그들의 사회적 지위, 직업, 안전, 심지어 목숨까지도 내놓아야 했을 것이다. 리처드 헤이스가 현명하게 지적하길, "예수의 증언"을 포용하는 것은 "공개적으로 예수님이 주님이라고 예언자적으로 선언하는 반문화적 저항 행위이며, 핍박뿐 아니라 궁극적으로는 순교까지도 초래할 수 있는 저항 행위다."[2] 요한의 독자들에게 그리스도이신 죽임 당한 어린양에 관한 메시지는 그 메시지를 삶으로 "설교하는" 것, 곧 십자가에 의해 빚어지는 삶과 결합된다. 그러나 이 말과 삶의 증언을 통해 하나님의 증인들은 사탄과 악을 이긴 어린양의 승리를 공유한다. "우리 형제들이 어린양의 피와 자기들이 증언하는 말씀으로써 그[사탄]를 이겼으니, 그들은

---

2 Hays, "Faithful Witness," p. 78.

그림 5.1. 20세기 순교자들의 상, 런던 웨스트민스터 사원의 서쪽 벽

죽기까지 자기들의 생명을 아끼지 아니하였도다"(계 12:11).

그리스도를 대신하여 고난받은 사람들의 명단에는 요한 자신의 이름도 새겨져 있다. 출발 게이트를 벗어나자마자 요한은 자신을 "하나님의 말씀과 예수 그리스도의 증거, 곧 자기가 본 것을 다 증언"한 자(계 1:2)라고 밝힌다. 그리고 나서 그는 직접적으로 그의 청중을 향해 사실상 이렇게 말한다. "나 요한은 여러분의 형제요, 예수님 안에서 우리의 고난을 함께 겪는 여러분의 파트너입니다. 나는 하나님의 말씀과 예수의 증언 때문에 밧모라는 험한 바위섬에 유배되어 있습니다"(계 1:9, 저자 번역). 요한의 개인적 경험으로 보나 그의 예언자적 전망으로 보나, 신실한 증언은 반발과 고난의 불씨를 일으킨다. 물론, 요한은 고난 **없이** 복음을 진정으로 증언하는 교회를 거의 상상할 수 없었을 것이다. 케냐 출신의 신학자인 엘라이어스 기투카(Elias M. Githuka)는 사려 깊은 성찰을 통해 요한의 관점을 잘 포착했다. "핍박은 그리스도인의 신앙 여정에서 피할 수 없는 부분이다."[3]

오늘날에도 별로 다르지 않다. 전 세계에서 그리스도인들이 복음에 우호적이지 않은 환경에서 예수님의 주되심을 선포하고 체현하면서 전갈 독침 같은 고난을 계속 경험하고 있다. 그런 곳에서 그리스도를 위한 증언은 어떤 모습인가? 어떤 이들에게 그것은 여전히 순교를 의미한다. 수천 명의 이름 없는 그리스도인들이 매년 계속해서 "죽기까지 자기들의 생명을 아끼지" 않기를(계 12:11) 선택하며 궁극적 대가를 지불하고 있다.[4] 다른 신실한 증인들도 고난당하고 있다. 중동, 아시아, 구소련 지역에서 동료 신자들을 만나면서 나는 값비싼 대가를 치르는 증언이 무엇인지 이해했고, 겸허한 마음을 품게 되었다. 그들은 첫 사도들처럼 "그 이름을 위하여 능욕받는 일에 합당한 자로 여기심을 기뻐"했다(행 5:41).

나는 신실한 중국인 그리스도인들과 두 차례 만난 일을 잊을 수 없다. 그들은 1960년대와 1970년대 억압적이었던 '문화 혁명' 기간에 심한 핍박을 받았다. 내가 만난 어느 겸손한 그리스도인 의사는 예수님의 이름을 믿는다는 이유로 당국자들에게 체포되어 강제로 고깔모자를 쓰고 무릎을 꿇은 채로 반복해서 몸을 구타당했다. 그에게 모욕을 주고 상처를 입히려는 이 시도는 오히려 그가 죽임당한 어린양의 고난과 수치를 자신과 동일시할 수 있는 기회가 되었다. 또 다른 때에 어느 나이 든 중국인 목사는 나에게, 그리스도보다 국가에 우선 충성하겠다는 맹세를 거부한다는 이유로 강제 노

---

[3] Elias M. Githuka, "Persecution," in *Africa Bible Commentary*, ed. Tokunboh Adeyemo (Grand Rapids, MI: Zondervan, 2006), p. 1564.
[4] 세계적으로 얼마나 많은 그리스도인이 매년 순교를 당하는지 추산하는 일은 순교를 어떻게 정의하느냐에 따라 크게 달라진다. 낮은 쪽으로 보면, 오픈도어(Open Doors)의 "월드와치리스트 2021"(World Watch List 2021)에서는 2020년에 11월까지 그리스도인 4,761명이 순교당했다고 보고한다(2024년도 리스트에서는 그 인원이 4,998명이라고 보고한다. https://www.opendoors.org/en-US/persecution/countries/. 2024년 2월 5일 최종 접속—편집자).

동 수용소에 22년간 감금되었던 이야기를 들려주었다. 그 기간 동안 그는 혹독한 추위와 몸을 부서뜨리는 노동과 빈약한 음식을 견뎌야 했다. 성경도 없었고 그리스도인과의 친교도 없었고 집에 있는 부인과 자녀들과도 거의 만날 수 없었다. 이후에도 그는 추가로 10년 이상의 가택 연금을 견뎌야 했다. 그러나 이 경험은 그를 깨뜨리지 못했고 오히려 그를 그리스도께 더 가까이 가도록 만들었다. 의연한 모습으로 자기 주님을 위해, 주님과 함께 고난받는 특권에 관해 증언할 때 그의 얼굴이 빛을 발했다.

그러나 그리스도를 증언하는 것으로 인한 그런 직접적인 핍박과 고난을 경험하고 있지 않은 우리는 어떻게 해야 하는가? 우리는 요한계시록에서 강조하는 바인 고난받으며 행하는 증언을 어떻게 읽어야 하는가? 이것은 너무 큰 질문이라서 이 맥락에서 충분히 다루기는 어렵다. 그러나 두 가지 생각해 볼 점을 제시하겠다.[5]

첫째로, 우리는 짐승 같은 권력들의 손에 공공연히 핍박을 받지 않더라도, 그런 일을 겪는 사람들과 연대하도록 부름받는다. 우리도 요한처럼, 핍박받는 그리스도인들을 향해 우리가 당신들과 함께 "예수님 안에서 우리에게 주어진 고난과 나라와 오래 참는 인내에"(계 1:9, NIV) 참여한다고 말해 줄 수 있다. 최소한 이는 우리가 동원할 수 있는 수단인 기도와 실질적 지원 제공을 수반할 것이다.

둘째로, 우리가 예수님의 가르침은 물론 권력, 부, 시민 종교에 대해 요한계시록에서 제시하는 관점을 더 진지하게 받아들인다면, 우리는 아마도 우리의 문화로부터 지금보다 더 많은 반발을 경험할 것이다. 스티븐 파울 (Stephen Fowl)은 정곡을 찌른다. "문제는…미국 또는 다른 곳의 그리스도인

5　Dean Flemming, *Philippians: A Commentary in the Wesleyan Tradition* (Kansas City, MO: Beacon Hill, 2009), pp. 92-94를 보라.

들이 말과 행위를 통해, 삼위일체 하나님에 대해 무관심하거나 적대적인 권력들의 반발을 일으킬 정도로 충분히 충실하게 믿음에 관해 증언하는가이다."⁶ 너무도 자주, 서구 교회는 우리 시대의 우상숭배에 저항하고 타협을 거부하는 예언자적 증언보다는 두아디라식 적응이나 라오디게아식 자기만족에 안주한다.

여기까지 우리의 논의는 반발과 고난을 촉발하는 증언이 **예언자적** 증언임을 명확히 했다. 그것이 무엇을 의미하는지 더 풀어 보자.

예언자적 증언

19장에서 요한이 천사에게 경배하려고 하는 실수를 했을 때, 그 거룩한 사자는 요한에게 그들이 신실한 증인 예수를 증언할 같은 임무를 맡은 "네 형제들과 같이 된 종"임을 일깨워 준다. 천사는 더 나아가 "예수의 증언은 예언의 영"(계 19:10)임을 명확히 한다. 비록 헬라어에서 "예언의 영(*pneuma*)"이라는 말이 조금 모호하기는 하지만, 여기서는 아마도 교회의 예언자적 증언이 성령에 의해 영감과 활력을 얻음을 강조하는 것 같다. 예수의 증언과 예언의 영 사이의 이 긴밀한 연결이 놀라운 것은 아니다. 우리는 이미 2장과 3장에서 아시아의 일곱 회중을 향한 예수님의 메시지가 또한 "성령이 교회들에게 하시는 말씀"(계 2:7; 참조. 계 14:13; 22:16-17)임을 보았다. 그리고 그리스도의 말씀을 교회들을 향해 하시는 동일한 성령께서는, 세상에서 예수님에 대한 예언자적 증언을 행할 능력을 교회에 주신다. 하나님의 백성이 예수님에 **관한** 증언과 예수님 **자신의** 어린양을 닮은 증거를 살아 내는 두 가지 의미 모두에서 "예수의 증언"에 참여할 때, 그 증언은 "예언의 영에 의해 연료

---

6 Stephen E. Fowl, *Philippians* (Grand Rapids, MI: Eerdmans, 2005), p. 71.

가 공급될 것이다."⁷

이 책 서론에서는 요한계시록의 '예언'이 미래를 **미리 말하는 것**이라기보다는 하나님 말씀의 **선포**에 가깝다고 지적했다. 물론 요한은 요한계시록 자체를 성령에 의해 영감된 예언으로 간주한다(계 1:3; 22:7, 10, 18-19). 예언자로서 요한은 하나님이 교회를 향해 말씀하시는 통로인 특정한 그리스도인 예언자 그룹에 속한다(계 11:18; 16:6; 18:20, 24; 22:6, 9). 그러나 또한 그는, 유진 보링의 표현처럼 "모든 신자의 예언자 됨"⁸을 믿는다. 요한은 세 번에 걸쳐, 전체 교회를 상징하는 두 증인이 예언자적 증언을 실행하는 모습을 제시한다(계 11:3, 6, 10). 모든 그리스도인이 좁은 의미의 예언자는 아닐 것이다. 그러나 예수를 따르는 모든 사람은 세상 속에서 교회가 행할 예언자적 증언에 참여하도록 부름받는다.⁹

하나님 백성의 예언자적 증언은 요한계시록 10장과 11장에서 가장 밝은 빛을 발한다. 10장 거의 마지막 부분에서 한 천사가 요한에게 펴 놓은 두루마리를 먹으라고 말한다(계 10:8-9). 이것은 아마도 5장에서 하나님이 예수님에게 주셨던, 모든 창조 세계를 향한 하나님의 전반적 목적을 담은 그 두루마리인 것 같다. 그 두루마리를 소화하여 내면화함으로써 요한은 자신의 예언자적 사역에서 그 메시지에 관해 증언할 수 있다(계 10:11). 이어지는 환상들(계 11:1-13)은 두루마리의 메시지, 곧 민족들을 회개하게 하시려는 하나님의 의도와 관련해 **어린양을 따르는 이들**의 역할이 무엇인지를 드러낸다.

천사가 약속한 대로 그 두루마리는 요한의 입에는 달지만 그의 배에는

---

7   John Christopher Thomas and Frank D. Macchia, *Revelation* (Grand Rapids, MI: Eerdmans, 2016), p. 337.
8   M. Eugene Boring, *Hearing John's Voice: Insights for Teaching and Preaching* (Grand Rapids, MI: Eerdmans, 2019), p. 142.
9   Richard Bauckham, *The Theology of the Book of Revelation* (Cambridge: Cambridge University Press, 1993), p. 120.

쓰다(계 10:9-10). 선견자(the Seer)와 그의 청중에게 이 달고 쓴 두루마리는 두 가지 수준에서 작용한다. 첫째로, 요한의 **메시지**는 달다. 죽임당한 어린양의 희생과 어린양을 따르는 이들의 희생적 선교를 통해 이루어지는 하나님의 구원과 승리를 선언하기 때문이다. 동시에 그 메시지는 요한의 배를 아프게 한다. 그 또한 회개하고 하나님 예배하기를 거부하는 이들을 향한 심판의 메시지였기 때문이다. 둘째로, 요한과 그의 청중에게, 신실하게 증언한다는 **과제**는 쓰고도 단 일이었다. 그 일이 쓴 것은 그들에게 죽임당한 어린양과 연대하여 고난받고 때로 죽음까지도 감당하도록 요구하기 때문이다(계 11:7-10을 보라). 그러나 그 일은 달기도 한데, 마지막에 하나님이 신실한 자들의 옳음을 인정하실 것이기 때문이다(계 11:11-12을 보라).

10장은 선교로의 부름과 함께 마친다. 요한은 "많은 백성과 나라와 방언과 임금에게(또는 '-에 관해', *epi*)"(계 10:11) 예언하라는 사명을 부여받는다. 보컴이 제시한 관점에 따르면, "요한은 민족들을 **향해** 예언하라는 명령을 받는데, 이는 그의 예언자적 역할이 교회의 민족들을 향한 예언자적 증언의 패러다임이 되게 하기 위해서다. 또는, 그는 민족들에 **관해** 예언하라는 명령을 받는데, 교회를 향한 예언을 통해 교회가 민족들을 향해 예언할 수 있도록 하기 위해서다."[10] 이 사명은 단순히 반역하는 민족들을 향해 하나님의 심판을 경고하는 것을 넘어선다. 요한과 그와 함께한 교회는(계 11:3을 보라) 어린양에 관해 신실하게 증언함으로써 "모든 민족과 종족과 방언과 백성"이 와서 경배하고 하나님께 영광을 돌리게 하라는 부름을 받는다(계 14:6-7).

---

10 Bauckham, *Theology*, p. 120.

두 증인

요한계시록 11:1-13에서는 지금까지 암시만 되던 것이 명시적으로 나타난다. 즉, 예언자적 증언이라는 과업이 **모든 교회**에 적용되는 것이다. 요한계시록의 중심부에 놓인 이 핵심 본문은 열린 두루마리의 놀라운 메시지를 드러낸다. 민족들이 와서 회개할 것인데, 그것은 하나님의 심판 경고 때문이 아니라, 하나님의 증인들인 교회의 삶 속에서 공개적으로 선언되고 체현된, 어린양의 사랑하는 희생을 통해 이루어진다.

성전 측량

환상이 시작되면서 요한은 "일어나서 하나님의 성전과 제단과 그 안에서 경배하는 자들을 측량하"(계 11:1)라는 명령을 듣는다. 여기서 '성전' 또는 '성소'는 "신실하고 거룩한 하나님 백성을 일컫는 상징"(계 3:12; 고전 3:16-17; 고후 6:16; 엡 2:21; 벧전 2:5을 보라)으로 기능한다.[11] 예루살렘 성전 안쪽 뜰에는 제사장의 뜰과 제단이 포함되며, 그곳에서 이스라엘의 제사장들이 백성을 대신해 제사를 드렸다. 그러므로 이 성전/성소는 제사장 공동체인 교회를 나타내는데(계 1:6; 5:10), 그들은 하나님을 섬기고 세상을 위한 중개자가 되도록 구속받은 사람들이다.[12] 대조적으로, 바깥쪽 뜰로 상징되는 나라들은 거룩한 성(이것도 하나님의 신실한 공동체의 상징이다. 계 11:2)을 짓밟는다. 비록 하나님의 백성은 그들의 신실한 증언의 결과로 믿지 않는 세상의 적대감에 직면하지만, 시험받는 동안 하나님이 그들을 보존하실 것이며 마지막에 그들의 옳음을 드러내시리라 확신한다.

---

11   Andy Johnson, *Holiness and the Missio Dei* (Eugene, OR: Cascade, 2016), p. 163.
12   Johnson, *Holiness and the Missio Dei*, p. 163.

참된 증인을 따름

3절에서는 "두 증인"이 무대에 등장한다. 과거와 현재의 해석자들은 이 두 증인의 정체를 명확히 규명하기 위해 갑론을박을 벌여 왔다. 후보는 에녹과 엘리야(둘 다 죽음을 맛보지 않기 때문이다. 계 11:11-12를 보라)부터 복음서 저자 마태와 요한, 감리교의 창시자 웨슬리와 윗필드(Whitefield), 구약성경과 신약성경에 이르기까지 다양하다.[13] 더 최근에는, 이 두 증인이 초자연적 TV 드라마 〈슬리피 할로우〉(Sleepy Hollow) 속 영웅인 이카보드 크레인과 애비 밀스 경위의 역할에 투영된다. 그러나 요한계시록 문맥에서 두 증인은 비우호적 세상에서 전체 그리스도인 공동체가 행하는 예언자적 증언을 상징한다. 다시 말해, **선교하는 교회**다. 그 두 증인을 "두 촛대"(계 11:4)라고 부르는 점은 주목할 만하다. 요한은 이미 촛대를 교회와 동일시했다(계 1:12, 20).

요한계시록 11:3-13의 두 증인 이야기는 여러 구약성경 본문의 콜라주를 떠올리게 한다. 특히, 감람나무와 촛대 이미지(계 11:4)는 스가랴 4장을 가리킨다. 그곳에서 대제사장 여호수아와 기름부음받은 왕 스룹바벨은 금 등잔대(촛대) 곁에 선 두 감람나무로 그려진다. 그러므로 요한계시록의 감람나무와 등잔대 이미지는 "나라와 제사장들"로서 역할을 하는 증언하는 교회를 상징하는 것 같다. 그들은 세상에서 하나님의 임재를 중개하여 전달한다(계 5:9; 참조. 계 1:6). 교회의 선교에 대해 말해 주는 다른 요소도 있다. 스가랴 4장에서 등잔대 위의 등잔은 하나님의 백성이 성전 건축을 마칠 수 있도록 능력을 주시는 하나님의 영을 나타낸다. "만군의 여호와께서 말씀하시되, 이는 힘으로 되지 아니하며 능력으로 되지 아니하고 오직 나의 영으로 되느니라"(슥 4:6; 계 4:5; 5:6). 요한계시록에서 교회는 땅 위에 있는 하나님의

---

[13] Judith Kovacs and Christopher Rowland, *Revelation: The Apocalypse of Jesus Christ* (Malden, MA: Blackwell, 2004), pp. 126-130를 보라.

새로운 성전이며 성령으로부터 능력을 공급받아 반대에 직면할 때에도 신실한 증언을 수행한다.[14] 빛을 내는 등잔으로서 하나님의 백성은 하나님의 빛을 민족들에게 전하는 그들의 소명을 성취할 것이다(사 42:6; 49:6; 참조. 마 5:14). 마지막으로 요한계시록 11:4에서 하나님의 증인들은 "이 땅의 주 앞에 서 있"다(슥 4:14의 암시). 이것은 증인들의 행위가 곧 하나님의 행위일 뿐 아니라, 세상을 향한 교회의 선교를 하나님과 그리스도의 주되심과 분리할 수 없음을 보여 준다.[15] 그러므로 요한은 두 증인을, 모든 민족을 향한 그들의 예언자적인, 성령의 능력을 받은 증언을 강조하는 방식으로 그린다.

두 증인의 이야기는 스가랴 4장과 연결될 뿐 아니라 모세와 엘리야의 예언자 사역을 떠올리게 한다. 하늘을 막아 비를 내리지 못하게 하고, 물을 피로 바꾸고, 여러 가지 재앙으로 땅을 치는 등(계 11:5-6), 둘 모두 능력 있는 행위를 함으로써 이교도의 우상숭배와 맞섰다. 예언자에게 주어지는 성령의 기름부음은 교회의 능력 있는 증언 안에 현존한다.

무엇보다도, 요한은 곁길로 나와서 두 증인의 영웅담을 예수님의 이야기 위에 겹쳐 놓는다. 조지프 맨지너가 말하듯, 이 드라마는 세 장면으로 펼쳐진다.[16] 첫째로, 초기 사역 당시의 예수님처럼, 두 증인도 기적을 행하는 능력과 예언자적 증언을 행하는 비범한 권위를 보여 준다(계 11:4-6).[17] 그들

---

14 G. K. Beale, *The Book of Revelation: A Commentary on the Greek Text* (Grand Rapids, MI: Eerdmans, 1999), pp. 576-577. 요한계시록에서 하나님의 보좌 앞에서 타고 있는 일곱 등잔을 하나님의 영의 상징인 "하나님의 일곱 영"(계 4:5)이라고 말하는 것에 주목하라. 이후에 일곱 영은, 세상 속 하나님의 활동적 임재와 능력으로서 "온 땅에 보내심을 받"는다(계 5:6). 그러므로 요한은 교회, 하나님의 영, 교회가 세상 속에서 행하는 예언자적 증언을 밀접하게 연결한다. Bauckham, *Theology*, pp. 111-115.

15 Bauckham, *Theology*, p. 113.

16 Joseph L. Mangina, *Revelation* (Grand Rapids, MI: Brazos, 2010), pp. 137-139. 이어지는 문단은 Dean Flemming, "Revelation and the *Missio Dei*: Toward a Missional Reading of the Apocalypse," *Journal of Theological Interpretation* 6 (2012): p. 173에서 많은 부분 가져왔다.

17 Mangina, *Revelation*, p. 138.

의 입에서 나오는 사르는 불은 하나님의 말씀을 나타내는데(계 11:5; 참조. 렘 5:14), 그리스도의 입에서 나와 적을 이기는 말씀의 칼을 떠올리게 한다(계 19:13, 15; 참조. 계 1:16; 2:16; 19:21). 이것은 문자적 의미의 사르는 불이 아니고 교회의 강력한 증언을 나타내는 상징이며, 그 증언의 불을 끄려고 시도하는 자들을 이기고 고발하는 불이다. 그러므로 그 두 증인은 지상 사역 당시의 예수님을 닮았다. "예수님은 적들과 맞서면서 유례없는 성공을 거두셨다.… 그리고 해방하는, 권위 있는 설교의 능력으로 널리 환영받으셨다."[18]

두 번째 장면(계 11:7-10)은 운명의 극적 반전이 일어나리라는 신호를 보낸다. 예수님이 모욕을 받고 적들의 손에 죽임당하셨던 것처럼, 하나님의 증인들도 짐승에게 죽임당하고 짐승의 추종자들에게 모욕을 받는다. 이 모든 일은 "그들의 주께서 십자가에 못 박히신"(계 11:8) 바로 그 도시에서 일어난다. 골고다 언덕에서처럼, 다시 한번 짐승의 권력들이 승리하는 것처럼 보인다. 두 증인의 이야기는 어린양의 이야기처럼 아래로 향하는 경로를 취한다.

그러나 또 다른 플롯 전환이 기다리고 있다. 환상은 11-13절에서 흥분하게 하는 절정에 도달한다. 신실한 증인들은 예수님의 부활과 승천이라는 양식을 따른다. 심한 치욕의 "삼 일 반 후에" 하나님은 "생기"로 그들의 죽은 몸을 일으키신다(계 11:11). 동산에서 아담의 코에 생명을 불어넣으신 하나님(창 2:7), 그리고 에스겔의 환상 속에서 숨을 불어 죽은 뼈들을 살리신 하나님(겔 37:1-10), 이 하나님이 다시 한번 그분의 증인들에게 숨을 불어넣으시고, 그들은 살아난다(계 11:11). 희생자는 승리자가 된다. 더 나아가, 예수님과 마찬가지로 그들도 하나님의 부르심을 듣고 구름 속 하늘로 올라간다(계 11:12).

그러나 구원받는 이들은 증인들뿐만이 아니다. 그들의 신실한 증언은, 큰

---

[18] Mangina, *Revelation*, p. 138.

그림 5.2. 두 증인의 시체를 보고 기뻐함(계 11:9-10), 다이슨 페린스 요한계시록(Dyson Perrins Apocalypse, 1255-1260) 사본에 실린 삽화

지진으로 일어난 하나님의 심판과 함께 모든 족속과 민족에서 온 사람들로 하여금 "영광을 하늘의 하나님께 돌리게"(계 11:9, 13) 만들었다. 하나님 백성의 값비싼 대가를 치르는 증언이 전 세계적 선교의 결실을 낳는다.

체현된 공적 증언

두 증인의 이야기는 모든 세대의 증언하는 교회를 위한 일종의 비유로 기능한다.[19] 이 이야기가 요한의 시대와 우리의 시대에 선교적 교회를 형성하는 데 어떤 도움을 주는가? 세 가지 가능한 방식을 고려해 보자.

첫째로, **교회의 증언은 언어적인 것과 체현된 것을 모두 포함한다.** 요한계시록 전체를 통해 우리가 보아 온 양식이 두 증인의 이야기에서 뚜렷하게 부각된다. 한편에서는 하나님의 증인들이 "예언"한다(계 11:3; 참조. 계 11:10). 그들은 회개와 애통함을 나타내는 굵은 베옷을 입고 그 장면에 나타난다 (11:3). 그리고 이어서 그들의 입에서 불같은 말씀이 나와 땅의 거주자들에게

---

19 Bauckham, *Theology*, p. 84.

그림 5.3. 하늘로 올라가는 두 증인(계 11:12), 요크 민스터(York Minster)의 거대한 동쪽 창(Great East Window, 1405-1408) 스테인드글라스 일부

회개하고 하나님께 돌아오라고 요구한다(계 11:5). 때때로 교회의 **언어적** 복음 선포가 행위와 삶의 방식으로 행하는 증언보다 경시되는 때가 있지만,

우리는 좋은 소식이란 말 그대로 좋은 **소식**임을 잊을 수 없다. 하나님의 백성이 하나님의 진리에 대한 용기 있고 값비싼 예언자적 증언을 더 많이 할 필요가 없는 때가 과연 있는가?

다른 한편, 교회의 선포만이 세상 나라들로부터 사람들을 이끌어 하나님을 예배하게 만드는 것은 아니다. 무엇보다도, 신실한 하나님 백성의 증언은 죽음의 순간까지도 그들의 **삶**이 십자가에 못 박힌 어린양의 복음을 널리 알리는 매체가 되게 한다. 맨지너는 이것을 적절히 표현한다. "사도적 설교는 십자가라는 음조로 연주되어야 한다. 그래야 메시지와 전달자의 진정한 일치가 나타날 수 있다."[20] 교회는 예언자들의 공동체일 뿐 아니라 제사장들의 사귐이기도 하다. 그들은 앞서가신 예수님처럼 다른 사람들을 대신하여 하나님께 **자신을** 신실한 제물로 드린다.[21] 어린양을 닮은 이 희생적 증언은 선교에서 열매를 맺고 세상 나라들에서 사람들을 이끌어 하나님을 예배하게 한다(계 11:13).[22] 교회가 선교를 수행하는 **방식**이 증언의 내용보다 덜 중요하지 않다. 진리에 대한 우리의 증언은 강력하지만, 이는 그 증언이 상처 입을 수 있고 강압적이지 않을 때만 그러하다. 우리는 그 고난받는 사랑의 복음이 **되어** 죽임당한 어린양의 길을 걸어간다.

"두 증인의 운명은…역사 속에서 하나님의 백성이 고난과 환난을 면제받지 않음을 떠올리게 한다.…하나님의 증인으로서 예언자들은 고난을 예상할 수 있고

---

20 Mangina, *Revelation*, p. 141.
21 Johnson, *Holiness and the* Missio Dei, p. 164.
22 앤디 존슨이 언급했듯, 요한계시록에서 보여 주는 하나님 백성의 양식은 그들의 선교적 소명을 고난과 죽음을 통해 이루는데, "이것은 '은밀한 휴거' 신학의 생각과는 정확히 반대된다." 그런 신학에서는 하나님이 그분의 백성을 "반역적 세상에서 잡아채 꺼낸 뒤에 모든 반역자를 멸절한다." Johnson, *Holiness and the* Missio Dei, p. 165.

심지어 죽음까지도 예상해야 한다. 그리스도인들이 악에 저항할 때, 그들은 순응하라는 압박을 받을 것이다. 순응하기를 거부하면 그들은 세상을 현재 모습대로 유지하려는 이들의 분노와 응징의 대상이 될 것이다."[23]

오네시머스 응군두

둘째로, **교회의 증언은 공적이다.** 온 세상이 볼 수 있도록 주어진다. 요한은 두 증인으로 상징된 교회의 증언이 지닌 **공적** 성격을 조명하기 위해 곁길로 나간다. 두 증인은 "이 땅의 주 앞에 서 있"으며 그들의 증언은 "땅에 사는" 모든 "자들을" 겨냥한다(계 11:4, 10).[24] 두 증인의 내러티브가 펼쳐지는 과정에서, 이는 예수님의 이야기와는 조금 다른 경로로 나아간다. 예수님은 공개 십자가형을 당한 이후 장사되셨고, 부활 후에는 그분을 따르는 자들에게만 나타나셨다. 대조적으로, 증인들의 운명은 전체 과정이 온 세상에 공개되어 있다. 첫째로, 모든 족속과 민족의 사람들이 하나님의 예언자들의 시체를 보고 그들의 죽음을 기뻐하며 온 도시에서 축하 잔치를 연다(계 11:9-10). 전 세계 공동체 전체가 그들 위에 치욕의 그림자를 드리운다. 그 후에 하나님이 그 두 증인을 일으키고 높이시며, 온 세상이 그것을 본다(계 11:11, 12). 마지막으로, 누구 하나도 요점을 놓치지 않도록 천둥 같은 목소리가 전 세계에 공고를 내보내며 그 증인들의 승천을 선언한다(계 11:12). 요한은 하나님 백성의 적들이 하나님이 자기 증인들의 옳음을 입증하심을 '보는' 장면과, 바로 그 적들이 편을 바꾸어 하나님의 예배자들이 되는 장면(계

---

23 Onesimus Ngundu, "Revelation," in *Africa Bible Commentary*, ed. Tokunboh Adeyemo (Grand Rapids, MI: Zondervan, 2006), pp. 1561-1562.
24 Craig R. Koester, *Revelation: A New Translation with Introduction and Commentary* (New Haven, CT: Yale University Press, 2014), p. 507.

11:13)을 서로 관련짓는다.

요한의 두 증인 환상은 기독교 선교가 공적 광장에서 일어남을 효과적으로 보여 준다. '증언'은 그 자체의 성격상 사적인 일이 아니다. 죽임당하고 부활하신 어린양의 좋은 소식은 우리가 하는 말, 행하는 방식, 우리의 존재 자체를 통해 세상이 바라보는 가운데 퍼레이드를 벌인다. 실제로 공적 증언이 어떤 모습을 취할지는 상황에 따라 크게 달라질 것이다. 법이나 주된 종교의 사회 통제 때문에 복음 증언이 제한된 곳에서, 증언은 지배 문화와 다른 방식으로 살며 죽임당한 어린양의 이야기를 몸으로 보여 주는 일이 될 것이다. 역사가 앨런 크라이더(Alan Kreider)가 강력하게 논증하길, 상처 입기 쉬웠던 기독교 공동체가 처음 몇 세기 동안 로마 제국 안에서 주목할 만하게 확장된 주된 이유는 잘 계획된 전도 전략이 아니었다. 오히려 교회가 성장한 것은 "그리스도인들과 교회들이 다른 사람들을 매료한 아비투스(삶의 양식)로 살았기 때문이었다." 그는 다음과 같이 쓴다. "그리스도인들의 초점은 사람들을 '구원'하거나 모임에 끌어들이는 것이 아니라 신실하게 사는 것이었다. 그들은 사람들의 삶이 예수님의 길을 따라 재습관화될 때 다른 이들이 함께하기를 원하리라는 믿음을 지니고 있었다.…교회 성장은 그리스도인들의 설득하는 능력이 아니라 그들의 설득력 있는 생활 방식의 산물이었다."[25]

"사랑받는 형제들이여…우리는 위대한 것들을 말하지 않습니다.

---

[25] Alan Kreider, *The Patient Ferment of the Early Church: The Improbable Rise of Christianity in the Roman Empire* (Grand Rapids, MI: Baker, 2016), pp. 129, 155. 『초기 교회와 인내의 발효』 (IVP).

그것들을 살아 냅니다."[26]

카르타고의 주교 키프리아누스(Cyprian), 256년

그러나 그리스도인의 공적 증언의 여지가 더 많은 사회에서도 말로 하는 것 이상의 증언이 여전히 본질적으로 중요하다. 다음의 이야기를 다른 데서 한 적이 있지만 다시 말해도 적절할 것이다.

미국에 있는 한 목회자 친구가 나에게 자기 도시에서 계획되었던 반무슬림 집회에 관해 말해 주었다. 소셜 미디어에서는 분노에 찬 목소리로 시위자들이 어느 금요일 저녁에 한 모스크 밖에 모여서 최근에 들어온 무슬림 난민들의 정착을 반대하고 그들에게 모욕을 줄 것이라고 선언했다. 시위자들은 총을 가져오라는 권유를 받았고, 폭력이 일어날 가능성이 점점 높아지고 있었다. 내 친구는 그가 우려하는 바를 페이스북에 적었는데, 그가 담임하는 교회의 한 여성이 대략 이런 댓글을 달았다. "우리는 그저 이 일에 반대한다고 **말하기**만 할 수 없습니다. 우리는 뭔가를 **해야** 합니다." 이에 응답해, 그 공동체는 약간의 두려움을 품고서 도시 전역의 그리스도인을 대상으로 모임을 조직했다. 모스크 앞에서 기도하며 서서 기독교의 메시지가 혐오가 아닌 사랑임을 보여 주는 모임이었다. 그들은 계획한 일을 의논하기 위해 미리 모스크의 대표를 만났다. 그러고 나서 이 그리스도인들은 시위자들이 도착하기 전에 모여서 모스크 앞 보도에 줄지어 늘어섰다. 성난 시위자들이 팻말과 반자동 무기를 들고 욕설을 퍼붓고 코란을 불태우면서 모여들었을 때, 그리스도를 따르는 이들은 무슬림 친구들을 보호하는 인간 방패를 만들었다. 그들은 기도하고 경배의 찬양을 불렀으며 '네 이웃을 사랑하라'

------

[26] Cyprian, *On the Good of Patience*, 3, Kreider, *Patient Ferment*, p. 13에서 재인용.

라는 말이 적힌 팻말을 들었다. 10대들을 포함한 어떤 그리스도인들은 시위자들과 대화를 시도하며 그들의 두려움에 귀를 기울였다. 그리스도인들은 예수님이 이웃을 비방하는 것이 아니라 사랑하라고 그들을 부르셨음을 설명했다. 분노가 가득했던 상황이 금방 진정되었다. 어떤 시위자들은 그날 저녁에 마음의 변화를 경험하는 것처럼 보였다. 미디어에서 그 사건을 다루었고, 혐오 시위로 시작된 일이 무슬림 공동체와 그 도시의 시민들과 말 그대로 주변 세계를 향한 사랑의 증언으로 변화되었다.[27]

셋째로, **교회는 자신을 위해서가 아니라 세상을 위해서 그리스도를 증언한다.** 요한계시록 11장에 나오는 교회의 증언 이야기의 절정 부분에서는 그리스도를 따르는 이들이 옳다는 사실에 대한 입증뿐 아니라 전 세계 선교를 그려 낸다. 신실한 증인들의 증언, 죽음, 그리고 하나님이 그들의 옳음을 공적으로 입증하신다는 사실은 지진의 형태로 나타나는 하나님의 심판과 함께 상당히 놀라운 일로 우리를 이끈다. 요한의 '신학적 수학'에 따르면, 하나님의 통치를 반대하는 모든 세상 사람을 상징하는(계 11:9-10을 보라) 그 도시에서 오직 십분의 일만 지진으로 멸망한다(계 11:13). 그것은 땅에 사는 자들의 **십분의 구**가 회개하고 하나님께 영광을 돌림을 의미한다! 이것은 구약성경 심판 예언의 '자비로운 역전'이다. 예언자들은 백성 중 남은 자 십분의 일만 보존되고 나머지는 하나님의 심판을 받는다고 예언했다(사 6:13; 암 5:3).[28]

마찬가지로, 지진으로 죽는 7천 명은 구약성경 예언자 엘리야의 사역을

27　Dean Flemming, *Self-Giving Love: The Book of Philippians* (Bellingham, WA: Lexham, 2021), pp. 46-47에서 가져와 고쳐 썼다. 더 자세한 설명은 Michael W. Goheen and Jim Mullins, *The Symphony of Mission: Playing Your Part in God's Work in the World* (Grand Rapids, MI: Baker Academic, 2019), pp. 95-100를 보라.

28　Johnson, *Holiness and the* Missio Dei, p. 165; 참조. Bauckham, *Theology*, pp. 86-87.

떠올리게 한다. 그러나 요한은 그 숫자를 뒤집는다. 열왕기상에서 하나님은 바알에게 절하지 않은 7천 명의 남은 예배자를 보존하신다(왕상 19:18). 그러나 여기서는 정확히 반대의 일이 일어난다. 단 7천 명만 멸망하고 나머지 땅에 사는 이들 대다수가 하늘의 참된 하나님을 예배한다(계 11:13). 이 회심자들은 모든 족속, 언어, 나라에서 나온 사람들이다(계 11:9). 요한계시록의 상징적 산수는 우리의 상상을 거의 헤아릴 수 없는 수준까지 밀어붙인다. 나는 펠리세 타보(Felise Tavo)에게 동의하는데, 그에 따르면 요한은 엄청난 수의 세상 사람이 교회의 신실한 예언자적 증언을 통해 하나님께 돌아오리라 믿는 "놀라운 낙관주의적 감각"을 보여 준다.[29]

이 희망 가득한 환상은 오늘날의 그리스도인 공동체에, 특히 핍박의 고통을 느끼거나 영적 무관심의 사막에서 수고하는 이들에게 큰 격려가 될 것이다. 나 자신도 서유럽에서 10여 년간 사역했던 경험을 통해 그런 소망을 붙잡는 것이 무엇을 의미하는지를 배웠다. 요한은 하나님의 백성에게, 그들의 현재 상황에도 불구하고 교회의 신실한 증언은 헛되이 시들지 않을 것이며, 하나님의 보편적 선교가 그 목표에 다가갈 때 그들의 증언이 모든 나라에서 나와 하늘과 땅의 창조주께 돌아오는 이들을 도우리라는 확신을 준다.

"나는 공적 삶에 기독교적 영향을 끼치려 할 때 우리가 고려해야 하는 주요한 실재가 기독교 회중임을 깨닫게 되었다. 복음이 신뢰할 만하게 되는 일이 어떻게 가능한가? 인간사의 최종 결정권이 십자가에 달린 한 사람에게 부여되었음을 사람들이 믿게 되는 일이 어떻게 가능한가?…유일한 답은, 유일한 복음의

---

[29] Felise Tavo, *Woman, Mother and Bride: An Exegetical Investigation into the "Ecclesial" Notions of the Apocalypse*, BTS 3 (Leuven: Peeters, 2007), p. 217.

해석자는, 복음을 믿고 복음으로 살아가는 남녀로 이루어진 회중이다."[30]

레슬리 뉴비긴(Lesslie Newbigin)

결론

그리스도인이 자신이 속한 세계 안에서 '증언'한다는 것은 무엇을 의미하는가? 요한계시록에서 교회의 증언 사역에는 단순히 미리 준비한 '복음 제시법'을 가지고 불신자를 대면하는 것보다 훨씬 풍부한 무언가가 있다. 요한은 그들의 주님을 신실하게 증언할 성숙한 제자들의 공동체를 형성하고자 한다. 요한계시록에서는 우리가 최소한 다음과 같은 증언을 하라고 요청한다.

- 예수님의 선교에 참여하는 '신실하고 참된'
- 성령으로부터 능력을 공급받는
- 말하는 내용과 삶의 방식 모두를 담아내는
- 세상에서의 안전하고 '거룩한 분리'보다 신실한 증언을 선택하는
- 공적 광장에서 하나님의 진리를 선언하고 체현하는
- 수동적이지 않고 능동적인, 문화의 권력과 우상숭배에 대해 예언자적 저항을 실천하는
- 상처 입을 수 있고 강압적이지 않은, 십자가에 못 박힌 어린양의 방식을 닮은
- 안전과 지위의 상실, 핍박, 어떤 이에게는 죽음이라는 대가를 지불하는

---

[30] Lesslie Newbigin, *The Gospel in a Pluralist Society* (Grand Rapids, MI: Eerdmans, 1989), p. 227. 『다원주의 사회에서의 복음』(IVP).

- 궁극적 승리로 이끄는, 사탄과 악에 대한 어린양의 승리에 참여하는 (계 12:11)
- 선교의 열매를 맺는, 세상 나라들에서 온 사람들을 하나님을 예배하도록 이끄는

이 간략한 요약은, 우리의 세상에서 '예수의 증언'을 포용하라는 부르심은 겁쟁이들을 위한 것이 아님을 보여 준다. 어린양의 방식을 반대하는 우주적·물질적 권력들은 요한의 세계뿐 아니라 우리의 세계에서도 너무나 현실적이다. 존 디커슨(John Dickerson)은 우리의 상황을 묘사하기 위해 J. R. R. 톨킨(Tolkien)의 비유를 떠올리게 한다.

우리는 『반지의 제왕』에 나오는 호빗 프로도와 비슷한 기분을 느낀다. 우리는 불가능한 과업을 부여받은 자그마한 존재들이다. 상상할 수도 없는 악으로부터 인류를 구출해야 한다.…나는 용기를 잃고 심란함에 빠진 프로도가 그리스도 같은 인물인 간달프를 바라보며 울먹였던 순간을 생각한다. "반지가 나에게 오지 않았더라면, 이 모든 일이 전혀 일어나지 않았더라면 좋겠어요." 간달프가 그에게 대답한다. "살면서 이런 시대를 본 모든 사람이 그럴 거란다. 그러나 그건 그들이 결정할 일이 아니야. 우리는 우리에게 주어진 시대에 무엇을 할지 결정해야 할 뿐이지. 이 세계에는 다른 힘들도 작용하고 있어."[31]

그리스도가 세상의 주인 되심을 반대하는 권력들을 향한 우리의 응답은, 동굴로 숨거나 그들의 대안적 주장에 적응하는 게 아니라 **증언**, 곧 성령이 주입된, 십자가 모습을 지닌, 어린양을 닮은 증언을 실천하며 능동적으

---

31 John S. Dickerson, *The Great Evangelical Recession* (Grand Rapids, MI: Baker, 2013), p. 126.

로 저항하는 것이다. 그것은 요한을 유배의 섬으로 추방하고 안디바를 순교하게 만든(계 2:13) 종류의 증언이다. 마틴 루서 킹이 인종 차별과 불의라는 악에 비폭력 저항으로 맞서게 한, 궁극적으로는 그가 목숨을 대가로 지불하게 했던 증언이다. 함께 모이는 것 자체로 보복의 위험을 초래할 수 있는 창의적 접근 지역(creative access area, 기독교 신앙을 공개적으로 선포하거나 실천하는 전통적 방식이 제한되거나 금지될 수 있는 지역—편집자)에서 내가 최근에 보았던, 겸손한 교회 지도자들과 평범한 그리스도인들에 의해 체현된 종류의 증언이다. 예수의 증언을 나누는 것은 아직도 위험한 일이다. 그러나 그것이 우리에게 놀라운가? 죽임당한 어린양의 길은 항상 그러했다.

6장

선교와 심판

주의 의로우신 일이 나타났으매
만국이 와서 주께 경배하리이다.

요한계시록 15:4

나는 대학생들에게 요한의 글을 가르친다. 학기가 끝나갈 즈음에는 학생들에게, 이번 강의를 통해 공부하기 **전에** 그들이 요한계시록에 대해 가졌던 주된 인상을 말해 보라고 한다. 그리고 일관되게 이런 말을 듣는다. "너무 이해하기 어려울 것 같아서 읽지 않았습니다." 혹은 "너무 폭력적이고 무서워서 읽기가 두려웠습니다." 사실 그들의 마음속 단어 구름에 떠오른 거대한 단어는 **두려움**이다. 그것을 직시하자. 일반적으로 요한계시록 독자들의 마음을 놀라게 하고 혼란스럽게 하는 것은 일곱 교회를 향한 메시지(2장과 3장)가 아니다. 4장과 5장에 나오는 하늘의 예배 장면도 아니다. 요한계시록 21장과 22장에 나오는 눈부신 새 예루살렘의 환상도 아니다. 독자들을 가장 혼란스럽게 하는 것은 6-20장에서 요한이 보여 주는 생생한 심판과 폭력의 그림이다. (솔직히 말하면, 요한계시록의 '독자들'이라고 할 때 나는 이 불편함을 단순히 **다른** 독자들에게 투사하지 않는다. 요한계시록의 이 부분은 **나를** 가장 동요하게 만드는 부분이다!) 전쟁과 역병, 지진과 기근, 피로 가득한 들판과 불못이라는 환상이다. 이번 장의 목적이 요한이 그린 심판 이미지의 모든 수수께끼를

푸는 것은 아니다. 이 책은 **선교적** 요한계시록 읽기다. 그러나 선교적 읽기에서도 그 자체의 관심사가 생겨난다. 하나님의 사랑의 선교, 모든 사람을 구속하고 창조 세계 전체를 회복하는 선교가 어떻게 요한계시록의 파괴, 폭력, 죽음의 그림과 연결되는가? 과연 우리는 **심판**과 **선교**를 한 호흡으로 말할 수 있는가?

나는 할 수 있다고 믿는다. 이 연결을 파악하지 못하면 우리는 요한계시록에서 말하는 하나님의 선교 이야기를 바르게 듣지 못할 것이다. 이번 장에서는 요한계시록의 심판 주제를 하나님과 하나님 백성의 선교라는 틀 안에 놓고자 한다. 그 일을 위해 요한계시록의 심판 장면들을 조감하면서 시작할 것이다. 그다음에는 모든 민족에서 사람들을 구속한다는 하나님의 목적과 심판 사이의 연결을 잘 보여 주는 몇 개의 핵심 본문을 더 자세히 들여다볼 것이다. 그다음에는 요한계시록의 환상 속 폭력이 세상을 위한 하나님의 사랑의 목적을 상쇄하느냐는 질문을 다룰 것이다. 마지막으로, 심판이라는 주제가 하나님의 오래 참으시는 인내에 관해 무엇을 드러내는지 성찰할 것이다.

요한계시록의 심판 장면들: 개관

요한계시록 6-20장의 심판 환상들을 마치 비행선을 타고 퍼레이드를 내려다보듯이 전경을 살펴보는 일로 시작해 보자. 심판 장면들이 시작되기 직전에 요한은 4장과 5장에서 전제를 규정하는 그의 환상, 즉 보좌 위의 하나님과 죽임당한 어린양이라는 환상을 공개한다. 앞에서 나는 이 두 장이 요한계시록의 신학적·예전적 중심을 이룬다고 언급했다. 이 장들은 멀리 떨어진 어떤 미래의 그림이 아니라, 오히려 요한계시록의 독자들이 살고 있는 세상에 대한 새로운 상상을 계시한다. 이 환상들은 포위된 그리스도인 공동체들이 '하늘에서와 같이 땅에서도' 모든 창조 세계의 하나님과 어린양을 향한 예배에 참여함으로써 사물들을 실재하는 그대로 파악하도록 초대한다. 어린양을 따르는 이 사람들이 변함없이 증언과 예배의 공동체로 있다면, 그들은 요한이 21장과 22장에서 그리는 새 예루살렘에 참여할 것이다. 이 놀라운 최종 환상에서 우리는 4장과 5장에서 그렸던 우주적 예배의 완전하고 최종적인 실현을 본다. 하나님의 적들은 완전히 궤멸된다. 어린양과 그를 따르는 이들은 전적인 승리 안에서 통치한다. 모든 나라에서 온 사람들이 창조 세계 자체와 연합하여 하나님과 어린양에게 완전한 예배를 드린다. 하나님은 **만물**을 새롭게 하신다.

이 두 가지 실재는, 즉 전제를 설정하는 환상인 하늘 보좌 방에 계신 하나님과 어린양의 환상(계 4장과 5장)과 새 하늘과 새 땅의 최종 환상은, 6-20장에서 길게 열거되는 심판 장면의 핵심 문맥이 된다. 6장부터 "두루마리에서 인이 하나씩 제거되면서 거룩한 심판들이 순서대로 방출되는데, 그 심판들은 인간의 죄와 그것이 부여한 사악한 권한을 통해 세상에 뿌리내린, 고질적이고 강력한 악을 전복하고 폐기하기 위해 필요한 것이다."[1] 요한계시록의 심판 환상들은 세 세트의 일곱, 즉 일곱 인, 일곱 나팔, 일곱 역병 혹은 대접으로 펼쳐진다. 요한계시록에서 **일곱**은 완성을 상징한다. 일곱 인은 세상을 위한 하나님의 충만한 목적을 가리킨다. 이 환상들이 단순히 〈다운튼 애비〉(Downton Abbey)의 에피소드처럼 시간 순서로 펼쳐지리라고 기대한다면, 우리는 이 환상들의 요점을 놓칠 것이다. 오히려 요한계시록의 심판 장면들은 겹쳐지면서 전에 일어난 일을 다시 그린다. 인, 나팔, 대접은 각각 다른 방식으로 같은 이야기를 들려주면서 마지막에 하나님이 모든 악의

---

1 N. T. Wright, "Revelation and Christian Hope: Political Implications of the Revelation to John," in *Revelation and the Politics of Apocalyptic Interpretation*, ed. Richard B. Hays and Stefan Alkier (Waco, TX: Baylor University Press, 2012), p. 113.

그림 6.1. "네 기사들"(계 6:1-8), 『요한계시록』(1496-1498)에 실린 알브레히트 뒤러의 목판화

권력을 무찌르시리라는 사실을 분명히 이해시킨다. 동시에 세 번의 심판 주기는 새 창조라는 최종 목표로 접근할수록 강도가 점점 세진다.

그러나 17장과 18장의 바빌론 파괴에서 확장하여 일곱 번째 대접을 비운 후에도 죄와 악이 끝나는 신호는 보이지 않는다. 19장에서 그리스도께서는 백마를 타고 하늘 군대의 호위를 받으며 나타나시며 짐승과 그 예배자들을 완전히 무찌르신다(계 19:11-21). 그 후에 요한계시록 20장에서 '거룩하지 않은 삼위일체'인 사탄, 짐승, 거짓 예언자가 파멸을 맞이하고, 그들을 예배하던 자들은 하나님의 최후 심판을 맞이한다. 마침내 하나님과 어린양을 향한 모든 우주적·인간적 반역의 막이 내린다. 새 창조의 날이 오기 전에 사탄과 악은 반드시 완전한, 궁극적인 패배를 당해야 한다.

그러나 6-20장은 죄악된 권력들에 대한 하나님의 심판에 **관해서만** 이야기하지 않는다. 각 심판 단락 막간에 하나님의 백성이 하나님과 어린양을 예배하는 장면이 삽입되어 있다(계 7:1-17; 10:1-11:14; 14:1-20; 19:1-10; 20:1-6). 이 막간 장면들은 어린양을 따르는 이들에게 하나님이 그들을 고난 가운데서도 보존하시고 그들의 옳음을 인정하시리라는 확신을 줄 뿐 아니라, 4장과 5장에서 시작하여 새로운 예루살렘에서 절정에 이르는 우주적 예배에 교회가 참여하도록 강권한다. 그러므로 하나님의 정의로운 심판은 하나님의 선교의 목표인, 승리한 예배 공동체가 그들을 구속하신 어린양의 통치(계 22:5)와 세상 민족들의 치유(계 22:2)에 참여하는 것을 가능하게 한다. 요한계시록의 심판 장면들은 악, 사탄, 죄, 제국, 바빌론, 짐승 등 **어떤 것도** 하나님 백성을 위한 하나님의 구원 목적을 중단시킬 수 없다는 신호를 보낸다.

심판과 나라들의 예배

이 와이드 스크린 그림의 일부를 확대해 보면 거룩한 심판과 거룩한 선교

사이에 어떤 구체적 연결이 나타날까? 그 결합 부분은 항상 쉽게 포착되지는 않지만, 요한계시록 6-20장의 심판 이야기가 진행하는 동안 계속해서 표면으로 떠오른다.[2]

지진과 찬송

예를 들어, 5장에서 탐구했던 두 증인 이야기의 절정 부분을 생각해 보자. 짐승은 두 증인의 예언 사역의 불을 꺼 버리기 위해 최선을 다한다. 그들을 죽이고 세상 사람들 앞에서 모욕한다. 그러나 하나님은 모든 족속과 나라의 사람들이 보는 앞에서 두 증인을 죽은 자들 가운데서 일으키심으로써 그들의 옳음을 입증하신다(계 11:7-12). 요한은 계속해서 기록한다. "그때에 큰 지진이 나서 성 십분의 일이 무너지고, 지진에 죽은 사람이 칠천이라. 그 남은 자들이 두려워하여 영광을 하늘의 하나님께 돌리더라"(계 11:13).

"큰 지진"은 땅에 사는 사람 중 하나님의 통치를 반대하는 자들을 향한 거룩한 심판의 행위다.[3] 그러나 이 심판은 자비를 안고 있다. 사람들의 **십분의 일**만 죽는데 땅에 사는 이들 다수는 두려움으로 반응할 뿐 아니라 하나님께 영광을 돌린다.

살아남은 자들이 하나님의 심판에 보이는 반응을 어떻게 이해해야 하는가? 그들의 '두려움'은 단순히 공포의 표현인가? '하나님께 영광을 돌리는 것'은 죄인들이 그들의 의지에 반하여 하나님의 주권을 인정하게 된다는 말

---

2   이하의 내용은 내가 쓴 글 "Divine Judgment and the *Missio Dei* in Revelation," in *Listening Again to the Text: New Testament Studies in Honor of George Lyons*, ed. Richard Thompson (Claremont, CA: Claremont Press, 2020), pp. 171-191를 상당 부분 가져온 것이다.

3   요한계시록 11:13의 "성"은 "큰 성"(계 11:8)이다. 요한계시록의 다른 곳에서 그 성은 바빌론으로 규명된다(계 17:18). 요한의 독자들에게 "큰 성" 바빌론은 일차적으로 상징화된 제국 도시 로마다. 그러나 궁극적으로는, 생명을 준다는 하나님의 목적에 반대하는 모든 권력을 나타낸다. 11장에서 그 도시의 거주민들은 땅에 사는 모든 사람, 모든 "백성들과 족속과 방언과 나라 중에서" 나온 사람들(계 11:9-10)이며 하나님 예배하기를 거부한 자들이다.

인가?[4] 만일 그렇다면 이 본문은 민족들에 **대한** 하나님의 심판에 관한 것일 뿐 민족들**에게서** 일어난 회개에 관한 것은 **아니다**. 비록 요한계시록에서 때때로 심판을 예상하기 때문에 '두려움'이 생긴 경우도 있지만(계 18:10, 15), 다른 곳에서 두려움은 하나님에 대한 진정한 경외감을 나타낸다(계 11:13; 14:7; 15:4; 19:5). 요한계시록 11장의 '두려움'에는 지진의 파괴적 힘에 대한 공포, **그리고** "하늘의 하나님을" 향한 진정한 돌이킴(계 11:13)이라는 양 측면이 모두 존재하는 것 같다. 마찬가지로, '하나님께 영광을 돌린다'라는 표현은 요한계시록에서 거의 진정한 회개와 회심을 나타내는 단축 표현이다(계 14:6-7; 15:4; 21:26). 모든 민족에서 나온 사람들이 하나님이 누구신지에 관한 진리를 파악하고 그에 근거해 행동한다.

그렇다면 이 본문은 지진으로 나타난 하나님의 심판과 모든 민족 중 살아남은 이들이 하나님께로 돌이키는 일 사이의 긴밀한 연결을 보여 준다. 그러나 요한계시록의 다른 어느 곳에서도 심판 **자체가** 회개를 낳지는 않는다. 그와 반대로, 불신자들이 하나님의 불로 태우는 진노를 경험했을 때 그들은 "회개하지" **않고** "주께 영광을 돌리지" **않는다**(계 16:9; 참조. 계 16:11). 그들은 그들의 악행과 우상에 대한 예배를 멈추지 **않는다**(계 9:20-21). 요한계시록 11장에서 차이를 만든 것은 교회를 나타내는, 어린양을 닮은 신실한 두 예언자의 증언이었다. 불신자들이 진리의 말씀을 듣고 하나님 백성의 생명이 쏟아부어진 것을 보았을 때 그들은 방향을 바꾸었다. 땅에 사는 사람들의 주제가 '짐승에게 영광을'(계 13:4을 보라)에서 '하늘의 하나님께 영광을'로 바뀌었다(계 11:13).

교회에서 자란 나는 설교자들이 지옥과 하나님의 임박한 심판에 관해

---

4 이러한 읽기에 대해서는 G. K. Beale, *The Book of Revelation: A Commentary on the Greek Text* (Grand Rapids, MI: Eerdmans, 1999), pp. 603-607; Eckhard J. Schnabel, "John and the Future of the Nations," *Bulletin for Biblical Research* 12 (2002): pp. 247-257를 보라.

천둥 같은 소리로 경고하는 말들을 들었다. 참된 신자들이 비밀스럽게 하늘로 옮겨진 후 '남겨지는'(left behind) 것에 대한 공포심을 자극하는 종말에 관한 영화들을 보았다. 그런 메시지들이 나를 두렵게 했음에도, 신실한 제자도의 삶에 매력을 느끼게 하지는 않았다. 오히려 그리스도를 따르도록 나를 이끈 것은 부모님 및 다른 신실한 신자들에게서 보았던, 그리스도를 닮은 말과 삶의 증언이었다. 하나님 백성의 어린양을 닮은 신실한 증언은 하나님의 변화시키시는 능력에 관한 가장 설득력 있는 보증이다.

심판과 영원한 복음

요한계시록 14:6-7은 심판과 선교의 연결이 가장 가시적으로 드러나는 본문이다. 그 구절은 요한계시록의 막간 장면 중 하나에 속한 것으로서(계 14:1-20), 일곱 대접이 땅에 쏟아부어지는 일(계 15:1-16:21) 직전에 나온다. 여기서 우리는 방금 교회의 그림, 즉 "땅에서 속량함을 받은" 사람들이 하나님의 보좌 앞에서 새 노래를 부르는 장면을 보았다(계 14:2-3). 이 새 노래는 5장에서 처음 울려 퍼진 것이며 죽임당한 어린양의 존귀함을 선언한다. 그가 "각 족속과 방언과 백성과 나라 가운데에서 사람들을" 구속하셨기 때문이다(계 5:9-10). 그러고 나서 14장에서는 이 노래가 단순히 찬양의 노래가 아니라 증언하는 노래가 된다. 땅의 민족들을 그들의 우상숭배적 예배에서 돌이켜 어린양을 높이는 삶으로 나오라고 요청하기 때문이다.[5]

다음 장면에서는 한 하늘의 전령이 이 보편적 증언을 울려 퍼지게 한다.

또 보니 다른 천사가 공중에 날아가는데, 땅에 거주하는 자들, 곧 모든 민족과 종족과 방언과 백성에게 전할 영원한 복음을 가졌더라. 그가 큰 음성으로 이르

---

5 Simon Woodman, *The Book of Revelation* (London: SCM, 2008), p. 205.

되. "하나님을 두려워하며 그에게 영광을 돌리라. 이는 그의 심판의 시간이 이르렀음이니, 하늘과 땅과 바다와 물들의 근원을 만드신 이를 경배하라" 하더라. (계 14:6-7)

여기서 천사의 복음 선포는 직접적으로 불신자—모든 종족과 민족에 속한 "땅에 거주하는 자들"—를 겨냥한다. 그 초대는 폭발음 같은 커다란 목소리에 실려 모든 세상 사람에게 들린다. 주석가 이언 폴(Ian Paul)이 파악한 것처럼, "**하나님을 두려워하고 그에게 영광을 돌리며 그를 경배하라**는 이 삼중 명령은 모호하지 않은 회개를 요구한다."[6] 예배하라는 천사의 요청은 요한계시록의 더 넓은 맥락에서 진행되는, 예배를 위한 싸움을 반영한다. 여기서 만물을 만드신 하나님을 향한 예배와 짐승에 대한 우상숭배적 예배는 서로 경쟁한다(예컨대 계 5:9-14; 13:4, 12-15; 14:9, 11; 20:4).[7] 이제 모든 민족에 속한 짐승 예배자들은 편을 바꾸어 구속받은 자들의 노래를 부르는 합창단에 가입하라고 초청받는다(계 14:3-4). 하늘과 땅의 창조주는 그분의 창조 세계를 포기하시지 않았다.[8]

다시 말하지만, **심판**은 하나님의 선교에서 핵심 역할을 한다. 7절에서 복음을 알리는 천사는 불신자들에게 창조주를 향해 돌아와야 할 구체적 동기를 제공한다. "심판의 시간이 이르렀음이니." 하나님의 마지막 때의 심판이

---

[6]   Ian Paul, *Revelation* (Downers Grove, IL: IVP Academic, 2018), p. 149.
[7]   요한과 그의 독자들에게 천사가 선포하는 복음은 로마의 '복음'과 노골적으로 대조를 이룬다. 로마의 복음은 황제의 탄생, 통치, 승리에만 관심을 둔다. 예를 들어, 잘 알려진 프리에네(Priene) 비문에서는 카이사르 아우구스투스의 탄생을 "세상을 향한 좋은 소식[εὐαγγέλια]의 시작"이라고 칭송한다. J. Nelson Kraybill, *Apocalypse and Allegiance: Worship, Politics, and Devotion in the Book of Revelation* (Grand Rapids, MI: Brazos, 2010), p. 57에서 재인용. 『요한계시록의 비전』(기독교문서선교회).
[8]   Craig R. Koester, *Revelation and the End of All Things*, 2nd ed. (Grand Rapids, MI: Eerdmans, 2018), p. 137.

그림 6.2. 영원한 복음(계 14:6-7), 클로이스터스 요한계시록(Cloisters Apocalypse, 1300년경) 사본에 실린 삽화

오고 있는 것이 너무나 확실하므로, 요한계시록에서는 사악함을 고집하는 이들에게 마치 그것이 이미 일어난 일인 것처럼 말한다. 회개하기를 거부하는 사람들이 **하나님을 두려워해야 할** 좋은 이유가 있다. 동시에, 천사의 선포는 소망을 제시한다. 하나님의 심판을 기억하게 하는 것은 경고**이자 또한** 구원의 복음을 받아들이라는 요청이 된다. 땅에 거주하는 자들은 두 가지 대안, 즉 회개하고 만물의 창조주께 영광을 돌릴 것인가 아니면 고집불통으로 당신의 짐승 예배를 계속 추구할 것인가 사이에서 결단을 내려야 한다.

이 선택은 반역하는 죄인들에게만 요구되는 것이 아니라, 아시아의 교회에 있는 요한의 청중을 겨냥한다. 그들이 천사의 메시지를 **어떻게** 듣는지는 그들의 영적 상태에 따라 달라진다. 억압받는 신실한 자들에게는(계 2:8-11; 3:7-18) 하나님을 섬기고 경외하라는 요청이 되며, 또한 마지막에 창조주께서 그분의 창조 세계에서 모든 악을 제거하시리라는 확신을 준다. 그러나 교만하고 미지근한 라오디게아인들에게는 **하나님을 두려워하라**는 명령이 그들의 소비주의적 삶의 방식을 회개하라는 단호한 경고가 된다. 회개하지 않으면 **그들 자신이** 거룩한 심판의 그늘 아래로 떨어질 위험에 처한다.

동시에 이 본문에는 선교를 향한 부름도 나타나 있다. 교부 프리마시우스(Primasius)가 여러 세기 전에 말했듯, 하나님의 마지막 심판의 맥락에서 이루어지는 복음 선포는 교회가 땅 위 모든 지역의 거주민들을 향해 행할 선교의 긴급성을 명확히 보여 준다(마 24:14).[9] 하나님을 예배하고 그분께 영광을 돌리라는 초청이 "모든 민족과 종족과 방언과 백성에게"(계 14:6) 나간다는 점은 주목할 만하다. 이러한 인구 통계적 구성은 요한계시록 앞부분에 등장했던, 하나님의 보좌 앞에 모여서 죽임당하고 살아난 어린양을 기쁘게 예배했던 무리와 동일하다(계 7:9; 참조. 계 5:9). 요한은 14장에서 같은 범주들을 반복하여 열거함으로써 우리에게 하나님의 보편적 선교와 이에 대한 우리의 참여가 궁극적으로 풍성한 결실을 맺으리라는 소망을 준다.

심판과 마지막 때의 추수

요한은 같은 장 끝부분에서 그 추수의 그림을 보여 준다. 요한계시록 14:14-20에서 우리는 두 개의 추수 환상이 차례로 나오는 것을 본다. 먼저, 인자가 낫을 들고 구름을 타고 내려와서 땅의 추수 곡식을 모아들인다(계 14:14-16). 그다음에 한 천사가 역시 손에 낫을 들고 땅의 포도를 추수하여 하나

---

9 Primasius, *Commentary on the Apocalypse*. 14.7, William C. Weinrich, ed., *Revelation*, Ancient Christian Commentary on Scripture, New Testament (Downers Grove, IL: IVP Academic, 2005), p. 224에서 재인용.

님의 진노의 포도주 틀에 던져 넣는다(계 14:17-20). 존경할 만한 주석가 거의 모두가, 포도를 모으는 두 번째 이미지는 하나님의 마지막 때의 심판을 나타낸다는 데 동의한다. 그러나 그 앞의 곡식 추수에 관해서는 좀 논쟁이 있다. 어떤 해석자들은 이 환상도 악인에 대한 거룩한 심판을 상징한다고 생각하지만,[10] 곡식 추수를 긍정적인 선교적 이미지로 보아야 할 좋은 이유가 있다. 그 장 앞부분에서 요한은 땅에서 구속받은 이들을 장차 올 수확의 "처음 익은 열매"라고 부른다(계 14:4). 그 추수가 지금 예수님이 다시 오실 때 하나님의 왕국 안으로 사람들을 모으는 것으로 실현되고 있다. 누가 추수를 실행하는가? 바로 "인자 같은 이"인데, 이는 우리가 이미 부활하신 그리스도로 보았던 인물이며 교회들 가운데 서 계신 분이다(계 1:12-20). 다니엘 7장에 나오는 인자처럼, 인자는 민족들을 심판하기 위해서가 아니라 모든 민족에서 사람들을 모아 그분의 나라에 들이기 위해 오신다. 들판에서는 곡식이 다 익었고, 이제 추수할 때가 되었다(계 14:15; 참조. 마 9:37-38; 요 4:35-38).

그러므로 요한은 두 개의 대조적인 추수 이미지를 나란히 배치한다. 곡식의 추수는 예수님이 다시 오실 때 하나님을 위해 수많은 사람을 모아들임을(계 14:14-16), 포도의 추수는 하나님의 두려운 심판을 상징한다(계 14:17-20). 짝을 이룬 이 환상들은 요한의 1세기 독자들과 오늘날의 독자들에게 불편한 선택지를 제시한다. 당신은 "예수에 대한 믿음을 지키는 자"(계 14:12)가 되어 그리스도께서 자신의 사람들을 모으시는 마지막 때의 위대한 추수에 참여할 수 있다. 아니면, 당신은 "영원한 복음"(계 14:6)을 거절하고 짐승의

---

10 예를 들어, Beale, *Book of Revelation*, pp. 772-774; David E. Aune, *Revelation 6-16*, WBC 52B (Nashville: Thomas Nelson, 1998), pp. 801-802, 842-845를 보라. 『WBC 성경주석 52(중), 요한계시록 6-16』(솔로몬). 아마도 이런 해석을 지지하는 가장 강력한 논거는 두 이미지 모두 종말의 심판만을 그리고 있는 요엘 3:13에서 왔다는 것이다. "너희는 낫을 쓰라. 곡식이 익었도다. 와서 밟을지어다. 포도주 틀이 가득히 차고 포도주 독이 넘치니 그들의 악이 큼이로다."

그림 6.3. 종말의 추수(계 14:14-20), 에스코리얼 베아투스(Escorial Beatus, 950-955) 사본에 실린 삽화

권력들을 예배하기로 고집할 수 있고, 궁극적으로는 심판의 포도주 틀 속에서 부서뜨려지는 운명을 맞이할 수도 있다(계 14:19).

요한계시록 14:6-20은 우리에게, "요한계시록에 나타난 하나님의 심판의 가장 중요한 목적은 **복수**나 **응징**이 아니라 **회개**와 **회복**"임을 기억하게 한다.[11] 하나님의 정의로운 심판은 하나님의 선교적 사랑의 다른 쪽 면이다. 아마도 지난 세대의 한쪽 면만 강조했던 '지옥 불과 유황' 설교에 대한 반동으로, 오늘날 많은 그리스도인 공동체에서는 마지막 때의 심판 주제를 전혀 언급하지 않으려고 한다. 요한계시록에서는 그런 극단을 오가는 상황을 바로잡는 데 필요한, 선교적 하나님의 완전한 정의와 쏟아붓는 사랑을 모두 보존하는 교정책을 제공한다.

심판과 예배 찬양

요한계시록 15:2-4의, 하늘에서 이루어지는 승리의 잔치 환상은 하나님의 심판과 선교의 네 번째 핵심 연결을 보여 준다. 요한은 전략적으로 이 환상을 마지막 심판들이 오리라는 선언(계 15:1)과 하나님의 진노의 일곱 대접이 부어지는 장면(계 15:5-16:21) 사이에 둔다. 그 결과 이 짧은 장면은 다음에 이어질 심판들을 위한 핵심 맥락이 된다.

요한은 이 캔버스를 축하 잔치의 색들로 칠한다. 우리는 승리한 예배자의 무리가 유리 바닷가에 서서 하프를 들고 하나님과 어린양을 향한 찬양의 노래를 부르는 것을 본다(계 15:2-3; 참조. 계 5:8-9; 14:2-3). 외양만 보면 짐승이 성도들을 죽임으로써 승리한 것처럼 보일 수도 있다(계 11:7; 13:7). 그러나 하나님의 신실한 자들은 속지 않는다. 그 어린양의 사람들은 "짐승과 그의 우상"(계 15:2)을 이겼는데, 힘이 아니라 죽임당한 어린양에 대한 그들의 비폭력적 증언으로 이겼다(계 12:11).

그들이 부르는 노래는 다름 아닌 모세와 어린양의 노래다.

---

[11] Flemming, "Divine Judgment," p. 187.

주 하나님 곧 전능하신 이시여,

　하시는 일이 크고 놀라우시도다!

만국의 왕이시여,

　주의 길이 의롭고 참되시도다!

주여, 누가 주의 이름을 두려워하지 아니하며

　영화롭게 하지 아니하오리이까?

오직 주만 거룩하시니이다.

주의 의로우신 일이 나타났으매

　만국이 와서 주께 경배하리이다. (계 15:3-4)

이 장면은 성경의 출애굽 이야기를 반향한다. 파라오의 발톱으로부터 구출받은 이스라엘이 홍해 바닷가에 서서 하나님의 구원을 찬양했던 것처럼 (출 15장), 하나님의 구속받은 백성은 불타는 바닷가에서 새로운 노래를 올린다. 그러나 이 찬송은 멜로디를 M(모세, Moses) 키에서 L(어린양, Lamb) 키로 조바꿈한다. 본래의 모세의 노래처럼 하나님이 이방 민족들을 힘으로 누르신 **이스라엘**의 구출에 초점을 맞추는 대신, **어린양의** 노래는 **나라들이** 참된 왕께 예배하기 위해 나오는 것을 축하한다. 이것이 어린양의 노래인 것은, 구속받은 자들이 어린양의 피를 통해 악한 권력들을 정복했기 때문만이 아니라, 새롭고 더 거대한 출애굽을 통해 어린양이 모든 족속과 나라에서 온 사람들을 해방했기 때문이다.

요한은 그 노래의 선교적 메시지를 "구약성경 구절들의 조각으로 만든 퀼트"[12]를 가지고 원래의 모세의 노래를 해석함으로써 풀어놓는다. 하나님

12　Ben Witherington III, *Revelation* (Cambridge: Cambridge University Press, 2003), p. 206. 예컨대 신 32:4; 시 86:8-10; 98:1-2; 111:2; 139:14; 145:17; 렘 10:6-7.

은 "만국의 왕"이시며(계 15:3), 하나님의 선교의 목표는 모든 나라의 사람들이 하나님을 찬양하는 것이다. 그러나 다시 한번 말하지만, 거룩한 **심판**은 하나님의 선교에서 핵심 부분을 담당한다. 그 노래는 다음과 같이 외치면서 마친다. "모든 나라가 와서 당신 앞에서 경배할 것입니다. **당신의 의로운 심판들이 드러났기 때문입니다**"(계 15:4, 저자 사역, 강조 추가). 요한계시록 14:7과 유사하게, 하나님의 공정한 심판들은 나라들이 하나님께로 돌아올 동기와 이유로 작용한다. 이 경우에 하나님의 "의로운 심판들"은 하나님의 백성을 위한 하나님의 구원 행위와 반역하는 세상에 대한 하나님의 심판(예컨대 계 16:5-7)을 포함하는 것 같다.[13] 그 노래의 가사에서는 "반역하는 나라들이 정말로 하나님 행위의 위대함, 하나님 방식의 진실함, 하나님 성품의 거룩함, 하나님 심판의 정의로움을 인식할 때, 그들은 자석처럼 끌려 와서 그 노래를 부르는 예배자들의 합창에 동참할 것"[14]이라고 여긴다. 요한의 노래는, 다른 민족들이 하나님의 백성과 모든 창조 세계를 향한 하나님의 축복, 능력, 심판들을 본다면 그런 하나님을 알고 예배하기 위해 나아오리라는 구약성경의 소망 안에 뿌리내리고 있다(왕상 8:41-43; 시 67:1-4; 96편; 98편; 겔 36:20-23). 그러나 고든 피가 올바르게 지적하듯, 그 노래는 "또한 [요한의] 독자들이 기억하게 하는 또 하나의 도구로 기능한다. 즉, 현재의 어려움 가운데서도 그들 자신이…이 나라들을 향해 자신들의 왕을, 그 나라들도 만유의 주님으로 인정해야 할 그분을 증언하는 일을 계속해야 함을 일깨운다."[15]

더 나아가, 이 숨 막히는 이미지는 **모든 나라**가 와서 하나님을 예배하리라는 구약성경 예언자들, 마지막 때에 전 세계 나라들이 예루살렘을 향

---

13 Koester, Revelation, p. 633.
14 Flemming, "Divine Judgment," p. 184.
15 Gordon D. Fee, *Revelation: A New Covenant Commentary* (Eugene, OR: Cascade, 2013), p. 213.

해 순례하는 환상을 보는 그들의 중대한 소망과도 공명한다(사 2:2-4; 60:1-9; 66:20-23; 슥 8:22). 모든 나라가 그들의 참된 왕을 예배하는 요한의 환상은, 새 예루살렘 안에서 이루어질 하나님의 선교의 완전한 실현을 바라본다. 그곳에서 나라들은 하나님과 어린양의 빛을 따라 걸을 것이다. 그리고 그들의 예배를 위한 영광스러운 예물을 새 창조 세계 속으로 가져올 것이다(계 21:24).

폭력, 심판, 선교

그러나 아직 우리에게는 문제가 있다. 그렇지 않은가? 소름 끼치도록 섬뜩하고 복수심 가득해 보이는 요한계시록의 거룩한 심판 이미지들을 어떻게 하나님의 사랑의 선교와 조화시킬 것인가? 우선 솔직하자. 요한계시록은 **정말 폭력적이다**. 폭력은 6장에서 시작된다. 악명 높은 '네 말 탄 자들'이 무대를 뛰어다니며 땅 위의 사람들을 향해 전쟁, 기근, 역병, 죽음이라는 치명적 공격을 개시한다. 8장에서는 심판의 나팔들과 함께 우주적 혼란의 고삐가 풀어진다. 천체들은 말할 것도 없고 땅의 수목, 바다, 생명 가진 피조물의 생태계가 황폐하게 된다. 나팔 소리가 침묵을 폭파하기 전에 '뮤턴트 닌자'인 메뚜기 떼가 무저갱에서 쏟아져 나와 사람들을 괴롭게 한다(계 9:1-11). 악마 같은 마병대 2억 명이 인류의 삼분의 일을 죽인다(계 9:13-19). 14장에서는 반역하는 사람들이 하나님의 진노의 포도주를 억지로 마시고, 거룩한 천사들과 어린양 앞에서 불과 유황으로 괴롭힘을 당한다(계 14:9-11). 이후에는, 불순종하는 인류 자체가 하나님의 진노의 포도주 틀 안에서 짓밟히며 포도주가 **된다**. 그 결과는? 사람의 피로 번쩍이는 홍수가 땅을 뒤덮는 것이다(계 14:19-20).

16장에서는 하나님의 진노의 대접들이 죄악된 인류 위에 심판을 쏟아

그림 6.4. "최후의 심판"(계 20장), 『일곱 가지 악덕』(The Seven Vices, 1558)에 실린 피터르 브뤼헐 더 아우더(Pieter Bruegel the Elder)의 판화

붓는다. 황폐하게 만드는 지진, 무너지는 도시들, 사라지는 산들과 섬들, 바위 크기의 우박들. 뒤따르는 환상은 하나님 백성의 피에 취한 음녀 바빌론을 보여 준다. 그러고는 짐승과 그 측근들이 굶주린 육식 동물처럼 그 음녀에게 달려들어 그녀의 살을 먹고 그녀를 불사른다(계 17:6, 16). 19장에서는 섬뜩한 "하나님의 큰 잔치"를 본다. 배고픈 독수리 떼가 장군들과 왕들, 노예들과 자유인들의 살을 먹고자 공격한다(계 19:17-21). 20장 끝부분에 도달할 즈음에는, 생명책에 이름이 적혀 있지 않은 모든 사람이 그들의 두목인 사탄과 함께 불못에 던져진다. 그곳에서 그들은 끝나지 않는 고통을 당하며 괴로워한다(계 20:10, 15).

어휴! 비평가들이 요한계시록의 폭력에 분노를 쏟아낸 것이 놀랍지 않다. 심리학자 카를 융(Carl Jung)은 요한계시록을 "혐오의, 진노의, 복수의,

맹목적인 파괴적 분풀이의 잔치"라고 조롱했다.[16] 성서학자 도미닉 크로산(Dominic Crossan)은 요한계시록이 "살해당한 예수의 비폭력 저항을 살해하는 예수의 폭력적 전쟁"으로 뒤집어 놓았다고 주장한다.[17] 요한계시록의 심판 장면들은 구조하기에는 그저 너무 끔찍한가? 하나님의 구속하는 선교는 결국 요한의 보복적 폭력에 의해 전복되는가?

> "요한계시록에는 너무 많은 파괴가 나온다.
> 재미있다고 말할 수가 없다."[18]
>
> D. H. 로런스(Lawrence)

이것들은 중대한 질문이며, 나는 이를 완전히 해결할 수 없다. 그러나 몇 가지 관점을 제시하고 싶다. 그 관점들은 요한계시록의 폭력적 심판 장면에서 무슨 일이 진행되는지 더 잘 이해하도록, 그리고 그 장면들이 요한계시록에 나타난 하나님의 전반적인 선교적 목적 안에서 제대로 자리 잡도록 우리에게 도움을 줄 것이다.

첫째로, 요한이 본 파괴의 환상들은 죄와 악에 대한 하나님의 완전한 승리의 **상징**이지 어떻게 그 일이 일어날지에 대한 문자적 기술이 아니다. 칠레의 학자 파블로 리처드(Pablo Richard)는 "본문에 나오는 폭력은 현실적이기

---

16 Carl H. Jung, *Answer to Job*, 2nd ed. (Princeton, NJ: Princeton University Press, 2011 [1969]), p. 76.

17 John Dominic Crossan, *God and Empire: Jesus Against Rome, Then and Now* (San Francisco: HarperSanFrancisco: 2007), p. 224. 『하나님과 제국』(포이에마).

18 D. H. Lawrence, *Apocalypse* (London: Penguin Books, 1980 [1931]), p. 135. 『아포칼립스』(도서출판b).

보다는 문학적이고 수사학적이다"라고 말한다.[19] 이런 생생한 이미지들을 문자적으로 읽어야 할 타당한 이유가 우리에게는 없다. 예수님이 실제로 양털을 입은 양이라거나, 17장에 나오는 여인이 실제로 많은 물과 붉은 짐승과 일곱 산 위에 동시에 앉아 있다고 고집할 수 없는 것과 마찬가지다!

둘째로, 요한은 이 과도하게 보이는, 고도로 수사학적인 언어를 의도적으로 배치한다. 우선, 그것은 믿지 않는 세상이 아니라 **교회**를 겨냥한다. 마이클 고먼이 설명하듯, "각각을 보든 함께 보든, 이 심판 환상들은 문학적·수사학적·감정적 충격과 경외의 경험을 창조한다. 그것들의 주된 목적은…두려움이 스며들게 하려는 것이 아니라 잠든 자들, 단순히 생활 속에서가 아니라 제국 안에서 잠든 자들에게 기상 콜을 제공하는 것이다."[20] 그렇다면 요한계시록 6-20장에 있는 요한의 심판 환상들은 2장과 3장에 나온 일곱 교회를 향한 그리스도의 메시지의 기능에 업혀 간다. 두 세트의 환상 모두, 안주하는 그리스도인들에게 짐승의 권력들과 타협하지 말라고 경고한다. 둘 다 교회를 향해 회개하라고 요구한다.

셋째로, 요한계시록의 심판 장면에서는 전통적 이미지를 활용하지만, 그 이미지를 죽임당한 어린양의 선교에 맞추어 변화시킨다. 요한이 사용하는 파괴의 언어는 어떤 즉흥적 혼합물이 아니다. 압도적으로 많은 경우에 그는 구약성경에서, 또한 유대 묵시 전통에서 언어를 가져와 변용한다. 유진 보링이 유익하게 지적하듯, "6-19장의 인, 나팔, 대접과 관련한 폭력적 그림들은 거의 모두 성경의 그림에서 나왔고 성경의 언어로 묘사되었다."[21] 예를 들

19　Pablo Richard, "Reading the Apocalypse: Resistance, Hope, and Liberation in Central America," in *From Every People and Nation: The Book of Revelation in Intercultural Perspective*, ed. David Rhoads (Minneapolis: Fortress, 2005), p. 149.
20　Michael J. Gorman, *Reading Revelation Responsibly: Uncivil Worship and Witness: Following the Lamb into the New Creation* (Eugene, OR: Cascade, 2011), p. 141.
21　M. Eugene Boring, *Revelation* (Louisville: John Knox, 1989), p. 115.

어, 요한은 출애굽 당시 이집트에 내려진 역병을 새로운 키로 조바꿈한다(계 8:6-9:11; 11:6; 16:1-21). 역병은 요한계시록에서 우주적 재앙으로 변형되어 당시의 우상숭배 제국인 로마뿐 아니라 **어느** 제국이든 하나님의 얼굴을 향해 자그마한 주먹을 휘두르는 제국에 심판을 가져온다.

그와 동시에 요한은 묵시적 공포의 전통적 이미지들을 십자가에 못 박힌 어린양의 이야기에 비추어 재해석한다. 우리는 6-20장에 나오는 심판 장면들이 4-5장에 나오는 보좌에 앉으신 하나님과 죽임당한 어린양이라는 중심 환상에서 **흘러나온다**는 것을 잊을 수 없다. 그리고 그것이 모든 것을 변화시킨다. 다시 보링이 설명한다. "**어린양**은 전반에 걸쳐 통제하는 이미지다. 메시아는 아직 종말론적 승리의 피 묻은 옷을 입고 있지만(계 19:13), 그 피는 자신의 피다(계 1:5). 그 장면들은 '진노'의 장면이지만, 그것은 '어린양의 진노'다(계 6:16)."[22] 어린양은 하나님의 경고하는 심판의 인들을 뗄 자격이 있고(계 5:9) 그 심판들이 가져올 공포를 계시하지만, 그 자격은 바로 그가 **죽임당한** 어린양이기 때문에 주어졌다. 어린양은 자신의 고난과 죽음 안에서, 인간이 스스로 초래하도록 하나님이 허용하신 죽음의 효과를 경험했다.

고먼이 올바르게 말하듯, 이렇게 변화된 관점은 요한계시록의 우주적 전쟁 환상들에 대한 흔한 오해로부터 우리를 지켜 준다(계 12:7-12; 16:12-16; 19:11-21; 20:7-10을 보라).[23] 그런 생각은 이런 식으로 나아간다. 즉, 하나님과 어린양은 악인들을 심판하고 악을 땅에서 제거하시는 신성한 전투를 하고 계시며, 최후 심판 때뿐 아니라 **지금도** 그리하고 계신다. 그러므로 하나님의 백성은 악과 싸우는 이 거룩한 전쟁에 군사로 지원해야 한다. 그것이 폭력

---

22 Boring, *Revelation*, p. 118.
23 Gorman, *Reading Revelation*, p. 154.

을 사용하는 일이라 할지라도 말이다. 미국 남북 전쟁의 노래인 "공화국 전투 찬가"(The Battle Hymn of the Republic)의 대중적 해석도 그렇게 흘러간다. 그 가사는 요한계시록 14:14-20과 19:11-21의 언어를 상당히 채용한다. 현재 시제의 동사를 주의하여 보라.

> 내 눈은 오시는 주님의 영광을 보았네.
> 그분은 진노의 포도를 채운 포도주 틀을 밟고 **나오시네**.
> 그분은 공포의 빠른 칼로 운명의 번개를 풀어놓으셨네.
> 그분은 물러나지 않을 나팔 소리를 보내셨네.
> 그분은 심판의 자리에서 사람의 마음을 **체질하시네**.
> **오, 신속하라, 내 영혼아. 그분께 대답하라! 내 발아 기쁘게 달려라!**(강조 추가)[24]

때로 이 싸움에 참여하라는 요청은, 악하다고 여겨지는 국가나 집단에 대한 군사 행동을 거룩한 전쟁으로 정당화하기 위해 사용되었다. 아마도 그 폭력은 좋은 목적으로 이끄는 것이라서 정당화되는 것 같다. 그러나 신성한 폭력의 군사 작전에 참여함으로써 하나님 편이 되라는 그런 호소는 요한의 이미지들을 전적으로 오독한 것이다. 요한계시록 전반에 걸쳐, **하나님의 백성은 결코 폭력의 행위로 부름받지 않는다**. 단 한 번도 그들은 전쟁에 참여하지 않는다. 사실 요한계시록은 **문자적 의미**의 전쟁이나 악의 세력과의 최후의 전투를 전혀 그리지 않는다. 그렇다. 요한계시록 19장에서 그리스도께서는 하나님의 적들을 결정적으로 물리치신다. 그러나 그분은 하나님의 말씀의 칼과 **그분 자신의 피가** 묻은 옷으로 그렇게 하신다! 하나님의 백성

---

[24] Julia Ward Howe, *Battle Hymn of the Republic* (Oliver Ditson & Co., Boston, 1862), www.loc.gov/item/ihas.200000858/.

은 이 사명에서 **정말로** 하나님의 편에 서지만, 그들은 값비싼 대가를 치르는 비폭력적 증거를 통해 "어린양의 피와 자기들이 증언하는 말씀으로써"(계 12:11) 그렇게 한다. 정의롭게 심판하시는 하나님은 십자가에 못 박히신 어린양과 다른 분이 아니다!

하나님의 인내와 끈기

묵시에 담긴 심판에 대한 토론이 때로 중요한 주제를 놓치는 경우가 있다. 바로 하나님의 **인내**다. 요한계시록 6-20장에서 심판 장면들이 축적되는 동안, 우리는 하나님의 끈기 있는 인내, 반역하는 사람에게 회개할 기회를 주는 거룩한 자제하심을 만난다. 다음과 같은 부분에서 찾을 수 있다.

- 죄악된 인류는 하나님의 심판들을 직면한 후에도 회개하지 **않았다는** (계 9:20-21; 16:9, 11) 두려운 관찰. 이는 그들에게 아직 돌이킬 기회가 있었음을 확실히 의미한다.
- 겸손과 회개를 상징하는 굵은 베옷을 입은 하나님의 두 증인의 모습 (계 11:3).
- 심판의 시간을 보면서 "하나님을 두려워하며 그에게 영광을 돌리라"는 호소에 암시된 회개하라는 부름(계 14:7; 참조. 계 11:13).
- 요한계시록의 심판 환상들의 구조 자체. 일곱 재앙이 세 세트로 늘어서 있고 점점 강도가 세진다(계 6, 8-9, 15-16장). 이것은 사람들에게 그들이 받는 메시지에 귀 기울이고 회개하며 하나님께 영광을 돌릴 시간이 아직 남아 있음을 의미한다.[25]

---

25 Richard Bauckham, "Judgment in the Book of Revelation," *Ex Auditu* 20 (2004): p. 7.

- 하나님이 악을 파괴하시는 것이 부분적이라는 특성[예컨대 "땅의 사분의 일"(계 6:8); "배들의 삼분의 일"(계 8:8); "성 십분의 일"(계 11:13)]. 심판 주기가 진행되는 동안 하나님은 반역하는 세상을 결코 완전히 날려 버리시지 않는다.

교부 테르툴리아누스(Tertullian)에 따르면 하나님은 "감사하지 않는 사람들을 참으신다." 그들이 우상을 예배하고, 그리스도인들을 핍박하고, 탐욕을 부리며 하나님이 안 계신 것처럼 행동할 때 인내하신다. "하나님은 인내하심으로써 그들을 자신에게로 이끌기를 바라신다."[26]

더 나아가, 하나님의 인내하시는 심판은 창조 세계에 대한 창조주의 정의롭고 사랑하는 주권의 표현이 된다. 요한계시록의 심판 장면 전체에 걸쳐 하나님은, 인간들이 그들의 우상숭배적 생활 방식의 재앙적 결과를 경험하는 일을 허용하신다. 네 명의 말 탄 자들에 의해 풀어놓아진 재앙들의 경우(계 6:1-8), 심판은 주로 인간 죄의 결과로 온다. 사람들에게는 전쟁, 혼돈, 폭력, 경제적 불의, 죽음 등 하나님께 영광 돌리기를 거절한 삶에서 나온 결과를 경험하는 것이 허용된다. 혹시라도 그들이 몽롱한 상태에서 깨어나 그들의 창조주께 돌아올까 하는 소망 때문이다(계 9:20-21; 16:9, 11). 요한계시록에서 하나님은 "인간들이 무한정 타인들을 하나님의 형상 이하의 존재로 취급하는 짓을 계속함으로써 그들이 점점 더 짐승 같은 모습으로 비인간화

---

26 Tertullian, Patience 2.3, in *Tertullian: Disciplinary, Moral, and Ascetical Works*, trans. Edwin A. Quain, Emily Joseph Daly, and Rudolphus Arbesmann (Washington, DC: Catholic University Press), p. 195.

되어 가는 일을 허용하기를" 거부하신다.²⁷ 사실 이렇게 하나님의 심판을 사람들이 실행하는 것은 거의 로마서 1:18-32에 나오는 반역하는 인류에 대한 바울의 기소에 관한 주석이 될 수 있을 것 같다. 그 본문에서 하나님은 사람들을 그들의 자기 파괴적 행동이 낳은 결과에 넘겨주신다. 그렇다면, 요한계시록의 심판은 죄인들을 향한 분노하신 하나님의 복수가 아니라 정의로운 하나님, 모든 민족에게서 회개, 예배, 온전함을 찾으시는 하나님의 열렬한 추구를 나타낸다.

억압받는 자들의 기도

이런 관점에서 우리는 제단 아래에 있는 순교자들의 잊을 수 없는 부르짖음, 그들의 적들에 대한 거룩한 심판의 요구를 들을 수 있다. "거룩하고 참되신 대주재여, 땅에 거하는 자들을 심판하여 우리 피를 갚아 주지 아니하시기를 어느 때까지 하시려 하나이까?"(계 6:10; 참조. 계 18:20)

1세기 요한의 상황에서 그런 요구들은 상처 입을 수 있는 주변화된 공동체로부터 일어난다. 그들은 로마 권력이 마음대로 이용하는 강력한 불의의 엔진들을 잘 알고 있다. 이런 기도들은 개인적 복수심을 쏟아 내는 것이 아니라, 완전히 정의롭고 모든 것을 바로잡으실 수 있는 하나님을 향해 간절하게 호소하는 것이다.²⁸ 그 기도들은 억압받는 하나님 백성의 수 세기에 걸친 부르짖음(시 13:1-2; 94:3; 119:84을 보라), 오늘날까지도 울려 퍼지는 하나님이 정의와 진실을 실행해 달라는 기도를 되울린다. 남아프리카공화국의 목사이며 반 아파르트헤이트 운동가인 알란 부삭이 그런 호소에 대해 내놓은

---

27 Andy Johnson, *Holiness and the* Missio Dei (Eugene, OR: Cascade, 2016), p. 160.
28 Bauckham, "Judgment," p. 9.

감동적인 묵상 "어느 때까지입니까, 주님?"을 들어 보라.

말하기도 싫은 고난과 이름을 알 수 없는 신들을 직면했을 때, "주님이 통치하신다!"라는 이 부르짖음은 하나의 고백이다. 구류를 당한 순간에, 감옥 속에서의 긴 어둠의 시간에, 당신을 심문하려는 자의 발걸음이 복도를 지나 당신의 감방으로 다가올 때, 거친 목소리와 조롱하는 웃음 위로, 부드러운 살을 때리는 주먹과 전기 충격기의 눈멀게 하는 고통과 원치 않는 눈물이 피 섞인 안개가 되어 눈을 가릴 때, 총과 탱크와 무장 차량의 으르렁거리는 소리 위로, 토할 것 같은 최루탄 가스와 눈물이 핑 돌게 하고 불타는 듯 당신의 몸을 관통하는 총알의 고통 속에서, 이 말을 외치거나 읊조린다. "어느 때까지입니까, 주님?" 교회는 고난받는 자들, 억압받는 자들의 부르짖음 안에서 하나님의 음성을 듣는다.[29]

그러나 요한계시록에서 하나님은 순교자의 기도에 즉시 응답하시지 않는다. 억압하는 권력들에 대한 하나님의 최후 심판은 단번에 일어나지 않는다. 그들은 "아직 잠시 동안 쉬"라는 말씀을 듣는다(계 6:11). 정의를 향한 갈망은 채워지겠지만, 먼저 교회가 고난받는, 심지어 죽음에 이르게 하는 증 증언을 완수하여 민족들에게 회개할 기회를 주어야 한다(계 6:11). "어느 때까지입니까, 주님"(계 6:10)과 새로워진 하늘과 땅(계 21-22장) 사이에는 모든 족속과 나라를 향한, 값비싼 대가를 치르는 하나님 백성의 선교가 있다. 하나님은 모든 잘못을 바로잡는 일을 인내하는 가운데, 은혜롭게 연기하신다. 교회를 위해 말과 행위로 다른 이들을 설득해 그들이 하나님의 심판을 맞지 않고 그들의 창조주께 돌아오게 할 시간을 허용하신다.[30] 베드로의 편지

---

29 Allan A. Boesak, *Comfort and Protest: The Apocalypse from a South African Perspective* (Philadelphia: Westminster, 1987), p. 69.
30 Bauckham, "Judgment," p. 10.

에 나온 말로 표현하면, 주님은 "너희를 대하여 오래 참으사, 아무도 멸망하지 아니하고 다 회개하기에 이르기를 원하시느니라"(벧후 3:9).

"억압받는 자들은 하나님의 사랑과 하나님의 정의 사이의 어떤 이분법도 보지 못한다.…하나님은 가난하고 억압받는 자들의 뜻을 받아들이신다. 이 세상에서 그들의 목소리를 듣는 이들이 없다는—심지어 자신을 그리스도인이라고 부르는 사람들조차도 듣지 않는다—바로 그 이유 때문이다.…군말 하나 없이 불의의 열매를 즐기는 그리스도인들, 그들은 스스로 방어할 수 없는 사람들이 죽임을 당하는 동안에도 침묵한다. 고난받는 하나님의 백성이 시편의 기도로 구원과 심판을 위해 기도할 때에도 그들은 감히 분노를 품지 않으려고 한다."[31]

알란 부삭

그러나 그 인내에 한계가 없는 것은 아니다. 요한계시록에서 하나님의 사랑은 무기력하지 않다. 그분의 은혜는 값싸지 않다. 하나님의 사랑은 구속하는 정의를 통해 악을 정복하는 거룩한 사랑이다. 요한은 하나님의 사랑을 "전능한 구속의 힘, 세상 속에서 해방의 사역을 행하며, 계속해서 이에 맞서는 이들 위에 심판의 어두운 그늘을 드리우는 힘"이라고 계시한다.[32]

궁극적으로, 자신의 창조주께서 베푸시는 자비를 고집스럽게 뿌리치는 이들, 억압하는 권력들과 그 권력에 빌붙는 이들은 반드시 심판의 그늘 아래 떨어지게 된다. 땅을 망하게 하려는 자들은 그들이 멸망할 것이다(계

31　Boesak, *Comfort and Protest*, p. 72.
32　John Christopher Thomas and Frank D. Macchia, *Revelation* (Grand Rapids, MI: Eerdmans, 2016), p. 411.

11:18). 바빌론의 열망의 포도주를 마시고 그 죄에 참여한 자들은 이제 바빌론이 받을 심판을 함께 받으며 **하나님의** 열망의 포도주를 마셔야 한다(계 14:8, 10).[33] 신학자 미로슬라브 볼프가 말하듯, "십자가에 의해 구속받기를 거부하는 혼돈의 권력들에 대한 하나님의 인내의 기간이 끝난 후 하나님은 폭력을 행하신다. 완고하게 폭력을 고집하는 자들에게 폭력을 행사하셔서 창조 세계 본래의 평화를 회복하신다."[34]

하나님의 세상에서 최종 운명을 좌우하는 것은 심판인가? 그렇지 않다! 요한계시록의 **최종** 운명은 불못(계 20:7-15)이 아니라, 하나님의 정의의 완전한 실현을 나타내는 새 창조다(계 21-22장). 요한계시록에서 심판은 그 자체로 끝이 아니라 끝을 위한 **수단**이다. 악의 파괴를 넘어 거룩한 도시가 있다. 그곳에서 모든 족속과 방언에서 나온 거룩한 백성이 거룩한 하나님의 임재 안에서 살아갈 것이다(계 21:3). 하나님의 선교는 "만국의 치료"(계 22:2), 인간 필요의 모든 구석과 틈을 메우는 총체적 회복을 통해 완전히 실현된다. 심판조차도 세상을 향한 하나님의 사랑의 목적을 중단할 수 없다.

결론

이번 장에서 요한계시록의 심판 환상들이 야기하는 모든 불편한 질문에 답

---

[33] Bauckham, "Judgment," p. 20. 어떤 해석자들은 요한계시록의 최후의 심판은 회개하지 않는 죄인들이 아닌, 무죄한 이들을 억압하는 **구조들**만을 향한 것이며, 죄인들은 결국 새 예루살렘에 들어가리라고 주장한다. Simon P. Woodman, "Fire from Heaven: Divine Judgment in the Book of Revelation," *The Book of Revelation*, ed. Garrick V. Allen et al., WUNT 2,411 (Tübingen: Mohr Siebeck, 2015), pp. 179-180, 186-190를 보라. 이런 해석은 신학적으로 매력이 있을지는 모르지만, 궁극적으로 계 20:7-15; 21:8, 27; 22:11, 15 등 의미가 명백한 본문과는 긴장을 초래한다.

[34] Miroslav Volf, *Exclusion and Embrace: A Theological Exploration of Identity, Otherness, and Reconciliation* (Nashville, TN: Abingdon, 1996), p. 300.

하지는 않았다. 요한계시록을 단정하게 포장해 두려는 어떤 시도도 실패할 것이다. 우리가 보여 주고자 **해 왔던** 것은, 거룩한 심판이 은혜롭고 인내하는 하나님의 선교와 상반되지 않는다는 점이다. 그와 반대로, 심판과 선교는 분리할 수 없는 동반자다. 요한계시록에서 그런 내용이 어떻게 펼쳐졌는지 몇 가지로 요약해 보겠다.

1. **요한계시록의 심판은 항상 하나님의 자비와 사랑의 맥락에서 일어난다.** 심판은 하나님의 구속하는 사랑을 부정하지 않으며, 그 사랑에 필요한 한 가지 측면으로 기능한다. 자기 백성과 모든 창조 세계를 향한 하나님의 사랑의 의미는, **아무것도**, **절대적으로 그 무엇도**, 만물을 새롭게 하시려는 하나님의 선교 목적을 탈선시키도록 허용하지 않는다는 것이다.

2. **요한계시록의 심판 이야기(6-20장)는 결정적 환상인 죽임당한 어린양의 환상(5장)에서 흘러나온다.** 요한은 결코 우리가 하나님의 진노는 십자가에 못 박힌 어린양의 진노임을(계 6:17) 잊도록 내버려 두지 않는다. 그 어린양은 자기를 내어 주는 죽음으로써 악을 이기신 분이다.[35]

3. **요한계시록에서 심판의 초점은 징벌 혹은 더 나아가 복수가 아니라 회개와 회복이다.** 하나님의 구속하는 정의는, 만물을 다스리시는 하나님을 경외하고 예배하도록 사람들을 이끌기 위한 것이다. 그러나 **심판만으로는** 이를 성취할 수 없다. 교회가 값비싼 대가를 치르는, 어린양을 닮은 증거를 살아 내는 것을 볼 때에만 그들은 자신들의 창조주에 대한 두려움에서 믿음으로 이동할 것이다.

4. **심판은 경고 경보로 작용한다.** 요한계시록의 괴상하고 무섭고 폭력적인 심판 이미지들은 미래 사건들을 문자적으로 묘사한 게 아니다. 오히려 그것들은 주로 일종의 신학적 '충격 요법'으로 기능하면서 반응을 요구한다.

---

35 Mitchell G. Reddish, *Revelation* (Macon, GA: Smyth and Helwys, 2001), p. 318.

요한은 사실상 이렇게 말하고 있다. "당신은 죽음과 파멸로 가는 길을 택할 수도 있고, 새로운 창조에 도달하는 어린양의 길을 따라갈 수도 있습니다. 선택은 당신의 몫입니다!"

5. **요한계시록의 경고는 제일 먼저 교회를 겨냥한다.** 1세기에도 21세기에도, 그리스도인 공동체는 요한계시록의 환상들이 현재 그들의 영적인 상태와 필요에 관해 말하게 해야 한다. 신실한 공동체는 하나님이 모든 불의에 대해 최종 승리를 거두신다는 확신을 주는 말을 들을 것이다. 그러나 타협하고 있는 '라오디게아인들'은 악한 권력들과 놀아나는 것이 얼마나 위험한지 직면해야 한다.

6. **요한계시록의 심판 신학은 교회가 선교적 소명을 성취하도록 격려한다.** 요한은 심판을 연기하고 반역하는 세상을 날려 버리기를 거절하시는 하나님을 보여 준다. 이 고집스러운 인내는 하나님의 성품에 뿌리박혀 있고, 죽임당한 어린양 안에서 계시되었다. 그 인내가 **우리** 선교의 모습도 결정해야 한다.

7. **마지막으로, 거룩한 심판은 고난받고 억압받는 이들에게 소망의 환상을 제공한다.** 가로막을 수 없고, 흔들리지 않으며, 좌절될 수 없는 하나님의 사랑은 우리에게 확신을 준다. 바로 하나님은 죄의 파괴적 영향에서 해방해 달라고 부르짖는 사람이나 창조 세계 자체의 부르짖음을 무시하지 않으실 것(롬 8:18-25를 보라)이라는 확신, 고통을 야기하고 어린이를 사고팔며 여성을 착취하고 창조 세계를 파괴하는 권력들은 영원히 멸절되리라는 확신이다.[36] 하나님의 심판은 완전히 정의로운 세상을 가능하게 한다. 이것이 바로 좋은 소식이다!

---

36 Reddish, *Revelation*, p. 318.

7장

선교적 예배

하나님께 경배하라!

요한계시록 19:10, 22:9

어떻게 그렇게 오랫동안 놓치고 있었을까? 수년간 나는 요한계시록을 주로 미래에 대한 예언으로 읽었고, 요한계시록도 다른 것들과 마찬가지로 나의 **예배**와 관계가 있음을 깨닫지 못했다. 어떤 관점에서 보면, 요한계시록은 하나님의 백성을 예배에 참여하도록 초대하는 하나의 커다란 예배 행위다. 우리 몸에 피가 흐르듯 요한계시록의 책장에서는 줄곧 예배가 흐른다.

요한계시록은 예배 맥락 속에서 펼쳐지는 책이며, 요한은 우리의 예배 인도자다. 요한계시록은 예배 상황에서 그 예언의 말씀을 "소리 내어 읽는" 자와 "듣는" 자를 축복하는 말로 시작한다(계 1:3). 환상들을 받을 때 요한은 "주의 날에" 예배에 사로잡혀 있었다(계 1:10). 이 예배 맥락은 "주의 날에" 이 말씀들이 낭독되는 것을 듣는 신자들의 모임과 연결 고리를 만든다. 그리고 요한계시록 거의 끝부분에서 요한은 "하나님께 경배하라"는 명령을 **두 번** 받는다(계 19:10; 22:9). 시작할 때와 마찬가지로 이 책은 예배 상황에서 마친다. 예수님은 직접 "내가 속히 오리라"라고 약속하신다. 예배자들은 인도자인 요한과 함께 예전의 공동 대답으로 외친다. "아멘. 주 예수여, 오시옵소

서!"(계 22:20; 참조. 계 1:7)

요한계시록에는 이런 예전적 틀 사이에 예식 행위(예컨대 계 4:1-5:4; 7:9-12; 19:1-4)와 경배의 찬송과 노래(계 4:8-11; 5:9-14; 7:10-12; 11:15-18; 12:10-12; 15:3-4; 16:5-7; 19:1-8)가 양념처럼 흩뿌려져 있으며, 어떤 노래는 오늘날에도 불린다. 사실 예배는 4-22장에서 일어나는 모든 환상의 배경이 된다. 이 환상들은 모두 예배의 공간인 전능하신 하나님의 보좌 방에서 기원한다. 이십사 장로와 네 생물이 밤낮 하나님을 찬양하며(계 4:8), 그 찬양은 일종의 배경 음악이 되어 이어지는 환상에서도 계속 울려 퍼진다.[1] 게다가 요한계시록 전반에 걸쳐 참된 예배와 거짓 예배라는 이슈는 대표 주제로 등장한다. "요한계시록의 언어는 예배의 언어다"라는 유진 보링의 관찰이 지나친 게 아니다.[2] 요한은 엄중한 반대와 타협하는 증언을 하라는 유혹에 직면한 교회에 편지를 쓰면서, 보좌에 앉으신 하나님과 죽임당한 어린양에 대한 진정한 예배로 돌아오라고 그들에게 요청한다.

요한계시록에 나타난 예배에 관해 할 말이 많지만, 예배와 선교의 연결에 초점을 맞출 것이다. 우리는 다음과 같은 사실을 발견할 것이다. 요한과 그의 청중에게, 그때나 지금이나 예배는

- 선포한다.
- 새롭게 상상한다.
- 대항한다.
- 계시한다.
- 초청한다.

---

1 Mitchell G. Reddish, *Revelation* (Macon, GA: Smyth and Helwys, 2001), pp. 102-103.
2 M. Eugene Boring, "Revelation 19-21: End Without Closure," *The Princeton Seminary Bulletin* Supp 3 (1994): p. 82.

사람 얼굴의 각 부분처럼, 이 다양한 양상이 함께 모여 상상력 넘치는 선교적 예배의 책인 요한계시록의 얼굴을 이룬다.

예배는 선포한다

요한계시록에서는 창조 세계를 위한 하나님의 구원 목적을 예배의 맥락에서 선언한다. 요한계시록의 여덟 개 예배 노래에서는 전능하신 분과 어린양을 찬양할 뿐 아니라 구원의 이야기를 노래한다. 요한계시록에서 그 노래들은 단순히 배경 음악이 아니라 하나님의 성품과 행위를 해설하는 기능을 한다. 더 나아가, 그 노래들은 주위에 나타난 사건과 상징을 해설한다.

요한계시록 4장과 5장의 장엄한 보좌 방 장면에서 노래가 시작된다. 이 장들은 요한계시록의 신학적 심장을 이룰 뿐 아니라 그 책의 "예배의 중심"으로 기능한다. 첫 번째 경배의 찬송(계 4:8-11)은 하나님의 활동 전체를 선포한다. 하나님은 전에도 계셨고 이제도 계시고 변화시키는 능력과 함께 장차 오실 이시다(계 4:8). 노래의 절정 부분에서는 하나님의 선교의 **시작**을 강조한다. 거기서는 영광과 찬양을 받으시는 것이 '하나님께 합당하며' 이는 '주께서 만물을 지으셨고' 만물이 주의 뜻대로 존재하게 하셨기 때문이라고 노래한다(계 4:11).

5장에서 하나님께 대한 예배는 어린양 예수님께로 확장된다. 네 생물과 이십사 장로는 그분만이 일곱 인으로 봉인된 두루마리를 열기에 합당하다고 선언한다. 그 두루마리는 인류와 모든 창조 세계를 향한 하나님의 선교적 목적을 드러낸다(계 5:9-14). 왜 그분만이 합당한가? **죽임당한** 어린양이시기 때문이다. 그분의 속죄하는 죽음이 모든 나라에서 사람들을 구속했고, 그들에게 하나님을 섬기는 나라와 제사장이 되라는 소명을 주었다.

세 번째 찬송(계 7:9-12)에서는 모든 방언, 족속, 나라에서 나온 큰 무리

그림 7.1. 시온산 위의 어린양을 찬양함(계 14:1-5), 클로이스터스 요한계시록(1330년경) 사본에 실린 삽화

가 하나님과 어린양을 구원의 유일한 근원으로 높인다. 그들은 얼굴을 땅에 대고 하나님께 경배한다. 그 후에 일곱 나팔 심판의 절정 부분에서 우리는 책에서 튀어나와 날아오르는 천상의 공고를 듣는다. "세상 나라가 우리 주와 그의 그리스도의 나라가 되어"(계 11:15).

이 찬송(계 11:15-18)은 이 시점까지는 암시만 되었던 사실을 명시한다. 하나님의 마지막 때의 왕국이 이미 도래했다. 하나님의 영원한 통치는 시작되었다. 화답하는 응답의 노래에서(계 11:16-18) 이십사 장로는 하나님을 옛적에도 **계셨고** 지금도 **계신** 분으로 찬양한다. 그러나 하나님이 장차 **오시리라**는 내용은 가사에서 사라졌다. 이 찬송의 시점에서 **하나님은 이미 오셨다**. 하나님의 선교가 **여기서** 성취되었다. 파트너를 데려가서 축하할 시간이다!

요한계시록의 남은 부분에서는 이 근본적 실재가 어떻게 전개되는지 더 자세히 보여 줄 것이다. 이 찬송은 또한 하나님을 반대하는 권력들에 대한 하나님의 의로운 심판이라는 주제를 도입한다. 그 주제는 남아 있는 다른 경배의 노래들 안에 등장할 것이다.

다섯 번째 찬송(계 12:10-12)에서는 사탄과 그 졸개들의 완전한 패배를 축하한다. 이전 찬송에서 나왔던 하나님의 구원과 하나님의 메시아적 왕국의 도래라는 주제를 반복하면서, 핍박받는 하나님의 백성이 사탄을 이긴 하나님의 승리에 동참하리라고 선포한다. 그들 자신의 힘으로 승리하는 것은 아니다. 그들은 "어린양의 피와 자기들이 증언하는 말씀으로써" 그 참소하던 자를 이길 것이다(계 12:11). 죽음까지도 각오하고 어린양의 고난에 참여할 때에만 승리가 온다.

바로 이전 장에서 살펴보았듯, 모세와 어린양의 노래(계 15:2-4)는 세상 속 하나님 사역의 보편적 성격을 집중 조명한다. 구속받고 승리한 자들의 합창단은 하나님을 "만국의 왕"으로 높이며 "만국이 와서 주께 경배[할]"(계 15:4) 새 창조 세계에서 하나님의 선교가 성취될 것을 암시한다.

그러고 나서, 뒤따르는 대접들의 심판이 진행되는 와중에, 물을 차지한 천사가 하나님의 구원의 다른 측면을 선포한다(계 16:5-7). 하나님의 회복하는 선교가 실현되기 위해서는 하나님이 자신의 종들을 핍박한 자들을 심판하셔야 한다. 억압자들은 그들이 흐르게 한 피를 반드시 마셔야 한다. 그 즉시 제단에서는 찬성하며 단언한다. "심판하시는 것이 참되시고 의로우시도다!"(계 16:7) 브라이언 블룬트는 이렇게 쓴다. "하나님의 진멸하시는 타격에 강렬하게 공감한 나머지 제단조차도 노래하지 않을 수 없었다."[3]

---

3 Brian K. Blount, *Revelation: A Commentary* (Louisville, KY: Westminster John Knox, 2009), p. 97.

요한계시록 19:1-8에서 우리는 예배 찬송의 '웅장한 마지막 악장'을 듣는다. 하늘에서 다양한 그룹의 예배자들이 '할렐루야 합창'을 차례로 분출하면서 교대로 노래하는 효과를 만들어 낸다. 첫째로, 하늘의 무리들은 하나님의 구원을 찬양한다. 그 구원은 피에 굶주렸던 음녀 바빌론에 대한 심판, 그리고 그의 부패한 권력으로부터의 해방과 관련된다(계 19:1-2; 참조. 계 18:20). 다시 한번 말하지만, "찬양은 단지 하나님이 행했거나 하시는 일만이 아니라, 하나님이 장차 행하실 일, 마지막 날에 그분의 정의가 완전히 계시될 때 하실 일을 노래한다."[4] 그 후에 이십사 장로와 네 생물은 엎드려 경배하며 "아멘"을 외친다. 마지막으로, 하나님의 백성으로 이루어진 강력한 합창단이 세상을 다스리시는 하나님을 찬양하고, 그리스도와 그분의 교회, 즉 어린양의 신부 사이의 관계가 이제 더 발전할 것을 기뻐한다(계 19:6-8).[5]

이 간단한 고찰이 보여 주듯, 바로 예배라는 맥락에서 요한계시록은 세상을 향한 하나님의 선교 목적을 가장 명시적으로 증언한다. 이스라엘의 시편처럼(예컨대 시 67:3-5; 96편; 138:5-6), 요한계시록의 찬송은 하나님의 구원 사역 이야기를 **노래한다**. 우리는 이것을 '선교의 음조로 된 음악'이라고 부를 수 있을 것이다. 가사 속에 지배적으로 나타난 몇 가지 주제는 다음과 같다.

- 온 창조 세계에 대한 하나님의 주되심
- 모든 나라를 이끌어 자신을 예배하게 한다는 하나님의 목적
- 악의 권력들에 대한 하나님의 승리와 하나님의 의로운 심판
- 하나님과 그리스도께서 영원한 나라를 세우고 다스리심

---

4   Ian Paul, *Revelation* (Downers Grove, IL: IVP Academic, 2018), p. 311.
5   Blount, *Revelation*, p. 97.

- 모든 족속과 방언의 사람들을 위한 어린양의 희생적 죽음
- 그리스도의 승리와 고난에 모두 참여하는 구속받은 제사장 공동체인 교회

요한계시록의 찬송들은 찬양을 통해 선포한다. 동시에 그 찬송들은 우리를 이 진리들을 포용하고 그 예배에 참여하도록 초대한다. 요한계시록에서 하늘에서 벌어지는 예배는 하나님의 백성이 땅에서 드리는 예배의 모범이 된다.

이것을 실제적으로 적용해 본다면, 우리는 아마도 우리 자신의 예배가 하나님과 어린양의 사랑하는, 구속하는, 정의로운 선교를 일관되게 증언하는지 물어야 한다. 그것은 단순히 하나님을 향한 우리의 사랑을 감정적으로 표현하거나 반복해서 말하는 것 이상이다. 요한계시록에서 그렇듯, 역사적으로 교회의 거룩한 음악은 하나님에 관한 진리와 하나님의 세상을 향한 목적을 하나님의 백성 안에 스며들게 해 왔다.

다양한 문화에서 그리스도인 공동체들은 '신학적' 찬송을 부르는 것과 대중적 찬양을 부르는 것의 상대적 가치를 두고 논쟁한다. 그러나 우리가 요한계시록의 음악에 귀를 기울인다면 이 논쟁의 방향이 잘못되었음을 깨닫게 된다. 요한계시록의 찬송은 '할렐루야'와 찬양의 제사로 흠뻑 젖어 있다. 그리고 그것은 올바르다. 하나님은 우리의 넘쳐흐르는 찬양을 받기에 합당하시다. 동시에, 그 노래들은 죽임당한 어린양을 통한 하나님의 구원 사역이라는, 또한 나라들과 모든 창조 세계에 대한 하나님의 최종 목적이라는 위대한 진리를 구체적으로 표현한다. 나라들 안에서 제자를 세우는 교회의 소명에서 거룩한 음악은 중대한 역할을 한다. 초기 감리교도들은 그들 신학의 상당 부분을 찰스 웨슬리(Charles Wesley)의 찬송을 부르면서 배웠다. 음악의 **스타일**이 어떠하든, 우리가 예배 중에 부르는 노래를 통해 성경의 위대

한 주제들을 선포하지 못한다면 우리는 예배자들이 하나님이 세상에서 무엇을 하시는지를 더 깊이 파악하게 하여 그들을 제자로 양육할 수 있는 최상의 기회를 허비하는 것이다.

게다가, 요한계시록의 찬송들은 '밝은' 주제만 다루지 않는다. 세상에서 사탄과 악이 지닌 권력, 인류의 반역, 하나님 백성의 불공평한 고난, 마지막에 드러날 하나님의 의로운 심판 같은 주제를 언급한다. 우리는 예배 모임에 '행복한 음악'과 분위기를 띄우는 주제만 포함하려는 유혹을 받을 수 있다. 그러나 그런 과정에서 우리는 폭넓은 성경의 가르침과, 탄식 시편이나 요한계시록의 더욱 불편한 비트를 담은 노래에서 볼 수 있는 인간 경험의 다양성을 부당하게 축소하게 될 것이다.

불행하게도 개정공동성서정과(the Revised Common Lectionary: 많은 개신교 회에서 사용하는, 예배에서 낭독할 성경 본문을 미리 정해 놓은 목록)는 바로 이 점에서 부족하다. 성서정과의 3년 주기 목록에는 요한계시록 본문이 여섯 개만 포함되어 있으며, 이조차도 주의 깊은 편집을 통해 생소하거나 폭력적인 부분은 제거해 버렸다. 결과적으로 회중은 위로, 찬양, 약속의 본문만 듣는다(요한계시록의 찬송 가운데 5:11-14과 7:9-17만 포함되었고, 다른 세 본문은 21장과 22장에서 가져왔다). 2장과 3장에 나오는 교회를 향한 그리스도의 말씀이나, 6-20장에 나오는 요한계시록의 심판과 관련한 예언자적 메시지는 기준을 통과하지 못한다. 우리는 "소독을 마친 전체 관람가 버전의 요한계시록"을 보게 되었고, 그 내용이 요한계시록에서 관심을 두는 내용의 **전부가** 아님을 아는 회중은 혼란을 느낄 것이다.[6]

마지막으로, 교회가 예배를 위해 모일 때 요한계시록은 **여전히** 하나님과

---

6   Richard B. Hays and Stefan Alkier, "Introduction," in *Revelation and the Politics of Apocalyptic Interpretation*, ed. Richard B. Hays and Stefan Alkier (Waco, TX: Baylor University Press, 2012), p. 2.

어린양의 이야기를 노래한다. 요한계시록의 예배 찬송들은 수 세기 동안 교회 음악에 영감을 불어넣고 그리스도인의 상상력에 불을 붙였다. 그리고 지금도 그렇게 하고 있다.[7] 예를 들어, 헨델(Handel)의 〈메시야〉(Messiah)에 나오는 환희에 찬 "할렐루야 합창"을 생각해 보라. 그 가사에는 요한계시록 11:15이 포함되어 있다. "세상 나라가 우리 주와 그의 그리스도의 나라가 되어, 그가 세세토록 왕 노릇 하시리로다." 매슈 브리지스(Matthew Bridges, 1800-1894)가 지은, 마음을 흥분시키는 찬송가를 떠올려 보라. 여기서는 요한계시록 5, 7, 19장의 이미지들을 사용한다.

주님께 많은 왕관을 드려라, 보좌에 앉으신 어린양께.
들어라! 하늘의 찬송이 모든 음악을 삼키고 울려 퍼지는 것을!
깨어라, 내 영혼아. 널 위해 죽으신 그분을 노래하여라.
환호하며 맞이하라, 영원히 비교할 이 없을 너의 왕을.

더 최근에는 앤드루 피터슨(Andrew Peterson)의 "그분은 합당하신가?"(Is He Worthy?)라는 노래는 요한계시록 5장에 근거해 깨어진 현재의 세계와 새 창조를 향한 우리의 깊은 갈망, 그리고 죽임당했다가 부활하신 어린양, 곧 새로운 세계를 존재하게 하시기에 홀로 **합당하신** 분에 대한 우리의 흔들 수 없는 소망을 노래한다. 나의 상상력을 꿰뚫는 이 노래를 들을 때마다 거의 매번 눈물이 솟는다.

요한계시록의 예배는 계속해서 교회의 상상력을 형성한다. 이 사실은 우리를 다음 요점으로 이끈다.

---

[7] 예를 들어, *Reading Revelation Responsibly: Uncivil Worship and Witness: Following the Lamb into the New Creation* (Eugene, OR: Cascade, 2011), pp. 112-115에서 마이클 고먼이 이 주제를 다룬 훌륭한 논의를 보라.

예배는 새롭게 상상한다

2009년에 영국인 영화감독 레슬리 우드헤드(Leslie Woodhead)는 〈비틀스는 어떻게 크렘린을 흔들었나〉(How the Beatles Rocked the Kremlin, 한국 방영 제목은 "비틀즈, 소련을 뒤흔들다"이다—옮긴이)라는 BBC 다큐멘터리를 제작했다.[8] 비틀스의 음악은 다른 요인만큼이나 소련 붕괴에 중요하게 기여했다는 그의 논지는 간단하면서도 설득력 있었다. 크렘린에서는 이 영국 록 밴드의 인기가 크렘린이 젊은이들의 생각을 통제하는 능력에 위협이 된다고 간주하여 이 밴드를 소련에서 금지하기까지 했음에도, 10대들은 불법 제작한 비틀스 앨범을 계속해서 들었다. 비틀스의 음악은 소련의 청소년들에게 자유를 향한 희망과 저항의 문화를 불어넣었다. 그 세대의 많은 이가 지배적인 소련 체제의 억압을 거부하도록 자라났고, 결국 그 체제를 무너뜨리는 데 협력했다. 우드헤드의 다큐멘터리에 따르면 강력한 소련 제국은, 적어도 부분적으로는, 노래가 형성한 한 세대 전체의 상상력 때문에 허물어졌다.

왜 이것이 그리 놀랍지 않은가? 노래와 이야기는 우리의 상상력을 재형성할 수 있기 때문이다. 그리고 우리가 새로운 실재를 상상할 때, 때가 되면 우리는 그 새로운 실재 안에서 살기 시작한다. 구약학자 월터 브루그만(Walter Brueggemann)은 고대 이스라엘에서 시편이 어떻게 이런 역할을 했는지 보여 준다. 그가 쓰길, "노래하는 회중은 대안 세계", 즉 삶의 모든 것을 재구성하는 세계를 "묘사하고 상상하며 일깨운다."[9] 요한계시록에서도 뭔가 비슷한 일이 일어난다. 요한계시록의 찬송과 예배 장면은 요한의 청중으로

8　Leslie Woodhead, "How the Beatles Rocked the Kremlin," British Broadcasting Company Storyville, 2009.
9　Walter Brueggemann, *Worship in Ancient Israel: An Essential Guide* (Nashville, TN: Abingdon, 2005), p. 45. 『고대 이스라엘의 예배』(대한기독교서회).

하여금 그들이 살아가는 실재를 새롭게 상상할 수 있게 한다. 예배는 새로운 세계를 건설한다.

우리는 이것을 특히 요한계시록 4장과 5장에서 본다. 요한은 가장 중심에 하나님과 어린양이 보좌를 차지하고 계신 우주를 그린다. 보좌를 둘러싸고 모든 창조 세계가 동심원을 이루어 오직 하나님과 어린양만 받으시기에 합당한 예배를 드린다. 이 중심을 이루는 환상과 함께 요한계시록은 세상을 새롭게 상상한다. 요한계시록은 아시아의 그리스도인 공동체에 대안적 **우주론**을, 다른 말로 하면 온 세상에 대한 새로운 이해를 제공한다.[10] 온 세상의 통치 보좌에 앉으신 하나님을 찬양하고 예배하는 데서 구체적으로 표현되는 이 세계관은 세상이 어떤 질서로 돌아가는지에 관한 로마의 비전과 충돌한다. 로마의 우주론은 카이사르와 그에게 권위를 부여한 신들을 세상의 중심에 놓았다. 제국이 된 로마는 우주를 형성하고 유지했다.

그러나 요한이 새롭게 상상한 세계에서는 수많은 천사가 "하늘 위에와 땅 위에와 땅 아래와 바다 위에와 또 그 가운데 모든 피조물"(계 5:13)과 함께 찬양을 부른다. "아우구스투스는 '보편적 동의에 따라' 로마 세계를 다스린다고 주장했다[『업적록』(*Res Gestae*) 34.1]. 요한은 만일 어떤 진정으로 **보편적인** 동의가 있다면 그것은 하나님과 어린양의 통치를 지지한다고 선언한다."[11] 요한계시록에서는 그야말로 완전한 지배 체제의 변화를 상상한다.

하나님의 백성 또한 그 하늘의 예배에 사로잡혀 있다. 요한은 이십사 장로의 이미지를 통해(아마도 이스라엘 열두 지파와 열두 사도에서 유래한 것 같다) 교

---

10 로마의 제국적 우주론의 대안인 요한계시록의 우주론에 대해서는 Ryan L. Hansen, *Silence and Praise: Rhetorical Cosmology and Political Theology in the Book of Revelation* (Minneapolis: Fortress, 2014), pp. 2-10; Laszlo Gallusz, *The Throne Motif in the Book of Revelation*, LNTS 487 (London: Bloomsbury T & T Clark, 2014), pp. 286-299, 334를 보라.

11 David A. deSilva, *An Introduction to the New Testament: Contexts, Methods and Ministry Formation*, 2nd ed. (Downers Grove, IL: IVP Academic, 2018), p. 813. 『신약개론』(기독교문서선교회).

회가 천사들 및 다른 창조물과 함께 보좌에 앉으신 분을 예배하는 데 참여하는 것으로 그린다. 땅에서 바라보면 이 아시아 교회들은 연약하고 주변화된 신앙 공동체인 것처럼 보일 것이다. 그러나 요한계시록의 변화된 상상력으로 보면 그들은 하늘 궁정의 일부다. 그들은 하나님의 영원한 통치뿐 아니라 악한 권력들에 대한 하나님의 승리에도 참여할 것이다.[12] 이것은 단순히 먼 미래에 관한 환상이 아니다. 지금도 그들은 하나님의 통치를 그분의 창조 세계 안에 가져오라는 부름을 받고 있다. 지금도 그들은 끊임없는 예배(계 4:8; 7:15), 모든 삶을 포함하는 예배에 참여하도록 초대받고 있다.

오늘날 우리 또한 우리 세계를 주류 문화의 렌즈와는 근본적으로 다른 렌즈를 통해 보도록 부름받는다. 우리의 일상 경험에서는 깨어짐, 폭력, 고난이 뉴스의 헤드라인을 가득 채우고 있다. 하나님 나라가 거두는 승리에 관해 우리가 노래하는 것이 어떻게 가능한가? 주석가 미첼 레디쉬(Mitchell Reddish)는 이것을 잘 표현한다.

우리는 세상을 다른 이들이 보는 방식과는 다르게 바라보는 공동체다. 다른 이들이 깨어짐을 보는 곳에서 우리는 온전함을 본다. 다른 이들이 죽음을 보는 곳에서 우리는 생명을 본다. 다른 이들이 미움을 보는 곳에서 우리는 사랑을 본다. 다른 이들이 반역하는 세상을 보는 곳에서 우리는 변혁되는 세상을 본다. 우리를 둘러싼 사건들이 하나님이 승리하시리라는 믿음을 반증하는 듯 보일 때에도, 우리는 계속 승리의 노래를 부르며 하나님의 사랑과 자비가 궁극적으로 깨어진 창조 세계에 치유를 가져오리라고 확신한다.[13]

---

12 Simon Woodman, *The Book of Revelation* (London: SCM, 2008), p. 183.
13 Reddish, *Revelation*, p. 225.

그 일이 이루어지지 전까지 우리는 인내하며, 우리가 진리임을 알고 있는 것에 대해 신실하고 값비싼 대가를 치르는 증언을 수행한다. 우리는 다가올 우리 주님과 그분의 메시아 나라의 최종 승리를 미리 바라보면서, 현 세계에서 하나님의 변혁 사역을 실행하는 사람들로 살아간다.

예배는 대항한다

정치적 예배

데이비드 드실바는 핵심을 잘 짚어 준다. "요한계시록을 단단히 묶고 있는 기본 질문은 다음과 같다. '누가 존경과 예배를 받을 만한 분인가?'"[14] 요한의 세계에서 이는 종교적 질문일 뿐 아니라 **정치적** 질문이다. 웨스 하워드브룩(Wes Howard-Brooke)과 앤서니 그위더(Anthony Gwyther)는 이렇게 설명한다.

> 교회와 국가가 분리된 우리의 현대 세계에서 교회 출석자 대부분은 예배의 고유한 정치적 성격을 고려하도록 요구받지 않는다. 하지만 요한계시록의 세계에서 이 연결은 명백하며 당연히 전제된다. 놀라운 것은 예배가 정치적이라는 게 아니라, 보좌에 앉으신 유일하신 분에 대한 예배가 다른 신들이나 신격화된 황제들에 대한 예배를 **배제했다**는 사실이다.[15]

예배는 정치적이다. 예배가 궁극적 충성을 선언하기 때문이다. 예배는 누가 또는 무엇이 사람들의 삶을 지배하며 그들의 충성을 요구하는 권력을 잡고 있는가와 관련이 있다. 빌라도를 향한 예수님의 진술, "위에서 주지 아니하

---

14 deSilva, *Introduction to the New Testament*, p. 813.
15 Wes Howard-Brooke and Anthony Gwyther, *Unveiling Empire: Reading Revelation Then and Now* (Maryknoll, NY: Orbis, 2003), p. 206.

셨더라면 나를 해할 권한이 없었으리니"(요 19:11)라는 말씀은 보좌 위 하나님의 자리를 찬탈하려는 모든 인간 권력에 도전한다.[16]

"예배의 행위 배후에는 권력에 대한 질문이 있다. '과연 누가 이 세상을 지배하고 있는가?' 생명으로 이끄는 예배가 있고 죽음의 도구가 되는 예배가 있다. 아프리카인들은 예배하는 사람들이다. 예배는 그들의 삶에 통합되어 있다. 예배는 하나님이 주신 우주적 질서를 재확인하며 충만한 삶을 위한 희망을 불어넣는다."[17]

제임스 추쿠마 오코예

로마가 지배하는 아시아에서는, 신들이 로마를 선택했고 황제는 신들의 세상 통치를 대리하는 자라는 믿음이 널리 받아들여졌다. "누가 우리의 찬양과 충성을 받으실 만한가?"라는 질문에는 단 하나의 대답만 허락되었다. "물론, 카이사르시다!" 황제를 예배하고 로마의 권력을 찬양하는 양식들이 인도에서 몬순 우기에 내리는 비처럼 요한의 세계를 흠뻑 적시고 있었다. 시인들은 로마의 영원함을 노래했다. 동전들이 카이사르의 신성을 홍보했다. 합창단들은 황제를 찬양하는 노래를 불렀다.[18] 이것이 세상을 바라보는 **정상적** 방식이었다.

---

16 Paul, *Revelation*, p. 129.
17 James Chukwuma Okoye, "Power and Worship: Revelation in African Perspective," in *From Every People and Nation: The Book of Revelation in Intercultural Perspective*, ed. David Rhoads (Minneapolis: Fortress, 2005), p. 124.
18 J. Nelson Kraybill, "The New Jerusalem as Paradigm for Mission," *Mission Focus Annual Review* 2 (1994): p. 129.

그러나 어린양의 백성들에게는 그렇지 않았다. 그들의 배타적 충성, 그들의 궁극적 충실함, 그들의 유일무이한 **예배**는 보좌에 앉으신 이와 어린양에게만 향했다. 아시아의 회중이 예배를 위해 모일 때, 그들은 세상을 향해 공적으로 선언했다. "만물을 지으신 하나님이 온 세상을 통치하는 보좌에 앉아 계신다. 카이사르가 앉아 있는 게 아니다!"

진리는 오늘날에도 동일하다. 문화적 배경이 어떻든, 우리는 예배하기 위해 모일 때 주위 사람들에게 우리의 '정치적' 충성을 선언한다. 이것은 당파 정치에 관한 게 아니라, 우리 문화의 우상들이 아닌 오직 하나님이 보좌에 앉아 계신다는 우리의 공적 인정에 관한 것이다.

요한계시록의 예배 전쟁

예배는 충성을 선언하는 것과 관련 있기 때문에 긍정적 또는 부정적 경로를 택할 수 있다. 하늘에 계신 참된 하나님에 대한 예배는, 지상의 짐승에 대한 우상숭배적 예배라는 악한 닮은꼴에 의해 끊임없이 거부당한다(계 13:4, 8, 12-17; 14:9-11; 16:2, 19:20; 20:4). 결과적으로, 요한계시록은 우주적 규모의 '예배 전쟁'을 그리고 있다.

이것이 13장, 즉 "온 땅이" 그 짐승을 따르며 예배한다고(계 13:3, 4) 하는 부분보다 더 명확하게 나타나는 곳은 없다. 짐승의 주문에 사로잡힌 땅의 거주민들은 그들이 행하는 우상숭배 예전의 노래를 부른다. "누가 이 짐승과 같으냐. 누가 능히 이와 더불어 싸우리요?"(계 13:4) 이것은 구약성경에서 (예컨대 출 15:11; 시 35:10; 사 40:18) 반복해서 제기하는 질문을 흉내 내는 것이다. 그 짐승은 이겨 낼 수 없는 대상으로 보인다. 결과적으로, 그것은 사람들의 충성을 끌어낸다. 요한에게 짐승을 예배하는 것은 '반(反)예배', 즉 하나님 예배를 악마적으로 패러디한 예배다. 우리가 다음 장에서 살펴보겠지만, 요한의 독자들은 즉시 짐승을 카이사르 및 제국과, 짐승 예배를 황제 숭

그림 7.2. 민족들의 예배를 받는 짐승(계 13장), 『두 교회의 형상』(The Image of Both Churches, 1535)에 실린 존 베일(John Bale)의 목판화

배와 연결했을 것이다. 그러나 요한은 또한 로마의 충성 요구 배후에 인간의 예배에 굶주린 사탄과의 우주적 전쟁이 있음을 인식한다. 다른 **지상의** 권력 중심들, 곧 사탄의 보좌(계 2:13)와 용 곧 사탄에 의해 허락된(계 13:2) 짐승의 보좌(계 16:10)는 하나님의 보좌와 경쟁한다. 제국의 우상숭배는 귀신들에 대한 예배일 뿐이다(계 9:20). 브라이언 블런트가 현명하게 지적하듯, "요한은 그의 청중과 독자들이 이 결정적 지점을 이해하기를 원한다. 로마 제국의 종교 의식에 참여하는 것은 로마 배후에 도사리고 있는 혹독한 악을 예배하는 것이다."[19]

요한계시록의 바닥에 놓인 질문으로는 '누가 예배받기에 합당한가?'뿐만

---

19 Blount, *Revelation*, p. 249.

아니라 '우리는 누구를 예배할 것인가?'도 있다. 요한계시록은 하늘에 있는 하나님의 영원한 보좌와 지상의 사탄과 짐승의 보좌들이 서로 경쟁하게 하면서, 하나님과 어린양보다 못한 무언가를 예배하려는 인간의 경향성과 맞선다. 요한은 그의 독자들에게 가짜 예배에 대한 저항 전략을 참여 거부와 찬양이라는 두 갈래로 제공한다.[20]

참여 거부를 통한 저항

요한계시록에서는 아시아의 그리스도인들에게 말로만이 아니라 그들의 삶의 방식으로 하나님과 어린양에게 충성을 맹세하라고 요구한다. 외부인들 앞에서 교회가 비싼 값을 치르며 예수님을 증언하는 일의 한 부분은 짐승을 예배하지 않는 것이다(계 20:4; 참조. 계 13:15). 실제적으로, 그것은 국가가 후원하는 제국 종교의 우상숭배에 참여하기를 거부하는 것을 의미한다. 우리가 보아 왔듯, 황제 숭배의 촉수들은 로마 치하 아시아의 먼 곳까지 널리 뻗어 있었고, 일상의 공적·사적 삶의 모든 부분에 스며들어 있었다. 참여하지 않기란 쉽지 않았다. 게다가 위험할 수도 있었다. 안디바에게 한번 물어보라!(계 2:13)

로마의 세계관에 따르면, 세상에 대한 카이사르와 신들의 통치는 황제 숭배의 의식, 제사, 이미지에 의해 유지되었다. 라이언 핸슨(Ryan L. Hansen)은 카이사르 숭배에 참여하는 것이 안정된 세계를 유지하기 위한 사회적 계약 같은 기능을 했음을 보여 준다. 신들은 로마 제국을 통해 세상이 생존하게 했고, 사람들은 그에 대한 보답으로 제물을 바치고 신성한 황제를 존경했다.[21] 다른 말로 하면, "카이사르에게 합당한 것을 바치면, 신들은 너의 안

---

20 라이언 핸슨은 이 두 부분의 소명을 "침묵과 찬양"이라고 특징짓는다. Hansen, *Silence and Praise*, 예를 들어 p. 10를 보라.
21 Hansen, *Silence and Praise*, pp. 8-9, 63-66.

그림 7.3. 고대 에베소의 도미티아누스 황제의 신전

전, 평화, 번영을 돌볼 것"이라는 말이다. 매력적인 거래다.

그러므로 황제 숭배 제의 참여는 세상 질서의 유지를 위해 요구되기도 하고 필요하기도 한 일이었다. 도시 전역에서 열리는 신성한 황제를 기리는 축제에 참여하기를 거부하거나, 그 도시의 수호신을 숭배하는 무역 길드 모임에 빠지는 그리스도인들은 카이사르에게 불충한 자들이자 "세상의 지속성과 안정에 대한 위협"으로 여겨져 특별한 주목을 받았다.[22]

위험하든 말든 요한계시록은 그리스도인들에게 로마의 세상 지배에 힘으로 저항하지 말고, 그 지배를 유지하는 제의적 관행에 **참여하기를 거부함**으로써 저항하라고 요구한다. 그러므로 요한이 신들에게 제물로 바쳤던 음식을 그리스도인들이 먹는 문제를 심각하게 다루는 것도 별로 놀랍지 않다

22　Hansen, *Silence and Praise*, p. 64.

(계 2:14, 20). 요한의 눈에는 이 행위가 무해한 문화적 관습을 넘어서는 것으로 보였다. 그런 행위는 카이사르와 신들이 세상을 운영하는 전체 우상숭배 체제에 그들이 참여하는 신호였다. 궁극적으로 그 행위는 그들을 사탄의 일로 빨아들이고 있다(계 2:20, 24; 9:20). 아시아의 그리스도인들은 그들 예배의 초점을 되찾아야 했고, 그들의 주류 문화 속에 심긴 우상숭배에 협력하지 않기 위해 저항해야 했다.

마찬가지로, 요한계시록은 모든 장소와 세대의 그리스도인들에게 그들 문화의 우상 및 그것들을 유지하는 관행에 저항하라고 요구한다. 예를 들어, 서구에 있는 그리스도인들은 아마도 소비주의의 우상을 허물기 위해, 필요 없는 사치품을 사라거나 지속 불가능한 삶의 방식을 유지하도록 거대한 빚을 지라는 문화적 압력을 거절할 필요가 있을 것이다. 또는, 우리는 무조건적 충성을 대가로 평화와 안전을 약속하는 힘 있는 자들의 목소리를 그만 들을 필요가 있을 것이다. 우리의 예배와 충성의 방향이 창조주 대신에 창조 세계 내의 권력들을 향할 때마다(롬 1:25), 우리는 성경에서 우상숭배라고 부르는 것을 은밀히 받아들이는 것이다.

저항의 노래들

제국에 대한 가짜 예배에 저항하기 위한 요한계시록의 전략이 지닌 다른 측면은 예전 및 찬양하는 노래들을 활용하는 것이다. 앞에서 우리는 요한계시록의 경배의 노래들이 독자들의 상상력을 변화시켜 하나님이 최고 통치자로서 다스리시는 새로운 세상을 보고 경험하게 하는 것을 보았다. 그 결과 그 찬송들은 이 세상의 권력과 우상에 대항한다. 요한계시록의 찬송들은 독자들에게 그들 문화의 지배적 이야기에 저항하도록 힘을 불어넣는 대항적 상상력을 준다.

"요한계시록은 외우기 좋은 노래들과 반항적 수사학의 위험한 혼합물이다. 요한계시록의 예전적 찬송들은, 하나님이 로마가 그 역사적 사명의 짐을 내려놓게 하겠다고 하신 약속을 증언한다. 바로 지금."[23]

브라이언 블런트

4장과 5장의 시작하는 찬송들을 생각해 보라. 요한계시록 4:8-11의 하나님에 대한 묘사(우리 주 하나님, 곧 전능하신 이, 전에도 계셨고 이제도 계시고 장차 오실 이)가 요한 당시에 카이사르나 그리스-로마의 어느 신을 칭송하는 데 그대로 사용된 것은 전혀 우연이 아니다.[24] 또는 보좌에 계신 하나님을 향한 예배의 행위들(예컨대 찬송을 부르고 왕관들을 바치는 것)이 로마 황제들을 향한 복종을 표현하는 의식 속에서 이루어진 행위들이라는 점도 그렇다. 요한의 세계에서 하늘의 합창단이 하나님과 어린양에게 "당신이 합당하십니다"라고 외칠 때(계 4:11; 5:9; 참조. 계 5:12), 그것은 "당신, **오직** 당신만이!"를 의미할 수밖에 없었다.[25]

마찬가지로, 11장의 "세상 나라가 우리 주와 그의 그리스도의 나라가 되[었다]"(계 11:15)라는 담대한 선언은, 자신의 제국이 세상을 다스린다고 믿던 카이사르에게는 제국의 눈을 찌르는 행위가 될 수밖에 없었다. 더욱이 "그가 영원, 영원히 다스리실 것이다"라고 노래하는 찬송의 가사는, 자신의 영원한 통치를 찬양하는 로마의 교만한 종말론을 폭파해 버린다. 요한계시록 예배의 관점에서 보면, 온 세상을 포함하는 하나님의 왕국은 인간 제국 및

---

23 Blount, *Revelation*, p. 95.
24 Blount, *Revelation*, p. 95.
25 Blount, *Revelation*, p. 95.

그 제국이 통치한다는 주장과 행복하게 공존할 수 없다. 해리 포터와 악한 볼드모트처럼 "한쪽이 살아남으면 다른 쪽은 살 수 없는" 관계다.[26]

"로마, 모든 나라의 여왕이여, 너의 권력은 끝이 없을 것이다."[27]
고대 에베소의 한 부호의 집에 새겨진 말

아시아의 회중이 그들의 상황에서 요한계시록의 찬송을 부를 때, 그들은 천상의 예배에 참여한다. 그렇게 할 때 그들은, 그들의 예배를 받겠다고 요구하는 어떤 권력이나 우상, 인간이나 영적 존재에 용기 내어 저항할 힘을 얻는다. 하나님의 백성은 예배하러 나오라는 장로들과 천사들의 부름에 "그들 자신의 정치적 성격이 가득한 예배와, 역사의 유일한 주권자이신 전능하신 하나님과 어린양에 대한 증언으로" 응답한다.[28]

오늘날 예배, 특히 예배의 노래들은 지금도 우리의 세계를 형성하려 하고 우리의 충성을 요구하는 내러티브, 권력, 우상을 거부할 수 있도록 자원을 제공한다. 노래는 언제나 이 세대의 권력에 저항하는 일에서 핵심 부분을 맡아 왔다. 노래는 우리가 언젠가는 현재 권력의 인프라가 무너지고 하나님의 정의가 통치하게 되리라고 확신에 찬 희망의 목소리를 낼 수 있게 한다. 리처드 헤이스는 미국의 인권 운동 당시에 불렸던 단순한 노래 "우리는 승리하리라"(We Shall Overcome)라는 노래의 가사가 일곱 교회를 향한 메

---

26 J. K. Rowling, *Harry Potter and the Deathly Hallows* (New York: Scholastic, 2007), p. 737. 『해리 포터와 죽음의 성물』(문학수첩).
27 Gallusz, *The Throne Motif*, p. 275에서 재인용.
28 Blount, *Revelation*, p. 98.

시지 마지막에 있는 약속의 킹제임스 번역에서 가져온 것임을 지적한다. "흑인 교회에서 자유를 위한 행진이 시작되고 참여자들이 손을 잡고 '언젠가 우리는 승리하리라'라는 노래를 부를 때, 그들은 믿음, 즉 비록 그들에게 전통적 의미의 정치적 권력은 없지만 진리에 대한 그들의 증거가 폭력과 억압을 압도하리라는 믿음을 표현하고 있었다."[29]

알란 부삭은 남아프리카 아파르트헤이트의 가장 어두웠던 시기, 백인 아닌 사람들에 대한 억압의 체제가 아직 폐지되기 전에 이와 비슷한 소망을 표현했다. 마음을 찌르는 그의 말을 들어 보자.

남아프리카의 흑인들은 자유의 노래가 투쟁의 일부가 되도록 했다. 사실 투쟁은 그 노래들 없이는 생각할 수조차 없었을 것이다.…감옥에서 그들은 저항과 믿음과 자유의 노래를 불렀다.…감옥에서는 노래 부르는 것이 허용되지 않았지만 정치범들은 아랑곳하지 않았다. 다가올 승리를 기뻐하는 노래가 한쪽 방에서 시작되면 모두의 목소리가 섞여 들며 노랫소리가 감옥 전체를 가득 채울 때까지 계속되었다. 간수들과 정치인들과 중무장한 군인들은 사람들이 어떻게 그런 상황에서 노래를 부를 수 있는지 이해할 수 없었다.…그러나 우리는 노래한다. 믿기 때문이다. 우리는 노래한다. 소망하기 때문이다. 우리는 노래한다. 아주 잠시 후에는 독재자가 사라질 것을 알기 때문이다.[30]

요한계시록의 예배 노래들은 그리스도인 리더와 공동체를 향해 질문한

29　Richard B. Hays, *The Moral Vision of the New Testament: A Contemporary Introduction to New Testament Ethics: Community, Cross, New Creation* (San Francisco: HarperCollins, 1996), pp. 183-184.

30　Allan A. Boesak, *Comfort and Protest: The Apocalypse from a South African Perspective* (Philadelphia: Westminster, 1987), pp. 60-61.

다. "당신은 제국의 사제인가, 저항하는 예언자인가?"[31]

예배는 드러낸다

요한계시록에서 예배는 하나님의 선교의 목표를 드러낸다. 요한계시록의 위대한 예배 장면들은 우리에게 하나님의 선교가 어디를 향해 나아가고 있는지를 보여 준다. 세상을 위한 하나님의 사랑의 목적은, 모든 족속과 나라에서 사람들이 나아와 영원토록 삼위일체 하나님을 사랑하고, 영화롭게 하며, 예배하게 되는 것이다. 요한은 그 목표에 관한 놀라운 스크린 숏들을 제공한다. 요한계시록 7장에서 우리는 활기찬 다민족 합창단을 만난다. 그들은 구속받은 자들이며 보좌 앞에 서서 끝없이 계속되는 하나님과 어린양 예배에 참여하고 있다(계 7:9-17). 5장에서는 그 예배가 구속받은 인류뿐 아니라 "하늘 위에와, 땅 위에와, 땅 아래와, 바다 위에와, 또 그 가운데 모든 피조물"(계 5:13)을 포함한다. 우리의 예배는 훨씬 더 큰 무엇인가에 사로잡힌다. 바로 모든 창조 질서가 하나가 되어 하나님께 영광과 찬양을 드리게 한다는 하나님의 목적이다.

우리는 요한이 제시하는 새 창조의 황홀한 환상(21장과 22장)에서 하나님의 선교의 목표를 가장 생생하게 본다. 그곳에는 생명수의 강이 자유롭게 흐르고, 생명나무가 무성하게 자라며 만국을 치유하는 잎사귀를 낸다(계 22:1-2). 요한은 즉시 덧붙인다. "하나님과 그 어린양의 보좌가 그 [도시] 가운데에 있으리니 그의 종들이 그를 섬기[리라]"(계 22:3, 강조 추가). 요한계시록은 새 예루살렘 예배를 상상하며, 하나님의 형상으로 창조된 사람들의 가

---

[31] Michael-Ray Matthews, "Will You Be Chaplain to the Empire or Prophet of the Resistance?," *Sojourners*, February 17, 2017, https://sojo.net/articles/faith-action/will-you-be-chaplain-empire-or-prophet-resistance를 보라.

장 심오한 번성을, 우리 인류의 잠재력이 기쁘게 성취되는 것을 본다. 하나님과의 친밀한 관계는 우리를 사랑의 예배로 이끈다. 이 관계를 떠나면 우리는 인류의 가장 충만한 모습보다 낮은 수준에 안주하게 된다.

"우리는 하나님과의 관계 안에 있을 때 인간으로서 가장 충만한 모습이 된다. 그 관계 안에서 그 관계를 즐길 때 하나님은 영광을 받으신다. 그것이 새 창조 안에서의 삶에 대한 성경의 그림들이, 인간 삶의 가장 풍성하고 완전한 모습에 대한 묘사들과 당신의 모든 찬란함 안에 계신 하나님에 대한 예배를 그처럼 이음매 없이 결합할 수 있는 이유다. 한쪽은 다른 쪽 실체의 일부가 될 것이기 때문이다(사 65:17-25; 계 21-22장)."[32]

크리스토퍼 라이트

이것이 인류와 모든 창조 세계를 위한 하나님의 궁극적 목적이라면, 분명 그것은 하나님의 백성인 우리의 소명, 즉 모든 나라에서 사람들을 그들의 창조주이신 하나님을 사랑하고 신뢰하며 예배하는 관계로 이끌라는 부르심을 강화한다.[33] 인류는 기술, 부, 과학, 스포츠, 섹스, 명성, 권력, 정치를 통해서는 열매 맺는 삶과 진정한 기쁨을 발견하지 못할 것이다. 그 기쁨은 오직 신실한 예배 공동체의 일부가 되어 하나님과 어린양을 사랑하는 예배와 경배에 참여할 때만 얻을 수 있다. 그 실재가 세상 속 우리의 선교를 형성한다. 이는 우리를 요한계시록에 나타난 예배와 선교에 관한 마지막 관찰

---

32 Christopher J. H. Wright, *The Mission of God's People: A Biblical Theology of the Church's Mission* (Grand Rapids, MI: Zondervan, 2010), p. 244.
33 Wright, *Mission of God's People*, p. 245를 보라.

로 인도한다.

예배는 초대한다

예배는 하나님의 선교의 목표를 드러낼 뿐 아니라 그 목적을 성취하는 도구가 된다. 요한은 교회뿐 아니라 믿지 않는 세계를 향해서도 예배하라는 요청을 전한다. 요한계시록에서는 반복해서, 세상 나라들이 하나님을 예배하고 그분께 영광을 돌리는 장면을 보여 주거나 그렇게 하도록 초대한다(계 11:13; 14:7; 15:3-4; 21:24-25). 요한계시록 14장에서는 이 요구를 와이드스크린 영상으로 방송한다. 사람들이 짐승을 예배하는 두 병행하는 환상(계 13:1-18; 14:9-11) 사이에서, 구속받은 사람들은 시온산 위에 서서 큰 소리로 하나님을 찬양한다(계 14:1-5). 갑자기 한 천사가 하늘을 가로지르면서 땅 위에 사는 이들에게 복음을 선포한다. 그의 메시지는 그들에게 "하나님을 두려워하고 그분께 영광을 돌리"고 하늘과 땅을 만드신 분께 경배하라는 요구다(계 14:6-7). 비록 지금 짐승을 예배하는 자들이 아직 회개하거나 진영을 옮기지 않았지만, 그들은 하나님의 보좌를 둘러싼 예배자의 군중에 합류하라는 초대를 받는다(계 4:11; 5:11-14; 7:9-12).

그 후에 승리한 교회는 유리 바닷가에서 현악 합주단의 연주에 맞추어 노래를 부른다. 그 가사에는 "오직 주만 거룩하시니이다…만국이 와서 주께 경배하리이다"(계 15:4)라는 내용이 포함되어 있다. 이것은 그저 교회가 품은 미래에 대한 소망이 아니다. 교회의 예배는 세상을 향해 창밖으로 몸을 내밀고, 밖에 있는 사람들에게 각자 하프를 들고 어린양의 예배 밴드에 가입하라고 초대한다. 마이클 고먼은 이를 잘 표현한다. "요한계시록은 하늘에서 진행되는 하나님 예배에 합류하라는 요청이며, 동시에 그 예배를 통해 축하하는 거룩한 드라마의 발표다. 그래서 그것은 또한 그 이야기와 하나님의 선교 안으로 들어오라는 부름이기도 하다."[34] 요한계시록은 그 핵심까지 선교적이다.

그래서 찬양은 증언 행위가 된다. 요한계시록의 하늘 예배는 저세상에 속한 것이 아니다. 조지프 맨지너가 주장하듯, 그리스도인 회중이 보좌에 앉으신 한 하나님을 예배하고 죽임당한 어린양을 찬양하는 동안 그들은 그 하늘의 예배에 참여한다.[35] 그렇게 할 때, 그들은 모든 사람을 위한 하나님의 선교 목적이 무엇인지 증언한다. 그들은 공개적으로 새 창조의 예고편을 체현한다. 거기서 세상의 모든 창조물은 엎드려 하나님을 경배한다. 마치 그들의 경배 노래에 이런 자막이 붙어 있는 것 같다. "와서 경배하라! 이 성가대에 들어오라, 지금 그리고 미래에!" 이것은 적어도 부분적으로는 그들의 공적 예배를 통해 하나님의 '강력한 행위들'을 선포하는, 베드로가 묘사하는 하나님의 백성의 그림과 다르지 않다(벧전 2:9). 크리스토퍼 라이트는 지적한다. "그런 선포의 찬양은 하나님과 예배자들 사이에서 일어나는 사적인 일이 아니다. 그 찬양은 공적 영역까지 쏟아져 들어가며, 하나님은 이를 통해 나라들을 그분께로 이끄신다."[36]

마지막으로, 요한계시록의 예배 장면들과 노래들은 외부 사람을 예배 공간으로 불러들일 뿐 아니라, 모든 나라를 향한 선교를 위한 교회에 기운을 불어넣는다. 예배자들이 하나님의 보좌를 둘러싸고 "합당하시도다. 일찍이 죽임을 당하사 각 족속과 방언과 백성과 나라 가운데에서 사람들을 피로 사서 하나님께 드리시고"(계 5:9)라고 노래를 부를 때, 모든 족속과 방언에서 나온 큰 무리가 "구원하심이 우리 하나님께 있도다"(계 7:9-10)라고 외칠 때,

---

34 Gorman, *Reading Revelation*, p. 37.
35 Joseph L. Mangina, "God, Israel, and Ecclesia in the Apocalypse," in Hays and Alkier, *Revelation and the Politics of Apocalyptic Interpretation*, p. 94.
36 Wright, *Mission of God's People*, p. 250.

수많은 땅의 거주자가 하늘의 하나님께 영광을 돌리는 장면을 요한이 그릴 때(계 11:13), 그런 환상들은 교회의 선교를 위한 과업을 제시한다. 그런 일이 일어나도록 우리의 삶을 하나님의 도구로 드리지 않고는, 우리는 나라들을 위한 어린양의 죽음을 축하할 수 없다. 우리는 하나님이 갈망하시는 세계를 노래한다. 우리는 하나님이 구속하신 세상을 섬긴다. 예배와 증언은 결혼 관계다. 찬양은 모든 나라를 구속하고 만물을 새롭게 한다는 하나님의 목적에 참여한다.

결론

그리스도인들은 때로 예배와 선교의 관계가 틀어지게 만든다. 예배는 우리가 교회 **안에서** 하는 활동이고 선교는 교회 **밖에서** 일어나는 일이라고 생각한다. 요한계시록을 쓴 요한은 더 잘 알고 있다. 요한은 우리를 **선교적 예배**로 들어오도록 인도한다. 이번 장에서 우리는 선교적 예배가 무엇을 하는지 보았다. 선교적 예배는

- 하나님의 사랑의 목적을 공적으로 선언한다. 그 목적이란, 어린양이 흘린 피를 통해서 모든 창조 세계를 하나님이 의도하신 모습으로 구속하고 회복시키시는 것이다. 선교적 예배는 하나님의 백성이 하나님이 만드신 세상을 위한 나라와 제사장들로서 그 선교에 사로잡혀 있음을 나팔을 불어 알린다.
- 우리의 세계를 하나님의 미래에 비추어 새롭게 상상하도록 우리에게 힘을 공급한다. 망가지고 부서진 세상에서 하나님의 백성은 "땅을 망하게 하는"(계 11:18) 모든 권력에 대한 하나님의 최종 승리를 미리 축하할 수 있다.

- 우리의 다양한 문화 속 우상과 이념이 아니라, 하나님이 우주를 통치하는 보좌에 앉으셨음을 세상을 향해 선포한다. 예배에서 우리는 유일한 최고 통치자이신 주님께 '우리의 충성을 맹세한다.'
- "세상 나라"(계 11:15)의 내러티브, 권력, 관습에 대한 우리의 의로운 저항을 말로 표현하게 하고 힘을 북돋운다.
- 하나님의 선교의 목표를 드러낸다. 그 목표는 모든 나라의 사람들이 삼위일체 하나님을 예배하는 사랑과 신뢰의 관계 안에서 번성하는 것이다.
- 전능하신 하나님을 향한 예배에 참여하라고 모든 나라의 사람들을 초대함으로써 '엿듣고 있는' 불신자들을 향해 하나님의 자비와 권능을 선언한다.
- 세상이 장차 임할 하나님 나라를 미리 맛보게 하는 예배의 삶을 살도록 우리를 준비시킨다. 우리의 말과 삶을 통해, 모든 사람이 하나님을 예배하기를 바라시는 하나님의 갈망을 증언하라고 요청한다.

요한계시록의 예배는 우리의 예배 모임과 일상의 교류 안에서, 삶의 모든 부분으로 "밤낮" 드리는 예배 안에서(계 7:15) 세상에 대한 변화된 비전을 받아들일 뿐 아니라 그 비전을 체현하라고 우리를 초대한다.

최근에 오랫동안 기억에 남을 한 예배 모임에 참석했다. 그 예배에서 열두 개 정도의 나라와 문화를 대표하는 사람들이 요한계시록 5장에서 나온 가사로 노래를 불렀다. "죽임당한 어린양이 합당하시다!" 각 대표자들은 마이크 앞으로 나와서 같은 멜로디를 그들의 고유한 언어로 노래했다. 마치 요한계시록 7장의 모든 민족과 언어에서 나온 예배자들이 거대한 합창단을 이룬 장면을 보는 듯했다. 나는 그 전 세계의 복음 성가대를 피로 사신 어린양을 함께 찬양하고 있었다. 나는 하나님께 교회가 그 비전을 살아 내도록, 사람들을 화해시키고 장벽들을 허무는 복음의 능력을 나타내는 방식으로 살아 내도록 도와 달라고 간구했다. 또한 "하나님, 우리를 용서해 주십시오"라고 기도했다. 우리와 다른 사람들을 대하거나 생각할 때 그 비전을 반영하지 못하는 일이 너무 잦기 때문이다.

하나님의 선교에 참여하는 것의 의미는, 하나님의 나라가 충만하게 임하고 하나님의 뜻이 '하늘에서 이루어진 것같이 땅에서도' 이루어질 때까지, 우리의 '할렐루야'의 외침이 반드시 우리를 '주여, 불쌍히 여기소서'라는 호소로 이어지게 하는 것이다.

8장

선교적 정치

> 화 있도다 화 있도다 큰 성, 견고한 성 바벨론이여!
> 한 시간에 네 심판이 이르렀다.
>
> 요한계시록 18:10

나는 대체로 종교와 정치를 혼합하는 것을 달가워하지 않는 기독교 교파에서 자랐다. 우리는 삶의 영적인 쪽 언덕에서 살아왔다. 정치 영역은 선출된 공무원 같은 다른 사람들이 신경 쓰게 하라. 우리의 주된 목표는 천국에 가는 것이며 가는 길에 다른 영혼도 몇 명 데려가는 것이었다. 실제로 우리는 경건한, 사사화(私事化)된 신앙을 유지하기 위해 정치, 사회, 경제, 문화의 세계를 세속 권력에 넘겨주고 말았다.

우리가 파악하지 못했던 것은 복음의 심오한 **정치적** 성격이다. **당파** 정치에 관해 말하는 게 아니다. 복음은 정치적이다. 정치는 우리가 함께하는 공적 삶을 조직하는 방식과 관련 있기 때문이다. 정치는 사람들의 삶에 대해 누가 또는 무엇이 권력을 가지는지, 그리고 어떻게 그 권력이 사용되는지에 관여한다. 유진 피터슨은 예수님이 설교하신 "하나님 나라"의 언어 자체가 "전체적으로 하나의 정치적 은유"로서, "모든 것과 모든 사람을 하나님의 통치 아래 포함하는 복음을 고집한다"는 점을 우리에게 상기시킨다.[1] 수년 전 필리핀에서 사역자들을 가르치는 일을 시작했을 때, 나는 가난, 착취, 경제적 불의 같은 이슈와 관련해서 '좋은 소식'이 무엇을 의미하는지를 다시 생각할 수밖에 없었다. 예수님이 우리의 사적·영적 생활뿐 아니라 삶의 **모든 것**의 주인이시라면 우리는 정치를 피해 갈 수 없음을 깨닫게 되었다. 공적·정치적 차원이 없는 복음은 '물 없는 바다'처럼 이해할 수 없는 말이다!

신약성경의 저자 중 이를 요한보다 더 잘 이해한 사람은 없다. 삶의 모든 영역에 대한 예수님의 주되심이 다른 신들과 주들의 주장에 의해 지속적으로 공격받는 세계에서, 요한에게는 영적 영역과 정치적 영역을 분리한다는 선택지가 없었다. 그 대신 그는 어린양의 정치와 로마 정치의 근본 차이를 집중 조명한다. 이를 위한 핵심 전략은 사탄적 정치의 진정한 성격을 드러내는 상징을 배치하는 것이다. 그 상징은 그때나 지금이나 독자들이 자신들의 세계를 다시 상상하도록 밀어붙인다. 이번 장에서는 특별한 관심을 끄는 요한의 두 가지 이미지, 즉 **짐승**(beast)과 **바빌론**(babylon)이라는 상징에 초점을 맞출 것이다. 요한계시록의 '악명 높은 선수들'(Killer Bs)이다.

그러나 이번 장의 제목처럼 정치가 선교적일 수 있는가? 물론이다. 하나님의 선교는 이 세상에서 우리의 공적 삶을 포함해 인간 삶의 모든 영역 위에 하나님의 사랑의 통치를 세우고자 한다. 예수님은 이미 주님이시므로 어린양을 따르는 자들은 다른 경쟁하는 주들의 면전에서 어린양을 예배하고 증언하는 것이 무엇을 의미하는지 배울 필요가 있다.[2] 이번 장에서는 7장에서 만난 어떤 주제들을 강화하는 것을 발견할 것이다. 7장에서 보았듯 예배는 본래 정치적이기 때문이다. 그러면 이제 요한계시록의 선교적 정치를 바빌론과 짐승의 이미지를 통해 탐구해 보자.

---

1 Eugene H. Peterson, *Reversed Thunder: The Revelation of John and the Praying Imagination* (San Francisco: HarperSanFrancisco, 1988), p. 117.
2 N. T. Wright, "Revelation and Christian Hope: Political Implications of the Revelation to John," in *Revelation and the Politics of Apocalyptic Interpretation*, ed. Richard B. Hays and Stefan Alkier (Waco, TX: Baylor University Press, 2012), p. 106.

누가 이 짐승과 같으랴

요한계시록 13장이 열릴 때, 요한은 "바다에서 한 짐승이 나오는"(계 13:1) 것을 본다. 아마도 성경의 어떤 상징도 이것처럼 '암호'를 푸는 데 강력한 노력을 촉발하지는 않았을 것이다. 이런 추측들은 종종 요한계시록의 바다에서 올라오는 짐승을 적그리스도와 동일시했다. 대중적 세대주의에서는 전형적으로 이 존재를, "레프트 비하인드" 소설의 니콜라에 카르파티아처럼 사탄적 세계 통합 정부를 설계하는 악한 개인으로 본다. 그러나 **적그리스도라는 용어는 요한계시록에 한 번도 나오지 않는다**. 사실 성경에서 적그리스도라는 표현은 요한 서신에서만 나타나는데, 거기서는 교회 안에 있는 거짓 교사들을 집합적으로 가리킨다(요일 2:18, 22; 4:3; 요이 1:7). 요한일서에서는 "많은 적그리스도가 일어났"다고 경고한다(요일 2:18). 적그리스도를 숫자 666, "짐승의 수"(계 13:18)와 연결하려는 많은 시도는 수많은 억측만을 낳아왔다. 해리 마이어(Harry Maier)는 여러 세대의 그리스도인들이 "수를 계산하고 그들만의 '최우수 혐오상' 수상 후보들을 만들었다"라고 꼬집는다.[3] 적그리스도로 지명된 공적 인물을 나열한 긴 목록에는 여러 교황, 무함마드, 나폴레옹, 히틀러, 스탈린, 로널드 레이건, 사담 후세인, 버락 오바마, 도널드 트럼프 등이 포함되어 있다. 한번은 한 이름난 성서학자가 눈을 반짝이면서 이렇게 말하는 것을 들었다. "당신이 좋아하던 적그리스도가 죽었어도 염려하지 마세요. 반드시 다음 사람이 나타날 것입니다!"

적그리스도의 정체성에 대해 추측하는 것이 이번 장의 관심사는 아니다. 나는 요한계시록 13장의 선교적 읽기가 "짐승의 **본성**"에 대해 드러내는 바

---

3   Harry O. Maier, "A First-World Reading of Revelation Among Immigrants," in *From Every People and Nation: The Book of Revelation in Intercultural Perspective*, ed. David Rhoads (Minneapolis: Fortress, 2005), p. 62를 보라.

에 훨씬 더 관심이 있다. 다니엘의 여러 짐승(단 7:3-7)에 관한 두려운 환상을 떠올려 보면, 바다에서 나온 짐승은 하나님과 세상 속 하나님의 선교를 대적하는 악한 권력들을 나타낸다. 요한은 짐승을 용, 곧 사탄의 아바타로 바라본다. 짐승과 용 모두 열 뿔과 일곱 머리를 지녔고 사탄은 짐승에게 그가 가진 권위의 보좌를 준다. 그러나 짐승은 "열 개의 왕관을 쓰고 있는데, 용이 쓴 일곱 개보다 더 많다(계 12:3; 13:1). 아무래도 짐승은 주인보다 더 권력에 굶주린 듯하다."[4]

그러나 요한계시록에서 이 상징은 또한 구체적인 정치적 차원을 지닌다. 소아시아의 그리스도인들에게는 바다에서 나온 그 짐승을 로마의 두려운 정치적·군사적·경제적·종교적 권력, 황제 자신 안에서 체현된 권력으로 파악하는 일이 어렵지 않았다.[5] 나중에 요한은 짐승의 일곱 머리를 로마의 일곱 언덕과 일곱 황제로 해석함으로써(계 17:9) 점들을 더 분명하게 잇는다. 요한이 볼 때, 제국은 전적인 충성과 경배를 요구한다(계 13:4). 이 짐승은 대중적 의미의 '적그리스도'(the antichrist)는 아닐지 모르지만 분명 **그리스도를 대적한다**(anti-Christ). 짐승 및 짐승이 상징하는 사탄적 제국은 그리스도에게, 또한 세상에 구속을 가져오기 위해 하나님이 행하시는 모든 일에 대항한다.

요한은 짐승을 어린양의 패러디로 묘사함으로써 파산한 제국 정치를 폭로한다.[6]

- 하나님이 보좌와 권력과 권위를 어린양과 공유하실 때처럼(계 3:21; 5:6, 12; 12:10), 용도 자기 권위를 짐승에게 준다(계 13:2, 4).

---

4 Dean Flemming, "Revelation," in *Wesley One Volume Commentary*, ed. Kenneth J. Collins and Robert W. Wall (Nashville, TN: Abingdon, 2020), p. 923.
5 "바다"(계 13:1)는 성경에서 혼란과 무질서를 상징하는데, 여기서는 아마도 로마를 암시하는 것 같다. 외부 세력인 로마는 에게해를 건너 소아시아를 침범했다.
6 Flemming, "Revelation," p. 923를 보라.

그림 8.1. 바다에서 나온 짐승에게 홀을 넘겨주는 용(계 13:2-4), "앙제의 요한계시록"(The Apocalypse of Angers, 1375-1380) 태피스트리

- 어린양이 모든 족속과 방언에서 나온 그를 따르는 자들의 나라를 해방하는 것처럼(계 5:9-10), 짐승도 "각 족속과 백성과 방언과 나라를"(계 13:7) 다스린다.
- 어린양과 마찬가지로 짐승도 "죽임당한다"(계 5:6, 9, 12; 13:3). 그러나 **부활하신** 예수님처럼 짐승도 지금 살아 있다. 그의 치명적 상처가 치유되었기 때문이다(계 13:3, 12, 14).

요한의 청중은 요점을 놓칠 수가 없다. 짐승은 조잡한 위조품, 진짜 존재를 흉내 낸 값싼 모조품이다. 이러한 노골적 패러디는 아시아의 그리스도인들에게 질문을 던진다. 사실상 요한은 이렇게 묻는 것이다. **당신의** 충성은 어디에 놓여 있는가? 모든 피조물과 함께 하나님과 어린양을 찬양하겠는가?(계 5:13-14) 아니면 사탄과 짐승을 따르는 "온 땅"(계 13:3, 4, 8)과 운명을 함께할 것인가? 아마도 요한계시록은 오늘 **우리**에게도 같은 질문을 던질 것이다.

선전부

패러디는 두 번째 짐승의 경우에도 계속된다. 이 짐승은 땅에서 온다(계 13:11). 첫 번째 짐승과 마찬가지로 땅에서 올라온 짐승도 헛되이 예수님을 흉내 낸다. 그 짐승은 "어린양**같이** 두 뿔이 있"다. 그러나 이 가짜 어린양은 "용처럼" 말을 한다(계 13:11). 양의 옷을 입은 용이다. 용과 바다에서 나온 짐승과 두 번째 짐승은 일종의 마귀 삼위일체를 이룬다.

땅에서 올라온 짐승은 한 가지 일을 한다. 첫 번째 짐승의 예배를 촉진하는 일이다. 아시아의 교회들에게 땅의 짐승은, 아마도 황제 숭배를 다그치고 있던 신전 제사장들과 지역 정치가들과 지방 의회들을 포함한 다양한 지역 기관과 집단을 떠올리게 했을 것이다. 우리가 1장에서 본 것처럼 에베소나 버가모 같은 도시에서는 황제 숭배에 대한 헌신에서 로마를 능가하려고 애썼다.

사이먼 우드먼(Simon Woodman)은, 땅에서 올라온 짐승은 사실상 제국의 선전 기계처럼 행동한다고 지적한다.[7] 모든 선전 담당관이 그렇듯, 짐승의 작업 방식은 기만이다. 두 번째 짐승은 기적적 표적을 가지고 군중을 속인다. 이는 11장에 나오는 두 증인의 사역과 유사하다(계 13:13-14; 11:5-6). 그러나 신실한 증인들과 달리, 요한계시록에서는 땅의 짐승에게 "거짓 예언자"라는 이름을 붙인다(계 16:13; 19:20; 20:10). 그들의 능력 있는 행위는 교묘한 속임수에 불과하다. 서커스 입장권을 강매하는 자처럼, 그 짐승은 자기 주인,

---

7   Simon Woodman, *The Book of Revelation* (London: SCM, 2008), p. 169.

곧 첫 번째 짐승의 형상에 생기를 불어넣고 "그 짐승의 우상으로 말하게" 한다(계 13:15). 거짓 예언자의 선전 캠페인은 사람에게 생기를 불어넣으셨던 하나님의 능력을 어설프게 흉내 내려는 시도를 드러낼 뿐이다(창 2:7; 계 11:11). 그러한 선전은 언제나 짐승의 정치가 지닌 전형적 모습이었다. 로마에서 말하는 안전과 구원이라는 약속, 혹은 히틀러가 말하는

그림 8.2. "짐승의 숫자 666"(계 13:18), 윌리엄 블레이크(William Blake) 작(1805년경)

'선한' 독일 시민이라는 기념비적 기만, 자신의 이미지와 정치적 미래를 위해서 진실은 아무렇게나 취급하는 오늘날의 정치인들이 바로 그러한 예다.

짐승에게 이름 붙이기

13장은 짐승의 표를 짐승의 이름과 그 수인 666과 연결하면서 마친다(계 13:17-18). 이 숫자의 의미 혹은 그것이 지칭하는 어떤 인물이 누구인지, 짐승의 표가 어떤 모습을 지닐 것인지에 관해 묵시적 억측을 하는 작은 산업이 일어날 정도였다. 마이크로칩을 심거나 666 숫자를 이용해서 짐승의 바코드를 만든다는 등의 음모론들은 요한의 상징이 가진 힘을 분산시킬 뿐이다. 가장 기본적으로 666은 **불완전함**을 나타내는 수다. 요한계시록의 완전

하고 충만한 수인 7을 불쌍할 정도로 결여하고 있다. 세 개의 6은 하나님 흉내를 내는 짐승의 "삼중 실패"를 선언한다.[8]

동시에 요한은 청중에게 "그 짐승의 수를 세어 보라"고 초대하는데, 그 수는 한 인물을 의미한다(계 13:18). 아시아의 그리스도인들은 로마 황제 네로를 주요 용의자로 여겼을 것이다. 알파벳 문자에 할당된 수를 더하는 고대의 관행에 따르면, 히브리어로 쓰인 "카이사르 네로"라는 이름의 수가 666이 된다. 게다가, 네로는 다른 식으로도 짐승의 프로필과 일치한다. 네로는 그리스도인들의 핍박자로 악명 높았고(계 13:7; 17:6), 짐승의 머리가 치명적 공격을 받았다가 다시 살아난 것처럼 네로가 죽음에서 돌아와 그의 왕좌를 되찾으리라는 대중적 전설이 있었다. 그러나 이것이 짐승의 의미를 네로나 그가 대표하는 제국에만 제한하지는 않는다. 정부, 정치 권력, 개인이 그리스도가 만유의 주되심을 반대하고 하나님께만 바쳐야 할 충성을 요구하는 어느 곳에서든 이 짐승은 악마 같은 머리를 치켜 올린다.

오늘날 나타나는 짐승의 정치

그래서 요한은 그의 독자들에게, 제국의 일반적 정치와는 다르게 세상을 다르게 보는 방법을 직면하도록 상징과 신랄한 패러디를 사용한다. 그는 독자들에게 그들 문화의 지배적인 정치적 이야기들과 대조되는 대안 정치의 모델이 되라고 강권한다. 이는 오늘날 선교하는 교회를 향해서 어떻게 말하는가? 가능한 세 가지 방식을 제시해 보겠다.

---

8 Peterson, *Reversed Thunder*, p. 126.

시민 종교

요한은 짐승을 국가의 지원을 받는 제국의 우상숭배와 긴밀하게 연결한다. 짐승은 보편적 예배의 초점이다(계 13:4). 머리에 기록된 신성모독적 이름들은 황제에게 주어진 '주님', '신', '하나님의 아들', '구원자' 등의 명칭을 떠올리게 한다(계 13:1, 5-6; 17:3). 요한의 세계에서 종교와 정치는 제국을 유지하는 황제 숭배와 지역 신들에 대한 예배의 형태로 분리할 수 없도록 얽혀서 제국을 유지하고 있었다.

그러나 이는 단지 고대의 역사가 아니다. '하나님과 국가' 이념은 21세기에도 건재하다. 나는 특별히 내가 속한 미국 상황, 특히 많은 미국 교회에서 이를 본다.[9] 시민 종교는 "세속 권력(보통은 국가 그리고/또는 그 수장)에 거룩한 축복의 근원이라는 신성한 지위를" 부여하고 "신성한 세속 권력 및 그 가치에 마음과 생각과 몸으로 헌신하고 충성하기를 요구한다."[10] 복잡한 신화, 내러티브, 의례, 미디어가 그런 가치를 강화한다. 미국의 그리스도인들은 정기적으로 (미국이 **기독교 국가**라는) 그런 신화를 받아들이고 그런 의례를 실천한다. 애국주의는 경건함과 동의어가 된다. 국경일을 축하하는 애국 예배는 때로 정치 궐기 대회의 모습을 띤다. 독립기념일 주말에 어느 예배에 참여했던 기억이 난다. 회중은 애국 노래를 소리 높여 부르고, 미국 국기를 나타낸 거대한 디지털 이미지가 십자가 위로 덧입혀졌다. 한 작가가 날카롭게 말하길, 비록 "오늘날 어떤 서구 국가도 노골적으로 지배자를 숭배하지는 않지만, 우리에게는 분명 수백만이 의심 없이 충성을 바치는 정치적·군사

---

9 미국의 시민 종교를 탁월하게 다룬 마이클 고먼의 *Reading Revelation Responsibly: Uncivil Worship and Witness: Following the Lamb into the New Creation* (Eugene, OR: Cascade, 2011), pp. 48-54를 보라. 또한 Gregory A. Boyd, *The Myth of a Christian Nation: How the Quest for Political Power Is Destroying the Church* (Grand Rapids, MI: Zondervan, 2005)를 보라. 『십자가와 칼』(한언).

10 Gorman, *Reading Revelation*, p. 46.

적·경제적 권력이 있다."¹¹

시민 종교는 종종 **민족주의**(nationalism), 즉 국가에 대한 극단적 헌신과 관련이 있는데, 이는 자기 나라를 다른 모든 나라보다 우월하다고 여기는 것이다. 마이클 고먼은 이렇게 말한다. "이 헌신은 종종 그 민족이 하나님의 선택, 축복, 임명을 받았으며, 그들의 힘과 부는 하나님의 승인 표시라는 확신에 근거한다."¹² 이는 당연히 다른 민족들과 나라들은 같은 식으로 하나님의 관심과 축복을 받지 **못했음**을 의미하며, 여러 나라 출신의 예배자 군중이 하나님의 보좌를 둘러싸고 있는 요한의 환상과는 반대된다(계 7:9-10). 민족주의적 모습을 가진 시민 종교는, 한 나라의 힘과 사명을('지구상 가장 위대한 나라'로서 세상을 변화시켜야 하는 미국) 하나님의 영광과 사명인 줄로 종종 혼동한다.

시민 종교의 강력한 흡인력에 어떻게 반응해야 하는가? 첫째로, 시민 종교가 바로 **우상숭배**의 한 형태임을 소리쳐 주장하는 용기와 겸손이 필요하다. 국가의 신화와 내러티브가 널리 수용되는 상황에서 미국 기독교는 '짐승 숭배'에 특히 취약해 보인다. 국가에 대한 충성을 하나님께 대한 충성과 혼동하고, 정당을 지원하는 일을 죽임당한 어린양께 신실한 것으로 오판할 수 있다. 요한계시록에서는 요한의 때 못지않게, 민족주의의 신과 갈라서고 시민 종교의 우상숭배를 버리라고 우리에게 강권한다.

둘째로, 이런 일을 하면서 겸허하게 성령의 분별을 추구해야 한다. 애국심과 우상숭배적 민족주의 사이에 선을 긋기란 때로 쉽지 않다. 특히 기독교적 미국주의가 **정상**처럼 보일 때는 더욱 그러하다. 고먼은 오늘날과 요한 당시의 시민 종교의 차이에 관해 중요한 말을 한다. 소아시아의 그리스도인

---

11 J. Nelson Kraybill, *Apocalypse and Allegiance: Worship, Politics, and Devotion in the Book of Revelation* (Grand Rapids, MI: Brazos, 2010), p. 15.
12 Gorman, *Reading Revelation*, p. 49.

들에게 시민 종교는 로마의 이념과 **이교도**의 종교성을 결합한 것이었다. 미국의 그리스도인들에게 시민 종교는 미국의 이념과 기독교 영성의 한 형태를 혼합한 것이다. 이것이 미국의 시민 종교를 훨씬 더 유혹적인 것으로 만들고 짐승을 예배하는 데 더욱 저항하기 어렵게 한다.[13]

최근 수년간 민족주의의 다양한 모습이 전 세계에서 부상하고 있음은 의심할 여지가 없다. 시민 종교의 흐름을 거스르려면 점점 더 큰 대가를 치르게 될 것임을 보여 주는 것 같다. 대부분은 사회와의 관계에서 문제가 생겨나겠지만, 교회 자체에서도 문제가 발생할 것이다. 지역 회중은 그들의 공적 삶에 대한 대안적 비전을 제시할 수 있는 방법을 용기 있게 찾아 나가야 한다. 기도하는 가운데 나누는 대화도 한 가지 방법이 될 것이다. 국경일에 애국심을 고취하는 예배를 계속할지, 또는 내가 아는 한 그리스도인 공동체처럼 예배당 십자가 바로 옆에 국기를 전시하는 것이 적절한지 등을 두고 대화를 나눌 수 있다. 이런 일들은 단순히 무해한 문화적 문제가 아니다. 그런 것들은 우리의 정체성과 충성이 어디에 놓여 있는지 사람들에게 말해 준다.

짐승의 권력이 아닌 어린양의 권력

13장에서 요한의 패러디 사용은 두 종류의 정치와 두 종류의 권력을 선명하게 대조한다. 그것을 **짐승의 권력**과 **어린양의 권력**이라고 부를 수 있겠다.[14] 짐승의 권력은 그 목표를 교만, 거짓말, 지배를 통해 성취한다. 어린양의 권력은 겸손, 진실, 자기를 내어 주는 사랑을 보여 준다. 요한의 세계에서 짐승의 권력, 즉 강력한 제국의 통제는 물리칠 수 없을 것처럼 보였다. "누가

---

13 Gorman, *Reading Revelation*, p. 54.
14 "어린양의 권력"이라는 용어는 Michael Gorman, *Reading Revelation*, 예컨대 p. 43에서 빌려 왔다.

이 짐승과 같으냐? 누가 능히 이와 더불어 싸우리요?"(계 13:4)

모든 세대와 문화에서 교회는 정상적인 정치적 수단, 즉 짐승의 권력을 가지고 목표들을 성취하라는 유혹을 받는다. 예를 들어, 이런 일은 우리가 전반적으로 강제력을 동원하여 우리의 의제를 사회에 강요하려고 시도할 때("미국을 다시 하나님께 바치자") 일어난다. 그런 방법은 십자가에 못 박힌 어린양의 복음을 파괴한다. 우리는 단순히 인간적 방법들을 가지고서 공적 광장에서의 하나님의 선교에 참여할 수 없다. 그 대신 우리는 **어린양의 권력**을 체현하라는 부름을 받는다. 어린양의 권력은 예언자적이며, 수동적이지 않다. 그 권력은 상처 입을 수 있다. 희생적이다. 반직관적이다. 우리가 우리의 문화와 정치에 공적으로 참여하는 **방식**은 우리가 고백하는 복음과 일관되어야 한다.

통치자들은 '하나님의 종'인가?

최근에 내가 아는 한 목사가 설교 중에, 어느 정치 지도자가 하나님 나라의 가치보다는 짐승의 비인간적 가치들을 말과 행동으로 드러내는 극악한 사례를 구체적으로 언급했다. 그는 거의 즉각적으로 몇몇 교인에게서 비판 세례를 받았다. 너무 정치적이다, 자신들이 동의할 수 없는 입장을 수용한다, 정부를 지지하지 않는다 하는 비판이었다. 이는 중요한 질문을 불러일으킨다. 짐승의 권력에 저항하라는 요한계시록의 요구는 어떻게 정치적 현상 유지를 지지하는 것처럼 보이는 다른 신약성경의 관점과 일관될 수 있는가? 어떻게 요한계시록 13장을, 바울이 로마의 정치적 권위들은 "하나님께서 정하신"(롬 13:1) 것이며 교회의 선을 위한 "하나님의 사역자"로 행한다(롬 13:4, 6; 참조. 벧전 2:13)고 가르치는 로마서 13장 내용과 조화시킬 것인가? 어떤 그리스도인들은 로마서 13장을 성경이 그리스도인과 국가의 관계에 관해 말하는 최종적이고 **유일한** 말씀으로 받아들인다. 그러나 이 본문은 터

무너없이 오용되어 왔다. 예를 들어, 미국에서 도망친 노예들을 돌려보내는 일을 합리화하는 근거로, 또는 독일에서 히틀러의 파시즘 정권 지지를 정당화하는 도구로 사용된 것이다.

로마서 13장과 요한계시록 13장 사이의 긴장은 신약성경 저자들이 복음을 '상황화'하는 고전적 사례를 보여 준다.[15] 로마서 13장에서 통치 권위에 대한 바울의 태도는 일종의 가장 좋은 시나리오, 즉 인간 통치자들이 그들의 시민들을 섬기고 일반적으로 책임 있는 방식으로 정의를 실행함으로써 그들에게 하나님이 부여하신 역할을 성취할 때를 전제한 것이다. 더욱이 바울은 명백히, 로마의 그리스도인들이 반사회적 행동에 참여하거나 세금 내기를 거부한다면 교회가 비난을 받고 교회의 공적 증언이 손상될 수 있다는 점을 염려하고 있다.[16] 다른 말로 하면, 그런 불복종은 이미 주변화된 로마의 그리스도인 공동체의 선교를 위험하게 만들 수 있었다.

요한계시록 13장은 근본적으로 다른 상황, 즉 그리스도에 대한 복종이 그리스도인들로 하여금 하나님께만 속한 권위를 찬탈한 우상숭배적 제국과 충돌하게 만드는 상황을 전제한다. 요한은 그 짐승의 권위가 하나님이 아닌 사탄에게서 나온다고 보고 있으므로(계 13:2, 4), 통치 권력에 복종하는 것은 선택지가 아니다. 그러므로 로마서 13장은 민족 국가나 다른 어떤 정치적 인물 혹은 실체에 대한 맹목적 충성을 결코 정당화할 수 없다. 베드로와 사도들이 예수님의 이름을 말하는 것을 멈추라는 명령을 받았을 때, "사람보다 하나님께 순종하는 것이 마땅하니라"(행 5:29)라고 담대하게 선언했던 것을 떠올려 보라.

---

15 Dean Flemming, *Contextualization in the New Testament: Patterns for Theology and Mission* (Downers Grove, IL: IVP Academic, 2005), pp. 288-291를 보라.
16 Flemming, *Contextualization*, p. 289.

> "정부의 권위는 하나님 백성의 선을 위한 하나님의 종이 되어야 하기 때문에, 정부가 정의를 세우는 것이 아니라 불의를 지속하는 데, 자유를 지키는 것이 아니라 노예제를 유지하는 데, 억압과 비인간적 구조들을 무너뜨리는 것이 아니라 지탱하는 데 그 칼을 사용하면서도 여전히 하나님의 대리자가 된다고 생각할 수는 없다.…정부가 더 이상 선과 악, 인간화하는 것과 그렇지 못한 것을 구별하지 않을 때 그 정부는 더 이상 하나님의 종이 아니며 바다에서 올라오는 짐승이다."[17]
>
> 알란 부삭

요한계시록 13장에서는 짐승처럼 행하는 인간 권력들에 대한 신실한 반응이 때로는 어린양을 닮은 저항이 되리라 확언한다. 그 저항이 어떤 모습을 지닐지는 상황에 따라 다를 것이다. 그러나 결코 비용이 없을 수는 없다. 디트리히 본회퍼(Dietrich Bonhoeffer), 마틴 루서 킹 주니어 같은 그리스도인, 전 세계에서 그리스도를 따르며 핍박받는 수많은 사람이 용기가 필요한 길을 선택했고, 그러면서 짐승의 진노가 초래한 고난을 견뎌 왔다. 또 다른 이들에게는 짐승에게 저항하는 것이 사회적 배제나 개인적 비난 같은 결과를 낳을 것이다. 주석가 미첼 레디쉬는 정치 권력과 우리의 관계를 두고 성경이 보여 주는 긴장을 현명하게 성찰한다.

현대의 그리스도인은 로마서 13장과 요한계시록 13장 사이에서 어디쯤 서 있는

---

[17] Allan Boesak, *Comfort and Protest: The Apocalypse from a South African Perspective* (Philadelphia: Westminster: 1987), p. 99.

가? 국가에 복종하는 것 혹은 시민 불복종, 어느 것이 그리스도를 따르는 자들이 걸어야 할 길인가? 사실은 시대의 변화에 따라 두 반응 모두 적절할 수 있다. 국가가 평화, 정의, 평등, (다른 나라의 시민들을 포함해) 모든 인류의 존엄성을 위해 일한다면 우리의 지원을 받을 자격이 있다. 반대로 국가가 억압, 탐욕, 불의의 도구가 된다면—국가가 자신의 역할을 하나님의 역할과 혼동하여 궁극적 충성을 요구한다면, 또는 시민들에게 비윤리적이거나 우상숭배적인 행동을 요구한다면—국가는 비판의 대상, 더 나아가 저항의 대상이 되어야 한다.[18]

하나님의 선교에 신실하려면 우리는 때때로 보통의 정치와 불화하는 자리에 이를 것이다. 그 대신 요한계시록 13장에서는 우리에게 **신정 정치**(theo-politics, 하나님이 개입하시는 정치)를 포용하도록 요구한다. 이러한 정치는 "로마 제국, 미국 제국, 또는 정치체의 현재 상태에 대한 대안인…함께하는 공적 삶을 창조한다."[19]

음녀 바빌론: 요한계시록 17장

요한계시록의 선교적 정치를 드러내는 두 번째 핵심 상징인 "큰 바벨론"(계 17:5)은 17장과 18장에서 각각 여자와 한 도시로 그려진다. 대중적 세대주의 해석에서는 '바빌론'을 미래에 나타날, 문자적으로 이라크에 재건될 도시 바빌론에 본부를 두는 세계적인 종교 체제와 정부를 가리키는 암호로 간주한다.[20] 그러나 그러한 '미래의 역사' 방식의 접근법은, 이 상징과 요한의 세계

18　Mitchell G. Reddish, *Revelation* (Macon, GA: Smyth and Helwys, 2001), p. 267.
19　Michael J. Gorman, *Reading Paul* (Eugene, OR: Cascade, 2008), p. 45.
20　예를 들어, Tim LaHaye, *Revelation Unveiled* (Grand Rapids, MI: Zondervan, 1999), pp. 260-285.

에 존재했던 신학적·정치적 실재 사이의 연결 고리를 잘라 버린다. 다시 한 번 말하지만, 요한은 바빌론의 상징을 사용해 그의 청중이 그들 세계의 질서를 새롭게 상상하도록 준비시킨다.[21]

17장에서는 "큰 음녀"(계 17:1, 4)가 무대를 지배한다. 유진 피터슨은 소설가 플래너리 오코너(Flannery O'Connor)의 이야기를 들려준다. 한번은 오코너가 이야기를 위해 왜 그토록 기이한 인물들을 만들어 냈는지 질문을 받았다. 그는 이렇게 대답했다. "가까운 것을 못 보는 시력을 가진 사람들을 위해서는 아주 크고 단순한 캐리커처를 그려야 합니다."[22] 음녀 바빌론은 그런 잊어버리기 어려운 커다란 캐리커처다. 요한은 아시아의 교회들에 그녀의 정체를 숨기지 않는다. 21세기의 블로거들이 해독해야 하는 암호와는 거리가 멀다. 요한이 그린 바빌론 그림은 맞춤옷같이 로마와 꼭 맞다. 로마 제국은 바다("많은 물", 계 17:1)를 지휘하는 것으로, 황제들과 그 배후에 있는 신들("모독하는 이름들", 계 17:3)을 숭배하는 것으로, 부와 사치를 과시하는 것(계 17:4)으로 유명했다. 그 음녀는 "일곱 산"(계 17:9)—분명 로마를 암시하며, 전통에 따르면 로마는 일곱 언덕 위에 세워졌다—위에 앉아 있다. 더욱이 "땅의 왕들을 다스리는 큰 성"(계 17:18)은 요한의 세계에 존재한 유일한 거대 권력을 직접 가리킨다.

요한이 제시하는 음녀 그림은 청중에게 '상상력의 전환'을 요구한다. 로마는 여자로 그려진다. 그러나 그녀는 로마의 힘과 존엄을 체현했던 어머니 같은 존재, 아시아의 신전들에서 경배를 받았고 그 이미지로 로마의 동전을 장식했던 여신 로마(Roma)가 **아니다**. 요한은 '어머니 로마'의 신랄한 패러디

---

21 이번 장의 나머지 내용은 Dean Flemming, "Locating and Leaving Babylon: A Missional Reading of Revelation 17 and 18 in Light of Ancient and Contemporary Political Contexts," *Missiology* 48 (2020): pp. 112-126에서 폭넓게 가져왔다. 허락받아 사용함.
22 Peterson, *Reversed Thunder*, p. 146.

를 창조하면서 가면을 벗겨 그녀가 '음녀들의 어미'였음을 드러낸다(계 17:5). 그녀를 우상으로 숭배하는 예배는 부도덕의 혐오스러운 악취를 풍긴다. 멋진 옷과 번쩍이는 보석을 과시하지만, 바빌론은 "살인을 위해 옷을 입었다."[23] 그녀는 성도들의 피에 취했다(계 17:4, 6). 요한은 사실상 이렇게 선포한다. "음탕한 창녀, 잔인하고 폭력적인 살인자의 모습, 이것이 위대하고 영광스러운 제국의 **진짜 얼굴이다.**" 크레이그 쾨스

그림 8.3. 음녀 바빌론(계 17:1-8), "요한계시록 다폭 제단화" (Polyptych of the Apocalypse, 1360-1390)의 일부

터가 포착한 것처럼, 그 이미지는 심히 역겨운데 그것이 바로 요한의 전략이다.[24] 요한은 자신의 세계에서 친숙한 상징을 가져와 변형함으로써 그의 독자들이 그들의 세계를 새로운 마지막 때의 관점에서 **보도록** 요구한다.

그와 동시에 요한은 대안적 여성 상징을 제공함으로써 독자들의 상상을 긍정적으로 형성한다.[25] 자신의 매혹적 사치품으로 장식한 "큰 음녀" 바빌론

---

23 Craig S. Keener, *Revelation* (Grand Rapids, MI: Zondervan, 2000), p. 406.
24 Craig R. Koester, "Revelation's Visionary Challenge to Ordinary Empire," *Interpretation* 63 (2009): p. 17.
25 Craig R. Koester, *Revelation: A New Translation with Introduction and Commentary* (New Haven, CN: Yale University Press, 2014), pp. 682-683를 보라. 우리는 요한계시록이 창녀 같은 여성의 전형들을 사용하며 더 불편하게는 여성 이미지에 대한 생생한 폭력(계 17:16)을 그린다

그림 8.4. 네로 황제(재위 54-68)를 새긴 동전과 빅토리아의 이미지를 손에 쥔 여신 로마를 새긴 동전

은 빛나는 해를 옷 입은 여인(계 12:1-6)과, 또한 의로운 행위들로 옷 입은 어린양의 처녀 신부(계 19:8; 21:2, 9)와 뚜렷한 대조를 이룬다.

경제적 착취자 바빌론: 요한계시록 18장

18장에서 바빌론은 특히 제국을 착취하여 얻은 로마의 부와 번영을 나타낸다. 로마는 "땅의 왕들을"(계 17:18) 정치적으로뿐만 아니라 경제적으로도 지배했다. 18장은 힘 있는 중개상들에게 이익을 가져다주었던 경제 네트워크

고 지적하는 페미니스트 비평을 심각하게 받아들여야 한다. 예를 들어, Tina Pippin, *Death and Desire: The Rhetoric of Gender in the Apocalypse of John* (Louisville, KY: Westminster/John Knox, 1992), pp. 65-68; Susan R. Garrett, "Revelation," *The Woman's Bible Commentary* (Louisville, KY: Westminster/John Knox, 1992,『여성들을 위한 성서주석: 신약 편』, 대한기독교서회), p. 381를 보라. 그런 이미지들은 여성에 대한 어떤 형태의 폭력도 합법화하지 않는다. 도시를 여성 이미지로 표현하는 것이 일반적이었던 고대 세계의 맥락에서 요한이 제시하는 음녀/바빌론 상징을 보는 것이 중요하다. 요한계시록에서 이 상징은 로마를 상징하는 여신 로마의 패러디로도, 어린양의 신부에 대한 대조로도 기능한다. 그러므로 계 17:16의 음녀에 대한 잔인함은 "그 도시는 통치자들이 다른 도시들에 사용한 폭력에 기반해 번성하지만 결국 같은 파괴적 행위의 피해자가 되리라는" 충격적 경고가 된다. Koester, *Revelation*, p. 694.

를 보여 준다. "왕들"과 "땅의 상인들"(계 18:9, 11)은 바빌론이 갑작스럽게 무너짐으로써 사라진 그들의 이익 때문에 애통해한다. 요한은 바빌론을 맹렬히 비판하면서 로마가 타인의 재산으로 사치하고 방탕한 소비를 하려는 자신의 목마름을 채웠다고 폭로한다(계 18:3, 7). 요한계시록 18:11-13에 적힌 긴 상품 목록은 부자들의 값비싼 취향을 만족시키기 위해 실제로 로마가 수입하던 물품들을 반영한다.[26] 목록 가장 마지막 부분에 가장 값싼 품목인 "종들과 사람의 영혼들"(문자적으로는 "몸들과 인간 영혼들")이 있다. 로마는 **인간 영혼들**을 노예화하면서, 사람들을 상품으로 취급하면서 부자가 되었다. 1세기 로마 제국에는 천만 명의 노예가 있었던 것으로 추정되며 그중 많은 수가 소아시아 출신이었다.[27] 요한은 로마의 소비가 인간의 생명을 매매하는 데 기반해 있음을 알고 있다. 바빌론 심판은 하나님이 경제적 억압과 불의에서 돌아서기를 거부하심을 보여 준다.

18장의 언어는 구약성경 예언자들의, 특히 해상 권력을 잡았던 두로에 대한 비판(사 23장; 겔 27, 28장)과 고대 바빌론 자체에 대한 비판(렘 52:24-58; 합 2:4-13)을 많이 가져온 것이다. 요한은 이사야 47:7-9을 떠올리게 하면서, "그가 마음에 말하기를, '나는 여왕으로 앉은 자요, 과부가 아니라, 결단코 애통함을 당하지 아니하리라'"(계 18:7)라고 말하는 로마의 교만을 호되게 꾸짖는다.

요한은 또한 로마의 신화들에도 명백히 맞선다. 주목할 만한 예로, '팍스 로마나'(로마의 평화) 때에는 제국에 은혜롭게 평화, 질서, 안전을 부여하는 존재라며 로마를 높였다. 그러나 요한이 보기에, 음녀 바빌론과 교류하는 자들은 그 특권에 대해 너무 비싼 값을 치르고 있다. 제국은 독재와 폭력, 창

---

26 Koester, *Revelation*, pp. 702-705를 보라.
27 Ryan L. Hansen, *Silence and Praise: Rhetorical Cosmology and Political Theology in the Book of Revelation* (Minneapolis: Fortress, 2014), p. 151.

과 십자가형을 대가로 받고 평화를 공급한다. 요한은 피를 즐기는 바빌론의 가면을 벗긴다. "선지자들과 성도들과 및 땅 위에서 죽임을 당한 모든 자의 피가 그 성 중에서 발견되었느니라"(계 18:24; 참조. 계 17:6). 요한이 로마의 폭력은 그리스도인들만을 향한 것이 아니라 종교와 상관없이 **모든** 사람을 향한 것이라고 비난하는 점은 매우 놀랍다.

그러므로 요한은 문화와 전통의 자료가 가득한 화살통에서 대중적인 상징과 신화, 대비되는 이미지, 성경, 패러디 등을 가져와 그리스도인들에게 세상에 대한 대안적 비전을 제공한다. 그는 로마의 언어 및 대중적 이상을 포착하는데, 바로 그 언어와 이상을 뒤집어 놓기 위해서다. 독자들은 카이사르의 '복음'과 어린양의 좋은 소식 사이에서 선택해야 한다.

오늘날의 바빌론

아시아의 그리스도인들에게는 바빌론이 제국을 부패시키는 로마와 그 영향력을 나타내는 상징이었지만, 바빌론의 의미는 얼어붙은 채 과거에만 머물러 있기를 거부한다. 바빌론은 암호가 아니라 **상징**이며, 상징은 여러 수준에서 다양한 의미를 지닌다. 요한의 바빌론 그림은 구약성경의 선례, 즉 바벨, 소돔, 두로, 그리고 이들 못지않은 고대 바빌론 등을 떠올리게 한다. 요한에게 로마는 **현재** 체현된 바빌론일 뿐 결코 최초나 최후의 바빌론은 아니다. 바빌론과 그 죄는 고대 로마를 초월하는 궁극적 이슈들과 관련이 있다. 변신을 잘하는 배우인 바빌론은 다른 옷을 입고 여러 역할을 소화할 수 있다.

선교적 요한계시록 읽기에서는, 바빌론 같은 상징이 어떻게 당시 교회의 상상력과 실천을 재형성하기 위해 소환되었는지 물을 뿐 아니라 어떻게 그것이 지금도 그 일을 계속할 수 있을지 묻는다. 우리는 질문을 회피할 수 없다. **오늘날** 바빌론은 어디에 있는가?

"나는 요한계시록의 바빌론이 로마에만 적용되는 것이 아니라는 점을 우려한다. 그것은 종교와 권력과 부의 연합이 발견되는 곳이라면 어디든 적용된다."[28]

새뮤얼 테일러 콜리지(Samuel Taylor Coleridge), 1797

바빌론의 초상

선교적 요한계시록 읽기가 어떻게 오늘날의 그리스도인들이 바빌론의 권력이 존재함을 분별하는 데 도움을 줄 수 있는가? 한편으로, 우리는 요한의 세계와 오늘날의 후기식민주의 상황이 병행함을 그리는 작업에 너무 성급히 뛰어들어서는 안 된다.[29] 예를 들어, 요한계시록에서는 1960년대 미국 인권 운동 참가자들이 비싼 값을 치르며 행동한 결과로 입법을 통한 변화가 일어난 것처럼 기존의 정치 구조를 통한 변화가 일어날 가능성을 단순히 상상하지 않는다. 다른 한편으로, 우리는 우리 가운데 있는 바빌론을 인식하는 데서 요한의 인도를 따라야 한다. 오네시머스 응군두가 말했듯, "바빌론은 우상숭배, 매춘, 자기 미화, 자기만족, 교만과 자만심, 사치와 부에 대한 의존, 생명을 향한 폭력이 있는 곳이라면 어디든 존재한다."[30] 오늘날 전

---

28 Samuel Taylor Coleridge, *Poems*, ed. John Beer, 3rd ed. (London: Dent, 1993), p. 89, Judith Kovacs and Christopher Rowland, *Revelation* (Oxford: Blackwell, 2004), p. 186에서 재인용.

29 Wright, "Revelation and Christian Hope," pp. 118-119; Richard Bauckham, *The Theology of the Book of Revelation* (Cambridge: Cambridge University Press, 1993), p. 163에서 제시한 주의점을 보라.

30 Onesimus Ngundu, "Revelation," in *Africa Bible Commentary*, ed. Tokunboh Adeyemo (Grand

세계 상황이 다양한 가운데 바빌론이 어떻게 근육들을 움직이는지 많은 말을 할 수 있을 것이다. 그러나 나는 바빌론의 의상이 오늘날 내가 사는 미국의 정치적·문화적 배경과 들어맞는 네 가지 영역에 초점을 맞출 것이다.

1. 경제적 착취. 만약 요한의 처음 청중에게 바빌론이 로마의 사치에 대한 탐욕과 착취적인 경제적 관행들을 상징한다면, 오늘날 세계에서 가장 부유한 나라들의 소비자 주도 경제에서 그 음녀의 자취를 찾기란 어렵지 않다. 부, 사치, 세계 시장 지배 추구는 종종 '가진 자'와 '못 가진 자'의 세상을 창조하도록 돕는 정책과 관행으로 나아가게 한다. 그 세상은 부유한 국가들이 인구 다수와 엄청난 차이가 나는 생활 수준을 누리며 세계의 자원 대부분을 소비하는 세상이다.

그러나 무엇이 그 대가인가? 미첼 레디쉬는 다국적 기업들, 새로운 "상인들"과 "땅의 왕족들"(계 18:23)은 이익을 증대하기 위해 움직이며, 다수 세계(비서구)에 공장들을 세우고, 값싼 노동력을 사용하며, 부적절한 건강 기준과 안전 기준을 수용하고, 환경에 큰 피해를 끼친다. 레디쉬는 이렇게 주장한다. "너무도 자주, 세계 경제의 통제 기준은 세계의 모든 사람의 최선이 아니고 가난한 사람들과 박탈당한 사람들의 최선도 아니다. 이미 가지고 있고 최대로 통제하고 있는 소수를 위한 최선이다."[31] 이런 일이 벌어질 때, 정신없이 바쁘게 부를 축적하고 소비하라는 '사명'은 하나의 우상숭배적 권력이 된다. 요한이 의심의 여지 없이 말하는 바는, 바빌론 소비자들의 과도함은 마지막에 하나님의 심판의 불에 **삼켜지리라는** 것이다(계 18:8-10).

2. 교만. 요한계시록에서는 바빌론을 반복해서 "큰 성"(계 16:19; 17:18; 18:10, 16, 18, 19, 21), "큰 성 바벨론"(계 16:19), 또는 "큰 바벨론"(계 17:5)이라고

Rapids, MI: Zondervan, 2006), p. 1572.
31 Reddish, *Revelation*, p. 351.

부른다. 그런 언어는 로마/바빌론의 과도하게 부풀어 있는 자기상("나는 여왕으로 앉은 자", 계 18:7)을 이용한다. 대중 신화에서는 제국의 통치 기간을 오래 기다려 온 황금 시대, 인류 소망의 성취라고 찬양하며, 제국의 통치가 영원하리라 기대했다.[32] 오늘날 세계의 여러 국가는 국가에서 중요하다고 여기는 고양된 비전들을 붙들고 있다. 미국은 그런 교만에 특히 취약해 보인다. 역사적으로 살펴보면, '지상에서 가장 위대한 나라' 또는 '나라들의 빛'이 되려는 비전들은 미국의 예외주의(exceptionalism)와 거룩한 선택 신화에서 흘러나왔다. 이번 세대에는 '위대한 미국'으로 돌아가겠다는 약속이 정부의 강당에서 울려 퍼진다. '위대함'은 종종 정치적 힘, 군사적 우위, 경제적 번영, 개인적 권리와 자유, 교회 나가는 백인 미국인이 권력의 열쇠를 쥐었던 때에 대한 향수로 정의된다. 슬프게도, 수많은 미국 그리스도인이 이 갈망을 받아들이는 것 같다.

로마의 위대함은 동전, 공적으로 새긴 글, 기념비, 동상, 찬송과 시, 행진, 군인들이 지니고 다닌 표준 같은 다양한 미디어를 통해 대중에게 전해졌다.[33] 현대의 미디어인 케이블 방송국, 당파적 팟캐스트, 인기 있는 페이스북 게시물 등도 그와 비교할 만한 역할을 충실히 하고 있다.

3. 폭력. 나는 앞서 로마가 아이러니하게도 신들의 지원을 받는(계 17:6; 18:24을 보라) 거룩한 폭력의 양식을 통해 '평화'(팍스 로마나)를 유지하고 있다고 언급했다. 오늘날 전 세계적으로 많은 정권에서는 안정과 질서를 보장하는 방법으로 폭력을 선호한다. 미국은 무죄를 주장할 수 없다. '신성한 승인을 받은' 폭력은 너무도 자주 (아메리카 원주민들을 죽이고, 다른 나라를 침략하여 전쟁을 벌이고, 자국의 이익을 위해 억압하는 정권을 지원함으로써) 미국의 확장 혹

---

32 Gorman, *Reading Revelation*, p. 42.
33 Gorman, *Reading Revelation*, p. 42.

은 민주주의와 자유를 증진하는 사명을 뒷받침해 왔다.[34] 비극적이게도, 취약한 사람들을 향한 공식적인 폭력의 양식들은 현재까지 계속된다. 이번 장을 편집하고 있는 동안에도 이 나라에서는 큰 관심이 집중된 사건인 아프리카계 미국인들에 대한 경찰의 잔혹 행위 문제를 처리하고 그런 폭력을 반대하는 평화 시위를 해산하기 위해 군대를 동원하는 것을 두고 몸살을 앓고 있다.

그림 8.5. 패배한 적의 무기 위에 앉아 있는 여신 로마, 로마에 있는 '아라 파키스'(Ara Pacis, 평화의 제단) 부조상

그뿐만 아니라 폭력과 위협은 개인적 관계에서도 넘쳐난다. 직장에서의 성추행, 가정 폭력, 소셜 미디어에서의 사이버 폭력 등. 슬프게도 교회는 그런 행위에 면역력이 없다. 다양한 기독교적 상황에서 일어난 끔찍한 성적 학대와 그 은폐의 역사는 교회 내부까지 미친 바빌론의 은밀한 영향력을 보여 준다.

4. 비인간화. "종들과 사람의 영혼들"이 수입 상품 목록의 맨 마지막에 놓인(계 18:13) 잊기 어려운 사실은 바빌론의 비인간화하는 특성을 주목하게 한다. 그 특성은 그리스도가 인류를 그분의 피로 사시고 그분과 함께 다스리는 소명을 부여함으로써 존엄하게 만드신 것과는 충격적인 대조를 이룬

---

34 Gorman, *Reading Revelation*, p. 50를 보라. 또한 Peter J. Leithart, *Between Babel and Beast: America and Empires in Biblical Perspective* (Eugene, OR: Cascade, 2012)를 보라.

다(계 5:9-10).³⁵ 클라리스 마틴(Clarice Martin)은 흑인 노예를 상품화하거나 더 최근에는 난민, 이민자, 유색 인종을 대하는 미국의 경험이 바빌론과 병행하고 있음을 본다.³⁶ 북미에서의 이민과 관련하여 현재 공적 담론에서 자주 등장하는 '**불법 체류자**'(illegals)라는 말 자체가 **인격**을 단순한 하나의 **범주**로 상상하도록 자극하는 말이다.

선교적 요한계시록 읽기에서는 우리가 보지 못하는 것을 감지하도록 초대한다. 우리는 기도하는 가운데 겸손하게 "**우리** 세계에서 바빌론이 짐승에 올라타고 있는 곳은 어디인가?"를 물어야 한다.

바빌론을 떠나기

요한은 독자들이 단순히 바빌론의 초상에 선명하게 초점을 맞추는 데 만족하지 않는다. 그는 하나님의 백성에게 거기서 나오기를 요구한다(계 18:4). 그러나 그것이 제국의 **한가운데** 사는 그리스도인들에게 무엇을 의미하는가?³⁷ 이것이 **물리적**으로 바빌론을 떠나라는 권고는 아니다. 그 대신 바빌론의 **사고방식 및 삶의 방식**을 떠나라는 요청이다. 요한계시록은 로마의 권력 구조 속에 바빌론이 어떻게 구현되었는지 드러낼 뿐 아니라, 청중에게도 부메랑이 돌아오게 한다. 그들에게 바빌론을 떠나는 것은, 제국의 우상숭배와 관련되거나 우상에게 바쳐진 제물을 먹는 등의(계 2:14-15, 20-21) 일상적인 문화적 관행을 포기하는 일을 의미했을 것이다. 바빌론에서 나오는 일에

---

35 John Christopher Thomas and Frank D. Macchia, *Revelation* (Grand Rapids, MI: Eerdmans, 2016), p. 445.
36 Clarice J. Martin, "Polishing the Unclouded Mirror: A Womanist Reading of Revelation 18:13," in Rhoads, *From Every People and Nation*, pp. 82-109.
37 이 문단의 나머지 내용은 Dean Flemming, *Why Mission?* (Nashville, TN: Abingdon, 2015), pp. 119-120를 보라.

는 "나는 부자라 부요하여 부족한 것이 없다"(계 3:17)라고 자랑하는 물질주의와 교만을 버리는 것도 포함될 것이다.

그러므로 요한계시록 17장과 18장을 선교적으로 읽는 것은, 창조 세계를 위한 하나님의 사랑하는 또한 정의로운 목적이라는 관점에서 우리의 세계를 새롭게 상상하게 할 뿐 아니라, 일상의 실천을 통해 우리의 상황 안에서 하나님의 선교를 구현하며 그 변혁된 비전에 응답하도록 우리를 강권한다. 요한은 그의 청중에게 바빌론에서 나오는 것이 무엇인지 세세하게 기술해 주지 않으며 우리도 그렇게 할 수 없다. 모든 세대, 문화, 선교적 상황 속 교회들은 스스로 그 도시를 떠나는 것이 무엇을 의미하는지 씨름하며 알아가야 한다. 그렇더라도 오늘날 북미에서 이 과제가 특히 필요해 보이는 두 영역을 제안해 보겠다.

탐욕의 우상

바빌론의 탐욕과 경제적 착취에서 벗어나는 것은 예언자적 차원과 생활 방식 차원을 모두 지닌다. 정부가 이기적 정책을 위해 경제적 강압을 사용하거나, 우리 세계의 병들고 억압받는 이들을 돕는 데 사용할 기금을 정부 자신의 부와 안전을 증대하는 용도로 옮기려 할 때 우리는 못 본 체할 수 있는가? 기업들이 우리의 운동화를 저렴하게 생산하기 위해 노동력을 착취할 때나, 고급 보석이나 신기술에 대한 우리의 갈증을 만족시키기 위해 자연 자원이나 가난한 지역 노동자들을 착취할 때 우리는 그저 침묵할 수 있는가?

동시에, 바빌론을 떠나는 일은 심오한 수준에서, 개인으로서 또한 그리스도인 공동체로서, 우리 일상의 생활 방식과 습관을 형성한다. 전 세계의 다양한 환경에서 그리스도인들은 부자와 권력자를 유익하게 하는 뇌물과 부패의 체제에 참여할지 말지를 날마다 선택해야 한다. 서구의 그리스도인 공동체들은 물질주의적인 '좋은 삶'에 대한 경고 사이렌을 듣는다. 레디쉬는 그리스도인들이 상품과 경험을 소비하는 데로 몰아가는 충동에 저항할 때마다, 그들의 시간과 돈으로 근원적인 관대함을 실천할 때마다, 세계의 자원을 불균형하게 삼켜 버리지 않도록 더 검소한 생활 방식을 받아들일 때마다 그들은 "그 도시에서 나오는" 것이라고 말한다.[38]

마이클 고힌은 영국의 신학자 레슬리 뉴비긴이 미국 앨라배마주 버밍햄의 인권 운동 박물관을 방문한 후, 공포스럽고 잔인한 노예 제도를 그리스도인들 역시 공모했음을 돌아본 이야기를 들려준다. 뉴비긴이 말했다. "'나는 다음 세대들이, 우리가 의식하지 못하는 가장 큰 우상이 무엇이라고 말할지 궁금합니다.' 그리고 그는 즉시 자신의 질문에 대한 답을 제시했다. '의심할 여지 없이 우리가 경제를 우상으로 숭배하는 일, 그리고 소비주의에 눈멀어 있는 일일 것입니다. 이렇게 많은 가난과 배고픔이 존재하는 세상에서 생각 없는 소비에 빠져 있는 우리의 삶일 것입니다.'"[39] 바빌론을 떠나기 위해 서구의 그리스도인들에게 필요한 것은 그들이 소비주의라는 음녀의 매력과 유혹에 사로잡혀 있었다는 고백이 아닐까?

외부인을 다시 인간화하기

미국의 정치적·사회적 상황에서는, 우리 세계에서 가장 취약한 사람들이 종종 비인간화되거나, 이민자 그룹이 폭력 집단의 일원이나 범죄자로 낙인 찍히거나, 망명지를 찾는 부모들이 국경에서 유아를 포함한 어린이들과 분리되고 있다. 그리스도인들이 어떻게 이러한 바빌론에서 나올 수 있는가?[40]

---

38 Reddish, *Revelation*, p. 354.
39 Michael W. Goheen, *The Church and Its Vocation: Lesslie Newbigin's Missionary Ecclesiology* (Grand Rapids, MI: Baker Academic, 2018), p. 206. 『교회의 소명』(IVP).
40 미국의 남쪽 국경에서 대략 5,500명의 어린이가 이민자 부모나 후견인에게서 분리되었는데, 대부분 2018년 상반기에 그런 일이 이루어졌다. "Family Members Separated at Border May Each Get Up to $450,000," *New York Times*, 2021. 10. 28. www.nytimes.com/2021/10/28/us/polit-

우리의 전 세계 상황이 어떠하든 우리는 겸손한 고백에서 시작해야 한다. 우리는 폭력과 억압의 피해자들과 굶주리고 집 없는 사람들에 대한 성차별, 인종 차별, 자민족중심주의, 무관심에 어떤 형태로든 참여하고 있기 때문이다. 둘째로, 그리스도인 공동체들은 가난, 인신매매, 학대, 차별, 핍박, 폭력의 피해자 누구라도, 주변화되고 착취당하는 사람들에게 사랑을 베풀고 그들을 구체적으로 섬길 방법을 찾아야 한다.

미국 교회의 많은 부분이 바빌론과 엮일 위험성이 있음을 고려해 보면 이는 쉬운 길이 아니다. 2018년 퓨리서치센터의 연구에 따르면, 백인 복음주의 개신교인 네 명 중 한 명만이 미국이 난민을 수용할 책임이 있다고 생각하는데, 이것은 조사 대상 집단 중 가장 낮은 비율이었고 무종교인보다 크게 낮은 수치였다.[41] 난민처럼 자주 비인간화되는 집단을 향한 사랑의 반응, 선교적 반응에는 비용이 따를 것이다.

요한계시록의 바빌론 그림은, 악이 개인의 잘못된 행위를 모은 것 이상이면서 또한 구조적인 것임을 깨닫도록 도와준다. 요한은 제국의 체제 배후에서 악과 사탄의 일을 본다. 그 체제들은 우상숭배를 촉진하고, 사람과 지구를 착취하면서까지 소비하고자 하는 탐욕을 조장하며, 억압과 폭력을 통해 안전을 유지해 왔다.[42] 우리는, 오늘날의 바빌론에 대한 예언자적 반응은 사람들의 삶에 영향을 끼치는 **체제**, 즉 가난, 인종 불평등, 과도한 소비, 손쉬운 낙태, 하나님의 창조 세계 손상, 마음과 몸 건강의 불공평을 지속시키는 체제를 다루어야 함을 인식해야 한다. 지역 회중은 어떻게 우리가 "만국을

---

ics/trump-family-separation-border.html를 보라.

41 Hannah Hartig, Pew Research Center Fact Tank, May 24, 2018, https://www.pewresearch.org/short-reads/2018/05/24/republicans-turn-more-negative-toward-refugees-as-number-admitted-to-u-s-plummets/.

42 Micah D. Kiel, *Apocalyptic Ecology: The Book of Revelation, the Earth, and the Future* (Collegeville, MN: Liturgical, 2017), p. 91.

치료하는"(계 22:2) 양식을 우리의 정부, 회사, 언론 매체, 학교, 교회 안에서 촉진할 수 있는지 물어야 한다.

결론

요한계시록에서 짐승과 바빌론이라는 상징을 사용하는 것은 오늘날 성경을 선교적으로 읽는 과제에 관해, 특히 우리 자신이 속한 상황에서 정치적·문화적 실재를 고려하면서 읽는 법에 관해 무엇을 가르쳐 줄 수 있는가? 수많은 이슈를 말할 수 있지만 세 가지에 주목해 보자.

첫째로, 요한계시록은 **구체적 상황을 다루지만 상황에 사로잡히지는 않**는 접근법의 모범이다. 요한이 조준경의 십자선을 정확히 로마에 맞추고 있음은 분명하다. 음녀 바빌론은 로마의 옷을 입고, 로마의 잔을 들고 마시며, 로마 짐승에 올라타고 있다. 그러나 요한이 겨냥한 예언자적 메시지는 로마 치하의 아시아를 훨씬 넘어서는 성경의 본문과 주제에서 가져온 것이다. 요약하면, 요한은 악을 이긴 죽임당한 어린양과 하나님의 의로운 심판의 복음 이야기를 자기 세계의 정치적·종교적 실재를 고려하여 상황화했다.

오늘날 그리스도인 공동체들은 그보다 못한 수준에 머물러서는 안 된다. 최근에 나는 아프리카 학생들과 요한계시록을 읽으면서, 육중한 외국의 권력들뿐 아니라 케냐, 에티오피아, 남아프리카 등 그들 자신의 정치적 상황 안에서도 그들이 얼마나 예민하게 바빌론의 존재를 포착해 내는지 보면서 깜짝 놀랐다. 현재의 미국 및 다른 곳의 정치적 환경은 요한계시록의 바빌론 초상을 재검토하고 재상황화하기를 요구한다. 우리는 감히 그런 본문들을 1세기 박물관의 유물처럼 취급하거나 "그렇군. 결국 바빌론은 어느 곳에나 존재해" 같은 맹맹한 말로 중화함으로써 소독해 버릴 수 없다. 물론이다. 그러나 바빌론은 **이곳**에도 존재한다. 그리고 바로 **이곳**은 우리가 이 본문들을 읽을 때 깊숙이 영향을 끼쳐야 한다.

> "아프리카인들이 바빌론과 바다에서 올라온 짐승에 관해 들을 때, 그들의 생각은 아프리카의 피를 공급받아 살찌고 있는 강력한 국제적 세력들에게로 향한다. 그들은 전쟁을 조장하고 무기를 공급하면서 그들의 이기적 이익 추구에 봉사하고 있다.…그리고 아프리카 자체도 무자비한 독재자와 권력자를 생산했다. 그들은 땅에서 올라온 짐승이다."[43]
>
> 제임스 추쿠마 오코예

두 번째로, 우리는 요한계시록에서 선교적 성경 읽기는 **세상뿐 아니라 교회에도 도전해야 한다**는 것을 배울 수 있다. 짐승과 타락한 도시에 대한 요한의 그림들은 단순히 '그 나쁜 로마 통치자들과 바깥세상의 권력 체제들'에 관한 것이 아니다. 바빌론이나 그 협력자들의 관점을 공유하는 그리스도인들은, 그들 또한 바빌론의 심판에 참여할 위험 속에 있음을 인식해야 한다. 비극적이게도, 오늘날 교회들은 음녀의 유혹에 계속해서 굴복하고 있다. 미국의 정치적·상업적 환경에서 그리스도의 나라와 바빌론 제국의 경계는 종종 알아볼 수 없을 정도로 흐릿해진다. 그리스도인의 정치적 상상력 또한 종종 성경의 이야기보다는 케이블 뉴스에 의해 형성된다. 현대의 라오디게아 교회들은 여전히 지배 문화에서 나온 성공, 권력, 영향력의 모델에 기초해 제국을 건설하고 있다. 미국 및 다른 곳의 많은 그리스도인이 공직자들

43　James Chuckwuma Okoye, "Power and Worship: Revelation in African Perspective," in Rhoads, *From Every People and Nation*, p. 114.

의 거짓, 부패, 창조 세계는 물론 약자들까지 착취하는 모습을 합리화하면서, 번영과 정치적 성공을 얻기 위해 짐승과 실용적으로 흥정할 준비가 되어 있는 듯하다.

"바빌론을 **벗어난** 교회가 되기 전까지는 바빌론 **속의** 교회가 될 수 없다."[44]
마이클 고먼

동시에, 바빌론과 짐승이라는 상징이 말하는 바는 교회에 따라 달라진다. 로스앤젤레스 도심에 있는, 주로 중앙아메리카 이민자로 이루어진 회중은 시드니 교외의 부유한 지역에 자리 잡은 회중과는 다르게 이 본문들을 들을 것이다. 각각의 어린양을 따르는 이들의 공동체는 그들의 삶의 환경 속에서 하나님의 선교에 참여하는 것이 무엇을 의미하는지 발견해야 한다. 그리고 필요하다면 그들과 바빌론의 유착 관계를 회개해야 한다.

셋째로, 요한계시록은 **선교적 성경 읽기가 심오한 의미에서 정치적임을** 보여 준다. 서부 소아시아의 그리스도인 못지않게, **우리도** 바빌론의 가면을 벗기고 그곳에서 나오며, 짐승에게 저항하고, 우리 세계의 권력과 자금을 통제하는 이가 누구인지 새롭게 상상하라는 요청을 받는다. 선교적 요한계시록 읽기는, 바빌론의 대로와 어두운 뒷골목에서, 탐욕, 우상숭배, 불의가 하나님 앞에서 앙상한 주먹을 휘두르는 모든 혼란스러운 장소에서 하나님의 새 창조 세계를 선포하고 구현하라며 우리를 초대한다.

그러나 단지 바빌론을 깨뜨리고 나오는 것만으로는 충분하지 않다. 요한

---

44 Gorman, *Reading Revelation*, p. 185.

계시록에서는 우리를 또 다른 도시, 치유와 소망의 도시로 **들어오라고** 부른다. 이제 그 도시를 탐구하자.

9장

새 예루살렘 선교

> 또 내가 보매, 거룩한 성 새 예루살렘이
> 하나님께로부터 하늘에서 내려오니.
>
> 요한계시록 21:2

성경 본문 중 요한계시록 21장과 22장만큼 기독교의 대중적 상상력을 자극해 왔던 본문도 드물다. 많은 그리스도인에게 이 두 장은 '천국'(heaven), 즉 새 예루살렘을 묘사하는 장이다. 천국은 시간과 공간을 초월한 영역으로, 황금 길과 진주 문이 있는 땅, 가족 및 친구들과 (그리고 아마도 사랑했던 반려동물과도!) 행복하게 재회하는 곳으로 그려진다. 내 경우에는 수많은 설교, 찬송, 복음성가가 그 이미지를 강화했는데, 심지어 성 베드로가 천국 문의 문지기로 등장하는 농담까지도 한몫했다. '영적' 천국을 그들의 궁극적 소망과 최종 목적지로 생각하는 그리스도인들도 그리스도의 재림과 죽은 자의 부활에 관한 성경의 가르침을 받아들일 것이다. 그러나 실제로 그 사건들은 기독교 이야기의 마지막 부분에 거의 영향을 끼치지 않는다. 목표는 개인들이 안전하게 집에, 즉 옛 찬송가 가사에서 말하는 "아름다운 그곳" 새 예루살렘에 도착하는 것이기 때문이다.[1]

---

1   C. B. Widmeyer, "In the New Jerusalem," 1911. 새찬송가 236장 "우리 모든 수고 끝나."

그러나 이야기가 정말로 그렇게 끝나는가? 요한계시록의 마지막 장들에서 제시하는 그림을 자세히 보면, 새 예루살렘이 목적지인 것은 맞지만 '내가 죽으면 가게 될 하늘 위의 집'이라는 대중적 상상과는 대단히 다르다. 그 환상이 바로 이번 장에서 다룰 주제다. 우리는 요한계시록의 새 예루살렘이 다음을 나타내는 것을 볼 것이다.

- 하나님의 선교의 목표
- 하나님의 임재의 충만함
- 변화된 창조 세계
- 권력에 굶주린 바빌론에 대한 대안
- 나라들의 치유

그러나 요한의 최종 환상은 또한 우리를 소환하고 하나님의 새 창조를 구현하며, 세상을 위해 지금 여기에서 이루어지고 있는 하나님의 회복하는 선교에 사로잡히기를 요구한다. 이 강력하고 흡인력 있는 요한계시록 이야기의 종결부를 함께 탐구해 보자.

하나님의 선교의 목표

모든 것은 어디에서 끝나는가? 요한계시록 21장과 22장은 요한계시록의 절정을 담고 있을 뿐 아니라, 전체 성경 드라마의 장엄한 마지막 악장을 그린다. 마치 요한이 거대한 현수막을 우주 이쪽 끝에서 저쪽 끝까지 펼치면서 "선교가 완수되었다!"라고 선언하는 것 같다. 하나님이 하늘과 땅을 창조하시면서 시작된 이야기가(창 1:1) 하나님이 새 하늘과 새 땅을 만드시면서 완성에 도달한다(계 21:1). 이 종결 장들은 우리가 세상에서 이루어지는 하나님의 선교가 무엇에 관한 것이며 어디로 나아가고 있는지를 이해하는 데 핵심 부분이다. 하나님의 사랑의 목적은 단지 개인들을 구원하여 그들이 마지막 숨을 거둘 때 천국에 갈 수 있게 하는 것 이상이다. 하나님은 전체 창조 세계를 처음부터 그것을 위해 의도한 결말로 이끌어 가기를 간절히 원하신다.

요한계시록 21장과 22장에서 우리는 그 목표가 실현되는 것을 본다. 요한은 장엄하게 회복된, 생명의 아름다움과 풍성함으로 번성하는 창조 세계의 그림을 드러낸다. 죄와 죽음의 힘은 더 이상 위협이 되지 않는다. 고난과 고통은 영원히 사라진다. 모든 나라의 사람들이 하나님과 어린양의 직접적 임재 안에서 살아가며, 서로서로 또한 하나님과 완벽하게 조화된 삶을 즐긴다. 모든 창조 세계가 하나 되어 하나님과 어린양을 예배하고 섬긴다. 11장에서 "세상 나라가 우리 주와 그의 그리스도의 나라가 되[리라]"(계 11:15) 하던 천사의 선언이 충만한 의미로 이루어진다. 요약하면, **만물을** 새롭게 한다는 하나님의 목적(계 21:5)이 완수된다. 하나님이 말씀하신다. "이루었도다!"(계 21:6) 새 예루살렘을 위한 하나님의 선교의 몇 가지 중요한 측면과 그 환상이 어떻게 우리 곧 그분의 백성을, 그 일을 이루기 위해 하나님이 행하시는 일 속으로 이끄는지 더 자세히 살펴보자.

땅을 가득 채우는 하나님의 임재

21장이 시작되면서 새 예루살렘이 하늘에서 내려와 새롭게 된 땅과 하나가 된다(계 21:2). 곧이어 온 우주를 가르는 한 목소리가 들린다.

> 보라, 하나님의 장막이 사람들과 함께 있으매
> 하나님이 그들과 함께 계시리니,
> 그들은 하나님의 백성이 되고

하나님은 친히 그들과 함께 계[시리라]. (계 21:3)

새 예루살렘 상징의 핵심은 백성과 함께하는 삼위일체 하나님의 여과 없는 **임재**를 나타내는 것이다. 이스라엘에게 그들 가운데 '거하겠다'고 약속하셨던(출 29:45-46; 레 26:11-12) 하나님이 이제 방해도 제약도 없이 약속대로 행하신다. 모세처럼 하나님의 **모든** 종은 "그의 얼굴을 볼" 것이며 "그의 이름도 그들의 이마에 있"을 것이다(계 22:4). 더 나아가 **도시 전체**가 하나님의 성전 또는 성소, 곧 지상에 있는 하나님 임재의 장소가 된다.[2] 완벽한 정육면체 모양을 갖춘(계 21:16) 새 예루살렘은 "성막 또는 성전에 있던 지성소와 거대한 유비"를 이룬다.[3] 물론 **새 예루살렘**이라는 이름 자체가 이 도시를 직접적으로 하나님의 임재의 장소로서 예루살렘 및 그 안에 있던 성전과 관련짓는다.

그러나 요한계시록 21장과 22장에서 완결되는 이야기는 예루살렘에 솔로몬 성전을 짓기 오래전부터 시작된 이야기다. 성경에서는 에덴 자체를, 하나님의 임재가 지상에 머무르고 하나님이 창조하신 인간이 하나님께 예배하는 장소인 성소 또는 성전-동산으로 그린다.[4] 하나님은 인류를 자기 형상으로 만드시고 "생육하고 번성하여 **땅에 충만하라, 땅을** 정복하라"(창 1:26, 28. 강조 추가)라고 그들에게 임무를 주셨다. 비록 직접적으로 표현하지는 않

---

2 Gregory K. Beale, *The Temple and the Church's Mission: A Biblical Theology of the Dwelling Place of God* (Downers Grove, IL: IVP Academic, 2004), 특히 pp. 23-26, 328-331, 365-373를 보라. 『성전 신학』(새물결플러스).

3 J. Richard Middleton, *A New Heaven and a New Earth: Reclaiming Biblical Eschatology* (Grand Rapids, MI: Baker, 2014), p. 171.

4 G. K. Beale and Mitchell Kim, *God Dwells Among Us: Expanding Eden to the Ends of the Earth* (Downers Grove, IL: InterVarsity Press, 2014), pp. 17-38. 『성전으로 읽는 성경 이야기』(부흥과개혁사); T. Desmond Alexander, *From Eden to the New Jerusalem: An Introduction to Biblical Theology* (Grand Rapids, MI: Kregel, 2008), pp. 19-31를 보라.

았지만, 이것은 하나님이 에덴이라는 성소를, 또한 그것과 함께 그분의 임재를 온 땅 위로 확대하려고 의도하셨음을 암시한다. 그리고 이 일은 하나님의 형상을 지닌 자들, 즉 하나님의 임재와 통치를 이 세상에서 나타내기 위해 창조된 사람들을 통해 일어날 것이다. 바꾸어 말하면, 인간으로서 우리의 소명은 하나님의 임재를 온 세상에 펼치며 다가올 새 창조를 기대하는 것이다. 그때에는 온 땅이 하나님의 영광으로 영원히 완전하게 채워질 것이다(사 6:3). 그것은 **선교적** 부르심이다.

그러나 그 이야기는 첫 번째 하나님의 형상을 지닌 자인 아담과 하와가 하나님께 반역함으로써 비극적으로 전환된다. 그들은 성소 에덴에서 쫓겨나 하나님의 직접적 임재에서 분리된다. 그러나 하나님은 성막(하나님 임재의 장막)과 예루살렘 성전을 세우심으로써 그분의 백성 이스라엘을 향해 신실하심을 나타내신다. 이 성막과 성전은 하나님의 임재와 영광이 머무는 지상의 특정한 장소이며, 사람들이 하나님을 만나고 예배하는 곳이다. 그러나 성전을 건축한 솔로몬조차도 그것이 충분하지 못함을 인식한다(왕상 8:27). 이후에 하나님의 임재의 장소는 건물에서 사람으로 바뀐다. 하나님의 영원한 말씀이 육신이 되어 우리 가운데 장막 또는 성막을 펴고 머무르신다(요 1:14). 예수님은 자신의 죽음과 부활을 통해(요 2:19-21) 하나님의 새 성전, 즉 교회의 모퉁잇돌이 되신다(엡 2:19-22; 벧전 2:4-8; 참조. 고전 3:16-17). 이제 "하나님이 거하실 처소"(엡 2:22)인 교회는 하나님의 임재를 온 땅 위에 펼치라는 소명을 받는다. 이 역동적인 영적 성전인 교회는 말과 삶의 신실한 증언(엡 1:13; 행 1:8)를 통해 성장하고(엡 2:21) 확장한다.[5]

그러므로 요한계시록 21장과 22장의 새 예루살렘은 그분의 백성 가운데 머무시려는 하나님의 확고한 목적의 장엄한 절정을 보여 준다. 요한복음

---

5 Beale and Kim, *God Dwells Among Us*, pp. 104-109를 보라.

1:14에서 육신이 된 말씀이신 예수님이 땅 위에 임재하심을 표현했던 바로 그 동사가 요한계시록 21:3에 나타난다. 새 창조 세계에서 하나님은 그분의 백성 가운데서 아무런 방해 없이 '장막을 펴고 머무르실' 것이다. 죽임당하고 살아나신 어린양의 임재는 회복된 창조 세계를 흠뻑 적실 것이다. 의미심장하게도, 요한은 이스라엘에게 주어졌던 '그들이 그의 백성(people)이 될 것이다'라는 전통적인 구약의 약속(레 26:12; 렘 24:7)을 "그의 **백성들**(peoples, 민족들)"(계 21:3, 강조 추가)로 확장한다. 새 예루살렘에서는 모든 족속과 나라의 사람들이 하나님의 임재 안에 머물며 번성한다. 그들이 함께하는 삶의 중심에는 하나님과 어린양이 계신다.

게다가 창조 때부터 시작된, **온 땅**을 자신의 임재로 가득 채운다는 하나님의 목적은 새 하늘과 새 땅에서 놀랍도록 아름다운 실재가 된다. 이스라엘의 예언자들은 변혁된 예루살렘에서 하나님이 다시 한번 머무르실 종말 성전의 환상(사 2:2-3; 겔 40-48장; 참조. 슥 8:3, 7-8)을 통해 이 소망의 조각들을 힐끗 볼 수 있었을 뿐이다. 그러나 요한의 환상은 우리를 놀라움으로 사로잡는다. 그는 말한다. "성 안에서 내가 **성전을 보지 못하였으니**, 이는 주 하나님 곧 전능하신 이와 및 어린양이 그 성전이심이라"(계 21:22, 강조 추가). 성전을 **보지 못했다**고? 이 미래 도시에서는 성전이 태풍 기간의 스프링클러처럼 쓸모없게 될 것이다. **모든 것**이 하나님의 성전이다. 거룩한 것과 속된 것이라는 오래된 구분은 증발해 사라진다. 하나님의 영광은 하늘과 땅 모든 곳을 채운다(계 21:11). 그 영광의 빛이 너무나 강렬하게 모든 것을 비추기에 해와 달조차 해고 통지서를 받게 된다(계 21:23).

새 예루살렘에서 하나님의 백성은 제사장으로서 그들의 역할을 계속하면서 지상 성소에서 계속 하나님을 섬기고 예배할 것이다(계 22:4). 또한 왕으로서 "세세토록 왕 노릇" 할 것이다(계 22:5). 그것은 무슨 의미인가? 새 창조 세계 안에서의 삶은 그저 끊임없는 하프 연주회와 성가대 찬양 연습으로 채워지는가? 아마 새 예루살렘에서도 우리는 여전히 '사명'을 지닐 것이다. 그 사명은 하나님이 인간에게 본래 하셨던 명령, 즉 하나님의 대리인으로서 그분의 임재와 통치를 지상에 펼치라고 하신 명령을 복원하는 일일 것이다. 앤디 존슨은, 하나님의 청지기직에 동참하는 사람들은 새롭게 된 창조 세계를 돌보며 모든 충만함으로 인간의 문화적 삶에 참여함으로써 그 세계의 번영에 능동적으로 기여할 것이라고 말한다. 죄로부터 자유로워진 "그런 문화적 활동은…전적으로 타인을 위한, 창조 세계 전체를 위한, 하나님을 존귀하게 하는 활동이 될 것이다."[6] 그는 계속 상상한다. "〈레 미제라블〉 제작에 참여했던 모든 사람이 '우주적인' 제작사에 함께 모여, 전체 역사 속에서 일어난 하나님의 해방 사역과 인간이 그에 참여한 일을 기리는 작품을 만든다면 어떻겠는가?"[7] 아마도 우리는 하나님의 치유, 생명을 주는 임재를 구속받은 지구 전체에 펼치는 일에서 작은 역할을 담당할 것이다.

선교적 함의

하나님이 새 예루살렘에서 '완수하신 선교'에 관한 환상은 교회의 미래의 모습일 뿐 아니라 **지금** 우리가 하나님의 선교에 어떻게 참여할지에 영향을 끼친다. 요한이 제시하는 하나님의 영광과 임재의 극장으로서의 새 예루살렘 그림은 현재 우리가 행하는 선교에 어떻게 말을 걸어 오는가?

우선, 그 그림은 선교가 행함이나 말함이 아니라 **존재함**으로부터 시작됨을 기억하게 한다. 선교는 어떤 일단의 행위보다 훨씬 더 크다. 교회 예산 목록에 오른 아이템, 매년 행하는 선교 여행, 선교사와 사역을 돕기 위해 돈을

---

[6] Andy Johnson, *Holiness and the Missio Dei* (Eugene, OR: Cascade, 2016), p. 178.
[7] Johnson, *Holiness*, p. 178.

내는 것, 심지어 이웃과 친구에게 증언하는 일을 훨씬 넘어선다. 무엇보다도 먼저, 선교는 우리가 **누구인가**에 관한 것이다. 그것은 삼위일체 하나님의 생명에 대한 우리의 참여에서 흘러나오는 것이며, 우리가 하나님을 **위해** 행하는 무엇이 아니다. 우리가 그 친밀한, 변화시키는 하나님의 임재를 경험하지 못한다면 우리의 선교 활동은 피상적이고 자신의 이익을 도모하는 행위에 머무를 것이다.[8]

둘째로, 하나님의 선교의 목표가 모든 민족에서 사람들이 나아와 삼위일체 하나님과 친밀한 사귐을 갖고 서로 사랑하는 교제를 누리며 번성하는 것이라면, 이는 오늘날 교회의 선교에도 영향을 끼쳐야 한다. 하나님의 형상을 지닌 자로서 우리는, 온 세상이 그분의 영광으로 반짝이는 그날을 기대하면서 우리의 신실한 증언을 통해 하나님의 임재를 온 땅에 확장하라는 소명을 받는다.[9] 우리의 과제는 모든 족속과 문화에서 나온 동료 인간들을 하나님과 교제하도록 이끌어서 그들도 하나님의 임재에 압도되게 하는 것이다. 우리는 단순히 천국에 가도록 '영혼을 구원하는 것'을 넘어, 세상에 풍성한 하나님의 생명을 나타내는 제자들을 세우도록 부름받는다. 더구나, 구속받은 사람들은 하나님의 임재를 홀로 경험하지 않는다. 우리는 그들이 하나님 나라의 시민이자 하나님 가족의 일원으로서 확신하고 사랑하며 예배하는 공동체에 속하도록 그들을 이끌어야 한다(계 5:10; 21:7).

셋째로, 지역 교회들은 장차 올 새로운 세상의 예고편이요 실재로서 살아간다. 새 창조는 교회 안에서 교회를 통해 이루어지는 죽임당하고 살아나신 어린양의 선교 안에서 지금 나타나고 있다. N. T. 라이트가 우리에게 떠올리게 하는 바는, 그리스도인 공동체는 하나님의 임재가 온 땅에 가득

---

8 이 점에 관한 더 자세한 논의는 Dean Flemming, *Recovering the Full Mission of God: A Biblical Perspective on Being, Doing and Telling* (Downers Grove, IL: IVP Academic)을 보라.
9 Beale and Kim, *God Dwells Among Us*, p. 122.

할 때가 올 것을 알리는 "예고 표지판"이 되어야 한다는 것이다.[10] 분명 표지판이다. 그렇다. 그러나 아마도 그 이상일 것이다. 죽임당한 어린양의 자기를 내어 주는 사랑과 정의를 나타내는 공동체로서, 우리는 또한 장차 올 세상을 성령의 도우심으로 **구현하는** 존재가 되어야 한다. 분명 불완전하고 완결되지 못한 상태지만, 그럼에도 진정한 방식으로 그렇게 되어야 한다.[11] 우리가 '선교 중'이라면, "당신이 하나님의 치유하고 회복시키는 임재가 세상을 어떻게 바꾸어 놓는지 보기 원한다면 우리의 공동체, 어린양의 사람들을 보라"라고 겸손하게 말할 수 있어야 하지 않겠는가?

하늘이 내려오다

성경 이야기의 마지막 장에서 우리가 하늘로 **올라가는** 것이 아니라 하늘이 땅으로 **내려온다는** 사실에 우리 중 몇 사람은 놀랄지도 모르겠다. 요한의 결말짓는 환상은 이렇게 시작한다. "또 내가 새 하늘과 새 땅을 보니, 처음 하늘과 처음 땅이 없어졌고 바다도 다시 있지 않더라. 또 내가 보매 거룩한 성 새 예루살렘이 **하나님께로부터 하늘에서 내려오니**, 그 준비한 것이 신부가 남편을 위하여 단장한 것 같더라"(계 21:1-2; 참조. 계 21:10. 강조 추가).

땅이 '휴거된' 그리스도인들을 하늘로 올라가게 하는 발사장이 되는 게 아니라, 하늘이 땅으로 내려온다. 창조 이후로 나뉘어 있던 하늘과 땅이 거룩하게 조율된 합병을 경험할 것이다. 지금까지 요한계시록에서 하나님과 어린양의 보좌는 오직 하늘에만 자리를 잡고 있었다. 이제 온 우주에 대한

---

10 N. T. Wright, *Paul and the Faithfulness of God* (Minneapolis: Fortress, 2013), p. 437. 『바울과 하나님의 신실하심』(CH북스).

11 Michael J. Gorman, *Becoming the Gospel: Paul, Participation, and Mission* (Grand Rapids, MI: Eerdmans, 2015), 47를 보라. 『삶으로 담아내는 복음』(새물결플러스).

그림 9.1. 새 예루살렘이 내려옴, "앙제의 요한계시록"(1375년경-1380) 태피스트리

주권을 상징하는 하나님의 보좌가 하늘에서 땅으로 자리를 옮긴다(계 22:1, 3). 하나님은 땅의 미래를 계획해 놓으셨다. 이러한 현실이 우리의 하나님의 선교 이해에 심오한 영향을 끼친다. 그것은 어떤 종류의 미래인가?

대체가 아니라 변화

요한은 "새 하늘과 새 땅을"(계 22:1) 본다. 그다음에 하나님은 1장 이후 처음으로 직접 말씀하신다. "보라 내가 만물을 새롭게 하노라"(계 21:5). '새로움'은 어떤 **새로움**인가? 무엇보다도 요한은 우리에게 첫 번째 땅과 하늘이 "없어졌고" 바다도 사라졌다고 말한다(계 21:1). 이것은 하나님이 새 창조를 시작하시기 전에 현재의 땅은 파괴되어야 함을 암시하는가? 그것이 많은 그리스도인이 세상의 종말에 대해 그리는 모습이다. 예를 들어, 핼 린지의 『대행성 지구의 종말』에서는 이렇게 예언한다. "거대한 소음과 강력한 열과 불이 있을 것이다. 그리고 나서 그리스도께서는 원자들을 다시 모아 새 하늘과 땅을 만드실 것이다."[12] 그러나 땅이 사라지리라는 생각은 요한의 새 창조 그림에 들어맞지 않는다. 요한이 상상하는 것은 회복되고 변화된 땅이지 파괴 후에 대체된 땅이 아니다.

새 예루살렘에 대한 요한의 환상은 연속성과 불연속성을 모두 보여 준다. 첫째 하늘과 땅이 '없어지는' 것은 창조 세계의 파괴가 아니라 그에 대한 하나님의 **신실하심**을 보여 준다. **땅 자체는 버려지지 않는다.** 끝나는 것은 창조 세계를 위한 하나님의 선한 목적들을 죄와 죽음과 사탄이 파괴하고자 하는 그런 세상이다(계 20장을 보라). 새 창조 세계에서 모든 죽음과 고난은 사라진다(계 21:4). 심지어 바다까지도 갑자기 사라지는데, 요한계시록에서 바다는 혼란과 악의 상징이다(계 21:1; 참조. 계 12:12; 13:1; 20:13). '새' 하늘과 땅은 하나님이 만드신 땅을 "망하게 하는"(계 11:18) 모든 권력의 부재를 의미한다.

동시에 하나님은 예언자 이사야가 예언했던(사 43:19; 65:17; 66:22) 새롭고 혁명적인 일을 행하신다. "만물을 지으신"(계 4:11) 바로 그 하나님이 이제 "만물을 새롭게"(계 21:5) 하신다. 주석가 브라이언 블런트가 표현하듯, "하나님은 옛것을 취하여 변화시키신다. 창조 세계를 위한 여러 재앙과 전투 과정에서 일어난 파괴로부터 하나님은 새로운 것을 만들어 내신다. 옛것은 새것을 이루는 일부가 되어 남겠지만 그 모양은 심하게 바뀔 것이다."[13] 어떤 의미에서, **사람들이** 부활할 때 일어나는 일이 창조 세계가 회복될 때도 일어난다고 말할 수 있다. 바울은 우리의 현재 몸이 죽고 그리스도가 다시 오실 때 질적으로 다른 종류의 생명으로 일으켜진다고 말한다(고전 15:35-57).

---

12 Hal Lindsey, *The Late Great Planet Earth* (Grand Rapids, MI: Zondervan, 1970), p. 179.
13 Brian K. Blount, *Revelation: A Commentary* (Louisville, KY: Westminster John Knox, 2009), p. 376.

이와 유사하게, 요한은 죄와 죽음으로 병들어 있는 현재의 창조 세계가 사라지지만 그것이 새로운 종류의 번성하는 생명을 담기 위해 치유되고 변화되는 환상을 본다.[14] 두 사례 모두에서 하나님은 단순히 옛것을 폐기하고 다시 시작하지 않으신다. 하나님은 그분의 창조 세계를 원래의 목표를 이룰 수 있도록 개조(remake)하신다.[15]

> "이 세상은 하나님의 '아기', 하나님의 창조물이다. 하나님은 그것을 버리지 않고 구원하고자 하신다. 그 속에 있는 짐승들 및 괴물 같은 악들을 제거하고, 용들을 쫓아내며, 불결한 것들을 깨끗하게 하신다. [요한계시록의] 절정을 이루는 마지막 악장은 하나님이 옛것을 변화시켜 새것으로 만드심으로써 새 하늘과 새 땅을 창조하시는 장면이다."[16]
>
> 미첼 레디쉬

요한계시록 21:5에서 하나님이 현재형 동사로 말씀하신다는 점은 주목할 만하다. "내가 만물을 새롭게 하노라"(계 21:5). 이 말씀은 하나님이 미래에 **행**

---

14 Mark B. Stephens, *Annihilation or Renewal? The Meaning and Function of New Creation in the Book of Revelation*, WUNT 2.307 (Tübingen: Mohr Siebeck, 2011), p. 257.
15 분명 요한계시록 21장과 베드로후서 3:7-13 같은 구절 사이에는 긴장이 존재한다. "이제 하늘과 땅은…불사르기 위하여 보호하신 바 되어"(벧후 3:7), "하늘이 큰 소리로 떠나가고 물질이 뜨거운 불에 풀어지고"(벧후 3:10), "이 모든 것이 이렇게 풀어지리니"(벧후 3:11) 같은 표현이 있기 때문이다. 그러나 리처드 미들턴은 베드로후서 3장의 묵시적 이미지가 그리는 것은 변혁이지 세상의 문자적 소멸이 아니라는 점을 설득력 있게 논증한다. Middleton, *A New Heaven and a New Earth*, pp. 189-200를 보라. 참조. Douglas J. Moo and Jonathan A. Moo, *Creation Care: A Biblical Theology of the Natural World* (Grand Rapids, MI: Zondervan, 2018), pp. 153-161.
16 Mitchell G. Reddish, *Revelation* (Macon, GA: Smyth and Helwys, 2001), p. 416.

하실 일에 대한 약속일 뿐 아니라 또한 하나님이 현재 **행하시는** 일의 선언이기도 하다. 하나님은 이미 만물을 새롭게 하는 과정을 시작하셨다. 선교하는 교회는 교회가 속한 문화적 환경에서 하나님의 새 창조를 구현하는 존재로(고후 5:17을 보라), 장차 올 것을 미리 맛보게 하는 존재로 산다.

에덴동산으로 돌아가기?

요한은 하나님이 창조 세계를 개조하시는 일을 조명하면서 그 거룩한 도시를 회복된 에덴으로 묘사한다. 생명나무(창 2:9; 3:22, 24를 보라)와 "에덴에서 흘러 나와 동산을 적시"던(창 2:10) 강이 다시 등장하는 요한계시록 22:1-2보다 이것을 더 분명하게 나타내는 곳은 없다. "또 그가 수정같이 맑은 생명수의 강을 내게 보이니, 하나님과 및 어린양의 보좌로부터 나와서 길 가운데로 흐르더라. 강 좌우에 생명나무가 있어 열두 가지 열매를 맺되 달마다 그 열매를 맺고, 그 나무 잎사귀들은 만국을 치료하기 위하여 있더라."

요한의 환상은, 어떤 식으로든 '동산으로 돌아감으로써' 더 나은 세상을 만들 수 있으리라 믿었던 1960년대의 우드스톡 세대의 꿈보다 더 큰 것이다. 요한은 동산으로 **돌아간다**는 조금 로맨틱한 생각보다는 확장되고 변화된 에덴의 그림을 그린다. 강력해진 에덴이다! 하나님의 선교의 목표는 어떤 원초적 낙원의 모습대로 모든 일을 되돌리고 그 이후에 온 모든 것을 쓰레기통에 던져 버리는 게 아니다. 오히려, "에덴은 역사의 종말에 다시 등장하고, 생명나무와 생명수 강과 함께 완전하게 되어 구속된 도시의 센트럴 파크가 된다."[17] 새 예루살렘은 인간 역사와 문화에서의 탈출이 아니라 그것

---

17 M. Eugene Boring, "Revelation 19-21: End Without Closure," *The Princeton Seminary Bulletin* Supp. 3 (1994): p. 74.

들의 **완성**을 나타낸다. 이 정원 도시는 하나님이 본래의 인간들에게 이루기를 바라셨던, 그들이 실현했더라면 좋았을 종류의 번성하는 인간 공동체에 자양분을 공급한다.[18] 유진 보링의 기억할 만한 표현대로, "하나님은 '새로운 모든 것'을 만드시지 않고 '모든 것을 새롭게 하신다'(계 21:5)."[19] 요한은 '새 에덴'을 말하지 않고 한 도시 '새 **예루살렘**'을 언급한다. 그런데 그게 어떤 종류의 도시인가?

"많은 사람이 천국에 가기를 바라는 이유는 그들이 플로리다에 가기를 바라는 이유와 비슷하다. 천국에 가면 날씨도 좋고 사람들도 착하리라 기대한다. 그러나 성경의 천국은 힘든 도시 생활의 스트레스에서 멀리 벗어난 쾌적한 환경이 아니다. 천국은 하늘의 도시가 땅의 도시를 침범하는 것이다. 우리는 우리가 좋아하지 않는 것에서 벗어남으로써 천국에 들어가는 게 아니라 하나님이 우리를 데려다 놓으신 그곳을 거룩하게 함으로써 천국에 들어간다."[20]

유진 피터슨

---

[18] N. T. Wright, "Revelation and Christian Hope: Political Implications of the Revelation to John," in *Revelation and the Politics of Apocalyptic Interpretation*, ed. Richard B. Hays and Stefan Alkier (Waco, TX: Baylor University Press, 2012), p. 112.
[19] M. Eugene Boring, *Revelation* (Louisville, KY: John Knox, 1989), p. 220.
[20] Eugene H. Peterson, *Reversed Thunder: The Revelation of John and the Praying Imagination* (San Francisco: HarperSanFrancisco, 1988), p. 174.

두 도시 이야기

찰스 디킨스(Charles Dickens)의 고전처럼 요한계시록에서는 '두 도시 이야기'를 들려준다. 새 예루살렘은 창조 세계에 생명을 주시려는 하나님의 목적을 구현한다. 위대한 바빌론(계 17-18장을 보라)은, 세상을 향한 하나님의 사랑의 통치에 도전하는 교만하고 우상숭배적인 제국을 건설하려는 인간의 노력을 상징한다. 요한은 병행하는 배경을 제시함으로써 우리에게 이 두 대안 도시의 충돌이 있으리라고 경고한다.

또 일곱 대접을 가진 일곱 천사 중 하나가 와서 내게 말하여 이르되, "이리로 오라. 많은 물 위에 앉은 큰 음녀가 받을 심판을 네게 보이리라"…하고 곧 성령으로 나를 데리고 광야로 가니라.
(계 17:1-3)

일곱 대접을 가[졌던]…일곱 천사 중 하나가 나아와서 내게 말하여 이르되, "이리 오라. 내가 신부 곧 어린양의 아내를 네게 보이리라" 하고, 성령으로 나를 데리고 크고 높은 산으로 올라가.
(계 21:9-10)

이 구조화된 단서는 일련의 병행을 위한 토대를 마련하고, 음녀 도시 바빌론과 하나님의 거룩한 도시를 대조한다.

- 바빌론은 타락한 음녀지만, 새 예루살렘은 순결한 신부다.
- 바빌론은 마귀들이 드나드는 장소지만(계 18:2), 예루살렘은 하나님이 거주하시는 곳이다(계 21:3).
- 음녀는 유혹을 위한 사치품으로 장식했지만(계 17:4; 18:16), 신부는 하나님 백성의 의로운 행위들로 옷 입었다(계 19:8; 21:2).
- 바빌론의 화려함은 다른 이들을 착취하는 데서 나왔지만(계 18:11-

14), 새 예루살렘의 영광은 하나님의 눈부신 임재에서 발산한다(계 21:11-21).
- 사악한 도시는 혐오와 속임수의 냄새를 풍기지만(계 17:4; 18:23), 거룩한 도시에는 거짓되고 깨끗하지 않은 모든 것이 들어올 수 없다(계 21:27).
- 과거의 도시는 애통과 어둠으로 신음하지만(계 18:15, 23), 새로운 도시는 잔치의 기쁨과 빛으로 가득하다(계 19:7; 21:23; 22:5).
- 바빌론은 세상 나라들을 지배하고 타락시키지만(계 17:18; 18:3), 새 예루살렘은 나라들을 치유하고 화해시킨다(계 22:2).[21]

인간 공동체에 관해 극명하게 다른 이 두 비전은 당시와 오늘을 살아가는 요한의 독자들에게 결단을 요구한다. 어느 도시가 하나님 백성으로서 우리의 현재 정체성과 우리의 미래 운명에 영향을 끼칠 것인가? 새 예루살렘은 인간됨의 의미에 대한 대안적 비전을 제공한다. 우리의 표를 새 예루살렘 쪽에 던지는 일은, 지금 바빌론에서 어떤 식으로든 살아남아 언젠가 천상 도시의 행복한 해변에 도달하게 되는 것보다 훨씬 더 많은 것을 의미한다. 그 일은 그리스도인 공동체에, 그 공동체가 로마 통치의 아시아에 있든 현대의 앙골라나 아르헨티나나 미국에 있든, 장차 올 도시의 삶, 이미 우리의 진정한 고향이 되어 있는 그 도시의 삶을 살도록 요청한다. 우리는 **바빌론 한가운데서 새 예루살렘의 시민으로 산다**.

그러나 새 예루살렘의 시민권은 또한 우리에게 사명을 준다. 하나님의 목적이 사람들과 나라들이 바빌론의 권력 다툼을 버리고 새 예루살렘의

---

21 Dean Flemming, *Contextualization in the New Testament: Patterns for Theology and Mission* (Downers Grove, IL: IVP Academic, 2005), p. 287를 보라.

빛에서 행하도록 이끄는 것이라면, 우리는 우리 자신을 그 목적에 맞추어야 한다. 데이비드 드실바는 이 소명을 잘 기술한다.

요한이 이 환상을 사용하는 것처럼(그러므로 우리도 그렇게 사용해야 한다), 새 예루살렘은 창조 세계를 위한 하나님의 목적을 선포하는 것이며 이것에 비추어 인간의 모든 목적과 모든 인간 사회는 판단받고 비판받고 저울질되며 부족함이 드러난다. 하나님의 환상에 비추어 그리스도인들은 **기다릴** 뿐 아니라 **증언하고**, 선포하고 저항하며, 용기를 북돋우고 지도하라는 도전을 받는다.[22]

그 사명이 세상 나라들에 무엇을 의미하는지 더 자세히 살펴보자.

나라들의 치유

요한은 새 예루살렘을, 하나님이 그분의 이름을 지닐 백성을 처음 선택하셨을 때부터 진행되어 온 일의 성취로 보도록 우리를 초대한다. 하나님은 아브라함과 언약을 맺으셨을 때 이 한 사람의 후손들을 통해 지상 모든 나라가 복을 누리게 하겠다고 약속하셨다(창 12:3; 18:18; 22:18). 성경 이야기를 통틀어 선교의 하나님은 이스라엘을 통해, 그리스도를 통해, 교회를 통해 그 목표를 끈질기게 추구하신다. 그러나 나라들을 위한 하나님의 구속 목적은 새 예루살렘에서 목표에 도달한다. 요한계시록 22:1-2에서 요한은 생명나무가 양쪽 강변에서 자라며 풍성한 열매를 가득 맺는 모습을 그린다. 이런 이미지는 종말 때 세워질 하나님의 성전에서 강이 흘러나오고 그 강변에 과일

---

22 David deSilva, *An Introduction to the New Testament: Contexts, Methods and Ministry Formation*, 2nd ed. (Downers Grove, IL: IVP Academic, 2018), p. 819.

나무들이 늘어서 있는 에스겔의 환상(겔 47:1-12)을 떠올리게 한다. 그러나 차이가 있다. 에스겔의 나무들은 "약 재료가" 되는 잎을 낸다(겔 47:12). 그러나 요한은 이러한 치유의 잎들을 중대하게 개선한다. 요한의 환상에서 그 잎들은 "만국을 치료하기 위하여" 존재한다(계 22:2, 강조 추가). **새 예루살렘의 사명은 나라들을 치유하는 것이다.**

이는 우리에게 놀라운 일이 아니다. 5장에서 죽임당한 어린양의 피는 모든 족속과 나라에서 온 사람들을 구속했다(계 5:9; 참조. 계 7:9; 14:6). 이후에 짐승을 이긴 사람들이 하나님을 "만국의 왕"으로 높이며 "만국이 와서 주께 경배"하게 된 것을 기뻐한다(계 15:3-4). 그 약속은 새 창조 세계 안에서 실재가 된다. 그곳에서 하나님은 다양한 "민족들"(계 21:3, 저자 번역)과 함께 사시고, 나라들은 하나님과 어린양의 빛으로 행한다(계 21:24). 선교의 하나님은 새 창조의 공동체를 땅 위의 모든 나라와 민족으로부터 모으신다.

그러나 요한계시록은 우리 앞에 불편한 긴장을 남겨 둔다.[23] 마치 할리우드 영화에서 또 다른 엔딩을 제시하는 것처럼, 가능한 두 가지 결과를 내놓는다.[24] 6-20장에서 계속되는 한 가지 긴장된 흐름에서는, 나라들이 회개하여 새 창조 세계에 참여할 수 있다는 소망을 거의 보여 주지 않는다. 그들은 하나님 나라를 향해 분노하고, 하나님의 진노는 쓰나미처럼 그들을 압도한다(계 11:18). 나라들은 마귀에게 속고(계 20:3, 7, 10), 바빌론의 주술에 사로잡히며(계 18:23), 짐승에게 무릎 꿇는다(계 13:4, 7-8). 반역하는 인류는 하나님의 심판하시는 진노를 직면하고도 회개하기를 거부한다(계 9:20-21; 16:9, 11). 심지어 요한은 새 창조 세계가 임하는 것을 본 후에도 악인들의 변화에 소망을 두지 않는 것처럼 보인다. "불의를 행하는 자는 그대로 불의를 행하

---

[23] 이어지는 문단은 Flemming, *Why Mission?* (Nashville, TN: Abingdon, 2015), pp. 114-116의 내용을 고쳐 쓴 것이다.
[24] Andy Johnson, *Holiness and the* Missio Dei, pp. 171-172.

그림 9.2. 생명의 강(계 22:1-2), 파쿤두스 베아투스(1047) 사본에 실린 삽화

고, 더러운 자는 그대로 더럽고"(계 22:11). 요한계시록 안에 있는 이 어두운 색의 실 때문에 어떤 해석자들은 요한이 불순종하는 나라들에 대해서는 구원이 아니라 심판의 망치만을 기대한다고 결론지었다.[25]

하지만 그것이 이야기의 전부는 아니다. 요한계시록에서는 또 다른 가능한 엔딩을 제시한다. 세상의 여러 민족을 향한 교회의 증언이 풍성한 열매를 맺게 **되리라**는 소망이다. 6장에서 보았듯, 요한계시록에서는 죄악된 나라들이 하나님을 두려워하고 경배하며 하나님께 영광을 돌리는 장면을 반복해서 그린다(계 11:13; 14:6-7; 15:3-4).

그러나 오직 새 예루살렘 안에서만 나라들을 향한 하나님의 선교가 목표에 도달한다. 거룩한 도시에 등장하는 인물들에는 뜻밖의 배우들인 나라들과 "땅의 왕들"(계 21:24-26)도 포함되어 있다. 요한계시록의 내러티브가 펼쳐지는 동안에 우리가 마지막으로 나라들을 보았을 때, 그들은 사탄과 동맹을 맺었고, 하나님의 심판을 받았으며, 하늘에서 내려온 불에 삼켜졌다(계 20:7-15; 참조. 계 11:18; 16:19; 19:15). 그러나 마지막 장면에서는 나라들이 하나님과 어린양의 빛을 받으며 미래 도시의 '중심가'를 거닌다(계 21:24). 더 놀라운 것은, 땅의 왕들이 "자기 영광을 가지고" 새 창조 세계 안으로 들어오는 것이다(계 21:24). 이전까지는 이 왕들이 하나님의 적 역할을 했다. 19장에서 그들은 그리스도와 전쟁을 벌였고 그분의 칼에 죽임을 당했다(계 19:19, 21; 참조. 계 6:15; 17:2, 18; 18:3, 9). 그러나 새 창조 세계에서 땅의 왕들은 나라들과 함께 그들의 창조주께 영광과 존경을 돌린다(계 21:24, 26).

이렇게 그들의 영광과 존경을 바치는 행위는 무엇보다도 나라들과 그 통치자들이 영원한 도시에서 전능하신 하나님을 예배하게 됨을 의미한다.[26]

---

[25] 예를 들어 Greg Carey, *Elusive Apocalypse: Reading Authority in the Revelation to John* (Macon, GA: Mercer University Press, 1999), pp. 160-162를 보라.

[26] G. K. Beale, *The Book of Revelation: A Commentary on the Greek Text* (Grand Rapids, MI: Eerd-

요한계시록 전반에 걸쳐 불신자들이 하나님께 영광을 돌린다는 표현은 진정한 회개를 암시한다(계 11:13; 14:7; 15:4). 동시에, 요한의 환상은 이사야 60장을 떠올리게 하는데, 거기서는 나라들과 왕들이 마지막 때에 예루살렘으로 순례하면서 그들이 가진 부와 물질적 보물, 즉 낙타, 은, 철, 배, 소나무 등을 주님의 도시로 가지고 온다(사 60:5-17). 요한계시록에서는 나라들이 영적 예배뿐 아니라 물질적 문화와 노동의 산물도 하나님과 어린양께 바친다고 보는 것이 타당하다. 땅의 나라들과 왕들과 상인들은 문화적 산물의 '영광'을 음녀 바빌론에게 봉사하며 바쳤던 적이 있다(계 18:9-19; 참조. 사 60:13). 그러나 이제 인간 문화와 기술의 요소는 변화되어 하나님께 영광을 돌리기 위해 바쳐진다.[27]

"하나님의 도시는 인생길에서 만나는 역사적 실존의 고통에서 **최종적으로** 도피하는 것, 안쪽에서 문을 잠근 성안으로 최종적으로 후퇴하는 것이 아니다. 그 도시는 지금까지 인류가 걸어온 길이, 역사의 수고 속에서 발전된 인간 문화의 찬란한 다양함이 무력화되지 않고 구속되고 영광스럽게 되는 완성이다."[28]

유진 보링

그러므로 요한계시록 21-22장에서는 구속된 인류와 나라들의 치유라는 그림을 우리에게 보여 준다. 로마 치하 아시아의 주변화된 소수자 교회들에

---

mans, 1999), p. 1095.
27 Middleton, *A New Heaven and a New Earth*, p. 173; Stephens, *Annihilation or Renewal?*, pp. 253-254.
28 M. Eugene Boring, *Hearing John's Voice: Insights for Teaching and Preaching* (Grand Rapids, MI: Eerdmans, 2019), p. 126.

그런 비전은 아마도, 마치 한 번도 망원경으로 밤하늘을 보지 못한 사람이 갑자기 허블 망원경으로 먼 우주 이미지를 보는 것처럼, 그들의 집단적 상상력을 거의 한계점까지 밀어붙일 것이다. 나라들에 관한 요한계시록의 마지막 말은 20장에 나오는 두려운 심판의 불이 아니라, 나라들이 치유되어 (계 22:2) 영원한 도시 안에 있으리라는 말이다(계 21:24-26).

요한계시록은 도무지 상상하기 어려운 소망의 환상을 제시하면서 끝맺는다. 이것은 요한이 결국 모든 사람이 구원받으리라고 믿는 보편구원론자임을 의미하지 않는다. 죄악된 행위를 고집하는 자들은 새 예루살렘에 들어갈 수 없다고 요한계시록에서 반복해서 경고하는 것을 보면 그 점은 분명하다(계 21:8, 27; 22:15). 요한은 나라들이 하나님을 경배하는 환상과 하나님이 나라들을 심판하고 죄인들을 그 도시에서 쫓아내고 문을 닫아 버리는 환상 사이의 긴장을 제거하려 하지 않는다. 요한계시록에서는 나라들이 실제로 처할 가능한 결과로 둘 모두를 보여 주는 것 같다. 그 결과는 교회의 복음 증언에 나라들이 어떻게 반응하느냐에 따라 좌우될 것이다(예컨대 계 14:6-7). 요한계시록에서 **확실히** 말하는 바는, 하나님의 백성을 통해 나라들에 이루어지는 하나님의 선교 이야기는 마지막에 영광스러운 승리에 도달한다는 것이다. 땅의 여러 민족에서 온 구속받은 이들이 새 예루살렘의 빛 안에서 걷게 될 것이다. 이 환상은, 오늘날 영적 무관심과 노골적 적대감의 잡초들이 복음의 묘목들을 압도하는 듯한 장소에서 수고하는 그리스도인 공동체에 탁월한 소망을 제공한다. 나라들을 제자 삼는(마 28:18-20) 교회의 선교는 궁극적으로 상상을 초월하는 풍성한 추수로 끝날 것이다. 아멘!

새 창조의 정체성

이제 요한계시록 21장과 22장이 오늘날 선교하는 교회에 무엇을 의미하는

지에 초점을 맞출 시간이다. 새 예루살렘이 나타내는 것은 교회의 미래에 대한 찬란한 소망 이상이다. 요한이 보기에, 미래는 현재를 향해 빛을 비추고 있다. 요한계시록은 마지막 때에 모든 창조 세계에 생명을 준다는 하나님의 목적을 보여 주는 비공개 시사회를 열어 주심으로써, **우리가** 성령의 도우심으로 그런 미래의 예고편을 지금 살아갈 수 있게 한다.

이러한 '지금 그러나 아직' 관점은 요한계시록 21장과 22장에 대한 두 가지 오해를 피하도록 돕는다. 첫 번째 오해는, 새 창조 세계가 우리가 열망해야 할 저세상 미래의 상태일 뿐이며 지금 우리의 세상 속 삶과는 별 관련이 없다고 보는 것이다. 새 창조 세계는 그저 우리가 죽거나 예수님이 다시 오실 때 가게 되는 곳이라는 말이다. 두 번째 오해는, 새 예루살렘은 우리가 건설하려고 열심히 노력하기만 하면 **이 세상**에서 충분히 실현 가능하다고 보는 것이다. 그런 오해는 윌리엄 블레이크가 작사한 "예루살렘"(Jerusalem)이라는 찬송가에서 선명하게 나타난다. 영국에서 아직도 인기가 있는 이 곡의 마지막 절은 이렇다.

> 나는 정신의 싸움을 멈추지 않으며,
> 내 칼은 나의 손에서 잠들지 않으리.
> 영국의 푸르고 아름다운 땅 위에,
> 우리가 예루살렘 건설을 완수할 때까지.[29]

그럴듯한 생각이지만, 요한은 아마도 **인간들이** 새 예루살렘을 건설한다는 말에는 그의 펜을 반으로 뚝 부러뜨렸을 것이다. 그와는 반대로, 요한의 미래 도시가 우리의 상상을 새롭게 형성한다. 그리하여 우리가 바빌론의

---

29 William Blake, "Jerusalem," 1804, music by Hubert Parry, 1916.

방식에 순응하라는 압력에 저항할 수 있게 하고, 새 예루살렘의 삶을 우리 세계에서 구현하는 대조적 공동체로 살 수 있도록 돕는다. 새 창조는 아직 도래하지 않았지만 진짜가 되기 시작했다.[30] 하나님은 **이미** 그분의 백성을 통해 "만물을 새롭게" 하고 계신다(계 21:5). 더 구체적으로 말해 보자. 하나님의 선교의 목표가 교회의 성격을 형성하도록 허락한다면, 우리는 다음과 같은 존재가 될 것이다.[31]

치유의 공동체

새 예루살렘의 대로에서 분출하는 생명수의 강과 그 강변을 호위하듯 늘어선 생명나무는 하나님의 생명 주시는 은혜를 상징한다. 그 은혜는 생명을 공급하는 데 실패함이 없다(계 22:1-2). 교회는 생명수를 마실 뿐 아니라 그 풍성한 생명을 다른 이들에게 제공하라는 부름을 받는다. 더구나, 생명나무의 목적이 "만국을 치료하"는(계 22:2) 것이라면 우리의 선교도 세상 나라들 안에서 그리고 나라들 사이에서 치유의 도구로서 섬기는 것과 관련이 있다. 그 회복의 사역은 죄가 인류에 초래한 모든 상처를 포용할 수 있을 정도로 충분히 넓다. 물리적·관계적·영적·감정적·정치적 영역, 한마디로 삶의 모든 영역을 포괄한다. 그 사역은 모든 수준에서, 즉 나라들과 한 나라 안의 소외된 그룹, 민족, 인종, 정치적 경쟁 집단의 적대감뿐만 아니라 분열된 가족 및 기독교 공동체 사이의 적대감에 대해서도 화해를 추구해 나간다.

---

30 Wright, "Revelation and Christian Hope," p. 111.
31 이어지는 부분은 Dean Flemming, *Recovering the Full Mission of God: A Biblical Perspective on Being, Doing and Telling* (Downers Grove, IL: IVP Academic, 2013), pp. 247-248의 일부 내용을 고쳐 쓴 것이다.

환대의 공동체

새 예루살렘은 은혜로운 환대로 가득하다. 열두 문은 닫히는 날이 없다. 그 문에서는 바빌론을 떠나 하나님의 도시로 들어오고자 하는 이들을 환영하는 일방통행만 이루어진다.[32] 그 도시의 문들은 세상 나라들과 민족들이 어느 곳에서든 그 영광을 가지고 들어올 수 있도록 나침반의 모든 방향으로 열려 있다(계 21:25-26). 새 창조 세계는 모든 것을 "포괄하지만…동질화하지는 않는다."[33] 문화적 차이를 제거하지 않고 오히려 찬양한다. 민족주의와 '타자' 배제의 목소리가 전 세계에서 괴성을 울리는 시대에 새 예루살렘의 공동체는 포용하는 자세로 팔을 내밀어야 한다. 우리는 가난한 사람과 권력자, 주변화된 사람과 주류에 속한 사람, 이민자와 시민권자를 안전과 화해의 공간으로 환영해야 한다. 하나님의 다민족 백성으로서 우리는 세상의 모든 부요한 문화와 나라들의 선함과 아름다움을 긍정한다. 한 저자가 간결한 말로 표현하듯, "새 창조 세계에 자민족중심주의라는 선택지는 없다."[34]

거룩의 공동체

새 예루살렘은 거룩하신 하나님의 거룩하게 하시는 임재로 가득한 **거룩한 도시다**(계 21:2). 우리가 보았듯, 도시 전체는 거대한 정육면체로 솔로몬 성전에 있던 지성소와 같은 모양이다(계 21:16; 참조. 왕상 6:19-20). 오직 겉옷을 빨아서 깨끗하게 한 사람들만 그 성문으로 들어갈 수 있다(계 22:14). 여기서 깨끗한 옷은 거룩한 성품과 삶의 방식을 상징하며, 그 변화는 깨끗하게 하

---

32 Wes Howard-Brooke and Anthony Gwyther, *Unveiling Empire: Reading Revelation Then and Now* (Maryknoll, NY: Orbis, 2003), p. 188.
33 Boring, *Hearing John's Voice*, p. 126.
34 Middleton, *A New Heaven and a New Earth*, p. 174.

시는 그리스도의 사역을 통해 가능해진다(계 7:9-14). 도덕적으로 깨끗하지 못한 이들은 거룩한 도시에 발을 들일 수 없다(계 21:27; 22:15; 참조. 계 21:8; 22:11). 앤디 존슨은, 온 우주가 하나님의 이름이 거룩히 여김을 받고, 그분의 통치가 도전받지 않으며, 그분의 거룩함이 모든 것과 모든 사람에게 스며드는 장소가 된다고 말한다.[35] 이것은 배타적이고 편협한 모습의 거룩함이 아니다. 죄의 존재와 권세에서 해방된 새 창조 세계는 온전함과 번성하는 삶을 나타내며, 그것은 하나님이 처음부터 의도하셨던 그분의 창조 세계의 모습이다.

실제적으로 말하면, 우리의 미래가 거룩함이 특징이 되는 도시에서의 삶이라면, 이것은 선교하는 교회를 위해 적어도 두 가지 함의를 지닌다. 첫째로, 거룩한 백성만이 거룩한 하나님의 선교를 구현하고 증언할 수 있다. 둘째로, 우리의 선교는 사람들이 구원받아 언젠가 천국에 갈 수 있게 하는 일보다 훨씬 더 많은 것을 포함한다. 새 창조 세계의 선교는 우리가 사람들을 온전함의 삶으로 초대하도록 강권한다. 그 삶은 성령이 한 사람이자 한 백성인 우리를 우리가 섬기는 하나님의 거룩한 성품으로 변화시키시는 삶이다.

정의의 공동체

새 예루살렘에는 불의가 머무를 장소가 없다. 바빌론의 부는 강한 자들의 착취와 탐욕에 의해 이루어졌지만, 예루살렘의 넘치는 풍요함은 모두가 공유한다(계 21:11-21). 그 미래의 도시에는 침체된 지역이 존재하지 않는다. 빗장 도시도 없다. '가진 자'도 '가지지 못한 자'도 없다. 영양실조나 식품 사막은 생각할 수 없다. 모두가 풍부한 음식과 물을 즐기기 때문이다(계 21:6;

---

35 Johnson, *Holiness and the* Missio Dei, p. 175.

22:1-2). 누구도 경제적·정치적·법적 지위 때문에 생명나무의 치유를 누리는 데 제약받지 않는다(계 22:2). 이러한 미래의 실재들은 하나님의 백성이 우리 세상에 있는 모든 종류의 불의, 불평등, 착취와 맞서 싸우도록 기운을 불어넣어야 한다. 우리는 새 창조 세계의 정의를 우리 사회 속에 구현하면서 다르게 살아가는 값비싼 선택을 하도록 부름받았다.

> "사람들이 주기도, '뜻이 하늘에서 이룬 것같이 땅에서도 이루어지이다'를 진지하게 기도할 때마다, 하늘의 새 예루살렘은 현재의 실재 속으로 침입해 들어온다."[36]
>
> 넬슨 크레이빌(J. Nelson Kraybill)

창조 세계를 돌보는 공동체

하나님의 선교는 새 **창조 세계**와 변화된 **땅**에서 절정에 도달한다. 요한이 그리는 정원 도시에는 다양한 열매를 풍성히 맺는 나무들이 있다(계 22:2). 이 강화된 에덴은 생태적 조화와 모든 창조 질서의 번성을 나타낸다. 2장에서 보았듯, 회복된 창조 세계를 위한 하나님의 목적은 교회가 지금 행하는 선교에 반영된다. 인간의 무책임함이 초래한 기후 변화 때문에 이 행성 위의 모든 형태의 생명이 위협을 받고 있으며, 하나님의 백성에게 하나님의 창조 세계에 대한 막중한 위협을 무시할 선택지는 없다. 하나님의 선교에 대한 총체적 이해는 우리가, 하나님이 만드시고 구속하신 백성뿐 아니라 하나

---

[36] J. Nelson Kraybill, *Imperial Cult and Commerce in John's Apocalypse*, JSNT Sup 132 (Sheffield: Sheffield Academic Press, 1996), p. 221.

님의 **모든** 창조물을 위한 회복을 실행하는 사람이 될 구체적 방법을 찾도록 강권한다.

마지막 성찰

성경은 동산에서 시작해 도시로 끝맺는다. 그러나 그 도시는 오늘날 세계의 도시와는 다르다. 10여 년간 나는 과도하게 밀집화한 다수 세계의 한 도시에 살았다. 그 도시는 여러 개발 도상국에서 내가 경험했던 대도시들과 많은 공통점이 있었다. 이런 도시들의 여러 구역과 요한계시록 21장과 22장에 나타난 거룩한 도시와의 놀라운 대조에 관한 성찰을 제시해 보겠다.

새 예루살렘처럼 이 도시에도 강이 가로질러 흐른다. 그러나 흐르는 물은 순수하고 생명을 주는 물이 아니라, 마실 수 없고 냄새나며 질병의 원인이 되는, 때로는 죽음의 원인이 되는 물이다. 강변에는 과일이 열린 나무가 아니라, 대충 만든 판잣집들이 늘어서 있고 다닥다닥 붙은 좁은 방에서 대가족이 복작거리며 살고 있다. 이 도시의 많은 마을은 귀중한 보석으로 만들어진 게 아니라, 버려진 합판이나 고철로 만들어졌다. 금으로 포장된 길 대신 바퀴 자국이 선명한 진흙이나 구멍 뚫린 아스팔트로 된 길이 있다. 비가 오면 홍수가 나고 나중에는 악취 나는 물구덩이들이 생겨난다. 하나님과 어린양의 빛이 항상 비추기보다는, 이 도시의 거주민들은 혹시 전기가 공급된다고 해도 자주 일어나는 정전에 적응해야 한다. 새 예루살렘에서는 모든 나라에서 온 사람들이 안전하게 거리낌 없이 도시의 대로를 걷지만, 이 도시의 어떤 지역에서는 주민들이 범죄자들을 두려워하며 위험하고 좁은 골목길을 걸어야 한다.

그 현재의 도시는 또한 궁궐 같은 집들과 높이 솟은 비즈니스 구역들, 호화로운 호텔들과 번쩍거리는 쇼핑몰들을 자랑한다. 부패와 탐욕의 생태계는 도시의 실력자들에게로 부를 빨아올린다. 부자들은 높은 벽과 보안 담장 뒤에 살기 때문에, 가끔 교차로에서 어쩔 수 없이 그들의 고급 승용차로 다가오는 불쌍해 보이는 걸인들을 만날 때 외에는 도시의 빈곤과 고통을 바라볼 필요가 없다. 멀지 않은 곳에서는 수천 명의 사람들이 도시의 연기 나는 폐기장 위에서 살면서 사람들이 버린 쓰레기를 주우며 근근이 생계를 유지하고 있다. 치유의 장소와는 거리가 먼 그 도시는 유독한 공기, 꽉 막힌 길, 더러운 물, 떠돌이 개들, 병든 어린이들, 인신매매당한 시신들을 만들어 내고 있다. 고난과 고통과 눈물이 부족한 날이 전혀 없다.

그러나 희망의 표지도 많다. 도시 전역에, 어린양을 따르는 이들이 구속과 정의와 치유의 작은 공동체들을 이루고 있다. 회중이 모여 죽임당한 어린양을 찬양하는 노래를 부르며 장차 올 새로운 세상을 상상한다. 신자들의 가족이 거리에서 살던 한 아이에게 사랑받는 가정을 처음으로 경험할 기회를 준다. 그리스도인들이 다른 시민들과 연대하여 부패한 공무원들과 제도화된 불의에 맞선다. 어린양을 따르는 이들이 쓰레기의 산들을 치워버리고 도시 공동체를 위한 정원을 만든다. 당신이 어디를 보아야 할지 안다면, 그 도시 전역에서 하나님의 도시 예고편을 발견할 수 있을 것이다.

새 예루살렘은 희망의 도시다. 요한은 우리에게 더 나은 도시, 창조 세계를 위한 하나님의 목적이 완전히 꽃핀 모습을 보여 준다. 예수님은 그런 일이 일어나리라고 세 번이나 개인적으로 보증하셨다. "보라, 내가 속히 오리[라]!"(계 22:7, 12, 20) 그러나 바빌론의 그늘에 사는 사람들에게는 종종 그것이 멀어서 닿을 수 없는 땅처럼 보인다. 우리는 로마에 있는 아시아 교회들의 기도를 함께 드리며 부르짖는다. "주 예수여, 오시옵소서!"(계 22:20)

"도움이 올 거야." 트러플헌터가 말했다. "나는 아슬란을 믿어. 인내심을 가져봐,

우리 짐승들처럼. 도움이 올 거야. 지금 바로 문 앞까지 와 있을지도 몰라."³⁷

C. S. 루이스

....

우리는 하나님의 임재가 가을 안개처럼 땅을 적실 날을 고대한다. 우리는 진정한 인간 공동체가, 모든 나라와 족속과 인종과 문화에서 온 사람들이 보좌를 둘러싸고 서서 한목소리로 하나님과 어린양을 찬양하게 되기를 열망한다. 우리는 죄와 이기심이 낳은 모든 상처가 치유될 날, 가난의 대물림도, 인신매매도, 인종 프로파일링도, 총기 폭력도, 아동 학대도, 요청만 하면 이루어지는 낙태도, 고향을 잃은 사람들도, 정치적 부패도, 전쟁이나 집단 학살도 없을 날을 기다리며 아파한다. 우리는 하나님이 우리 눈에서 모든 눈물을 닦아 주시고, 영원히 고통, 전염병, 질병, 죽음을 제거하실 날을 고대한다. 우리는 기후 변화와 인간의 탐욕으로 인한 저주가 더 이상 없는 회복된 땅, 생명이 번성하는 땅을 열망한다. 우리는 어린양의 잔치를 맛볼 수 있다. 우리는 새 창조 세계의 생명수 강물이 베풀어 줄 온전함을 갈망한다.

"주 예수여 오시옵소서!"라고 부르짖는 갈망과 '새롭게 된 만물'의 충만함(계 21:5) 사이에서 살아가는 나그네인 우리에게 주어진 선교적 도전은 이것이다. 우리는 우리가 갈망하는 바를 기꺼이 **살아내고자** 하는가?

---

37 C. S. Lewis, *Prince Caspian: The Return to Narnia* (New York: Harper Collins, 1998 [1951]), p. 164. 『캐스피언 왕자』(시공주니어).

10장

오늘날 요한계시록을 선교적으로 읽기

이 두루마리의 예언의 말씀을
지키는 자는 복이 있으리라.

요한계시록 22:7

이제 모든 것을 정리하겠다. 우리는 다음과 같은 질문을 던지며 이 책을 시작했다. 요한계시록을 **선교적으로** 읽는다는 것은 무엇을 의미하는가? 그리고 우리는 잠정적 답을 제시했다. 선교적 요한계시록 읽기는 우리가 다음과 같은 내용에 대한 요한계시록 이해를 탐구하도록 이끈다. 하나님은 세상에서 무엇을 하고자 하시는가(하나님의 선교), 그리고 하나님의 백성은 요한의 때와 우리 시대에 우리가 속한 다양한 전 세계 상황에서 어떻게 그 일의 일부가 되도록 부름받는가?(우리의 선교) 우리는 여러 각도에서 요한계시록이 그런 질문에 어떻게 답하는지를 밝혀 왔다. 이번 장에서는 우리가 배운 내용을 요약할 것이다. 그러나 또한 우리 자신을 더 밀어붙여서, 선교적 요한계시록 읽기가 오늘날의 교회에 실제로 의미하는 바가 무엇인지도 성찰해 볼 것이다.

1. **요한계시록을 선교적으로 읽으려면 끝에서부터 읽어야 한다.** 모든 사람과 창조 세계를 위한 하나님의 궁극적 목적에 비추어 읽는 것이다. 새 하늘과 새 땅에 관한 요한의 장엄한 환상(계 21장과 22장)은 하나님의 광범위한

선교의 목표를 드러낸다. 특히, 이 두 장에 나오는 두 진술이 그 목표를 요약한다. 하나는 하나님이 보좌에서 말씀하신 것이다. "보라, 내가 만물을 새롭게 하노라"(계 21:5). 다른 하나는 새 예루살렘에서 풍성한 열매를 맺는 생명나무에 관한 기술로, 그 잎사귀들은 "만국을 치료하기 위하여 있더라"(계 22:2)는 것이다. 이 두 환상이 함께, 세상을 위한 하나님의 프로젝트는 치유, 풍성함, 회복, 새 창조를 모든 수준에서 이루는 것이라고 선언한다. 요한계시록 전체 내용 — 2장과 3장의 일곱 교회를 향한 그리스도의 메시지, 4장과 5장의 하늘에 계신 하나님과 죽임당한 어린양 환상, 그리고 특히 6장에서 20장까지 이어지는 죄와 악의 권력들을 향한 심판 주기들 — 을 하나님의 선교가 다다를 목적지를 염두에 두고 읽는 것이 중요하다.

그러나 그것이 다는 아니다. 나라들을 치유하고 만물을 새롭게 한다는 하나님의 목적은 우리에게 요한계시록뿐만 아니라 전체 성경 이야기를 읽는 관점을 제공한다. 창세기 1장부터 시작된, 자신이 만드신 세상에 온전함과 풍성함을 주시려는 하나님의 열망은 요한계시록의 변화된 창조 세계에서 최종적으로 실현된다. 죄와 세상 권력의 노예가 된 인류를 구속한다는 하나님의 목적, 곧 성경 전체를 통해 펼쳐지며 예수님의 십자가와 빈 무덤에 의해 완수되는 구출 작전은 요한의 환상에서 궁극적으로 성취된다. 사탄과 죽음의 권세들은 완전히 패배하고, 죄의 저주는 뒤집어진다(계 22:3). 하나님의 친밀한 임재가 사람들 위에 쏟아부어진다(계 21:3-4; 22:3-5). 온 세계를 위한 축복의 백성(창 12:1-3), 나라들을 위한 빛(사 42:6; 49:6)이 되라는 이스라엘의 소명은 모든 민족과 나라에서 나아와 하나님과 어린양을 예배하면서 완전한 조화를 이루며 서 있는 구속된 공동체 안에서 목표에 도달한다. 나라들은 결국 치유되었다!(계 22:2) 이러한 엔딩은 성경에서 들려주는 전체 이야기에 의미를 부여한다.

2. 요한계시록을 선교적으로 읽는 것은 미래 예측자가 아니라 제자로서 읽

는 것이다. 그리스도인들은 요한계시록의 상징을 해독하거나 그 책을 미래 사건을 예측하는 틀로 사용하면서 마지막 때를 위한 대본을 알아내는 데 지나친 시간과 노력을 쏟는다. 그런데 요한은 우리에게 그의 예언을 단순히 듣기만 하지 말고, "어린양이 어디로 인도하든지 따라가는"(계 14:4) 제자가 되어 그 예언을 **지키라고** 요청한다. 그것은 하나님의 선교에 의해 형성되어 하나님의 선교에 참여하는 공동체로서 요한계시록에 접근하는 것과 관련이 있다. 선교적 읽기는 선견자의 모자를 쓰고 요한계시록의 환상과 헤드라인 뉴스의 관련성을 알아내야 하는 부담에서 우리를 해방한다. 신실하고 선교적인 해석은 요한계시록을 "미래의 대본이 아닌 교회를 위한 대본으로 읽는 것"이다.[1]

3. **요한계시록을 선교적으로 읽으려면 우리의 초점을 선교의 주인이신 하나님께 맞추어야 한다.** 우리가 살펴보았듯, **교회의** 선교에 대해 말하려면 하나님이 참된 선교사이시며 교회는 하나님의 사랑의 선교에 참여하도록 부름받았음을 이해해야 한다. 요한계시록에서는 삼위일체 하나님에 대한 탁월한 그림을 제시한다. 하나님은 만물을 다스리시는 분, 모든 사람을 구속하고자 하시는 분, 어린양 안에 임재하시는 분이며, 그분의 성령은 교회가 증언할 수 있도록 능력을 주신다. 이 하나님 중심의 초점은 우리가 선교란 **우선적으로** 전략을 세우거나 프로그램을 실행하거나 전도 혹은 봉사 활동에 참여하는 일이라고 생각하지 않도록 한다. 하나님은 이미 성령을 통해 죄와 악이 지배하는 모든 장소에서 일하시며, 인내하면서 만물을 새롭게 만들어 가시는 과업에 그분의 백성을 초대하신다.

4. 우리가 요한계시록을 선교적으로 읽는다면, 죽임당한 어린양의 이야기

---

[1] Michael J. Gorman, *Reading Revelation Responsibly: Uncivil Worship and Witness: Following the Lamb into the New Creation* (Eugene, OR: Cascade, 2011), p. 189.

에 의해 빚어진 백성으로서 읽게 될 것이다. 우리가 이 책의 이상한 상징과 어리둥절하게 만드는 환상을 해석하면서 어떤 난관을 만나더라도 한 가지만은 변함이 없다. 이것이 **예수 그리스도**의 계시라는 사실이다. 요한계시록에서는 그리스도의 이야기, 그분의 두려운 위엄, 그분의 최종 승리, 그분의 영광스러운 재림 이야기를 들려준다. 그러나 무엇보다도 중요한 것은, 요한계시록에서 들려주는 이야기는 어린양의 이야기라는 점이다. 그분은 모든 족속과 방언과 나라에서 사람들을 구속하여 그 나라의 백성과 제사장으로서 세상 속에서 그분을 섬기게 하시려고(계 1:5-6; 5:9-10) 죽임당한 어린양이시다. 우리를 사랑하시는 바로 그 어린양이 사실상 이런 초청 말씀을 하신다. "내가 **어디로** 가든지, 십자가에 이를 때까지, 나를 따라 오너라"(계 14:4). 어린양의 비싼 값을 치른, 십자가 모습의 선교는 사람들에게 구원의 길을 제공할 뿐 아니라 교회에 선교를 실행하는 방법을 제시한다. 우리는 **십자가 모습의** 공동체로서 하나님의 선교에 참여한다. 통속적 지혜가 '너는 권력을 사용해야 하고 자신의 성공을 위해 애써야 한다'고 말할 때, 요한계시록은 우리를 상처 입을 수 있고 어린양을 닮은 선교로 부른다.

어린양을 닮은 선교를 생각할 때 나는 의사 친구 게리가 떠오른다. 게리는 "코로나에 대응하는 의료인들"(the Covid Care Force)이라는 기독교 의료인 단체를 조직했다. 그들은 코로나바이러스 발생 초기의 비상 상황에 뉴욕시로 가서 최전선에서 수용 능력을 넘어 대응하고 있는 병원 의료진을 도왔다. 나중에 그들은 자원봉사 활동을 미국 남서부의 나바호 네이션과 멕시코의 티후아나까지 확대해, 코로나바이러스감염증-19로 큰 피해를 입은 지역의 병자들과 취약한 사람들을 돌보았다.

덜 극적인 경우로는 내 아버지가 떠오른다.[2] 아버지는 교단 지도자 역할

---

2   이어지는 서술은 내 책 *Self-Giving Love: The Book of Philippians* (Bellingham, WA: Lexham,

에서 조기 은퇴하고 어머니와 함께 교회와 선교 컨퍼런스에서 강의하는 사역에 초점을 맞추기로 결정했다. 얼마 지나지 않아 국제적으로 여행하고 강의할 기회가 주어졌다. 부모님은 하나님이 사역의 문을 열어 주신 것에 흥분했다. 그런데 어머니가 알츠하이머병을 앓게 되었고 모든 상황이 변했다. 모든 강의 사역은 갑자기 중단되었고, 아버지는 어머니를 전담하여 돌보는 일에 7년간 전념했다. 병이 진행되자 돌보는 일은 점점 힘들고 고단해졌다. 그러나 나는 아버지의 불평을 전혀 들어 본 적이 없다.

얼마 후, 어머니가 돌아가신 이후에, 그 주제가 떠올랐다. 나는 말했다. "아버지, 정말 힘드셨겠어요!" 아버지는 잠시 침묵한 후 말했다. "내가 설교 및 다른 공적 사역을 그만두어야 했을 때, 나는 하나님께 전적으로 쓸모없는 존재라는 느낌을 받았어. 어느 날은 나 자신에게 극단적으로 실망해 하나님께 마음을 쏟아 놓았어. 그런데 성령께서 나에게 이렇게 말씀하시는 것 같았어. '플로이드, **이것이** 네 사역이다.' 그 순간 나는 깨달았지. 네 어머니가 나를 가장 필요로 하는 순간에 네 어머니를 돌보는 것이 내가 기독교 사역자로서 행했던 다른 일들만큼 중요한 일이었던 거야. 그때부터 나는 하루하루 아내를 섬기는 일을 그리스도께 대한 나의 가장 고귀한 섬김으로 보기 시작했지."

5. **요한계시록을 선교적으로 읽으려면, 우리는 증인 공동체로서 읽어야 한다.** 증언의 물줄기는 요한계시록이라는 땅의 지형을 따라 구불구불 흐른다. 요한의 세계와 우리의 세계에서 교회들은 예언의 영이신 성령의 능력을 받아서 예수님의 어린양을 닮은 증언을 계속한다. 오늘날 어린양을 따르는 이들은 때로 이런 질문과 씨름한다. "그리스도인의 증언에서 우리의 **우선순위**는 무엇이 되어야 하는가? 우리의 **말**인가 아니면 **삶**인가?" 그러나 그것은

2021), pp. 65-66를 고쳐 쓴 것이다.

"비행기의 어느 쪽 날개가 더 중요한가?"라는 물음과 같다. 요한계시록에서는 말과 삶 모두를 통한 증언 방법을 계시한다. 그것은 전하는 것과 행하는 것 모두를 포함한다. '예수의 증언'에 의해 형성된 그리스도인 공동체들은 이 포괄적 방식으로 공적 증언을 행한다. 한 가지 예를 들어 보겠다.

필립은 내가 가르쳤던 독일 출신 학생이다. 그는 신학대학을 졸업하고 고향으로 돌아와 마인츠시에서 '행동하는 교회'(Kirche in Aktion) 사역을 시작했다.[3] 그의 비전은 "천국이 우리 삶으로, 우리 도시로, 우리 세계로 들어옴을 보는 것"이었다. 2년 후에 그의 법률가 동생 크리스가 프랑크푸르트의 한 펍에서 행동하는 교회를 시작했다. 궁극적으로 그들의 연합된 사역은 독일의 라인-마인 전 지역으로 확장되었다. 행동하는 교회의 다면적인 선교 접근에는, 카페나 극장이나 펍이나 식당이나 양로원 같은 공적 장소에서 예배와 말씀을 위해 (종종 식사도 함께하며) 모이는 일, '선교 공동체'라고 부르는 소모임의 영적 성장을 돕는 일, 주변화된 사람들을 다양한 방법으로 섬기는 일이 있는데, 그 활동에는 중동에서 온 난민들에게 주거 공간 제공하기, 노숙인을 위한 음식 배달과 무료 영화 상영, 망명 신청자들과 함께 축구하기, 도시 10대들을 위한 클럽 운영, 난민 어린이들에게 이동식 게임기를 통해 놀이 시간 제공하기, "그래니스 커피"에서 노인들과 대화 나누기, 국제적인 봉사 여행 조직하기 등이 포함되었다. 최근에 그들은 25년간 독일에서 살아온 에마누엘라라는 성매업 종사자를 도왔다. 그에게 절박하게 필요했던 건강보험 신청을 돕고, 채무 상담가를 연결해 주고, 무조건적인 사랑과 우정을 제공했다. 이 모든 일을 통해 그들은 죽임당한 어린양을 증언했다. 그들은 입술과 그들의 삶을 통해, 다른 사람들도 자신들의 십자가를 지고 어린양을 따르도록 초대한다.

---

3   Church in Action, www.churchinaction.com/. 2024년 2월 19일 최종 접속.

요한계시록은 값비싼 대가를 치르는, 공적인 교회의 증언이 **열매 맺을 것임**을 우리가 확신하게 한다. 하나님의 적들이 상황을 통제하는 것처럼 보일 때조차도, 하나님은 자기 백성의 신실함을 사용하셔서 모든 나라에서 사람들을 하나님께로 이끄는 일을 행하실 것이다. 문제는 이것이다. 우리는 기꺼이 그런 증언에 참여할 것인가? 그로 인해 우리가 시간, 돈, 편안함, 안전, 관계, 평판을 대가로 지불하더라도 그리할 것인가? '예수의 증언'에 참여하는 일은 그보다 적게 요구하지 않는다.

6. **요한계시록을 선교적으로 읽는 것은 예배 공동체로서 읽는 것을 의미한다.** 요한계시록에 관해 말할 때 가장 덜 언급되는 주제 중 하나는 요한계시록에서 선교와 예배를 결합하는 방식이다. 요한계시록에서 예배는 하나님을 견고하게 만물의 중심에 둔다. 예배는 하나님이 과거에 행하신 창조와 구속이라는 사랑의 행위를 기리고, 하나님의 선교의 미래 목표—모든 족속과 방언에서 나온 사람들이 하나가 되어 삼위일체 하나님을 예배하는 일—를 계시한다. 요한계시록은 그 사건들 사이에 공간을 만들어 그리스도인 공동체들이 그 천상의 예배에 바로 지금부터 참여할 수 있게 한다. 예배 중에 들리도록 고안된 책인 요한계시록은 예전과 노래를 통해 우리가 세상을 보는 방식을 새롭게 상상하도록 초대한다. 요한계시록 스타일의 예배는 하나님이 온 우주의 통치 보좌에 앉아 계심을 공적으로 선포한다. 그 실재는 우리의 충성을 얻으려고 경쟁하는 우상들과 이념들을 **통치의 자리에서 끌어내린다.** 하나님 한 분만이 예배받기에 합당하신 분이라면, 교회의 선교는 우리의 소명, 즉 모든 문화와 종교적 배경으로부터 사람들을 예배자의 합창단에 가입하도록 초대하는 일에 의해 정의된다. 만물의 참된 존재 방식을 선언함으로써, 교회의 예배는 엿듣고 있던 외부인들을 향해 공고 메시지를 내보낸다. 와서 살아 계신 하나님을 예배하고 선교하는 일에 동참하라!

예배는 과연 선교에 영향을 끼치는가? 이야기 하나를 들려주겠다. 내 학생이었던 알렉스는 중국 상하이에서 잘나가던 마케팅 관련 직업을 내려놓고 독일의 한 마을에서 6개월간 언어 과정을 밟았다. 그 마을에 바로 내가 가르쳤던 신학 대학이 있었다. 그 대학의 학생 몇 명이 알렉스가 머물던 건물을 청소하는 일을 하고 있었다. 그들은 알렉스와 시간을 보냈는데, 대화를 나누던 중에 그들은 그들이 아는 하나님에 관해, 또한 하나님이 어떻게 그들의 삶을 변화시키셨는지 말했다. 이 '하나님을 아는 것'과 관련한 말이 알렉스에게는 생소하게 들렸지만 그는 왠지 끌림을 느꼈다. 그 후에 새 신자였던 알렉스의 독일어 교사가 알렉스 및 다른 학생들에게 더 많은 사람을 사귈 기회가 있으니 대학 예배에 한번 와 보라고 했다. 알렉스는 예배하는 학생들을 보며 그들 안에 있는 기쁨에 즉시 매료되었다. 그는 이렇게 회상한다. "나는 오랜 여행 끝에 마침내 자기 집을 찾게 된 방랑자 같은 느낌이 들었습니다."

예배 후에 알렉스는 그와 알고 지내던 학생 중 한 명인 조쉬와 대화를 나누었다. 알렉스가 말했다. "음, 언젠가 나도 그리스도인이 되고 싶을 것 같아." 조쉬가 답했다. "지금 그리스도인이 되어 보면 어때?" 알렉스가 말했다. "어떻게 되는지 몰라. 먼저 **강의**를 들어야 하나?" 조쉬가 설명했다. "기도하면서 하나님께 구하기만 하면 돼." 알렉스는 기도를 어떻게 해야 하는지 몰랐다. 그래서 조쉬는 함께 간단한 회개의 기도를 드리도록 도왔다. 그날 아침, 알렉스는 어린양 예배자들의 합창단에 가입했다. 한 달이 지나기 전에 그는 그 대학에 등록했고, 나는 3년간 그를 멘토링하는 영광을 누렸다. 이윽고 그는 기독교 사역에 부르심을 느꼈고, 미국으로 이주해 중국인 회중을 섬겼으며, 신학대학원을 졸업했고, 결국 안수받은 목사이자 군목이 되었다. 그리스도인들이 드리는 기쁨의 예배가 알렉스에게는 신앙으로 가는 여정에 있는 주요 이정표가 되었다. 그것이 선교적 예배다.

7. 우리가 요한계시록을 선교적으로 읽기 원한다면, 우리는 전 세계적인

다민족 공동체의 일부로서 요한계시록을 읽을 것이다.[4] 요한계시록은 우리의 하나님 나라 비전을 확장해 모든 국가, 부족, 민족, 인종, 문화, 사회적·경제적 지위에 속한 타인들을 포함하게 만든다. 요한의 환상은 우리를 감동시켜 타인들을 '타자화하는 일'을 멈추게 한다. 편견, 특히 암묵적 편견은 협곡처럼 깊다. 요한계시록에서는 편견을 정직하게 직면하라고 요구한다. 편견은 새 창조 세계에서 발자취를 남길 수 없기 때문이다. 성경의 마지막 말씀은 우리가 순전히 국가적인 이익을 넘어서서 생각하도록, 그리고 모든 "족속과 방언과 백성과 나라"(계 5:9)의 사람들을 위한 선이 무엇인지 고려하도록 밀어붙인다.

그러므로 요한계시록을 잘 읽으려면 우리의 GPS 장소에서만, 또는 비슷한 생각을 가진 동료들과만 읽어서는 안 되고 다른 사람들, 특히 문화, 인종, 성, 경제적 상황이 우리와 다른 사람들이 어떻게 이 책을 읽는지에 신중하게 귀 기울여야 한다. 그렇지 않으면 우리는 너무 쉽게 우리의 주류 문화와 집단에 익숙한 해석만을 받아들이게 될 것이다. 다른 사람들에게서 고립되면 아마도 우리는, 예컨대 권력에 굶주린 바빌론(계 17-18장)이라는 상징이 오직 '여기가 아닌 다른 곳'에서만 적용된다고 생각하게 될 것이며 바빌론이 우리 가운데 존재함을 인식하기가 어려울 것이다. 넬슨 크레이빌이 확실히 옳다. 미국처럼 상대적으로 힘 있고 안전한 사회에 있는 교회들은 "아마도 제국 권력에 대한 요한의 급진적 비평을 듣거나 받아들이기 어려울 텐데, 그 비평은 2/3 세계[다수 세계]의 많은 사람에게는 논리적인 것으로 보인다."[5]

나 자신의 관점은 나와 다른 문화에서 온 학생들 및 동료들과 함께 성경

---

4   7번에서 10번까지의 항목은 상당 부분 Dean Flemming, "Locating and Leaving Babylon: A Missional Reading of Revelation 17 and 18 in light of Ancient and Contemporary Political Contexts," *Missiology* 48 (2020): pp. 122-124에서 가져왔다. 허락받아 사용함.
5   J. Nelson Kraybill, *Imperial Cult and Commerce in John's Apocalypse*, JSNT Sup 132 (Sheffield: Sheffield Academic Press, 1996), p. 10.

을 읽음으로써 강력하게 형성되었다. 나는 서부 유럽의 학생들에게서 종교적 민족주의의 짐승 같은 성격에 관해 더 깊은 통찰을 얻었는데, 그들 사회에서는 종교적 민족주의의 파괴적 효과를 경험했기 때문이다. 바빌론의 비인간화에 따른 피해자들에게 더 충분히 공감하는 법에 대해서는, 그런 상처를 경험한 필리핀과 아프리카에서 온 학생들과 교류하면서 배웠다. 요한계시록에서 하나님의 신실한 자들을 보여 주는 핍박 이미지에 관한 나의 이해는, 그것을 일상적으로 경험하는 중동과 아시아의 학생들을 가르치는 동안 변화되었다. 또한 아시아에서 온 학생들은 죽임당한 어린양과 동일시하는 사람들이 감당해야 할 **수치**에 대한 나의 감수성을 확장하도록 도와주었다. 이는 모두 겸허하게 만드는 경험이었고 앞으로도 그럴 것이다. 그들은 내가 다른 방식으로는 볼 수 없었던 것을 보게 만들었다.

확실히 우리는 본문 앞에 우리의 지역 상황에서 일어나는 질문을 가지고 와야 한다. 요한계시록의 메시지가 사람들의 삶의 상황 속에서 의미가 있으려면 반드시 상황화되어야 한다. 그러나 그 목표는 우리의 성경 해석을 고립된 수많은 상황에서의 자기만족적 읽기로 파편화하는 게 아니다. 선교적 성경 읽기를 잘 해내면, 각 지역이나 국가의 교회는 다가오는 하나님 나라의 다민족 합창단에서(계 7:9) 자신의 목소리가 어떻게 기여하는지 들을 수 있다.

8. 동시에, **선교적 요한계시록 읽기는 하나님의 진리에 우선순위를 두어야 한다.** 요한은 주권자 하나님과 죽임당한 어린양의 진리를 증언하는 일에 깊은 관심을 보이며, 우리는 그의 인도를 따라야 한다(계 20:4; 21:5; 22:6). 이것은 우리가 모든 요한계시록 해석을 동등하게 유효한 것으로 받아들일 수는 없음을 의미한다. 예를 들어, 대중적인 세대주의적 읽기에서는 요한계시록을 그저 현재의 교회와는 별로 상관없는 미래의 사건들을 알려 주는 대본으로 간주하는데, 이는 하나님의 선교에서 **도피**하는 일이다. 그런 읽기와 요한계시록에서 들려주는 이야기는, 마치 케일과 솜사탕이 다른 것처럼 다

르다! 그런 읽기는 고도로 개인화된 요한계시록 해석(땅 위에서 온갖 나쁜 일들이 일어나기 전에 내가 확실히 천국으로 이동하는 방법)을 너무도 자주 낳았다. 그런 해석들은 천국을 **지금** 땅 위에 구현한다는 교회의 사명을 그리스도인이 보지 못하게 만들었다.

다른 한편으로, 요한의 환상들이 **단지** 현재의 역사 속에서 제국에 저항하거나 사회의 변혁을 일으키려는 것이라고 생각하는 독자들은 요한이 제시하는 예언자적 '이미 그러나 아직' 관점을 놓친다.[6] 궁극적으로, 우리의 선교적 요한계시록 읽기가 구체적 상황과 관련 있더라도, 반드시 "역사를 다스리시는 하나님에 대한 환상, 또한 자신의 희생적 죽음을 통해 모든 나라에서 사람들을 구속하시고 심판과 구원을 위해 다시 오실 승리하신 어린양의 이야기"[7]에 뿌리내려야 한다. 1세기 상황에서 요한이 신학을 하는 방식은 이 결정적 환상에서 흘러나오며, **우리의** 요한계시록 읽기도 그러해야 한다. 특히 오늘날처럼 진리가 개인의 선호나 정치적 의제에 맞추어 카멜레온처럼 색깔을 바꾸는 상황에서는, 우리의 성경 읽기가 하나님과 그리스도에 관한 반석 같은 진리에 닻을 내리게 해야 한다.

9. **요한계시록을 선교적으로 읽는다면, 우리는 예언자적 공동체로서 요한계시록을 읽게 될 것이다.** 선교적 요한계시록 읽기는 우리 사회 속 우상숭배, 부도덕, 불의, 폭력에 도전할 수밖에 없다. 그런 것들은 하나님의 사랑의 목적에 직접적으로 대항하기 때문이다. 성경은 당파적이지는 않으나 심오한 의미에서 정치적이다. 하나님의 백성은 우리의 체제 속에 들어와 정치적·경제적 권력 체제의 일부가 되어 있는 인종 차별, 민족주의, 개인주의, 소비주

---

[6] 예를 들어, Pablo Richard, *Apocalypse: A People's Commentary on the Book of Revelation* (Maryknoll, NY: Orbis, 1994), pp. 3-5; Howard-Brooke and Gwyther, *Unveiling Empire*, pp. 158-159.

[7] Dean Flemming, *Contextualization in the New Testament: Patterns for Theology and Mission* (Downers Grove, IL: IVP Academic, 2005), p. 293.

의와 같은 죄를 분별하고 명명해야 한다. 많은 서구 그리스도인이 "가이사의 것은 가이사에게…바치라"(마 22:21)나 로마서 13장 같은 증거 구절을 인용하면서 사사화된 경건의 무화과나무 잎 뒤에 숨는다. 그것은 하나님의 세상 통치에 도전하는 권력에 저항해야 할 그들의 책임을 면하려는 태도다.

> "아프리카의 교회는 나쁜 통치 질서에 계속해서 중대하게 기여한다.…대부분은 침묵하고 행동하지 않기 때문에 자동적으로 이루어진다.…악에 저항하지 않는 것은 악을 그 모든 결과와 더불어 받아들이는 것을 의미한다."[8]
>
> 조지 키노티(George Kinoti)

우리의 상황이 어떠하든 우리는 그저 손가락질만 할 수 없다. 요한계시록은 **우리가** 바빌론의 교만과 불의에 참여한 부분을 고백하도록 강권한다.

내가 이 글을 쓰는 상황은, 전 세계에서 코로나바이러스감염증-19 팬데믹이 유행하면서도 미국에서는 최근 흑인에게 일어난 끔찍한 폭력 때문에 촉발된 항의 시위가 진행 중인 상황이다. 내 상황에서 교회들, 특히나 주로 백인 교회들은 불의의 구조에 대한 우리의 역사적 침묵을 심각하게 돌아보기를 강하게 요청받고 있다. 그런 구조는 흑인들을 비인간화하고 유색인 공동체에 팬데믹이 불균형하게 피해를 끼치는 조건들을 만들어 내고 있다. 미국의 백인 교회는 구조적 불의와 관련하여 예수님의 선한 사마리아인 비유에 나오는 사마리아인이 아닌 제사장과 레위인의 역할을 너무 자주 해 왔

---

8   George Kinoti, *Hope for Africa and What the Christian Can Do* (Nairobi: AISRED, 1994), p. 40. Gift Mtukwa, "Holiness, Missio Dei and the Church in Africa," in *African Contextual Realities*, ed. Rodney L. Reed (Carlisle, UK: Langham Global Library, 2018), p. 14에서 재인용.

다. 우리는 그 경건한 종교 지도자들처럼 이웃의 고난을 **보지만** 눈길을 돌리고 우리의 편안한 삶을 계속 살아간다(눅 10:31-32). 우리는 (**나도** 포함해) 우리의 침묵과 무관심을 **고백할** 용기, 불의를 경험한 다른 사람들에게 **귀 기울일** 용기, 개인적이거나 구조적인 옷을 입고 나타나는 악과 제국에 맞서 **일어설** 용기가 필요하다. 내가 속한 지역 교회가 다른 여러 교회와 연합하여 우리와 다른 문화적·사회적 인구 통계를 지닌 그리스도인 공동체들과 대화하고 섬기는 동역 관계를 맺은 것을 보며 큰 격려를 받는다. 우리가 그런 관계를 통해 우리가 보지 못하는 부분을 깨닫고 우리 지역 사회에서 정의를 촉진하는 실천에 참여하기를 기도한다. 배워야 할 것이 아주 많다.[9]

"행동은 마땅히 되어야 할 모습이 아닌 세상을 향해 취해야 할 적절한 반응이다. 왜냐하면, 비록 인간 행동이 하나님 안에서의 삶을 만들지는 못하지만 (그것은 하나님이 우리에게 주시는 무조건적 선물이다), 어떤 종류의 인간 행동은 하나님 안에서의 삶이 우리에게 요구하는 것이기 때문이다. 이 세상에서 오직 한 가지 방식의 삶—고난, 억압, 분열에 맞서는 삶—만이 그리스도 안에서 얻어진 하나님 안에서의 삶에 해당한다. 그렇다면 하나님 안에서의 삶은 소극적이지 않다. 하나님 안에서의 삶은 우리에게 과제를 제시한다."[10]

캐스린 태너(Kathryn Tanner)

---

[9] 인종 차별에 반대하는 교회가 되기 위한 일곱 가지 구체적 실천은 Drew Hart, *Trouble I've Seen: Changing the Way the Church Views Racism* (Harrisonburg, VA: Herald Press, 2016), pp. 98-105를 보라.

[10] Kathryn Tanner, "Eschatology Without a Future?," in *The End of the World and the Ends of God: Science and Theology on Eschatology*, ed. John Polkinghorne and Michael Welker (Harrisburg, PA: Trinity Press International, 2000), p. 234.

10. 그러므로 **요한계시록을 선교적으로 읽기 위해서는 아래로부터**, 약하고 주변화된 사람들과의 연대 안에서 **요한계시록을 읽어야 한다.** 바빌론의 폭력은 핍박받는 **그리스도인**만을 향한 것일 뿐 아니라 "땅 위에서 죽임당한 모든 자"(계 18:24)를 향한 것이기도 하다. 알란 부삭과 파블로 리처드 같은 해석자는, 요한계시록의 바빌론에 대한 예언자적 비판이 하나님의 백성으로 하여금 하나님이 힘없는 사람들을 해방하시고 회복하시는 사역에 사로잡히도록 요구한다고 주장한다.[11]

아래로부터 읽기는 우리가 바빌론의 불의와 착취라는 전갈 침을 개인적으로 느껴야 한다고 요구하지는 않는다. 무엇보다도, 요한계시록의 청중에는 부유하고 부족한 것 없다고 자랑하는 것으로 유명했던(계 3:17) 라오디게아 교인들도 포함되었다. 게다가, 바빌론은 '유명 인사들'뿐만 아니라 그 도시의 부와 보호로 이익을 보았던 평범한 일꾼들 — "선원들"과 "바다에서 일하는 자들"(계 18:17) — 도 속였다. 오늘날 가난한 자들과 약한 자들 또한, '하나님과 국가' 기독교를 받아들이거나, 다른 사람들을 멸시하며 얻는 부와 안전의 약속을 수용할 수 있다. 보컴은 현명하게도, 아래로부터의 관점이 "하나님과 그분의 나라를 위해 우상과 권력자에 맞서 일어선 결과"라고 주장한다. 결국, 요한계시록의 예언자적 저항의 메시지는 부유한 자와 억압받는 자 모두를 향한다.[12] 우리가 속한 상황이 어떠하든지, 우리는 요한계시록을 상처 입은 어린양이라는 렌즈를 통해 읽어야 한다.

---

[11] Allan Boesak, *Comfort and Protest: The Apocalypse from a South African Perspective* (Philadelphia: Westminster: 1987), 특히 pp. 118-122; Pablo Richard, "Reading the Apocalypse: Resistance, Hope, and Liberation in Central America," trans. C. M. Rodriguez and J. Rodriguez, in *From Every People and Nation: The Book of Revelation in Intercultural Perspective*, ed. David Rhoads (Minneapolis: Fortress, 2005), pp. 146-164.

[12] Richard Bauckham, *The Theology of the Book of Revelation* (Cambridge: Cambridge University Press, 1993), p. 161.

11. 요한계시록을 선교적으로 읽는 것은, 하나님의 창조 세계를 돌보는 공동체로서 읽는 것이다. 요한계시록에서는 하나님을 세상의 창조주와 유지자로서 찬양하며, 죽임당한 어린양의 선교를 통해 모든 창조 세계에 대한 하나님의 주권적 통치를 다시 확립한다는 하나님의 계획을 드러낸다. 그 계획은 새 하늘과 새 **땅**, 하나님의 사랑의 임재에 의해 변화된 번성하는 창조 세계에서 목표에 도달한다. 바바라 로싱이 재치 있게 말하듯, "하나님은 아직도 땅을 사랑하시며 그 안에서 머무시기 위해 오신다.…하나님은 결코 세상을 뒤에 남겨 놓지 않으실 것이다!"[13] 요한계시록에서 하나님의 치유와 구속의 목적은 인간, 나무, 강, 별을 아우른다. 두말할 필요도 없이, "하나님, 인간, 창조 세계는 모두 서로 얽혀 있다."[14]

우리가 요한계시록을 제대로 읽는다면, 이는 **그리스도인**이 환경과 관련하여 행동하고 옹호하는 의제를 설정하는 데 도움을 줄 수 있다. 그 의제는 적어도 여섯 가지 차원을 포함한다. 첫째로, 우리는 "지구의 자원을 파괴하고 낭비하며 오염시키는 데 참여한 것, 그리고 소비주의라는 유독한 우상숭배를 공모한 것"을[15] **회개**해야 한다. 우리는 우리의 생활 방식이 지구의 생존을 위협하는, 우려스러운 생물 다양성 감소와 지구 온도를 높이는 온실가스 증가에 기여해 왔음을 인식하고 애통해야 한다. 너무도 자주 교회는 창조 세계의 신음(롬 8:22)에 귀가 멀곤 했다.

둘째로, 지역 회중은 계속되는 설교와 제자 훈련 사역에서 하나님의 백성에게 요한계시록의 새 창조 비전을 포함해 창조 세계를 돌보라는 성경의

---

13 Barbara Rossing, "For the Healing of the World: Reading Revelation Ecologically," in Rhoads, *From Every People and Nation*, pp. 171, 172.
14 Micah D. Kiel, *Apocalyptic Ecology: The Book of Revelation, the Earth, and the Future* (Collegeville, MN: Liturgical, 2017), p. 116.
15 *The Cape Town Commitment*, Lausanne Movement, I.7.A, www.lausanne.org/content/ctcommitment. 『케이프타운 서약』(IVP).

명령을 **가르치는** 일을 시작해야 한다. 지도자들과 교사들은 그리스도인들이 하나님의 선교에 담긴 충만한 의미를 이해하고 실천하도록 도와야 한다. 더글러스 무와 조너선 무가 말하듯, "우리는 창조를 새 창조로 돌려놓을… 필요가 있다."[16]

셋째로, 우리는 개인으로서 또한 그리스도인 공동체로서 우리의 생활 방식을 **바꾸어야** 한다. 그것은 일상의 결정을 하나님의 창조 세계에 끼칠 효과에 비추어 다시 생각해 보는 것을 포함한다. 또한 환경에 악영향을 끼치는 우리의 불필요한 소비 습관을 깨는 것을 의미한다.[17]

"항상 그랬듯, 오늘날 우리가 행해야 할 옳은 일은 한때 '신성한 선물'이라 불렸지만 지금은 '자연 자원'이라 불리는, 세상의 선하고 아름다운 것들을 낭비하고 오염시키는 우리의 습관을 멈추는 것, 또는 멈추기를 시작하는 것이다."[18]

웬델 베리(Wendell Berry)

넷째로, 우리는 하나님의 창조 세계를 **기뻐하는** 법을 배워야 한다. 나에게는 산에 올라 경치를 바라보는 것, 집 근처의 가로수가 늘어선 자전거 길을 걷는 것, 봄에 뻐꾸기가 노래하는 소리를 듣는 것만큼 성경의 창조 세계 돌봄 과업에 다시 주의를 기울이게 하는 일은 없다. 나에게 이런 순간들은

---

16 Douglas J. Moo and Jonathan A. Moo, *Creation Care: A Biblical Theology of the Natural World* (Grand Rapids, MI: Zondervan, 2018), p. 222.
17 창조 세계를 돌보는 생활 방식을 실천하는 일에 관한 구체적 제안은 Moo and Moo, *Creation Care*, pp. 225-235를 보라.
18 Wendell Berry, *Our Only World* (Berkeley, CA: Counterpoint, 2015), p. 171. 『오직 하나뿐』(이후).

갱신과 예배의 순간이자 현시대에 하나님의 땅이 얼마나 파괴되기 쉬운지를 기억하게 하는 순간이다.

다섯째로, 우리는 "특별히, 환경 옹호와 행동에 부름받은 그리스도인들, 또한 책임 있는 통치와 청지기직을 수행함으로써 인간의 복지와 필요를 채우라는 신적 명령의 성취에 헌신한 그리스도인들을"[19] **격려해야** 한다. 우리는 과학 연구, 서식지 보존, 지역 사회 및 교회들과의 협력, 다양한 수준의 창조 세계 옹호를 포함하는 창조 세계 돌봄의 소명들을 우리의 축복과 기도와 후원이 필요한 합법적 선교 사역으로 보기 시작할 수 있을까?

여섯째로, 우리는 적절하게 **행동해야** 한다. 정부와 기업과 단체를 설득하여 정치적·재무적 자기 이익보다 지구 보호를 우선시하게 해야 한다. 그런 일을 **어떻게** 할지는 우리에게 주어진 지역 상황 및 활용 가능한 기회에 따라 다를 것이다. 그럼에도, 문제의 거대함 때문에 개인 생활 방식의 변화만으로는 충분할 수 없다. 기후 변화나 생태계 파괴 같은 문제는 정책 수준에서 다루어져야 한다.

요한의 세계에서 로마의 탐욕과 폭력이 사람과 땅의 자원을 착취했던 것처럼, 오늘날에도 하나님의 창조 세계를 오용하는 일은 경제적·사회적 불의와 연결되어 있다. 예를 들어, 기후 변화의 파괴적 효과는 불균형하게도 전 세계의 가난한 사람들에게 더 크게 닥친다. 마이카 키엘이 지적하길, "변화하는 기후는 소규모 농장과 생계형 농민에게 더 심한 비율로 충격을 가할 것이다. 가난한 나라는 해수면 상승, 대기 오염, 수질 오염에 대처할 인프라나 재원이 없다."[20] 하나님의 창조 세계를 돌보지 않으면 사람들이 피해를 입을 수밖에 없다. 한 가지 사례로, 나이지리아 북부의 오고니랜드에서 지난

---

[19] *Cape Town Commitment*, II.B.6.
[20] Kiel, *Apocalyptic Ecology*, p. 91.

50년간 이어진 다국적 석유 회사의 탐욕은 지역의 정치 실력자들과 공모하여, 그 지역에 오염된 물, 벗겨진 맹그로브 숲, 유독한 토양, 연기로 가득한 공기를 유산으로 남기고 지역민들의 건강과 경제를 황폐하게 했다.[21] 현대 민주주의 사회에서 그리스도인들에게 주어진 선택지가 요한의 세계에서 주어진 선택지와는 매우 다르지만, 요한계시록의 관점은 분명 우리가 권력을 향해 진실을 말하고, 억압받는 사람들과 착취당하는 지구를 옹호하며, 권력자들을 향해 진정한 변화를 바라고 법을 제정하기를 촉구하게 한다.

> "성경은 항상 약속했다. 이스라엘 메시아의 사역을 통해 천국의 삶이 땅으로 내려올 때, 약자와 상처 입을 수 있는 사람들이 특별한 돌봄과 보호를 받을 것이며 사막에 장미 같은 꽃이 피리라고. 예수님의 부활과 만물이 새롭게 되는 일 사이에서 성령의 도우심으로 믿음과 소망 안에서 살려는 사람들에게, 가난한 자들과 지구를 돌보는 일은 주변적인 일이 아니라 중심이 된다."[22]
>
> N. T. 라이트

12. 우리가 요한계시록을 선교적으로 읽는다면, 새로운 상상력을 가지고 읽게 될 것이다. 요한계시록이 교회에 주는 최고의 선물은, 하나님의 백성이 그들의 세상을 새롭게 상상하도록 돕는, 때로는 그렇게 상상하도록 밀

---

21 "UNEP Ogoniland Oil Assessment Reveals Extent of Environmental Contamination and Threats to Human Health," UN Environment Programme, August 7, 2017, www.unenvironment.org/news-and-stories/story/unep-ogoniland-oil-assessment-reveals-extent-environmental-contamination-and.

22 N. T. Wright, "The New Testament Doesn't Say What Most People Think It Does About Heaven," *Time*, December 16, 2019, https://time.com/5743505/new-testament-heaven/.

어붙이는 힘이다. 리처드 보컴이 우리에게 떠올리게 하는 바는, 요한계시록은 "지배 문화가 그 이미지와 이상을 가지고 세상을 구성함으로써 우리가 그 조건에 따라 세계를 지각하고 그에 반응한다는 사실을 포착한다"는 것이다.[23] 요한계시록은 그런 세상의 가면을 벗겨, 그것이 권력자들의 권력을 유지하고 주권자 하나님을 향한 예배를 다양한 줄무늬 우상으로 대체하려는 거짓 이야기임을 드러낸다. 요한은 우리에게 실재의 가짜 버전들에 저항하라고, 성령에 의해 교정된 렌즈를 통해 세상을 보라고, 하나님이 만물을 새롭게 하는 멈출 수 없는 선고를 진행하시는 세상을 상상하라고 요청한다. 그것이 따를 가치가 있는 비전이다.

그러한 변혁적 비전은 우리가 **보는** 것뿐 아니라 **행동**하고 **살아가는** 방식에도 영향을 끼친다. 1963년에 마틴 루서 킹 주니어는 그의 세계를 새롭게 상상하는 담대함을 지녔다. 그는 하나님이 주신 비전을 서술했다. 그것은 그의 세계에 있던 불평등과 체계적인 인종 차별이라는 쓰라린 상태에 저항하는 꿈이었다. 그는 한 날을 꿈꾸었다. 억압의 열기로 가득했던 장소들이 자유와 정의의 오아시스로 변화되고, 주님의 영광이 드러나고 모든 육체가 그것을 보게 될 날이다(사 40:5).[24] 그 비전은 세상 속에서 그가 행한 증언의 성격과 그가 대표했던 공동체의 방향을 결정했다. 여러 방식으로 킹 목사의 꿈은 요한계시록의 새 창조 세계의 환상을 시각화했다. 그 환상의 완전한 실현은 아직도 미래의 일이다. 그러나 요한의 환상은 계속 우리에게 강권한다. 새 예루살렘이라는 꿈을 우리의 말과 우리의 삶을 통해 바빌론 한가운데서 능동적으로 증언하라고.

---

23 Bauckham, *Theology*, p. 159.
24 Martin Luther King Jr., "I Have a Dream," speech, Lincoln Memorial, Washington, DC, August 28, 1963.

"아마도 우리가 [요한계시록] 앞에서 가장 진실한 순간은…우리가 하나님이 제시하신 이상에 충실한 비전을 건설하는 일에 참여할 때일 것이다. 전쟁과 폭력과 편견과 가난이 더 이상 없는 상태를 꿈꿀 수 있는 자들은, 그 비전을 실현하는 것 말고는 자신들의 은사와 봉사를 다른 어떤 것에도 바칠 수 없다."[25]
데이비드 드실바

영화 〈콘택트〉(Contact)에서 과학자 엘리 애로웨이 박사는 웜홀을 통과하는 여행을 하고 아무도 보지 못한 우주의 다른 부분을 보는 첫 번째 인간이 된다. 그 경이로운 아름다움에 사로잡혀 그는 겨우 한마디를 한다. "시인을 보냈어야 했어요."[26] 요한계시록에 나오는 하나님의 선교에 관한 요한의 환상을 파악하고 가르치고 구현하기 위해서는 과학자만으로는 부족하다. 시인들, **새로이** 상상하는 사람들, 성령의 눈 수술을 받아 "환상을 보고", "꿈을 꾸는"(욜 2:28) 사람들이 필요하다.

요한계시록은 하나님의 진리를 표현하는 데 상징과 이미지가 얼마나 큰 힘을 발휘할 수 있는지를 보여 준다. 다수 세계의 많은 사람에게는 이런 점이 더 잘 이해된다. 복음을 소통할 때 종종 합리적 논증보다는 상징, 구두 스토리텔링, 드라마가 더 유용하기 때문이다. 그러나 오늘날에는 서구인들의 상상 또한 대부분 미디어, 음악, 이미지, 감각 경험에 의해 형성된다. 판타지 영화가 큰 인기를 누린다. 요한의 시적이며 상상력 풍부한 신학하기 방식은 우리 이웃과 동료 그리스도인들이 세상에서 하나님이 행하시는 일에

---

[25] David deSilva, *An Introduction to the New Testament: Contexts, Methods and Ministry Formation*, 2nd ed. (Downers Grove, IL: IVP Academic, 2018), p. 829.
[26] 이 예화는 Kiel, *Apocalyptic Ecology*, p. 94에서 빌려 왔다.

대한 이해를 새롭게 바라보는 양식이 될 수 있지 않을까?[27]

13. 요한계시록을 선교적으로 읽으려면, 우리는 우리의 현재가 하나님의 미래에 의해 형성되는 사람으로서 요한계시록을 읽어야 한다. 이 책 전체에 걸쳐 우리는 요한계시록의 모든 것이 미래, 즉 하나님의 목적이 그 목표에 도달하는 때를 향해 기울어 있음을 보았다. 동시에 그 미래는 우리가 현재 이 세상에서 선교를 어떻게 인식하고 실천해야 하는지에 대한 열쇠를 제공한다. 짐 벨처(Jim Belcher)는 유익한 비유를 제시한다.

> 상상해 보라.…당신은 당신이 좋아하는 팀의 슈퍼볼 경기를 텔레비전에서 실시간으로 볼 수 없게 되었다. 그래서 그것을 녹화해 두었고 집으로 돌아가서 그 경기를 보려고 한다. 가던 길에 군것질거리를 사려고 잠시 편의점에 들렀는데, 애석하게도 거기서 경기의 결과를 엿듣게 된다. 당신의 팀이 이겼지만, 스포일러를 당해 기분이 조금 상했다. 어쨌든 집에 돌아가서 그 경기를 보기 시작한다. 경기가 시작하자마자 당신의 팀이 두 번 터치다운을 당하고 이후에 세 번째도 당하고 만다. 보통 때라면 기분이 상하고 성질도 났을 것이다. 불안과 분노로 가득 차 텔레비전에 물건도 집어 던졌을 것이다. 그러나 지금은 그렇지 않다. 왜? 이야기의 결말을 알고 있으며, 당신의 팀이 이기기 때문이다. 이 지식이 그날 당신이 스포츠 세계를 바라보는 방식을 변화시킨다.…그리고 경기가 끝날 때 기분은 환상적이다. 결말을 미리 아는 것이 모든 것을 변화시킨다.[28]

유익하다. 하지만 이 비유는 딱 거기까지다. 경기 결과를 아는 것은 **정말로 나의 모든 관점을 변화시키지만, 나는 여전히 소파에 느긋하게 기대**

---

27 Flemming, "Locating and Leaving Babylon," p. 122.
28 Jim Belcher, *In Search of Deep Faith: A Pilgrimage into the Beauty, Goodness and Heart of Christianity* (Downers Grove, IL: IVP Books, 2013), pp. 246-247.

고 경기가 진행되는 것을 관람할 뿐이다. 요한의 경우, 이야기의 결과를 파악하는 것은 우리를 **경기 속으로 들어가게 만든다**. 우리는 구경꾼이 아니라 선수가 된다. 우리는 어린양 팀의 일원이 된다! 강력한 어린양들! 이는 우리가 통합된 팀을 이루어 각자 위치에서 능동적으로 경기하며 최선의 노력을 다하는 것이다. 우리가 이길 것을 이미 알면서 그 승리에서 눈을 떼지 않는 것이다. 그 과정에서 우리는 부상을 당해 다리가 부러지거나 코피가 날 위험을 감수한다. 그러나 마지막 호루라기가 울리면 우리는 어린양의 승리에 동참할 수 있다. 안락한 의자에 편안히 있었다면 결코 얻을 수 없는 경험이다.

"우리가 시작과 끝을 연결할 수 없다면, 우리는 산발적이고 일관성 없는 삶을 살게 될 것이다. 예수님이 다시 오신다는 기대는 우리의 삶을 형성하고 통합하는 목표를 제시한다. 우리의 삶은 그리스도 안에서 시작된 그 기원과 조화를 이루고, 그리스도 안에서 완성될 모습과도 잘 어울리는 양식을 지니게 된다."[29]

유진 피터슨

요한계시록에서는 모든 것을 변화시키는 승리가 어린양의 죽음과 부활에서 이미 성취되었다고 우리에게 확언한다. 그러나 그 승리는 하나님이 그분의 세상에서 악을 마지막 한 방울까지 모두 짜내 버리시기 전까지, "세상 나라"가 참으로 "주의 나라"가 될 때까지(계 11:15), 만국이 온전히 치유될 때

---

[29] Eugene H. Peterson, *Reversed Thunder: The Revelation of John and the Praying Imagination* (San Francisco: HarperSanFrancisco, 1988), p. 191.

까지(계 22:2) 충만한 완성에 이를 수 없다. 그것이 하나님의 선교의 장엄한 목표다. 그러나 그 일이 일어날 **때까지** 우리는, 우리의 **존재**와 **행위**와 말을 통해 새 예루살렘의 전초 기지로 살도록 부름받는다. 우리는 담장 너머로 바라보고 있는 세상을 향해 하나님이 **만물**을 새롭게 만드시는 것이 무엇인지를, 부분적이지만 매우 실제적인 방식으로 보여 줄 과제와 특권을 부여받았다. 그리고 우리가 그것을 행할 때, 작은 변화들을 통해 새 창조가 이 세상에 침입해 들어온다.

한 중국인 학생이 예배하는 공동체의 기쁨을 목격하고 그들이 영광 돌리는 하나님을 받아들일 때마다, 새 창조는 침입해 들어온다. 한 의료인 팀이 예수님의 이름으로 소망과 치유를 주기 위해 바이러스 팬데믹 구역의 도가니로 걸어 들어갈 때마다, 새 창조는 침입해 들어온다. 세속화된 유럽에서 한 그리스도인 공동체가 술집, 매춘업소, 난민 수용소 안으로 그리스도의 사랑의 임재를 가지고 들어갈 때마다, 새 창조는 침입해 들어온다. 잊힌 여러 장소에서 신자들의 작은 모임이 핍박과 고난을 직면하면서도 끈질기게 그들의 이웃에게 증언할 때마다, 새 창조는 침입해 들어온다. 특권층에 속한 그리스도인들이 불의의 요새를 허물기 위해 유색인 형제자매들과 함께 일하며 용감하게 침묵을 깨뜨릴 때마다, 새 창조는 침입해 들어온다. 그리스도인들이 하나님과 하나님의 세계를 사랑하기 때문에 과소비하는 생활 방식의 우선순위를 바꾸거나 아프리카의 벗겨진 숲을 회복하기 위해 지역 사회와 더불어 일할 때마다, 새 창조는 침입해 들어온다. 서로 다른 문화, 국적, 경제 수준을 지닌 신자들이 모여서 서로에게 진심으로 귀 기울이고 어린양을 함께 예배할 때, 새 창조는 침입해 들어온다.

"**요한계시록**은 하나님의 세계를 새롭게 하시는 하나님의 권능과 의도를 노래한다. 이런 의미에서 요한계시록은 복음이다.…
요한계시록은 아프리카인들에게 중요하다. 이 미래의 비전이 자라나게 하고 그 비전을 위해 행동하도록 그들을 감동시키기 때문이다."[30]

제임스 추쿠마 오코예

나는 이 마지막 말을 세계의 불확실성, 두려움, 격변이라는 상황에서 쓰고 있다. 팬데믹이 전 세계를 휩쓸고 있고, 모두의 정의를 위한 부르짖음이 울려 퍼지며, 여러 나라의 경제가 흔들리고 있다. 아주 오래된 열대 우림이 전례 없는 속도로 평지가 되며 창조 세계가 신음하고 있다. 많은 곳에서 자주 그러했듯, 세상은 깨어진 것 같고 미래는 안전하지 못하다. 이제는 **새로운 상상을** 할 때다.

내가 속한 교회의 비전 선언문에는 이런 말이 있다. "이런 장소를 상상해 보라.…잃어버렸던 사람들이 발견되고, 아파했던 사람들이 치유받으며, 젊은 이들은 양육받고, 노인들은 소중히 여김받으며, 모두가 환영받고, 그리스도 께서 찬양받으시는 곳을." 그 비전을 확장해 보겠다. 이런 장소를 상상해 보라.…장애인들이 존중받고, 모든 문화가 환영받으며, 인종 계층화가 무너지고, 자민족중심주의가 종식되고, 인신매매가 해결되며, 핍박이 해체되고, 난민 수용소가 사라지며, 혜택받지 못하는 구역이 더 이상 존재하지 않는 곳을. 이런 장소를 상상해 보라. 모든 종류의 나무, 곤충, 양서류가 번성할 수 있는 곳, 정의가 강물처럼 흐르는 곳, 하나님의 임재가 땅 위에 가득한 곳, 모든 언어의 사람들이 모든 창조 세계와 하나 되어 하나님과 어린양께 완전

---

[30] James Chukwuma Okoye, "Power and Worship: Revelation in African Perspective," in Rhoads, *From Every People and Nation*, p. 121.

한 예배를 드리는 곳을.

요한계시록에서는 우리에게 그런 장소를 상상해 보라고 간곡히 권한다. 이것은 존 레논(John Lennon)이 꿈꾸었던, 사람들이 오직 오늘만 생각하며 살아가는 세상 같은 인본주의의 꿈이 아니다. 이것은 새 창조 세계를 위한 **하나님의** 비전이다. 그러나 선교적 요한계시록 읽기에서는 또한 우리에게, 미래가 현재로 빛을 비추어 우리의 길을 인도하게 하라고 가르친다. 외부인들은 우리 그리스도인 공동체들을 보면서 만물을 새롭게 하시는 하나님의 사랑의 목적이 이루어지는 구체적 증거를 보는가? 우리 귀 있는 자들은 성령께서 오늘날 교회를 향해 말씀하시는 바를 정말로 들어야 한다.

성찰과 토론을 위한 질문

서론: 요한계시록 새롭게 상상하기

1. 요한계시록을 생각하면 가장 먼저 떠오르는 것은 무엇인가? 과거에 요한계시록을 접하면서 특별히 기억에 남게 된 경험이 있다면 무엇인가?

2. 요한계시록 해석에 관해 당신과 당신이 속한 그리스도인 공동체는 어떤 기본 접근법을 가지고 있는가? 이번 장을 읽으면서 그 접근법을 다시 생각하게 되었는가?

3. 이번 장에서 **선교**(또는 사명)를 정의하는 방식은 당신이 지금까지 성경에서 말하는 **선교**를 이해해 온 방식과 유사한가 혹은 다른가?

1장. 요한계시록은 무엇을 하고자 하는가?

1. 요한계시록을 **문자적으로** 읽는 것과 **상상력을 발휘해** 읽는 것 중 어느 것이 더 자연스럽게 받아들여지는가? 왜 그렇게 생각하는가?

2. 요한계시록이 고대 소아시아에 있던 실제 교회들을 "겨냥한 말씀"이라는 점은 오늘날 당신이 속한 그리스도인 공동체가 요한계시록을 해석하고 적용하는 방식에 어떻게 영향을 끼치는가?

3. 1세기 아시아의 회중처럼, 요한계시록 전체를 앉은 자리에서 단번에 읽거나 들어 보라. 그 경험은 요한계시록에 대한 당신의 관점을 어떻게 변화시키는가?

4. 하나님의 변혁하는 좋은 소식을 사람들에게 전하기 위해, 당신의 환경에서 어떤 문화적 이미지, 이야기, 가치를 그리스도인들이 활용할 수 있는 것으로 생각해 볼 수 있는가?

2장. 선교의 하나님

1. 요한계시록이 "하나님은 어떤 분인가?"라는 질문에 어떻게 답할지 당신 자신의 말로 요약해 보라. 이것은 평소에 당신이 해당 질문에 대해 떠올릴 만한 전형적 답변과 어떻게 비교되는가?

2. '세상 속 하나님의 선교에 우리가 참여하고자 할 때, 하나님의 창조 세계를 돌보는 것은 핵심 측면 중 하나다'라는 생각에 대해 당신은 어떻게 반

응하겠는가? 그런 생각은 당신 개인 또는 당신이 속한 그리스도인 공동체에 어떤 의미가 있는가?

3. 요한계시록에서는 보좌에 앉으신 하나님이 세상의 구원, 치유, 회복의 유일한 근원이시라고 증언한다. 이러한 증언은 당신이 속한 문화에서는 어떻게 이해되는가? 이에 비추어 볼 때, 우리는 다른 종교 전통이나 신앙 체계에 속한 사람들에게 어떻게 반응해야 하는가?

3장. 죽임당한 어린양의 선교

1. 당신이 속한 그리스도인 공동체나 전통에서는 '정복하는 사자'나 '상처 입을 수 있는 어린양' 중 예수님의 어떤 모습을 더 강조하는 경향이 있는가? 실제적으로 그것은 그리스도께서 세상에서 행하시는 선교에 대한 당신의 이해에 어떻게 영향을 끼쳐 왔는가?

2. 죽임당한 어린양이 우리의 구원의 근원이실 뿐 아니라 우리가 **어떻게** 하나님의 선교에 참여해야 하는지를 보여 주는 양식이 되신다는 점은 어떤 차이를 만드는가? 당신이 속한 상황에서 어린양을 닮은 선교가 어떤 모습이 될지 실제적 사례를 몇 가지 들어 보라.

3. 요한계시록은 우리에게, 권력이나 힘이 아니라 죽임당한 어린양의 약함과 자기를 내어 주는 사랑으로 적을 정복하시는 하나님을 보여 준다. 그 그림은 당신의 문화에서 상식이 된 사고방식과 삶의 방식에 어떻게 도전하는가?

4장. 하나님 백성의 선교

1. 요한계시록 2장과 3장에 언급된 회중 사이에서 보이는 태도 가운데 당신이 속한 교회의 상황에 가장 들어맞는 태도는 무엇이라고 생각하는가? 왜 그런가?

   - 핍박 가운데서도 신실함
   - 타협
   - 첫사랑을 잃어버림
   - 자기만족

2. 하나님과 오늘날의 세상 사이에 서서 중보자 역할을 하는 것은 당신의 그리스도인 공동체에 실제적으로 무엇을 의미하겠는가?

3. 요한계시록에서 그리는, 모든 나라와 민족과 언어에서 나아와 하나 된 예배 공동체(계 7:9)라는 교회의 모습은 당신이 속한 교회 상황에서 어떤 의미가 있는가? 그런 모습이 실제로 이루어지는 것을 가로막는 장벽은 무엇인가?

4. 당신의 회중이 보여 주는 하나님 백성으로서의 성품과 행위가 하나님의 선교 사역을 진보시키거나 퇴보시키는 방식에는 어떤 것이 있는가?

5장. 증언으로서의 선교

1. 당신의 상황에서 말로 하는 증언과 생활 방식으로 하는 증언 중 어느 것

이 더 필요하다고 생각하는가? 설명해 보라.

2. 당신은 그리스도를 증언하는 데 따르는 대가로 고난을 견뎌 본 적이 있는가? 만약 그렇다면, 그런 경험은 어떤 형태였으며 이번 장에서 나온 일부 사례와는 어떻게 비교되는가?

3. 당신의 그리스도인 공동체가 속한 환경 안에서, 세상이 보도록 행하는 공적·예언자적 증언은 어떤 모습이겠는가?

6장. 선교와 심판

1. 이번 장을 읽은 후 당신은 악인에 대한 하나님의 심판과 모든 나라를 향한 하나님의 사랑의 목적 사이의 관계를 어떻게 설명하겠는가?

2. 요한계시록에 나오는 폭력적 이미지 때문에 고민해 본 적이 있는가? 이번 장의 내용은 그런 본문들을 보는 당신의 관점에 어떤 영향을 주었는가?

3. 요한계시록에 나오는 하나님의 심판과 구원의 메시지는 오늘날 고난받고 억압받는 사람들을 향해 어떤 의미를 줄 수 있겠는가? 당신의 지역 사회에서는 구체적으로 어떤 집단에 속한 사람들이 그 말씀을 들을 필요가 있겠는가?

7장. 선교적 예배

1. 당신이 속한 그리스도인 공동체가 예배 중에 부르는 노래를 1에서 10이

라는 범위로 평가해 본다면, 하나님과 하나님의 회복시키는 선교에 관한 진리를 선포함(1)과 하나님께 경배와 찬양을 드림(10) 사이에서 어디쯤 위치하는가? 두 내용이 더 나은 균형을 이루도록 하는 방법이 있는가?

2. 우리가 경험하는 세상은 종종 깨어지고 두려운 장소다. 이런 세상에서 우리의 예배는 어떻게 우리가 세상을 향한 하나님의 사랑의 목적에 비추어 사물들의 진정한 모습을 새롭게 상상하도록 도울 수 있는가?

3. 요한계시록의 예배는 하나님 한 분만이 우리의 충성을 받으시기에 합당하며 우리 문화의 우상들은 그렇지 않음을 공적으로 선언하도록 초청한다. 당신이 속한 회중과 문화에서는 어떤 우상들이 사람들의 충성과 예배를 받기 위해 경쟁하고 있는가?

4. 당신의 회중 예배는 당신이 속한 상황 속에서 어떻게 선교의 촉매 역할을 하고 있는가?

8장. 선교적 정치

1. 당신이 속한 교회의 상황에서 '시민 종교'의 우상이 유혹 거리가 되고 있는가? 당신의 지역 회중은 어떻게 구체적으로 이 문제에 반응할 수 있겠는가?

2. 정치적 힘이나 정부의 힘이 '짐승 같은' 방식으로 불의와 결탁하거나 궁극적 충성을 요구하기 때문에 그리스도인들이 그에 맞서야 할 필요가 있는 경우를 생각할 수 있는가?

3. "오늘날 바빌론은 어디에 있는가?"라는 질문에 어떻게 답하겠는가?

4. 당신이 속한 상황에서 바빌론을 떠나는 것은 하나님의 백성에게 무엇을 의미하겠는가? 경제적 관행과 '외부자'에 대한 처우라는 면에서 바빌론을 떠나는 것의 구체적 함의는 무엇인가?

9장. 새 예루살렘 선교

1. 당신의 교회 상황에서 사람들은 천국에 대해 어떤 관점을 가지고 있는가? 그 관점은 요한계시록 21장과 22장의 새 예루살렘 그림과 어떻게 비교되는가?

2. 당신이 속한 상황에서, 만물을 새롭게 하신다는(계 21:5) 하나님의 미래 목적이 하나님의 백성에 의해 지금 구현된다면 실제적으로 어떤 모습인가?

3. 당신이 속한 상황에서 '타자'를 포용하는 환대의 공동체로 산다는 것은 무엇을 의미하는가?

4. 당신이 속한 환경에서 도시들은 요한계시록의 새 예루살렘 그림과 어떻게 비교되는가? 그 미래의 도시 새 예루살렘을 향한 우리의 갈망이 우리가 사는 도시와 마을의 실재에 우리가 반응하는 방식에 영향을 끼치게 하려면 실제적으로 어떻게 해야 하는가?

10장. 오늘날 요한계시록을 선교적으로 읽기

1. 당신이 속한 상황에서 요한계시록은 교회가 하나님의 선교에 참여하도록 인도하는 자료로 이해되고 있는가? 그렇지 않다면 그 이유는 무엇이라고 생각하는가?

2. 이번 장에서 논의한 선교적 요한계시록 읽기의 어떤 측면이 특히 당신과 당신이 사는 지역의 그리스도인 공동체에 잘 적용될 수 있는가?

3. 당신은 다른 문화, 인종, 경제적 상황에 속한 사람들과 대화하면서 성경을 읽어 본 적이 있는가? 만약 있다면, 그 경험이 어떤 신선한 통찰이나 관점을 주었는가? 만약 없다면, 어떻게 그런 시도를 할 수 있겠는가?

4. 이 책을 읽는 동안 요한계시록과 교회를 향한 요한계시록의 메시지에 대한 당신의 이해가 바뀌었다면 구체적으로 어떤 부분에서 바뀌었는가?

더 읽을거리

Bauckham, Richard. *The Theology of the Book of Revelation*. Cambridge: Cambridge University Press, 1993. 『요한계시록 신학』(한들출판사).
Beale, G. K. *The Book of Revelation: A Commentary on the Greek Text*. Grand Rapids, MI: Eerdmans, 1999. 『NIGTC 요한계시록』(새물결플러스).
Boesak, Alan. *Comfort and Protest: Reflections on the Apocalypse of John of Patmos*. Philadelphia: Westminster, 1987.
Boring, M. Eugene. *Hearing John's Voice: Insights for Teaching and Preaching*. Grand Rapids, MI: Eerdmans, 2019.
_____. *Revelation*. Louisville, KY: John Knox, 1989. 『요한계시록』(한국장로교출판사).
Blount, Brian K. *Revelation: A Commentary*. Louisville, KY: Westminster John Knox, 2009.
deSilva, David A. *An Introduction to the New Testament: Contexts, Methods and Ministry Formation*, 2nd ed. Downers Grove, IL: IVP Academic, 2018, chapter 24. 『신약개론』(기독교문서선교회).
Flemming, Dean. *Contextualization in the New Testament: Patterns for Theology and Mission*. Downers Grove, IL: IVP Academic, 2005. 『신약성경의 상황화』(한국해외선교회출판부).
_____. "Revelation." In *Wesley One Volume Commentary*, edited by Kenneth J. Collins and Robert W. Wall, pp. 908-934. Nashville, TN: Abingdon, 2020.
_____. *Why Mission?* Nashville: Abingdon, 2015. 『신약을 선교적으로 어떻게 읽을 것인가』(대서).
Goheen, Michael W., ed. *Reading the Bible Missionally*. Grand Rapids: Eerdmans, 2016. 『선교

적 성경 해석학』(IVP).

Gorman, Michael J. *Reading Revelation Responsibly: Uncivil Worship and Witness: Following the Lamb into the New Creation*. Eugene, OR: Cascade, 2011. 『요한계시록 바르게 읽기』(새물결플러스).

Hansen, Ryan L. *Silence and Praise: Rhetorical Cosmology and Political Theology in the Book of Revelation*. Minneapolis: Fortress, 2014.

Hays, Richard B., and Stefan Alkier, eds. *Revelation and the Politics of Apocalyptic Interpretation*. Waco, TX: Baylor University Press, 2012.

Howard-Brooke, Wes, and Anthony Gwyther. *Unveiling Empire: Reading Revelation Then and Now*. Maryknoll, NY: Orbis, 2003.

Johnson, Andy. *Holiness and the Missio Dei*. Eugene, OR: Cascade, 2016, chapter 9.

Kiel, Micah D. *Apocalyptic Ecology: The Book of Revelation, the Earth, and the Future*. Collegeville, MN: Liturgical, 2017.

Kovacs, Judith, and Christopher Rowland. *Revelation: The Apocalypse of Jesus Christ*. Malden, MA: Blackwell, 2004.

Koester, Craig R. *Revelation: A New Translation with Introduction and Commentary*. New Haven, CT: Yale University Press, 2014.

_____. *Revelation and the End of All Things*, 2nd ed. Grand Rapids, MI: Eerdmans, 2018. 『인류의 종말과 요한계시록』(동연).

Mangina, Joseph L. *Revelation*. Grand Rapids, MI: Brazos, 2010.

McCaulley, Esau. *Reading While Black: African American Biblical Interpretation as an Exercise in Hope*. Downers Grove, IL: IVP Academic, 2020. 『진리는 나의 집에 있었다』(IVP).

Middleton, J. Richard. *A New Heaven and a New Earth: Reclaiming Biblical Eschatology*. Grand Rapids, MI: Baker, 2014. 『새 하늘과 새 땅』(새물결플러스).

Ngundu, Onesimus. "Revelation." In *Africa Bible Commentary*, ed. Tokunboh Adeyemo, pp. 1543-1579. Grand Rapids, MI: Zondervan, 2006.

Okoye, James Chukwuma. "Power and Worship: Revelation in African Perspective." In *From Every People and Nation: The Book of Revelation in Intercultural Perspective*, edited by David Rhoads, pp. 110-126. Minneapolis: Fortress, 2005.

Paul, Ian. *Revelation: An Introduction and Commentary*. Downers Grove, IL: IVP Academic, 2018.

Peterson, Eugene H. *Reversed Thunder: The Revelation of John and the Praying Imagination*. San Francisco: HarperSanFrancisco, 1988. 『요한계시록, 현실을 새롭게 하는 상상력』(IVP).

Reddish, Mitchell G. *Revelation*. Macon, GA: Smyth and Helwys, 2001.

Rhoads, David, ed. *From Every People and Nation: The Book of Revelation in Intercultural Perspective*. Minneapolis: Fortress, 2005.

Rossing, Barbara R. "For the Healing of the World: Reading Revelation Ecologically." In *From Every People and Nation: The Book of Revelation in Intercultural Perspective*, edited by David Rhoads, pp. 165-182. Minneapolis: Fortress, 2005.

Thomas, John Christopher, and Frank D. Macchia. *Revelation*. Grand Rapids, MI: Eerdmans, 2016.

Weinrich, William C. ed., *Revelation*. Ancient Christian Commentary on Scripture, New Testament 12. Downers Grove, IL: IVP Academic, 2005. 『교부들의 성경 주해 신약성경 14: 요한 묵시록』(분도출판사).

Wright, Christopher J. H. *The Mission of God: Unlocking the Bible's Grand Narrative*. Downers Grove, IL: IVP Academic, 2006. 『하나님의 선교』(IVP).

_____. *The Mission of God's People: A Biblical Theology of the Church's Mission*. Grand Rapids, MI: Zondervan, 2010. 『하나님 백성의 선교』(IVP).

Wright, N. T. "Revelation and Christian Hope: Political Implications of the Revelation to John." In *Revelation and the Politics of Apocalyptic Interpretation*, edited by Richard B. Hays and Stefan Alkier, pp. 69-83. Waco, TX: Baylor University Press, 2012.

그림 출처

그림 1.1. Pietro Perugino (c. 1448-1523). St. John the Evangelist on Patmos. Monastery of San Benedetto (Sacro Speco), Subiaco, Italy. Fresco. Photo by Livioandronico2013, Oct. 4, 2015. CC BY-SA 4.0 license / Wikimedia Commons (https://creativecommons.org/licenses/by-sa/4.0/deed.en)

그림 1.2. The seven churches in Asia/ Wikimedia Commons

그림 1.3. Bust of emperor Domitian (AD 81-96). Marble statue. Ephesus Museum, Selçuk, Turkey, 1st C. AD. Photo by Carole Raddato, April 8, 2015. CC BY-SA 2.0 license / Wikimedia Commons

그림 2.1. The river of life in the new Jerusalem (Rev 22:1-2). Anonymous illustration from *The Apocalypse with Commentaries from Andrew of Caesarea*, c. 1800, Russia. Illuminated manuscript / Wikimedia Commons

그림 2.2. Albrecht Dürer. *St. John Before God in the Heavenly Throne Room from The Apocalypse of St. John*, 1496-1498. Woodcut. Cleveland Museum of Art / Wikimedia Commons

그림 2.3. Emperor Nero (54-68) and *Salus* (Salvation) with a libation dish, 65-66 AD. Roman coin. Classical Numismatic Group, LLC., www.cngcoins.com. CC BY-SA 2.5 license / Wikimedia Commons

그림 3.1. Jan van Eyck, *Adoration of the Mystic Lamb* from the Ghent Altarpiece, 1432. St. Bavo Cathedral, Ghent, Belgium. Oil on panel / Wikimedia Commons

그림 3.2. The Lamb Defeating the Ten Kings. From *Commentary on the Apocalypse*, Beatus of Liébana, 1220-1235, Spain. Illuminated manuscript. J. Paul Getty Museum /

그림 3.3. Procession of the Black Nazarene, Quiapo, Manila, Philippines. *Get Real Post*, Jan. 8, 2019. CC BY-SA 3.0 license / Wikimedia Commons
그림 4.1. Seven Churches of Asia. Trier Apocalypse, 800-850. Illuminated manuscript. Stadtsbibliothek, Trier, Germany / Wikimedia Commons
그림 4.2. Columned street in ancient Ephesus. Turkey. Photo by author
그림 4.3. Ruins of the temple of Artemis, Sardis. Turkey. Photo by author
그림 4.4. Adoration of the Lamb on Mount Zion (Rev 14:1-5). Facundus Beatus, 1047. Illuminated manuscript. Biblioteca Nacional, Madrid, Spain / Wikimedia Commons
그림 5.1. Statues of twentieth-century martyrs, west façade of Westminster Abbey, London, UK. Photo by Cephoto, Uwe Aranas, Oct. 3, 2013 / Wikimedia Commons
그림 5.2. Rejoicing over the bodies of the two witnesses (Rev 11:9-10). Dyson Perrins Apocalypse, 1255-1260, England. Illuminated manuscript. J. Paul Getty Museum, Los Angeles / Wikimedia Commons
그림 5.3. The two witnesses ascending to heaven (Rev 11:12). Great East Window, York Minster, 1405-1408. Stained glass. York, UK / Wikimedia Commons
그림 6.1. Albrecht Dürer. The Four Horsemen (Rev 6:1-8) from *The Apocalypse of St. John*, 1496-1498. Woodcut / Wikimedia Commons
그림 6.2. The Eternal Gospel (Rev 14:6-7). The Cloisters Apocalypse, c. 1330, France. Illuminated manuscript. Metropolitan Museum of Art, New York / Wikimedia Commons
그림 6.3. The Eschatological Harvest (Rev 14:14-20). Escorial Beatus, 950-55, Spain. Illuminated manuscript. Real Biblioteca de San Lorenzo / Wikimedia Commons
그림 6.4. Pieter Bruegel the Elder. *The Last Judgment* (Rev 20), from *The Seven Vices*, 1558. Woodcut. Bibliothèque Royale, Cabinet Estampes, Brussels, Belgium / Wikimedia Commons
그림 7.1. Adoration of the Lamb on Mount Zion (Rev 14:1-5). The Cloisters Apocalypse, c. 1330, France. Illuminated manuscript. Metropolitan Museum of Art, New York / Wikimedia Commons
그림 7.2. John Bale. The beast worshiped by the nations (Rev 13) from *The Image of Both Churches*, 1535. Woodcut / Wikimedia Commons
그림 7.3. Temple of emperor Domitian, Ephesus. Turkey. Photo by author.
그림 8.1. The dragon giving a scepter to the beast from the sea (Rev 13:2-4). *The Apocalypse of Angers*, 1375-1380. Musée de Tapisseries, Angers, France Tapestry. Photo by Jean-Pierre Dalbéra, July 30, 2012. C BY-SA 2.0 license / Wikimedia Commons
그림 8.2. William Blake, *The Number of the Beast Is 666* (Rev 13:18), c. 1805. Watercolor. Rosenbach Museum and Library, Philadelphia / Wikimedia Commons
그림 8.3. Harlot of Babylon (Rev 17:1-8). Polyptych of the Apocalypse, 1360-1390. Gallerie dell'Accademia. Venice, Italy. Photo by José Luis Bernardes Ribeiro, September

13, 2016. CC BY-SA 4.0 license / Wikimedia Commons

그림 8.4. Emperor Nero (AD 54-68) and the goddess Roma holding the image of victory, 64-65 AD. Roman coin. Photo by Siren-Com, May 30, 2016. CC BY-SA 4.0 license / Wikimedia Commons

그림 8.5. The goddess Roma sits on the armaments of defeated enemies. Relief on the exterior of the *Ara Pacis* (Altar of Peace), 1st century BC. Museo dell'Ara Pacis, Rome. Photo by Miguel Hermosa Cuesta, March 2, 2014. CC BY-SA 3.0 license / Wikimedia Commons

그림 9.1. John sees the new Jerusalem descending, from *The Apocalypse of Angers*, c. 1375-1380. Musée de Tapisseries, Angers, France. Tapestry. Photo by Kimon Berlin, May 23, 2006 / Wikimedia Commons

그림 9.2. The river of life (Rev 22:1-2). Facundus Beatus, 1047. Illuminated manuscript. Biblioteca Nacional, Madrid, Spain / Wikimedia Commons

주제 찾아보기

666 '짐승의 표'를 보라.
144,000 130-131, 134-136

개인주의 24, 68-69, 259, 264, 269-271, 309-310
거룩한 전사 52, 107-112, 115
거룩함 84-88, 90-92, 101, 105, 143-148, 161, 203-204, 284, 293-294
거짓 예언자 110, 145, 181, 242-243
경제 55, 74, 122, 125, 240, 255, 258-259, 262-263, 295, 307, 309, 315-316, 331
고난 '증언과 고난'을 보라.
교회/하나님의 백성 22-23, 26-27, 44, 49, 65, 80, 104, 112-114, 119-148, 161-173, 184, 196, 205, 212-215, 231-233, 266-267, 276, 291-295, 301-302
    거룩한 순결한 자들인 130, 144
    구속받은 자인 98-99, 130-136, 139
    나라와 제사장들인 98, 130-134, 162, 209, 233, 302
    다민족 공동체인 32, 50, 137-143, 229, 232-234, 246, 293, 298, 307-308
    를 위한 이미지 130
    미래를 미리 맛보는 22, 33, 63, 88, 105, 146-148, 232, 234, 276-277, 280-281, 291
    어린양의 신부인 105-106, 130, 144-145, 212, 254, 277, 283
    의 증언 '증언(증거, 증인)'을 보라.
    첫 열매인 136, 146, 188
교회론 '교회/하나님의 백성'을 보라.
구원 51, 80-83, 91, 101, 106-107, 113-116, 210-212, 232, 327
그리스도
    거룩한 전사인 '거룩한 전사'를 보라.
    신실한 증인인 '증인이신 그리스도'를 보라.
    의 재림 24, 105-106, 112, 136, 188, 269, 291, 302, 308
    이름과 이미지 94
    인자 같은 이인 86, 94, 107, 188
    죽임당한 어린양인 '죽임당한 어린양'을

보라.
나팔 59, 179, 193, 196, 210, 233
내러티브/이야기 26, 32, 37-38, 50-52, 57-60, 65, 68-72, 93-95, 97-98, 105, 112, 136, 151, 162-165, 168, 182, 191, 197, 209, 227, 231-234, 245-246, 266, 269-272, 288, 290, 300-302, 318-319
네 말 탄 자들 180, 193, 200
네 생물 68, 84-85, 98, 193, 208-209, 212
네로 82, 244, 254
노예, 노예 상태 60-61, 98-99, 194, 249-250, 255, 260-261, 263

다수 세계 25, 42-44, 47, 258, 296, 307, 318
대접 역병 129, 179, 184, 190, 193, 196-197, 211, 283
대중적 세대주의 23, 40, 120, 121, 239, 251, 308
도미티아누스 54, 58, 224
두 증인 130, 159, 161-165, 167-169
등잔대(촛대) 39, 114, 130, 162
땅의 왕들 52-53, 94, 107-108, 160, 252, 255, 288-289

라오디게아 교회 30, 57, 121, 125-129, 150, 158, 187, 206, 266, 312
『레프트 비하인드』 20, 23, 40, 120, 184, 239
로마의 카이사르/황제 54-55, 57-58, 63, 82, 124, 185, 217, 220, 223-225, 240, 242-245, 253, 310

막간 장면 181, 184
묵시 문학 40-45, 49, 195
민족(나라) 80-81, 87, 108, 132, 139-140, 159-163, 182-188, 191-193, 209-210, 213, 231-233, 285, 288-293, 300
　　치료(치유) 28, 72, 105, 181, 204, 264, 270, 281, 285, 288-292, 300, 320-321

민족주의 141, 246-247, 293, 308, 309
바빌론 41, 51, 128, 153, 182, 194, 203, 237, 251-268, 283-286, 291-294, 307, 312, 331
밧모 43, 155
변화된 상상력 42-45, 63, 103, 178, 208, 215-219, 225, 233, 238, 252, 262, 267, 305, 316-319, 322-323
보좌 50-54, 59, 65, 68, 77-87, 90-91, 95-96, 101-103, 118, 178-179, 208-209, 217-223, 229, 231-234, 240, 277-278, 305, 327
보편구원론 290
복음화 26-28, 74, 143, 169
　　또한 '전 세계 선교'를 보라.
불못 110, 194, 204
비인간화 200, 260-265, 308
비전(환상)/비전들 19-24, 29, 32-33, 37, 39-47, 51-52, 60, 63, 79, 82, 85, 94, 104-106, 107-109, 111, 129-131, 137, 139-143, 148, 159, 164, 177-179, 187-190, 193-194, 195-197, 199, 205-206, 207-208, 217-218, 229-231, 234-235, 240, 256, 262, 270-271, 279-281, 284-286, 290, 299-302, 309, 316-318, 322-323

사탄/악마 42, 52, 63, 107, 110, 113, 115, 121-122, 145, 153-154, 174, 181, 194, 211, 221-222, 225, 240-241, 249, 264, 286, 288, 300
상황화 29-30, 56-64, 121, 127, 249, 265-266, 308-309
새 예루살렘 23, 72, 85, 88, 130, 178-180, 193, 269-298, 300, 317, 321, 331
새 창조(창조 세계) 22, 32-33, 50, 70-73, 77, 80, 85-91, 105-106, 134-135, 137-139, 148, 181, 204, 229-232, 270, 273-298, 300, 313, 321-323

새 하늘과 새 땅 '새 창조(창조 세계)'를 보라.
생명나무 72, 229, 281, 285, 292, 295, 300
생명수의 강 71, 106, 229, 281, 285-287, 292
선교
    어린양을 닮은 101-105, 113, 118, 128, 158, 167, 174, 183, 205, 250, 302-303, 327
    의미 25-27
    전 세계 27, 98-99, 137, 142-143, 164-165, 171-175, 183-187, 192-193, 212, 232-233, 305-306
    총체적 27-28, 74, 106, 204, 218, 275-277, 290-291, 296-298, 299-300
선교적
    의미 27
    읽기/해석학 25-31, 34-35, 39, 44, 47-48, 53, 62-64, 129, 262, 265-267, 299-323
선전 54, 58, 70, 242
성령 49-50, 65, 120, 127-128, 130, 153, 158, 162-163, 173, 301-303, 316, 323
성전 41, 88, 102, 105, 130, 134, 161-162, 272-274, 293
소비주의 30, 57, 187, 225, 258-259, 262-265, 309, 313
소아시아 일곱 교회 46-49, 53-57, 120-130, 158, 241, 326
    를 향한 메시지 46-48, 56, 84, 120-126, 130, 147, 153, 158, 177, 196, 300
수사법/설득 38, 49-52, 60-63, 196
순교자/순교 51, 55, 89, 113, 123, 135-137, 143, 153-156, 175, 201-202
승리 30, 50-52, 81, 90, 107-108, 111, 114, 127, 129, 136, 144, 154, 160, 174, 179, 190, 195-197, 211-213, 218, 233, 254, 302, 320
시 40-41, 44, 220, 259, 291, 318
시민 종교 157, 245-247, 330

신실함 43, 46-48, 59, 63, 65-67, 69, 108, 112, 122, 127-128, 130-131, 136, 142, 145, 149-156, 158-163, 164-169, 171-173, 183, 206, 230, 250-251, 273, 276, 279, 305, 328
심판 33, 50, 59, 69-70, 86-87, 91, 102, 104, 107-109, 111, 128-129, 159-160, 171, 177-206, 210-214, 258, 266-267, 286-290, 329
    최후 69, 181, 194, 202

아마겟돈 41
아프리카계 미국인의 요한계시록 읽기 61, 140-142, 245, 310-311
아프리카인의 요한계시록 읽기 42, 116, 167-168, 201-203, 220, 228, 250, 266, 310, 312, 321-322
악 42-43, 50-52, 58, 69, 86-88, 91, 100, 102, 107-108, 111-112, 115-116, 168, 174-175, 179-181, 183, 187, 195-200, 203-206, 212-214, 222, 250, 265-266, 286, 310-311
악한 힘(권력, 권세, 능력) 23, 41-44, 60, 69-71, 79, 86-89, 91, 98, 105-107, 111, 114-116, 127, 133, 139, 157, 164, 174, 179, 188-189, 191, 202-206, 212-214, 218, 227-228, 233, 240, 271, 300
안디바 55, 122, 123, 128, 153, 175, 223
알파와 오메가 66-67, 94, 101
어린양의 권력 247, 250
에덴동산 72, 134, 272-273, 281-282, 295
에베소 교회 37-38, 94, 125
여신 로마 252-253
예배 33, 54-55, 68, 79, 101, 105, 139, 141-143, 167-168, 174, 179-181, 182-187, 190-193, 207-235, 238, 242, 245-247, 271-272, 288-290, 304-306, 328
    예전 49, 178, 207-208, 224-226, 305
    찬송 208-216, 225-228

황제 '황제 숭배'를 보라.
예언/예언자 45-47, 59-60, 63, 152-155, 158-173, 182-183, 229, 255, 274, 301, 309-312, 329
요한계시록 읽기
    끝에서부터 299-300
    미래에 대한 대본으로서 19-22, 44, 65, 301, 308
    선교적으로 '선교적 읽기/해석학'을 보라.
    아래로부터 312
    요한의 때에 대한 성취로서 308-309
    전 세계 공동체의 일부로서 307-308, 332
    충실(신실)하게 26, 34, 42, 50
요한계시록에 기초한 찬송과 노래 198, 213-215, 227, 234, 269, 291
요한계시록의 구약성경 사용 51, 58-60, 63, 97, 162, 171, 192-193, 197, 255-256
요한계시록의 상징 20, 24, 39-44, 47-48, 59-60, 63, 68, 79, 94, 95-97, 100, 107, 111, 121, 135, 153, 159, 161-164, 171, 179, 188, 195, 199, 238-240, 243-244, 251-252, 254, 256, 258, 265, 278-279, 283, 292-293, 301-302, 318
    여성 51, 57-58, 95, 130, 251-254
요한계시록의 역사적 맥락(상황) 24, 47-49, 53-56, 121-127
요한계시록의 장르 39-49
요한계시록의 찬송 '예배 찬송'을 보라.
요한의 문화적 신화 사용 57-60, 63, 103, 255-257
용 57-58, 222, 240-242
우상숭배 57, 60, 124-125, 221-225, 245-246, 261-264, 330
유리 바다 87, 99, 190
음악(노래) 208, 212-216, 226-228, 318, 329
응징 168, 190, 202
이십사 장로 52, 68, 95, 98, 208-212, 217

인/인침 95, 98, 130, 134, 137, 179, 196-197, 209
재림 '그리스도의 재림'을 보라.
적그리스도 239-240
적응(순응) 56, 61, 122, 124-130, 158, 174, 196, 206, 208
전 세계적 관점으로 요한계시록 읽기 25, 30, 41-44, 47, 56, 115, 196, 306-307, 313, 319
    또한 '아프리카인의 요한계시록 읽기', '요한계시록 읽기: 전 세계 공동체의 일부로서'를 보라.
정의/불의 41, 44, 74, 89, 175, 190, 201-206, 249-251, 294-295, 309-312, 322, 330
    구조적 73, 142, 203, 227, 250, 264, 297, 310-311, 315-318
    사회적/경제적 30, 200, 237-238, 255, 258-259, 262-263, 293-295, 307-308, 315-316
    인종적 60-61, 140-142, 175, 228, 310-311, 317, 321
정치
    로마 제국의 54-56, 82, 220-227, 238-244, 248, 251-255
    선교적 33, 219-228, 237-268, 309-312, 330
    의미 237
제국 41, 51, 58-60, 70, 96, 154, 181, 196-197, 222, 225-226, 229, 240-242, 244-245, 247-249, 251-252, 261, 264, 266, 283, 309, 311
    로마 24, 33, 41, 54, 58, 70-71, 82, 103, 122, 169, 221-222, 226, 247, 248, 251, 255-256
종말론적 추수 136, 187-190
죽임당한 어린양 32, 65, 89-92, 93-103, 105-108, 111-115, 117-118, 132, 136, 151-154, 195-197, 205-206, 209, 232,

301, 327
증언(증거, 증인) 32, 44, 49, 59, 63, 66, 127, 130-132, 136, 146, 149-175, 182
    공적 154, 161, 168-173, 221, 232-233, 238, 247-249, 251, 303-305, 329
    과 고난 152-158, 167, 175
    말과 삶 22, 32, 47, 49, 152-153, 184
    이신 그리스도 65, 94, 136, 150-153, 158, 164-165, 173
진노 69, 102, 108, 183, 188, 190, 193-194, 197-198, 205, 250, 286. 또한 '심판'을 보라.
진리 109, 150-153, 167, 173, 213, 242-243, 308-309
짐승 37-38, 107-110, 135-136, 164, 181, 190, 194, 239-250, 265-268, 286, 330
    예배 183-186, 188-189, 221-223, 231
    의 표 41, 239, 243

창조(창조 세계) 26, 28, 29, 32, 65, 67-79, 88, 91, 96, 133, 185-186, 200, 205-206, 212, 217-218, 229, 233, 270, 274, 278-282, 313-316, 321
창조 세계 돌봄 74-77, 295, 313-316, 326
창조주 하나님 66-79, 85, 91, 96, 133, 185-186, 200, 209, 272-273
천국(하늘) 23, 44, 52, 67-73, 78, 80, 83-85, 100, 106, 120, 137, 164-166, 183-185, 212-213, 217-218, 231-235, 269-271, 277-280, 282, 294-295, 309, 316
출애굽 이미지 59, 98-99, 105, 132-133, 191, 197

큰 음녀 '바빌론'을 보라.

팬데믹 20, 298, 310, 321
폭력 41, 76, 102-105, 177-178, 193-200, 204, 228, 254-256, 259-262, 264, 309-310
핍박(박해) 55-56, 122-125, 128, 143, 153-157, 172, 173, 211, 244, 250, 308, 312, 321-322, 328

하나님
    삼위일체 27, 65, 103, 229, 234, 272, 276, 301
    의 은혜/자비 89, 171, 182, 203-204, 218, 234, 292
    의 인내 178, 199-206, 301
    의 주권 65-68, 77-84, 90-91, 96, 101, 182, 200, 278, 313
하나님/그리스도의 나라(왕국) 85-86, 107, 128, 131-132, 141, 188, 210-212, 215, 218-219, 226, 234-235, 237, 308, 312
하나님의 두루마리 94-95, 98, 159-161, 179, 209
하나님의 선교/미시오 데이 25-33, 44, 47, 65-68, 70, 77-79, 102, 146, 178, 190-193, 204, 210-212, 229-233, 262, 270, 275, 288-290, 295, 299-302, 332
해를 옷 입은 여인 50, 95, 130, 254
행동하는 교회 304
환대 293, 331
황제 숭배 54, 121, 123-125, 221-225, 242, 245, 261
회개 47, 63, 87, 89, 109-112, 114, 125-128, 159-161, 165, 171, 183-187, 190, 196, 199, 202-203, 205, 287-289
휴거 19, 23, 73, 120, 167, 277
흰옷 109, 144
힘(권력, 권세, 능력) 27, 30-31, 45, 49, 54, 63, 65, 68-70, 79, 82-87, 91-92, 93, 95-97, 100, 102-103, 111-112, 115-117, 142-143, 148, 157, 163-164, 172-173, 202, 219-222, 227-228, 237, 240, 244-248, 250, 257, 267, 271, 294, 302, 307, 309, 312, 316-317, 322, 327, 330

성경 찾아보기

구약성경

창세기
1장 68, 80, 300
1-2장 71
1:1 69, 270
1:26 69, 133, 272
1:28 69, 133, 272
1:31 69
2:7 164, 243
2:9 281
2:10 281
2:15 69, 133
3장 68, 69
3:22 281
3:24 281
10장 139
10-11장 139
10:32 139
11:1-9 139
12:1-3 139, 300

12:3 99, 139, 285
18:18 285
22:18 285

출애굽기
3:13-14 67
12:1-27 98
15장 191
15:11 221
19:5-6 132
19:6 99
23:19 136
29:45-46 272

레위기
22:31-33 143
26:11-12 272
26:12 274

신명기
7:6 143

10:14 79
14:2 143
23:9-10 145
32:4 191

사무엘상
21:5 145

열왕기상
8:41-43 192

시편
2:9 58
13:1-2 201
35:10 221
67:1-4 192
67:3-5 212
86:8-10 191
94:3 201
96편 192, 212
98편 192

98:1-2 191
111:2 191
119:84 201
138:5-6 212
139:14 191
145:17 191

이사야
2:2-3 274
2:2-4 193
6:3 85, 273
6:13 171
23장 255
40:5 317
40:18 221
42:6 163, 300
43:19 279
45:21 82
47:7-9 255
49:6 163, 300
49:10 106
53:7 98
60장 289
60:1-9 193
60:5-17 289
60:13 289
63:1-3 108
65:17 279
65:17-19 70
65:17-25 230
66:20-23 193
66:22 279
66:22-23 70

예레미야
5:14 164
10:6-7 191
24:7 274
52:24-58 255

에스겔
9:3-10 135
27장 255
28장 255
36:20-23 192
37:1-10 164
40-48장 274
47:1-12 286
47:12 286

다니엘
7장 188
7:3-7 240
7:9 101
7:13 105
7:13-14 86

요엘
2:28 318
3:13 188

아모스
5:3 171

하박국
2:4-13 255

스가랴
4장 162
4:6 162
4:14 163
8:3 274
8:7-8 274
8:22 193

신약성경

마태복음
5:14 163
6:9-10 86
9:37-38 188
22:21 310
24:14 187
28:18 80
28:18-20 290
28:19 28, 80

마가복음
4:29 136

누가복음
10:31-32 311

요한복음
1:3 106
1:14 273
2:19-21 273
4:35-38 188
19:11 220

사도행전
1:8 28, 149, 273
5:29 249
5:41 156

로마서
1:18-32 201
1:25 225
8:18-25 206
8:22 313
10:14 28
13장 248, 249, 250, 310
13:1 248
13:4 248
13:6 248

고린도전서
3:16-17 161, 273

5:7　98
8:6　106
15:35-57　279

고린도후서
5:17　281
6:16　161

에베소서
1:13　273
2:19-22　273
2:21　161, 273
2:22　273
6:17　108

빌립보서
2:6-11　100
2:10　100

골로새서
1:16　106

데살로니가전서
1:1　48

히브리서
4:12　109

베드로전서
2:4-8　273
2:5　161
2:9　232
2:13　248

베드로후서
3장　280
3:7　280
3:7-13　280
3:9　203

3:10　280
3:11　280

요한1서
2:18　239
2:22　239
4:3　239

요한2서
7절　239

요한계시록
1장　31
1:1　62, 94, 95, 135
1:2　150, 152, 155
1:3　45, 50, 159, 207
1:4　37, 47, 65, 67, 101
1:5　43, 47, 65, 89, 100, 101,
　　　114, 150, 197
1:5-6　99, 132, 302
1:6　65, 66, 161, 162
1:7　101, 105, 208
1:8　66, 67, 77, 101
1:9　37, 47, 55, 113, 114,
　　　150, 152, 155, 157
1:10　207
1:11　48
1:12　162
1:12-16　86
1:12-20　96, 188
1:13　114
1:14　101
1:16　164
1:17　95
1:18　43, 100
1:20　114, 162
2장　32, 46, 48, 83, 120,
　　　121, 122, 128, 130
2:1　114, 121

2:2　125, 145
2:3　55, 145
2:4　125
2:5　102, 114, 125
2:6　125
2:7　50, 121, 130, 158
2:8　100, 145, 152
2:8-11　187
2:9　122
2:9-10　56
2:10　46, 113, 122, 145
2:11　50
2:13　55, 122, 123, 128, 153,
　　　175, 222, 223
2:14　30, 59, 225
2:14-15　261
2:14-16　49
2:15　124
2:16　102, 114, 164
2:17　50
2:20　59, 124, 145, 225
2:20-21　49, 261
2:23　114, 129
2:24　225
2:28　66
3장　32, 46, 48, 83, 120,
　　　121, 122, 128, 130
3:1　125
3:3　114, 126, 146
3:4-5　144
3:5　66
3:7　86, 101
3:7-18　187
3:8　55
3:8-11　56
3:9　89, 145
3:10　122
3:11　101, 122
3:12　72, 122, 161

3:14 95, 150
3:15-16 121
3:16 125
3:17 30, 125, 262, 312
3:17-18 57
3:17-19 126
3:18 144
3:19 89, 114
3:21 30, 66, 86, 101, 107, 112, 128, 240
3:22 130
4장 78, 84, 85, 95, 178, 209, 217, 300
4-5장 50
4-22장 130
4:1 23, 120
4:1-5:4 208
4:2 78
4:5 85, 162
4:7-8 68
4:8 66, 77, 84, 85, 101, 208, 209, 218
4:8-11 208, 209, 226
4:9 79
4:11 68, 209, 226, 231, 279
5장 79, 86, 95, 100, 209, 215, 217, 234, 300
5:1 79
5:2 95
5:5 43, 95, 100
5:5-6 137
5:6 65, 90, 96, 101, 103, 162, 240
5:6-14 86
5:7 79
5:8 88, 102
5:8-9 190
5:9 28, 50, 89, 96, 99, 135, 153, 162, 187, 197, 226, 232, 241, 286, 307
5:9-10 98, 132, 184, 241, 261, 302
5:9-14 102, 185, 208, 209
5:10 99, 135, 161, 276
5:11-13 100
5:11-14 214, 231
5:12 106, 226, 240, 241
5:13 68, 79, 101, 217, 229
5:13-14 241
6장 199
6-16장 188
6-20장 50, 86, 196, 197, 199, 214, 286
6:1-8 180, 200
6:8 20, 200
6:9 150, 152, 153
6:9-10 51
6:9-11 113, 128
6:10 89, 201, 202
6:11 144, 202
6:15 288
6:16 79, 108, 197
6:16-17 102
6:17 205
7장 35, 81, 137, 215, 234
7:1-8 134, 137
7:1-17 51, 181
7:3 135
7:4 135, 137
7:4-8 135
7:9 25, 32, 50, 137, 187, 286, 308
7:9-10 232, 246
7:9-12 208, 209, 231
7:9-14 294
7:9-17 131, 137, 139, 214, 229
7:10 81, 101, 102
7:10-12 208
7:14 109, 137, 144
7:15 79, 139, 218, 234
7:15-17 105, 137
7:16-17 106
7:17 89, 101, 102, 106
8-9장 199
8:3-4 88, 102
8:6-9:11 197
8:6-9:21 59
8:8 200
9:1-11 193
9:13-19 193
9:20 222, 225
9:20-21 89, 183, 199, 200, 286
10장 159
10:1-11:14 181
10:6 68
10:8-9 159
10:9-10 160
10:11 50, 152, 159, 160
11장 150, 159, 171, 183
11:1 161
11:1-3 41
11:1-13 159, 161
11:2 161
11:3 152, 159, 165, 199
11:3-13 59, 162
11:4 162, 163, 168
11:4-6 163
11:5 164
11:5-6 132, 163, 242
11:6 159, 197
11:7 190
11:7-10 160, 164
11:7-12 182
11:8 164, 182
11:9 50, 165, 172

11:9-10 165, 168, 171, 182
11:10 159, 165, 168
11:11 164, 168, 243
11:11-12 160, 162
11:12 164, 168
11:13 49, 165, 167, 168, 171, 182, 183, 199, 200, 231, 233, 288, 289
11:15 79, 101, 107, 112, 132, 210, 215, 226, 234, 271, 320
11:15-18 208, 210
11:15-19 51
11:16-18 210
11:17 77
11:18 69, 70, 88, 105, 159, 203, 233, 279, 288, 286
12:1 50
12:1-6 95, 254
12:3 240
12:5 58
12:7-12 197
12:9 145
12:10 240
12:10-11 107
12:10-12 208, 211
12:11 90, 102, 113, 146, 152, 155, 156, 174, 190, 199, 211
12:12 69, 279
12:17 152
13장 221, 222, 239, 243, 247, 248, 249, 250, 251
13:1 239, 240, 245, 279
13:1-18 231
13:2 222, 240, 249
13:2-4 241
13:3 221, 241

13:4 184, 185, 221, 240, 241, 245, 248, 249, 286
13:5-6 245
13:7 50, 103, 136, 190, 241, 244
13:7-8 286
13:7-10 113
13:8 95, 221, 241
13:10 128
13:11 242
13:12 241
13:12-15 185
13:12-17 221
13:13-14 242
13:14 145, 241
13:15 128, 136, 223, 243
13:16-18 41, 135
13:17-18 243
13:18 239, 243, 244
14장 68
14:1 66, 101, 135, 136
14:1-5 131, 134, 137, 138, 210, 231
14:1-20 181, 184
14:2-3 184, 190
14:3 135
14:3-4 185
14:4 113, 135, 136, 144, 153, 188, 301, 302
14:5 145
14:6 50, 188, 286
14:6-7 68, 89, 160, 184, 185, 186, 231, 288, 290
14:6-20 189
14:7 68, 183, 192, 199, 231, 289
14:8 204

14:9 185
14:9-11 193, 221, 231
14:10 204
14:11 185
14:12 46, 88, 188
14:13 158
14:14 86, 102
14:14-16 136, 188
14:14-20 187, 189, 198
14:15 188
14:17-20 102, 188
14:19 189
14:19-20 193
15-16장 199
15:1 190
15:1-16:21 184
15:2 112, 190
15:2-3 99, 190
15:2-4 51, 87, 190, 211
15:3 77, 87, 192
15:3-4 80, 191, 208, 231, 286, 288
15:4 87, 101, 183, 192, 211, 231, 289
15:5-16:21 190
16:1-21 59, 197
16:2 221
16:4-5 89
16:5 86
16:5-7 192, 208, 211
16:6 159
16:7 77, 211
16:9 89, 183, 199, 200, 286
16:10 222
16:11 89, 183, 199, 200, 286
16:12-16 197
16:13 242
16:14 77
16:16 41

16:19 258, 288
17장 41, 51, 251, 262, 307
17-18장 283, 307
17:1 51, 252
17:1-3 283
17:1-8 253
17:2 288
17:3 245, 252
17:4 252, 253, 283
17:5 251, 253, 258
17:6 103, 153, 194, 244, 253, 256, 259
17:9 41, 240, 252, 256
17:14 80, 107
17:15 50
17:16 194, 254
17:18 41, 54, 182, 252, 254, 258, 284, 288
18장 254, 262
18-19장 52
18:2 283
18:3 255, 284, 288
18:4 46, 51, 128, 261
18:7 255, 259
18:8-10 258
18:9 255, 288
18:9-19 289
18:10 183, 258
18:11 255
18:11-13 255
18:11-14 283
18:13 260
18:15 183, 284
18:16 258, 283
18:17 312
18:18 258
18:19 258
18:20 159, 201, 212
18:21 258

18:23 145, 258, 284, 286
18:24 103, 128, 159, 256, 259, 312
19장 108, 198, 215
19-21장 208, 281
19:1-2 212
19:1-4 208
19:1-8 208, 212
19:1-10 51, 181
19:2 69
19:5 183
19:6 77
19:6-8 212
19:7 284
19:7-8 145
19:7-9 105
19:8 88, 144, 254, 283
19:10 66, 152, 153, 158, 207
19:11 108, 111, 150
19:11-21 107, 181, 198
19:13 108, 164, 197
19:13-15 108
19:14 108, 109
19:15 77, 102, 109, 164, 288
19:16 100, 108
19:17-21 109, 194
19:19 288
19:20 145, 221, 242
19:21 109, 164, 288
20장 69, 181, 194, 279
20:1-6 181
20:3 286
20:4 152, 154, 185, 221, 223, 308
20:6 99, 132, 134
20:7 286
20:7-10 197

20:7-15 204, 288
20:10 194, 242, 286
20:13 279
20:15 194
21장 70, 80, 177, 179, 214, 229, 269, 270, 271, 272, 273, 280, 290, 291, 296, 299
21-22장 23, 50, 71, 137, 202, 204, 230, 289
21:1 270, 278, 279
21:1-2 277
21:2 72, 85, 88, 105, 254, 271, 283, 293
21:3 88, 204, 272, 274, 283, 286
21:3-4 89, 106, 300
21:4 279
21:5 29, 45, 66, 70, 74, 79, 85, 91, 112, 150, 271, 278, 279, 280, 282, 292, 298, 300, 308
21:5-8 66
21:6 66, 101, 102, 271, 294
21:7 276
21:8 204, 290, 294
21:9 105, 254
21:9-10 283
21:10 72, 277
21:11 88, 274
21:11-21 284, 294
21:16 88, 272, 293
21:22 77, 88, 102, 274
21:23 102, 274, 284
21:22-23 105
21:24 193, 286, 288
21:24-25 231
21:24-26 288, 290
21:25-26 293

21:26 183, 288
21:27 204, 284, 290, 294
22장 70, 106
22:1 101, 103, 278
22:1-2 71, 72, 106, 229, 281, 285, 287, 292, 295
22:2 28, 105, 181, 204, 265, 284, 286, 290, 292, 295, 300, 321
22:3 72, 101, 102, 229, 278, 300
22:3-4 101
22:3-5 88, 300
22:4 272, 274
22:5 101, 102, 181, 274, 284
22:6 135, 150, 159, 308
22:7 45, 95, 101, 105, 159, 297
22:9 159, 207
22:10 45, 159
22:11 144, 204, 288, 294
22:12 95, 101, 105, 297
22:13 101
22:14 144, 293
22:15 204, 290, 294
22:16 150
22:16-17 158
22:17 50
22:18 45, 50
22:18-19 159
22:19 45
22:20 95, 101, 105, 151, 208, 297

옮긴이 노종문은 한국과학기술원(B.S.)을 졸업하고 IVF 대전 지방회 간사를 역임했다. 이후 장로회신학대학교 신학대학원(M.Div.)과 예일 대학교(S.T.M., 신약성서학)에서 공부했으며, IVP 편집장으로 일했다. 옮긴 책으로는 『악의 문제와 하나님의 정의』 『영성 지도와 상담』 『스타벅스 세대를 위한 전도』 『거룩한 사귐에 눈뜨다』(이상 IVP), 『세상 권세와 하나님의 교회』(복있는사람) 등이 있다.

미셔널신학번역총서 02
요한계시록, 오늘을 위한 미래

초판 발행_ 2024년 5월 21일
초판 2쇄_ 2025년 1월 15일

지은이_ 딘 플레밍
옮긴이_ 노종문
펴낸이_ 정모세

펴낸곳_ 한국기독학생회출판부
등록번호_ 제2001-000198호(1978.6.1)
주소_ 04031 서울시 마포구 동교로 156-10
대표 전화_ (02) 337-2257 팩스_ (02) 337-2258
영업 전화_ (02) 338-2282 팩스_ 080-915-1515
홈페이지_ http://www.ivp.co.kr 이메일_ ivp@ivp.co.kr
ISBN 978-89-328-2262-4

ⓒ 한국기독학생회출판부 2024

책값은 뒤표지에 있습니다.
무단 전재와 복제를 금합니다.